우리는 왜 이렇게 오래, 열심히 일하는가?

THE PROBLEM WITH WORK by Kathi Weeks
© 2011 by Duke University Press
Korean translation copyright © 2016 by Dongnyok Publishers

우리는 왜 이렇게 오래, 열심히 일하는가?

페미니즘, 마르크스주의, 반노동의 정치, 그리고 탈노동의 상상

초판 1쇄 펴낸날 2016년 9월 15일
초판 3쇄 펴낸날 2017년 8월 15일

지은이 케이시 윅스
옮긴이 제현주
펴낸이 이건복
펴낸곳 도서출판 동녘

전무 정낙윤
주간 곽종구
편집 구형민 최미혜 이환희 사공영 김은우
미술 조정윤
영업 김진규 조현수
관리 서숙희 장하나

인쇄·제본 영신사 **라미네이팅** 북웨어 **종이** 한서지업사

등록 제311-1980-01호 1980년 3월 25일
주소 (10881) 경기도 파주시 회동길 77-26
전화 영업 031-955-3000 편집 031-955-3005 **전송** 031-955-3009
블로그 www.dongnyok.com **전자우편** editor@dongnyok.com

ISBN 978-89-7297-778-0 03300

• 잘못 만들어진 책은 바꿔드립니다.
• 책값은 뒤표지에 쓰여 있습니다.
• 이 도서의 국립중앙도서관 출판시도서목록(CIP)은 서지정보유통지원시스템 홈페이지 (http://seoji.nl.go.kr)와
국가자료공동목록시스템(http://www.nl.go.kr/kolisnet)에서 이용하실 수 있습니다.(CIP제어번호: CIP2016020261)

The Problem with Work

우리는
왜 이렇게
오래, 열심히
일하는가?

페미니즘,
마르크스주의,
반노동의 정치,
그리고
탈노동의 상상

케이시 윅스 지음
제현주 옮김

동녘

이 책을 사랑을 담아

줄리 월위크Julie Walwick(1959 – 2010)에게

바칩니다.

차례

감사의 글 9

서문. 일의 문제 11

1장. 노동윤리의 지도를 그리다 65

2장. 마르크스주의, 생산 중심주의, 그리고 노동 거부 129

3장. 일하기의 요구: 가사임금부터 기본소득까지 179

4장. "우리가 의지하는 것을 할 시간": 일, 가족, 그리고

노동시간 단축 요구 235

5장. 미래는 지금 여기에: 유토피아적 요구와 희망의 시간성 273

에필로그. 일을 넘어선 삶 349

옮긴이의 글 359

주(註) 365

참고문헌 383

감사의 글

다음의 친구와 동료들에게 감사함을 전하고 싶다. 이 책의 초안과 논지를 검토하고 전해 준 의견에 크게 도움을 받았다. 앤 앨리슨Anne Allison, 코트니 버거Courtney Berger, 티나 캠트Tina Campt, 크리스틴 디스테파노Christine DiStefano, 그렉 그랜딘Greg Grandin, 주디스 그랜트Judith Grant, 마이클 하트Michael Hardt, 스테파노 하니Stefano Harney, 레베카 칼Rebecca Karl, 랜지 카나Ranji Khanna, 코리 로빈Corey Robin, 캐시 루디Kathy Rudy, 캐런 스툴드레허Karen Stuhldreher, 로빈 위그먼Robyn Wiegman. 다음의 분들에게도 감사를 전한다. 로버트 아델만Robert Adelman, 브리트니 포크너Brittany Faulkner, 데니스 키넌Dennis Keenan, 마시 패튼Marcie Patton, 시애틀 FOJthe Seattle FOJ, 줄리 월윅Julie Walwick, 캣 워런Cat Warren, 데이비드 아우어바흐David Auerbach, 다이애나 윅스Diana Weeks, 리 윅스Lee Weeks, 리건 윅스Regan Weeks.

2장 일부의 이전 버전은 "요구이자 관점으로서의 노동 거부"라는 제목으로 《실천하는 저항: 안토니오 네그리의 철학Resistance in Practice: The Philosophy of Antonio Negri》(Pluto Press, 2005)에 발표된 바 있다. 4장 역시 "우리가 의지하는 것을 할 시간: 일, 가족, 그리고 노동시간 단축 요구Hours for What We Will: Work, Family and the Movement for Shorter Hours"라는 제목으로 〈여성학 연구Feminist Studies 35, no. 1〉(Spring 2009)에 발표된 바 있으며, 발행자의 허락을 구해 이 책에 포함했다.

서문 | 일의 문제

여성들은 남편이 권력을 누린다는 사실에 불평하지 않지만, 여성
각자는 자신의 남편에 대해, 친구의 남편에 대해서는 불평한다. 모든
경우의 노예 상태가, 적어도 해방운동의 태동기에 있는 노예 상태가
다 그렇다. 처음에 노예는 자신의 군주가 권력을 누린다는 사실에
불평하지 않고, 다만 군주의 폭정에 불평할 뿐이다.

— 존 스튜어트 밀John Stuart Mill, 《여성의 종속The Subjection of Women》

오늘날의 일하는 세계에서는 한 종류의 일, 즉 특정한 하나의 일자리가,
실재하는 것이든 상상한 것이든, 다른 종류의 일자리와 비교된다.
현재 구성되어 있는 '일하는 세계' 자체를 다른 식으로 구성된 세계와
비교하는 방식으로 판단이 이루어지는 일은 거의 없다.

— C. 라이트 밀스C. Wright Mills, 《화이트칼라White Collar》

우리는 왜 이렇게 오래, 열심히 일하는가? 그래야만 하는 이유, 일
을 하는 데 그렇게 많은 시간과 에너지를 들이는 게 자연스럽게 여겨
지는 이유만이 신기한 것이 아니다. 그보다는 이런 상태에 맞서 더욱
적극적인 저항이 일어나지 않는다는 것이 신기하다. 오늘날 일에서
의 문제는(나는 여기서 미국의 상황에 초점을 맞출 것이다) 그 양과 질, 모두와
관련이 있다. 일부 집단만이 문제를 겪고 있는 것이 아니다. 대부분
산업에서 나타나는 저임금, 실업, 불완전 고용, 그리고 많은 노동자들
에게 닥친 불안정 고용 등이 모두 일과 관련한 문제다. 이런 문제들
때문에 과로는 많은 경우, 고용에서 누릴 수 있는 가장 특권적인 형

태처럼 여겨지기까지 한다. 결국 최고의 일자리조차 삶에서 너무 큰 부분을 차지해 버린다는 문제를 안고 있다. 확실히 해 두자. 우리가 이런 조건을 그저 체념해 받아들이는 것이라면 이상할 것은 없다. 의아한 것은 이렇게 일해야만 하는 현실을 받아들이는 것을 넘어, 기꺼이 일을 위해 살아간다는 사실이다. 마찬가지로 일이 그토록 고귀하게 여겨지는 이유를 이해하기는 쉽지만, 일이 다른 취미나 여가활동보다 가치 있게 여겨지는 이유는 그렇게 명백하지 않다.

이런 질문들이 정치 이론의 영역에서 제기되지 않는다는 사실 역시 놀랍다. 일의 단조로운 일상을 대중문화에서 잘 다루지 않는 것이야 이해할 만하다.[1] 마찬가지로 마르크스Karl Marx가 물신화의 기원으로 보았던 노동의 은폐보다는 활기차고 의미로 가득한 상품에 초점을 맞추는 것이 문화비평가들의 경향이기도 하다.(Marx 1976, 164-65) 주류 경제학이 일에 대해 상대적으로 무관심한 것은 일의 질적인 차원이나 위계적 관계를 드러내지 않고 어느 정도 추상화하는 쪽을 선호하는 경향으로 설명할 수 있다. 하지만 정치 이론에서 일의 정치적 질감, 실제의 체험에 주의를 기울이지 않는 것은 또 다른 문제이다.[2] 실제로 정치학자들은 노동자로서의 삶보다는 시민과 비시민, 법적 주체와 권리를 가진 자, 소비자와 방관자, 종교 신자와 가구 구성원으로서의 삶에 더 많은 관심을 기울이는 경향이 있다.[3] 하지만 보통의 시민이 일에 쏟는 것으로 여겨지는 시간(일로부터 회복하는 시간까지는 아니더라도, 일을 위해 훈련하고 조사하고 준비하는 시간까지 포함하여)만을 간단히 따져 보아도, 일의 경험은 좀 더 고찰할 필요가 있다. 일을 중심에 두고 살아가는 사람들뿐만 아니라, 사람들이 일을 통해 임금을 벌어들이는 것을 자연스럽게 보는 사회 안에서 일로부터 배제되고 그로 인해 주변부로 밀려나는 사람들에게도 일은 결정적인 요소

우리는 왜 이렇게 오래, 열심히 일하는가?

이다. 특히 중요한 것은 고용의 장소와 일의 공간이 아마도 정치과학의 지극히 일상적 소재로 가장 적합하다는 점이다. 일의 공간은 의사결정의 장으로서는 권력과 권위의 관계에 따라 구조화되며, 위계화된 조직으로서는 동의와 복종이라는 문제를 드러내고, 배제의 공간으로서는 구성원의 자격과 의무에 대한 의문을 제기한다. 비개인적 동력이 사람들을 일하도록 몰아붙이지만, 일터에 발을 들여놓는 순간 사람들은 통치자와 피통치자라는 직접적이고 개인적인 관계로 말려들어 간다. 실제로 직장은 대부분이 일상적으로 마주치는 가장 직접적이고 명료하며 실체적인 권력관계를 흔히 경험하는 곳이다. 일은 단순히 경제적인 현상이라기보다는 온전히 정치적 현상으로서 탐색할 여지가 많은 대상이다.

정치 이론에서 일에 별 관심을 기울이지 않는 이유로 짚어 둘 만한 것은 최소한 두 가지를 꼽을 수 있다. 첫째는 내가 '일의 사유화*'라고 부르는 현상 때문이다. 서두의 두 인용구에서 보듯이, 사람들은 일과 가정 모두에서 그 권력관계를 구조적으로 이해하는 데 대체로 어려움을 겪는다. 우리는 흔히 고용관계를—결혼관계에서처럼—사회제도로서가 아니라 독특한 개별 관계로서 경험하고 상상한다. 이는 결혼관계와 마찬가지로 고용관계의 사적 측면을 보장하는 사유재산 제도를 통해 일부 설명할 수 있다. 하지만 일을 사유화하는 방식을 고수하는 데는 어려움이 따른다는 것 역시 짚어 보아야 한다. 일은 자유주의의 사적-공적 경제의 분할 구도 아래 오랫동안 다소

★   이 책에서는 privatization을 일반적인 쓰임에 따라 '사유화'로 옮겼으나, 엄정히 보자면 '사화(私化)'라고 옮기는 것이 더 적절할 것이다. 이 책에서는 공공성과 사회성의 영역에서 논의되어야 할 일/노동이 개인적이고 사적인 영역의 문제로 취급된다는 문제의식을 제기한다.

서문 | 일의 문제

복잡한 지위를 점해 왔다. 존 로크John Locke는 자연권으로서 재산권을 규정하고, 나아가 가계 경제와 재산권을 결합함으로써 일의 사적 특성을 규정했다. 그러나 다른 한편으로, 재산권을 보호하는 국가의 역할(그리고 로크 이래 재산권을 대변해 규제하고 기획하는 경향이 강해지고 있다)은 로크의 논리에 따라 일을 합당한 정치권력의 영역 아래 위치시킴으로써 일이 가진 사적 관계로서의 지위를 위협한다.[4] 사적 영역과 공적 영역의 분리된 구도 안에서 일이 차지하는 위치는 산업화의 도래와 함께 더욱 난관에 부딪혔다. 일이 임금노동과 동일시되고 가정으로부터 분리되면서, 일은—대표적인 사적 영역과 비교했을 때—상대적으로 공적인 것으로 여겨지기가 쉬워졌다. 하지만 여기에 내가 일의 사유화라고 부르는 과정을 일으키는 기제들이 추가로 작동한다. 첫 번째 기제는 물화物化, reification이다. 오늘날 "생계를 꾸리려면" 일을 해야 한다는 사실은 사회적 관습이라기보다는 자연 질서의 일부처럼 받아들여진다. 그 결과, C. 라이트 밀스가 썼듯이(서두의 인용 구절 중 하나에서) 우리는 의무로서의 일, 시스템으로서의 일, 삶의 방식으로서의 일보다는 특정한 일자리, 혹은 일자리 부족에 초점을 맞추는 경향이 있다. 또 다른 인용구에서 존 스튜어트 밀이 말한 것처럼, 노예가 "처음에는 자신의 군주가 권력을 누린다는 사실에 불평하지 않고, 다만 군주의 폭정에 불평"하듯이(1988, 84), 우리는 이런 사장, 저런 사장의 문제에 주의를 기울일 뿐 사장에게 그런 권력을 준 시스템에 주목하지 않는다. 현실에서 일의 사유화는 노동 시장이 일을 개인화하는 방식에서 기인하기도 한다. 과업과 일정의 엄청난 다양성은 현대 고용관계의 특징인데, 이와 더불어 일의 개인화는 오늘날 그 어느 때보다도 심해지고 있다. 일터는 가정처럼 보통 사적 영역으로, 사회구조보다는 일련의 개별 계약이 낳은 산물로, 정치적 권력 행사의 장이 아니라 인간 욕구의 영역이자 개인 선택의 영역으로 여겨진다. 이렇게 일이 개인적인 표상에 결부됨으로써 일하는 자에 대한 비판과는 완전히 다른 일에 대한 비평을 전개하기가 어려워지고 만다. 일이 재산권에 종속되고 물화되고 개인화된 결과, 일을 사회적 시스템으로 생각하는 것은—일의 사적 지위는 말할 것도 없이 근거가 허약한데도—결혼과 가정을 구조적 언어로 파악하는 것만큼이나 어려워졌다.

정치학에서 '정치적인 것'을 구성하는 데 노동이 주변부로 밀려나는 두 번째 이유는 미국에서 노동 기반 운동이 쇠퇴한 것과 연관이 있다. 노동자를 위한 정당이 없는 데다가 민주당과 공화당 사이의 계급 구도는 변화무쌍하고 때로 앞뒤가 맞지 않기도 하다. 이런 상황에서 선거 중심의 정치는 노동을 중심에 둔 운동을 위한 적절한 기제로서 기능하지 못했다. 노동조합 중심 정치의 힘 역시 제2차 세계대전 이후 노동조합 가입률이 가파르게 줄어들면서 쇠퇴해 왔다. 많은 활동가가 정당 중심 투표와 제도화된 단체교섭을 제외하면, 정치력을 발휘하는 가장 좋은 방법은 소비자의 구매력을 활용하는 것이라고 보는 것 같다. 윤리적 소비와 소비자 불매운동을 통해 기업의 의사결정에 영향력을 행사하는 방식이 정치-경제적 상상의 최전선에 자리 잡았다. 물론 이 같은 소비자 정치 모델의 바탕에 깔린 논리는 어느 때보다 질 좋은 상품이 낮은 가격에 공급되는 것이 저임금, 아웃소싱, 노동조합 파괴, 정부의 일자리 창출 프로그램과의 적절히 맞바꾼 대가라는 주장과 일치한다. 노동조합 결성과 소비자 조직화 두 가지가 당연하게 중요한 수단으로 여겨지고, 나아가 노동을 둘러싼 정치를 상상하는 유일한 방법으로 취급되는 한, 반노동反勞動, antiwork 운동을 구축하고 탈노동postwork의 대안을 구상하는 데 그리 큰 가능성이 허락되지 않을 것이다.

이 모든 사례들에서 확인하는 노동의 탈정치화는 이 책 전체에서 주의 깊게 사유하고 반문을 던지려는 주제이며, 이런 사유와 반문을 통해 노동에 대한 정치 이론을 구축하는 데 기여하고자 한다. 서문의 마지막에서는 각 장을 짧게 요약하여 이 책이 구체적으로 어디에 초점을 맞추고 있으며 어떤 식으로 논증을 펼치는지 약술할 것이다. 하지만 그에 앞서, 이 책의 기획이 따르는 주요한 이론적 계보와 기획의 중심에 있는 개념적 틀에 집중해 보고자 한다. 책에서 펼칠 분석을 미리 소개하기 위해서이기도 하지만 이들 이론이 준 영감을 안내하고 이 이론들에 깔려 있는 주장과 전제를 설명하기 위해서이다. 이론적인 측면에서 보자면 막스 베버Max Weber, 장 보드리야르Jean Baudrillard, 프리드리히 니체Friedrich Nietzsche가 모두 결정적인 역할을 해 주었지만, 이 기획이 가장 크게 기대고 있는 것은 (선택적으로 참조하기는 하였으나) 페미니즘 이론과 마르크스주의 이론이다. 하지만 페미니즘과 마르크스주의의 생산 중심주의적 경향은 정치 이론에서 노동의 정치가 배제되어 있다는 사실과 함께 이 책의 기획에 장애가 되었다는 점을 짚어 두어야겠다. 페미니즘과 마르크스주의의 때로 노골적이고 때로 암묵적인 노동 친화적 가정과 주장 역시 넘어서야 할 문제였다. 그럼에도 페미니즘과 마르크스주의 내의 수많은 예외적 사례, 심지어는 하위 전통들 전체가 반노동 비평과 탈노동 상상에 많은 자양분을 제공한다. 서문에서는 이 책의 기획이 이론적으로 빚지고 있는 구체적 사상들을 하나하나 맛보기로 보여 주기보다는, 몇 가지 핵심적 개념을 중심에 놓고 논지를 펼쳐 보고자 한다. 우선 이 기획의 방향을 잡아 준 두 가지 개념에서 논의를 시작해 보자. 하나는 노동사회work society이고, 다른 하나는 노동윤리work ethic이다. 이후 일work과 노동labor, 일과 계급, 자유와 평등과 같은 개념적 짝짓기들을 통해 이 책의 핵심 주제를 드러내고 나의 주된 관심사와 의도를 명확히 하고자 한다. 우선 어째서 '일'이라는 주제가 이론적으로 흥미로우며 정치적으로 긴박하다고 생각하는지 설명하는 데서 출발해 보려 한다. 노동사회의 개념을 입구 삼아 논의로 진입해 보자.

노동사회

나는 점점 더 많은 정치 이론가들이 국가와 정부에서 정치경제학으로, 문화 상품에서 그 생산의 장소와 관계로, 공적 영역과 장터marketplace에서 일터workplace로 관점을 전환하기를 바란다. 이런 관점의 전환은 종종 인용되곤 하는《자본론Capital》1권 2편 마지막 부분에 등장하는 구절을 떠올리게 한다. 노동력이라는 "특별한peculiar" 상품을 사고파는 일을 묘사하면서, 마르크스는 자신의 이익을 추구하는 자유로운 두 개인을 상정한다. 법 앞에 평등한 두 명은 각각 자산의 소유자로서 등가교환에 나선다. 한 명은 정해진 기간 동안 자신의 노동력을 사용할 권리를 내놓고, 상대는 먼저 정해진 액수를 지불하는 데 동의한다. 하지만 고용계약이 체결된 후 어떤 일이 벌어지는지 보려면, 이러한 분석을 다른 장소로 옮겨 놓을 필요가 있다. 바로 이 특별한 노동력이 "소비되는consume" 장소다. 마르크스는 이렇게 말한다.

그러므로 우리는 화폐의 소유자 및 노동력의 소유자와 함께 [모든 것이 표면에서 일어나고 또 누구의 눈에나 쉽게 띄는] 이 소란스러운 유통 분야를 벗어나 이 두 사람을 따라 '관계자 외 출입금지'라고 입구에 쓰인 은밀한 생산의 장소로 들어가 보도록 하자. 이곳에서 우리는 자본이 어떻게 생산하고 있는가 뿐 아니라 어떻게 자본 그 자체가 생산되고 있는가도 알게 될 것이다.(1976, 279-80)[*]

초점을 이렇게 바꿈으로써 마르크스는 "이윤 창조의 비밀"이 드러날 것이라고 공언한다(280). 시장에 기초한 교환에서 임금에 기초한 생산으로 분석의 대상을 바꿈으로써 노동-과정labor-process 자체, 즉 노동 활동과 그 활동을 형성하고 이끌고 관리하는 사회적 관계가 자본주의 가치증식 과정의 현장이라는 사실이 드러날 것이라는 공언이다.

그렇다면 이러한 입장에는 어떤 이점이 있는가? 교환이 이루어지는 시장에서 생산이 이루어지는 사유화된 영역으로 관점을 돌렸을 때 무엇을 확인하게 되는가? 비밀이 드러난다는 표현이 암시하듯이 이 "은거지"로 잠입해 들어감으로써 마르크스는 임금노동을 공적 영역으로 끌어내는 것이다. 다시 말해 임금노동이 자본주의적 생산에 앞서 당연히 주어지는 전제도, 자본주의 생산의 주변부적 부산물도 아니며, 그 핵심 메커니즘(임금)이자 생명줄(노동)이나 다름없다는 것을 밝히고자 하는 것이다. 이렇게 관점을 옮김으로써 마르크스 정치경제학은 임금노동을 자본주의적 생산양식의 핵심으로 인식하고, 이를 통해 자본주의의 신비와 그 기저의 논리를 밝힌다. 나는 노동의 중요성에 대한 이 같은 인식이 마르크스가 《자본론》을 썼을 때와 마찬가지로 지금도 여전히 유효하다고 믿는다. 또한 내가 노동사회의 범주에 대한 논지에서 강조하려는 것 중 하나이기도 하다.

---

[*] 김수행 역, 《자본론》 I(상), 비봉출판사, 229-230쪽 참고.

우리는 왜 이렇게 오래, 열심히 일하는가?

임금노동은 오늘날의 후기 자본주의 경제에서 역시 중심 요소로 남아 있다. 당연하게도 사람들 대부분이 임금노동을 통해 의식주를 해결한다. 소득 분배뿐 아니라 지위의 할당, 보건 및 은퇴 후 대비를 위한 주요 메커니즘이기도 하다. 가족을 제외하면 임금노동이야말로 수많은 사람들에게 사회적 교류의 유일한 원천, 또는 적어도 주된 원천이다. 부모의 계급을 넘어서거나 적어도 동등한 수준을 유지하게 하는 직장을 잡을 수 있도록 자녀를 기르는 것은 양육의 절대적 기준이다. 이에 더해, 노나 글레이저Nona Glazer가 지적했듯이 "사람들이 일할 수 있는 역량을 갖추도록 하는 것이야말로 학교 교육의 핵심 목표이자 성공적인 의학적·정신의학적 치료의 기준이며, 복지 정책 및 실업급여 프로그램 대부분이 표면상 추구하는 목표이기도 하다".(1993, 33) 사람들이 "일할 준비"가 되어 있도록 도와 일자리로 이끄는 것이야말로 사회서비스의 핵심 목표이며(Macarov 1980, 12) 수감제도를 정당화하는 일반적 근거이고, 군 복무의 중요한 유인책이기도 하다. 실제로 사람들이 일을 하도록 강제하는 것은 재산권 보호와 함께 국가의 주된 기능이며(Seidman 1991, 315) 복지국가 이후 신자유주의 정부가 특히 몰두하는 사안이기도 하다.

하지만 노동이 갖는 토대로서의 기능을 밝히는 것은 마르크스가 관점의 변화를 통해 이루려 했던 것의 일부에 지나지 않는다. 마르크스가 평등한 권리, 개인의 자유, 사회적 조화가 이뤄지는 "참다운 낙원"(1976, 280)**이라고 비꼬았던 그곳, 바로 시장의 영역으로부터 발을 옮겨 노동의 사적 영역에 잠입했을 때 마르크스는 노동의 세계

** 김수행 역, 《자본론》 I(상), 비봉출판사, 230쪽.

를 공적 영역뿐 아니라 정치적 영역으로 끌어내리려고 했다. 다시 말해 노동의 소모에 초점을 맞춤으로써 일의 사회적 역할을 드러내고, 동시에 정치적 문제로 제시하려 했던 것이다. 다른 선택지가 없는 이들에게 임금노동은 "강제 노동" 시스템과 마찬가지라는 마르크스의 주장(1964, 111)에도 불구하고, 임금노동은 대체로 지배의 추상적 양식으로 남아 있다. 일반적으로, 사람들이 일하도록 강제하는 것은 경찰력이나 폭력적 위협이 아니라 일을 해야만 기초적 욕구를 해결할 수 있는 사회 시스템이다. 이렇게 보자면, 모이시 포스톤Moishe Postone이 지적했듯이 자본주의 사회에서 재화와 서비스가 분배되는 구체적 메커니즘은 사회 관습이나 정치권력이 아니라 인간의 욕구에 그 바탕을 두고 있는 것처럼 보인다.(1996, 161) 임금노동의 사회적 역할은 필수적이고 불가피한 것으로 자연스럽게 받아들여져 왔으며, 땜질할 수는 있어도 결코 벗어날 수 없는 것으로 여겨져 왔다. 고로 마르크스는 자본주의 아래의 노동이 갖는 경제적·사회적·정치적 기능을 명확히 하고, 동시에 세계를 구축하는 방식이 노동의 산업적 형태와 자본주의적 관계 속에 갇혀 있다는 점을 문제 삼으려 했던 것이다. 이렇게 노동을 공적이자 정치적인 것으로 만들려는 노력은 노동을 당연한 것으로, 사적인 것으로, 개인적으로, 존재의 조건으로 만들려는 압력, 그 결과 탈정치화하려는 압력에 맞서는 한 가지 방식이었다.

따라서 일은 경제적 실천이기만 한 것이 아니다. 실제로 모두가 일해야 한다는 사실, 즉 대부분이 임금을 벌기 위해 일하거나, 임금을 버는 사람의 부양을 받아야 한다는 사실은 경제적 필연이라기보다는 사회 관습이자 규범 장치이다. 모든 사람이 일을 얼마간 해야 할 뿐 아니라, 더 많은 경우 평생에 걸쳐 일해야 한다는 명제, 사람이라면 노동해야 할 뿐 아니라 노동자가 되어야 한다는 명제는 사회적 부를 창출하기 위한 필요조건이 아니다. 개인의 생산과 소비를 곧바로 연결 짓는 오랜 경제학의 환상이 굳건히 버티고 있지만, 진실은 부_富는 개개인에 의해서가 아니라 집단에 의해 창출된다는 것이다.[5] 실제로 포스톤이 지적했듯이 "심원한 구조적 차원에서 보자면, 생산은 소비를 위한 것이 아니다".(1996, 184) 생산과 소비 사이의 관계가 겉으로는 직접적이고 이론의 여지가 없어 보일지 모른다. 하지만 그 사이에는 많은 중간과정이 있다. 노동관계의 양편 어느 쪽도 소비를 목표로 삼지 않는다. 한쪽은 잉여가치를, 다른 쪽은 소득을 목표로 한다. 임금노동을 개인의 책임으로 보는 규범적 기대는 노동을 철저히 생산적 기능으로 보기보다는 사회적 중개 기능으로 보는 관점과 더 큰 관련이 있다.(150) 노동은 개인이 경제 시스템뿐 아니라 사회적·정치적·혈연적 협업 방식 안에 통합되도록 하는 주된 수단이다. "사람은 일해야 한다"는 명제는 기초적 사회계약의 근본이다. 실제로 일을 한다는 것은 주체를 자유주의가 상정하는 독립적 개인으로 탈바꿈하는 일환이며, 바로 그 이유로 시민의 기초적 의무로 여겨진다. (경제의 건전성이 어느 정도의 실업률이 영속적으로 유지되는 것에 달렸다는 사실은 이런 통념이 지닌 고약한 문제 중 하나에 불과하다.) 개인적 성취를 향한 꿈, 그를 통해 공공선에 이바지하려는 욕망은 임금노동과 단단히 결부되어 있지만, 이 같은 꿈은 납치되어 좀 다른 귀결로 향할 수 있다. 개인적 풍요도 사회적 부도 생산하지 못하고, 사적으로 전용되는 잉여가치를 창출하는 데 그치곤 하는 것이다. 노동사회라는 범주는 노동의 중심적 역할뿐 아니라 노동을 통한 광범위한 사회 참여의 범주를 강조하기 위한 것이다.(일례로 다음을 참조. Beck 2000)

노동에서의 젠더 문제

앞에서 살짝 언급했지만, 노동의 주체화 기능을 좀 더 살펴보는 것도 노동사회라는 개념이 일깨우려 한 노동의 경제 외적 역할을 포착하는 또 다른 방법이다. 노동은 경제적 재화와 서비스를 생산할 뿐 아니라 사회적·정치적 주체를 탄생시킨다. 다시 말해 임금관계는 소득과 자본을 창출할 뿐 아니라, 규율에 따르는 개인, 통치 가능한 주체, 가치 있는 시민, 책임감 있는 가족 구성원을 낳는다. 실제로 노동이 개인의 삶과 사회의 상象에서 차지하는 구심적 역할을 감안하면, 노동은 다양한 주체성에 대한 탐구에서 중요한 지점을 점할 수밖에 없다. 예를 들어 노동은 계급화가 이루어지는 주된 장소이다. 마르크스가 묘사했듯이 일터는 은밀한 생산의 장소로 초대받은 노동력의 판매자가 "실제로 활동 중인 노동력, 즉 노동자가 되는데, 그 이전에 그는 오직 잠재적으로만 노동자였다".(1976, 283) 누군가는 노동으로부터 배제되고, 또 다른 누군가는 노동하도록 징집되면서 계급 정체성과 관계가 생성되고, 또 재생성된다. 이는 교육과정과 직장의 훈련 프로그램에 의해, 이를 통해 구성되는 노동과정 및 상호작용의 조직화를 통해, 임금 수준의 설정을 통해, 그리고 직업에 따른 지위의 판단에 의해서 이루어진다. 이런 주체화 과정은 명령과 복종의 문제라기보다는 유인과 유혹의 문제로, 수동적 구성construction이 아니라 능동적 선발recruitment로 보아야 가장 잘 이해할 수 있을 것이다.(West and Zimmerman 1991, 27-29) 이런 맥락에서 어떤 형태의 노동은 그 매력이 상대적 상위 계급에 합류할 수 있다는 데서 오기도 한다. 하층계급보다는 노동계급의 일원, 노동계급보다는 중간계급, 시간제 노동자보다는 월급 받는 노동자, 육체노동자보다는 커리어가 있는 전문직

우리는 왜 이렇게 오래, 열심히 일하는가?

이 되는 것에 끌리는 것이다. 이 같은 논리에서 조금 더 나아가면, 주체가 만들어지고 그 역할을 수행하는 과정의 또 다른 차원으로 눈을 돌리게 된다. 노동을 젠더화gendering의 현장으로 바라보게 되는 것이다.

노동이 젠더에 따라 조직화된다고 말하는 것은 노동이 최소한 젠더가 강요되고 수행되며, 재탄생하는 것을 목격할 수 있는 현장이라고 진술하는 것과 같다. 일터는 많은 경우 젠더의 규범과 기대에 따라 구조화된다. 가사노동과 유급 일자리에서의 젠더 구분을 포함하여, 임금노동과 무급노동 모두 젠더-차별화된 노동의 생산성에 따라 구조화된다. 하지만 노동에서의 젠더화는 다양한 형태로 남자의 일과 여자의 일을 가르는 제도적 경향만의 문제는 아니다. 일터에서 젠더에 따라 행동하도록 기대받는 결과인 경우도 허다하다. 예를 들어 노동자가 상사나 동료와 관계를 맺고, 무개성적 상호작용을 개인적인 것으로 만들고, 호의와 성의, 프로페셔널리즘을 드러내고, 고객이나 학생, 환자나 고객을 대상으로 권위를 표현하는 데 젠더 코드와 화법을 따르게 될 때 젠더가 작동하게 되는 것이다. 그리고 이는 물론 임금노동의 형태로 행해지는 일에만 해당하는 이야기가 아니다. 세라 펜스터마커 베르크Sarah Fenstermaker Berk가 주장했듯이, 무급 가사노동 역시 그저 재화와 서비스뿐 아니라 젠더를 생산하는 일로서 인식되어야 한다.(1985, 201) 이 같은 활동의 결과, 노동은 젠더화된 정체성과 위계질서의 생산과 재생산 모두에서 중대한 역할을 한다. 젠더는 가치와 함께 재-탄생한다.

앞서 언급한 계급정체성의 사례에서처럼 젠더정체성은 일에서의 정체성과 조화를 이루게 되는데, 그 과정에서 노동자는 자신의 일로부터 소외되기도, 때로는 더 긴밀히 일에 속박되기도 한다. 이런 노동의 젠더화—남자의 일 또는 여자의 일을 한다는 것, 혹은 일의 일부로서 남자답게 굴거나 여자답게 군다는 것—는 일에서 기쁨을 느끼는 원천일 수도 있고, 일과 자신을 동일시하며 일에 공을 들이도록 이끄는 요인이 될 수도 있다. 이른바 '핑크칼라pink collar'이면서 카를라 프리먼Carla Freeman이 주장했듯 드레스코드가 규율 메커니즘이자 자기표현의 원천이기도 한 여성 정보처리 노동자의 경우나, 폴 윌리스 Paul Willis(1977, 50)의 유명한 연구에 등장하는 노동계급 소년에게 육체노동이 근사한 것으로 보이도록 했던 남성적인 블루칼라blue collar 노동자가 이에 해당한다. 이런 상황은 돈을 받지 않는 형태의 노동에서도 벌어질 수 있다. 예를 들면, 가사노동에서의 성역할 구분에 순응하는 것이 어떤 사람에게는 젠더 및 성정체성과 관계성을 확인하는 반가운 일일 수 있다. 이런 경우에서 "생산되고 또 재생산되는 것은" 고로 "가정생활에서의 활동과 부산물뿐 아니라 아내 역할과 남편 역할, 그리고 그로부터 파생하는 여자다운 행동과 남자다운 행동의 체현이다".(West and Zimmerman 1991, 30) 때로 젠더에 따라 행동하는 것은 맡은 일을 하는 것의 일부로 여겨질 수도 있다. 또 어떨 때는 맡은 일을 하는 것이 젠더에 따라 행동하는 것의 일부로 여겨지기도 한다. 로빈 레이드너Robin Leidner가 반복적인 대면 서비스 업무에 대한 연구에서 지적했듯이 "노동자가 자신의 직무를 통해 자신의 젠더를 흡족한 방식으로 표현한다고 해석할수록 그 직무가 함의하는 정체성을 더 잘 받아들인다".(1993, 194)

하지만 이게 이야기의 전부는 아니다. 피고용인에게 이런 상황은 자신의 젠더화된 자아를 일에 끌고 오는 문제일 뿐 아니라, 일 안에서 그리고 일을 통해서 젠더화되는 문제이기도 하다. 고용주에게는 남성적 노동자나 여성적 노동자를 고용해 일하도록 하는 문제를 넘어, 노동자의 젠더화된 정체성과 관계성을 적극적으로 관리해야 하는 문제이기도 하다. 마이클 부라보이 Michael Burawoy(1979)의 유명한 주장처럼, 착취 가능한 주체는 그냥 발견되는 것이 아니라 생산의 현장에서 만들어지는 것이다. 특정한 일터 하나의 차원에서조차 개별 관리자들은 착취 가능한 주체들을 어느 정도까지는 빚어낼 수 있다. 여기에서 개별 관리자들은 이미 고용한 직원들이 특정한 방식으로 여성화된, 또는 남성화된 주체라고 상상한다.(Salzinger 2003, 20–21) 물론 각양각색의 일자리를 놓고 이런 식의 젠더 구분이 일어날지, 또 남자의 일에 걸맞을지 여자의 일에 걸맞을지, 노동자가 어떤 젠더 모델에 따라 일하도록 요구받을지 예측하기는 쉽지 않다. 레이드너가 연구한 패스트푸드 프랜차이즈의 관리자와 노동자는 흔히 여성적 활동으로 분류되는 요리를 남자의 일로 받아들였다. 직무가 젠더화될 것인지, 젠더화된다면 어떤 직무가 어떤 젠더의 이상적 행동거지에 더 혹은 덜 부합하는 것으로 여겨질지 예측하는 것이 언제나 쉽지는 않다. 그럼에도 젠더 분업의 한 부분인 이런 식의 직능 분리는 젠더차별과 위계가 필연적이라는 실증적 증거라도 되는 듯이 여겨지고 있다. 고로 레이드너가 지적했듯이 "젠더에 걸맞은 적절한 행동이라는 개념이 상당히 유연하기는 하지만, 그렇다고 젠더에 따른 분업이 필수적이며 자연스럽다는 생각을 허물어뜨리지는 못한다".(1993, 196) 레슬리 샐징거 Leslie Salzinger는 멕시코 마킬라도라 maquiladora의 젠더화된 노동에 대한 연구에서 젠더 범주는 엄격하면서 동시에 젠더의 표현과 의미는 가변적인데, 이 점이 젠더의 순응성이야말로 인간을 구별하는 원칙이라는 사실을 정확히 설명한다고 주장한다.(2003, 25) 이렇게 보면 아이러니하게도 젠더의 엄청난 가변성이 젠더 구분을 더욱 당연하게 받아들이게끔 한다. 그 반대가 아니라.

노동의 가치

노동사회라는 범주는 사회적 중개 및 주체의 구성에서 노동이 차지하는 역할뿐 아니라 노동의 지배적인 가치를 가리키기도 한다. 현재 노동이 조직화된 방식에 이의를 제기하려면, 노동의 물화와 탈정치화뿐 아니라 노동을 정상의 규범, 도덕적 가치로 보는 현실에도 맞서야 한다. 노동은 경제적 필연이자 사회적 의무로만 옹호되는 것이 아니다. 노동은 개인의 도덕적 실천이자 집단의 윤리적 의무로 널리 받아들여진다. 전통적인 노동관—임금노동의 도덕적 가치와 고결함을 설파하고 그런 노동이 개인의 성장과 자아실현, 사회적 인정과 지위의 절대적 원천으로 보는 관점—은 미국의 노동자들이 임금노동에 오랜 시간을 바치고 거기에 자신의 정체성을 투여하는 것을 합리화하고 더욱 독려하는 데 여전히 효력을 발휘하고 있다. 이렇게 노동윤리를 정상 규범이자 도덕적 기준으로 받아들이는 것은 대부분에게 매우 친숙한 일일 것이 분명하다. 두말할 것 없이 노동윤리는 경영 담론, 대중매체, 공공정책에서 반복적으로 설파되고 옹호되고 칭송받기 때문이다. 좌파나 우파 모두가 생산성을 중요한 가치로 꼽는 윤리를 설파한다. 가장 유능하고 유순한 노동자를 찾는 고용주와 여성을 복지의 대상에서 임금노동의 주체로 이끌려는 정치인부터 아이들이 경제적 안정과 사회적 성취를 가장 훌륭히 보장해 줄 가치관을 받아들이길 바라는 부모와 교육자들까지 모두 마찬가지이다.

한 가지 확실히 해 두자. 전통적인 노동관을 문제 삼는 것은 노동에 가치가 없다고 주장하기 위해서가 아니다. 생산적 활동의 필요성을 부정하기 위해서도, 윌리엄 모리스William Morris의 표현을 빌려 모든 생물에게는 "에너지를 활용하는 기쁨"(1999, 129)이 있을 수 있다는 사

우리는 왜 이렇게 오래, 열심히 일하는가?

실을 부인하기 위해서도 아니다. 그보다는 다른 방식으로 생산적 활동을 구성하고 분배할 수 있음을 주장하고, 노동이라는 울타리 밖에서도 창의적일 수 있다는 사실을 일깨우기 위해서이다. 우리가 지금 노동에서 찾곤 하는 즐거움을 그 밖의 다양한 방식으로 경험할 수도 있으며, 그뿐 아니라 세상에는 우리가 새로이 발견하고 고양하며 누릴 수 있는 다른 즐거움도 있다는 사실을 보여 주기 위해서이다. 나아가 일하기 위해, 또 일을 통해서 살아가려는 의지가 주체들을 자본주의적 목적에 철저히 복무하게 한다는 사실을 일깨우기 위해서이다. 그러나 노동사회의 문제를 공론화하고 정치적 문제로 제기하기 전에 일을 수용하고 일과 자신을 동일시하도록 이끌며, 일을 강력한 욕망의 대상이요 열망이 향하는 특권화된 영역으로 자리매김하도록 돕는 기제(노동윤리를 포함하여)를 이해할 필요가 있다.

페미니즘은 노동을 신비스럽고 도덕적인 것으로 만드는 고유한 경향이 있으며, 이 이름난 노동윤리의 페미니즘 버전을 재생산해 왔다. 임금노동과 무급노동에서의 젠더 분리와 위계에 대한 페미니즘의 가장 지배적인 대처 두 가지를 살펴보자. 제1기 페미니즘first wave과 제2기 페미니즘second wave* 모두에서 적어도 일부 페미니스트에게 인기를 끌었던 전략은 무급노동의 가치가 더 낮다는 인식을 대체로 받아들이면서 여성이 임금노동에 동등하게 접근할 권리를 추구하는 것이었다. 문화적으로 여성은 집안에 머무르도록 요구받았는데, 임금노동은 그런 요구로부터 벗어나게 해 주는 티켓과도 같았다. 동등한

★ 제1기 페미니즘: 대체로 19세기 말에서 20세기 초 유럽과 미국에서 전개된 투표권 쟁취를 중심에 두었던 자유주의 페미니즘을 일컫는다.
제2기 페미니즘: 자유주의 페미니즘의 한계를 비판하며 1960년대 대두된 급진적 페미니즘. 사적 영역에서의 여성 억압, 여성 고유의 성욕 등을 주된 이슈로 내세웠다.

취업의 권리를 위해 지속적으로 싸우는 것은 중요하지만, 페미니즘이 임금노동을 이상화하는 것을 비판적으로 살피는 것 역시 중요한 과제이다. 1996년의 복지개혁 논쟁과 뒤이은 입법화의 결과를 볼 때, 임금노동과 그 가치가 오늘날 어떤 식으로 조직되어 있는지 직시하는 일은 특히나 시급하다.[*] 노동윤리라는 이름으로 자행되는 빈곤여성을 향한 공격은 임금노동에 대한—그리고 끊임없이 변화하는 임금노동의 현실과 이에 깔린 오랜 가치관에 대한—페미니즘의 관점을 재고하고 새로이 정립할 필요를 일깨운다.

페미니즘이 취한 두 번째 전략은 가사노동부터 돌봄노동까지, 가정을 중심으로 이루어지는 무급노동의 가치를 재고하는 데 초점을 맞춘다. 사회적으로 반드시 필요한 이 같은 노동을 보다 가시적으로 만들고 그 가치를 인정받게 하는 일, 나아가 젠더 간에 보다 공평하게 분배되도록 하는 일은 페미니즘에서 절대적으로 중요한 기획임이 분명하다. 그러나 이 두 가지 전략—임금노동으로의 여성 진입에 초점을 맞추는 전략과 무급 가사노동의 가치를 재고하고 그 책임을 양성 간에 공평히 나누는 데 초점을 맞추는 전략—의 공통된 문제점은 노동에 대한 정통의 지배담론에 이의를 제기하지 못한다는 것이다. 그러기는커녕 무급이든 유급이든 여성노동이 지닌 가치와 존엄

---

[*] 1996년 '개인책임 및 근로기회조정법(Personal Responsibility and Work Opportunity Reconciliation Act, PRA)'이 제정되었는데, 이는 미국의 복지 제도를 근본적으로 바꾼 획기적 사건이다. 이전까지 미국의 복지 시스템의 근간에는 '아동부양가족세대 보호 제도(Aid to Families with Dependent Children Act, ADFC)'가 있었다. ADFC는 1935년 사회보장법에 의해 도입되었으며 부양 아동이 있는 편부모가족을 기본적인 지원 대상으로 하는 복지 제도였다. PRA는 빈곤층의 마지막 사회안전망인 AFDC를 폐지하고 이를 '한시적 빈곤가족원조 제도(Temporary Assistance to Needy Families, TANF)'로 대체했다. TANF의 수급자에게는 엄격한 노동의무가 주어졌으며, 수급 기간은 평생 동안 총 60개월을 초과할 수 없다. 이로서 복지는 노동에 대한 대가로서만 주어지게 되었으며, 노동윤리를 법제화하는 것이나 다름없게 되었다.

우리는 왜 이렇게 오래, 열심히 일하는가?

을 인정받기 위해 전통적인 노동윤리의 언어와 정서에 기대고 있다.[6] 노동윤리가 설파하는 노동신화에 기대지 않고, 페미니즘은 무급 형태로 이뤄지는 재생산노동이 폄훼되고 주변화되는 것에 어떤 식으로 맞설 수 있을까? 페미니스트는 단순히 더 많이 일할 수 있게 혹은 더 나은 일을 할 수 있게 해 달라고만 요구할 것이 아니라, 더 적게 일할 수도 있어야 한다고 주장해야 한다. 여성화된 무급노동의 가치를 재고하는 데만 초점을 맞출 것이 아니라, 그런 노력 탓에 여성의 무급노동이 신성화되는 것에도 반기를 들어야 한다.

고로 한편으로는 노동의 가치가 폄하되는 것에 대해, 다른 한편으로는 노동이 도덕적 의무로 자리 잡는 것에 대해 어떻게 싸워 나가야 할지 물어야 한다. 자율적 마르크스주의 전통으로부터 온 노동 거부라는 개념은 노동의 의미와 가치에 대한 의문에 분석의 초점을 맞추는 데 도움이 될 것이다. 다른 마르크스주의 학파에서는 노동에 지나친 가치가 부여되는 것에는 관심을 기울이지 않은 채, 노동 착취와 노동 소외라는 면에 국한하여 자본주의를 비판한다. 그러나 자율적 마르크스주의 전통은 자본주의적 생산과 자본주의의 (그리고 사회주의의) 생산 중심주의를 동시에 비판하는 보다 포괄적인 비판 모델을 제시한다. 노동 거부의 관점에서 볼 때, 노동 문제는 잉여가치의 착취나 숙련기술의 퇴보로 환원될 수 없으며, 노동이 우리의 삶을 잠식하는 방식 전체로 확대된다. 노동을 둘러싼 투쟁은 그저 더 나은 노동조건을 위한 것이 아니라 노동 바깥에서의 삶을 누리기 위한 시간과 돈을 위한 것이기도 하다. 미국과 그 밖의 나라에서 무급노동 및 임금노동이 어떤 식으로 착취되는지를 분석한 중요한 연구들은 많지만, 더 큰 노동 시스템, 특히 이 시스템을 지탱하는 데 일조하는 가치관에 대한 이론적 탐색은 충분히 이루어지지 않았다. 그로 인해 노동 위계상의 중상층이 누리는 고용조건을 획득하기만 하면 노동과 관련한 목표는 다 이루어지는 것이며, 지배적인 노동 중심 가치관 역시 정당화될 수 있다는 결론에 이르게 되고 만다. 노동 거부의 이론과 실천은 노동이 윤리적으로 이상화된 이미지에 부합할 수 없다는 것만이 문제가 아니라고 주장한다. 노동은 미덕을 보이는 일이 아닐 뿐더러, 노동윤리가 평생에 걸친 노동의 대가로 약속하는 의미, 그에 더해 노동윤리의 이상 자체를 노동이 선물해 주지 않는다는 것이 문제이다.

일work과 노동labor

앞서 나는 일에 대해 시스템의 관점에서 생각하는 것과 하나의 일자리를 놓고 생각하는 것의 차이를 지적했다. 내 우려와 의도를 좀 더 명확히 하고자, 여기서 또 다른 차이 하나를 짚어 두려 한다. 그 차이는 이 책에서 탐구하려는 세 가지 개념 쌍 가운데 첫 번째 쌍 사이에 있는 것으로, 바로 일과 노동의 차이이다. 두 범주를 다루는 데 내가 주목하려는 구분이 용어에 대한 것은 아니지만, 내가 어떤 식으로 일이라는 단어를 쓰는지 명확히 하는 데서 논의를 시작하는 게 좋겠다. 이 책에서 '일'이라는 말은 임금노동이라는 특권화된 모델을 중심으로 조직화된, 그러나 그 모델로만 국한되지는 않는 생산적 협업productive cooperation을 가리킨다. 무엇이 일로 여겨지는가, 즉 어떤 형태의 생산적 활동이 일에 포함되며 각각의 가치는 어떻게 인정받는가는 역사적으로 논쟁의 대상이었다. 여러 형태의 생산적 활동(무급 형태의 활동을 포함하여) 중 어떤 것이 '일'로서 인정받는가, 그리고 어떤 값으로 보상받아야 하는가는 미국뿐 아니라 세계적으로 오랜 기간 동안 계급 및 인종, 젠더 투쟁의 최전선에 있는 문제였다.

여기서 나는 일과 노동의 관계에 주목하게 된다. 이 책의 목적을 고려하여 나는 두 용어를 서로 대체할 수 있는 것처럼 사용할 것이다.* 이로서 자주 그러나 변덕스럽게 제기되곤 하는 둘 사이의 차이를 거칠게 다루고자 한다. 이 문제에 관한 중요한 학자로 한나 아렌트Hannah Arendt를 들 수 있을 것이다.(1958) 아렌트는 생물학적 존재로서 삶을 영위하기 위한 활동으로서의 노동labor과 대상 세계를 창조하는 활동으로서의 일work을 구분함으로써 세 번째 범주의 활동, 즉 행위action의 특이성을 강조했다. 여기서 행위는 공적 영역에서의 정치적 활동을 뜻한다. 이와는 대조적으로 마르크스주의 전통에서 더 확장적이며 가치 있는 활동으로 그려지는 것은 노동 —보다 정확히는 살아 있는 노동living labor — 이다. 여기서 살아 있는 노동은 자본이 잉여가치를 생산하기 위해 활용하는 인간의 집단적이고 창조적인 역량으로 개념화되면서, 비판적 관점과 유토피아의 가능성을 동시에 이끌어 낸다. 비판적인 관점 아래서는 현대 노동이 품은 소외와 착취의 조건을 추궁하고, 유토피아의 가능성 아래서는 그런 조건을 혁명적으로 전환하는 것을 꿈꾼다. 여기서의 논의에 따르자면, 노동에 쓰이는 인간 역량은 임금노동의 조직화로 인해 절뚝거릴지 모르지만, 집단으로서의 창조적 잠재력에 쓰일 때 개인들의 한계를 뛰어넘는다.

고전적인 아렌트식의 분류로 보자면, 한쪽에 노동과 일 사이의

★ 저자가 일(work)과 노동(labor)을 특별한 구분 없이 사용한 것을 따라 옮긴이 역시 일과 노동을 문맥에 따라 자연스럽게 읽히는 수준에서 혼용하였다. labor는 노동으로, work는 상황에 따라 일 또는 노동으로 옮겼다.

거리가 놓이고, 다른 한쪽에는 합당한 정치 활동이 놓인다. 그러나 이런 식의 구도는 이 책의 목적에 그다지 유용하지 않다. 아렌트가 제시하는 일과 노동의 구분이 갖는 힘을 나 역시 인정한다. 하지만 마르크스주의의 예를 놓고 볼 때, 노동의 구조와 노동이 부여받는 압도적인 가치를 동시에 비판하려는 나의 목적에는 그 같은 구분이 잘 들어맞지 않는다. 또한 일을 대체하는 개념으로 차용되는 살아 있는 노동 개념에는 일을 필요 불가결한 것으로 보는 사고에 똑같이 붙들려, 의문시해야 할 그 의미를 마찬가지로 부풀리고 있다는 문제가 있다. 내가 문제 삼고자 하는 생산 중심주의의 가치관으로 가득차 있는 한, 살아 있는 노동의 개념은 지배적인 노동윤리를 따져 묻는 데 필요한 결정적 준거를 제공하지도, 가치평가의 대안적 방식—노동사회를 완성하는 것이 아니라 극복하는 비전—을 창출해 내지도 못한다.[7] 이런 측면에서 포스톤의 반反생산 중심주의적 마르크스주의에 입각해서 보자면, 그 결과로 따라 나오는 분석은 "노동 관점**으로부터의** 자본주의 비판"을 진전시키는 것이 아니라 "자본주의에서의 노동**에 대한** 비판"을 추구하는 것을 목표로 한다(1996, 5). 이 책에서 일과 노동을 구분 짓기를 거부하는 것은 일종의 내기와도 같다. 살아 있는 노동의 개념은 노동의 필요와 미덕을 칭송하는 노동윤리의 이상을 실현하고, 노동윤리가 선사하는 차고 넘치는 칭송을 누린다. 그런 살아 있는 노동의 옷으로 가장한, 소외도 착취도 없는 일에 대한 꿈을 꾸지 못하게 막아 놓음으로써 노동에 대한 비판적 분석에 집중하고, 나아가 탈노동의 미래에 대한 급진적 상상을 품어 보고자 한다.

나는 이 책에서 일의 특수한 차원들에 대한 비판적 통찰을 확보하고, 다른 가능성을 상상하기 위해 논의를 펼쳐 나가고자 한다. 그

우리는 왜 이렇게 오래, 열심히 일하는가?

과정에서 일과 노동의 대비가 놓였던 지점에 여러 가지의 다른 차이들을 놓아 볼 것이다. 노동시간work time과 비노동의 시간non-work time의 차이, 일과 삶life의 차이, 의무를 행해야 하는 시간과 "의지하는 일을 하는" 시간의 차이, 나아가 추상화해서 말하자면 이런 노동사회 비판이 이루어지는 해체의 순간을 신호하는 반노동 개념과 아직 도래하지 않은 것을 위한 자리를 남겨 놓고자 만들어진 탈노동 개념의 차이 등이 그것이다.

일과 계급

이 책에서는 일과 노동의 차이를 접어 두겠지만, 일과 계급의 관계만은 연결 고리로서 가져가려고 한다. 다만 간접적으로 그렇게 할 것이다. 마르크스가 앞서 인용한 《자본론》의 구절에 이어 명백히 밝혀 두었듯이, 계급은 말할 것도 없이 마르크스 정치경제학의 핵심 범주이다. 자산을 가진 두 주인, 바로 돈의 주인과 노동력의 주인이 등가물을 거래하고자 만나는 시장교환의 낙원으로부터 내려와 둘 중 한쪽만 일하게끔 되어 있는 은밀한 생산의 장소에 도달했을 때, 우리가 제일 먼저 보게 되는 것은 무엇일까? "단순한 순환의 영역, 즉 상품교환으로부터 떠나면, 이 등장인물들의 면모에 어떤 변화가 일어난다. 돈의 주인은 자본가로 앞장서 걸어가고, 노동력의 주인은 자본가의 일꾼으로 그 뒤를 따라간다."(1976, 20)* 처음에는 각각 상품을 지

★　김수행 역, 《자본론》 I(상), 비봉출판사, 231쪽 참고.

닌 두 명의 동등한 개인이 자신의 이익을 위해 서로의 것을 교환하기로 약속했었으나, 이제 우리는 불평등이 둘을 갈라 한쪽은 앞서 걷고 다른 쪽은 그 뒤를 따르는 것을 목격한다. 이렇게 시장에서 일터로 인식의 중심을 옮기면, 계급에 기초한 사회적 위계질서의 존재에 날카롭게 초점을 맞추게 된다.

전통적인 마르크스의 작업에서 계급은 핵심적 위치를 점유하지만, 그럼에도 나는 일을 연구의 특권적 주제이자 정치적 투쟁의 주된 영역으로 가져가려고 한다. 그러니 여기에서 일과 계급의 관계에 대해, 그리고 이 용어들을 다르게 구성하는 데 걸려 있는 것이 무엇인지 논해 보기로 하자. 일과 계급이라는 두 범주 사이의 관계를 다루는 데는 적어도 두 가지 접근 방식이 있다. 하나는 둘 사이의 차이를 날카롭게 드러내는 것이며, 다른 하나는 둘 사이의 공통적 주제에 주목하는 것이다. 우선 첫 번째 방식에서 시작해 보자. 두 개념의 차이는 일을 하나의 과정으로 놓고, 계급을 일종의 결과로서―다시 말해 (소유권·부·소득·직업·소속의 형태 등 무엇을 기준으로 하든) 경제적 불평등의 패턴을 파악하기 위해 설계한 범주로서―이해하여 비교하면 가장 뚜렷하게 드러날 것이다. 그러나 계급을 이런 식으로, 즉 활동이 아니라 결과로서 정의하고 판단하면 내 연구의 목적 아래서는 그 효용이 제한적일 것이다.

이런 접근 방식에 우려를 표한 것이 내가 처음인 것은 물론 아니다. 예를 들어, 이 개념의 잠재적 단점은 마르크스주의 페미니즘 안에서 오랫동안 논의되어 왔다. 결국 시초가 되는 "여성 문제woman question"는 젠더의 범주와 계급의 범주가 분리되면서, 그리고 이로부터 페미니즘과 계급투쟁의 관계에 대한 질문이 제기되면서 생겨났다. 그러나 제2기 페미니즘에서 계급이 문제가 되었던 것은 보다 광범위한, 경제 외적의 논의에 계급 범주가 부적합할 수 있기 때문만은 아니었다. 그보다는 계급을 젠더나 인종과 무관한 범주로 상정하면—그리고 대개가 그랬다—경제적 위계질서의 윤곽을 파악하는 일에도 한계가 생기기 때문이었다. 아이리스 영Iris Young은 내가 일의 범주를 계급의 범주 위에 놓고자 하는 것과 비슷한 이유로, 마르크스가 논했던 분업의 범주를 계급 대신 마르크스주의 페미니즘의 제1의 분석 요소로 삼자고 주장하기도 했다. 제2기 페미니즘을 있게 한 전형적 논의인 셈인데, 여기서 영은 이런 방법론적 전환이 최소한 두 가지 장점이 있다고 이야기한다. 첫째, 분업은 계급보다 넓은 범위를 아우르며, 동시에 좀 더 다양하게 적용될 수 있다. 이렇게 바꾸어 보면 젠더·인종·국가뿐 아니라 계급에 의한 다중의 분업을 생각할 수 있으며, 영이 설명하는 것처럼 **한 계급 내에서의 구체적인 분할과 모순**"이 드러난다.(1981, 51, 강조는 저자 추가) 여기서의 분할과 모순은 단지 젠더·인종·국적만이 아니라 잠재적으로 직업과 소득에 따른 것일 수도 있다. 고로, 예를 들자면 젠더 분업의 범주는 "모든 여성 일반, 혹은 특정 사회 내 모든 여성이 공통의 동일한 상황에 놓여 있다고 가정하지 않고도" 일의 젠더화된 패턴에 초점을 맞출 수 있도록 해 준다.(55) 분업의 범주가 그렇듯이, 내게는 일의 범주가 계급의 범주보다 포용력이 크면서도 더 섬세하게 조율된 것으로 보인다. 무엇보다 일은, 일의 부재不在까지 포함하여 매우 중요한 요소임과 동시에 계급·젠더·인종·국가에 따라, 혹은 같은 계급·젠더·인종·국가 안에서도 다르게 경험된다. 이런 면에서 일의 정치학, 그리고 일에 반하는 정치학은 전통적인 계급 정치학의 고전적 주인공, 바로 산업 프롤레타리아트 외의 주체들까지 포괄하여 계급투쟁의 영역을 넓힐 잠재력을 가지고 있다.

영이 언급한 두 번째 장점도 짚어 보자. "분업의 범주는 계급의 범주보다 폭넓은 현상 일체를 다룰 수 있을 뿐 아니라 보다 실제적이기도 하다." 영에 따르면 계급과 달리 분업은 "노동 **활동** 자체와 그 활동의 실제 사회적·제도적 관계를 구체적으로 논"하며, 따라서 "사회 내 상호작용과 상호의존의 구체적 관계를 보다 실제적 차원에서" 다룬다.(51) 고로 계급이 노동 활동의 결과를 논한다면, 분업은 활동 자체를 지향한다. 여기서도 영이 분업의 범주에 관심을 갖는 것과 내가 일에 초점을 맞추는 것 사이의 유사점이 드러난다. 결국 일은, 일의 결핍을 포함해 자본주의적 가치평가가 점점 더 많은 사람의 삶에 가장 직접적이며 강력하게 영향을 미치는 방식이다. 이러한 일의 정치학은 매일 낮, 때로는 매일 밤의 일하는 경험—일의 공간, 관계, 일시성, 그리고 일의 물리적·감정적·인지적 측면, 그리고 일의 괴로움과 기쁨까지—을 정치적 문제로 연결 짓는 방식이라고 생각할 수 있다. 일의 경험이 현재 어떤 형태를 띠는지, 어떤 조직화 코드와 규칙 관계를 갖고 있는지에서 정치적 문제를 찾게 되는 것이다.[8] 계급 범주는 여전히 강력한 분석 요인이지만, 정치적 효용성은 그에 비해 미미하다고 생각한다. 산업화 시대의 대립적 계급 범주, 바로 "노동계급 working class"은 탈산업화 경제에서도 대부분의 사람이 임금노동과 맺는 관계를 정확히 표현해 줄지는 몰라도, 사람들이 스스로를 생각하는 방식에 부합할 가능성이 점점 줄어들고 있다. 바로 이 점이 계급 범주의 문제다. 너무 많은 사람이 중산층 범주에 자신을 투영하고 있어, 노동계급이 오늘날 미국에서 의미 있는 집결점이 될 수 있을 것이라고 보기는 어렵다. 반면 일의 정치학은 정체성이 아니라 활동, 즉 결과가 아니라 일상의 핵심적 구성 요소에 초점을 맞춘다. 다시 한 번 말하자면, 이런 측면에서 일에 대한 논쟁은 전통적 계급 정치학보다 훨씬 확장적인 영역을 열 잠재력이 있다. 일의 문제가 다양한 소득·계급·정체성 집단을 가로질러, 다만 서로 다른 여러 방식으로 반향을 일으킬 가능성을 갖고 있기 때문이다.

일이 계급보다 유리한 점은 그 폭과 실재성 너머까지 뻗어 있다. 마르크스가 정치적 불평등이나 빈곤이 아니라 노동을 유물론적 분석의 진입구로 삼은 데에는 노동과 행위주체 사이의 관계가 결정적인 역할을 했다. 마르크스는 이 관계야말로 반자본주의 정치학의 근본에 있다고 보았다. 그리하여 마르크스와 엥겔스Friedrich Engels는《독일 이데올로기German Ideology》에서 청년 헤겔파의 이상주의뿐 아니라, "환경이 사람을 만든다"라는 마르크스와 엥겔스의 또 다른 정식定式이 빚지고 있다고 여겨지곤 하는, 그러나 "사람이 환경을 만든다"라는 말은 이에 해당되지 않을, 포이어바흐의 "몰역사적ahistorical"이라고 분류되는 유물론과도 거리를 둔다.(1970, 59) 마르크스와 엥겔스가 이해한 바에 따르면 유물론은 단순히 주체들이 어떻게 사회적으로 구성되느냐에 대한 것이 아니라, 행하고 만드는 창조적 행위에 대한 것으로 공시적共時的이며 그와 동시에 통시적通時的인 존재론적 궤적을 다루는 것이다. 마르크스와 엥겔스는 노동 행위, 즉 "살아 있는 감각 **활동**"(64)에 초점을 맞춤으로써, 유물론을 주체들의 사회적 구성이 아니라 창조적 활동으로 파악했다. 이때의 창조적 활동은 단지 상품을 만드는 역량이 아니라 세계를 재창조하는 역량이다. 나의 판단으로는 이렇게 노동 현실, 노동과정과 노동의 관계에 초점을 맞추면 노동자의 행위하는 능력이 드러난다. 계급 범주를 통해 파악되고 측정되는 경제적 결과물 안에서 노동자가 무력화되는 것과는 상반된다.[9]

따라서 적어도 하나의 계산법으로서 계급과 노동은 서로 다른 분석의 영역에 속하며, 나는 이 책에서 계급을 분석하는 대신 일에 대한 비판적 연구를, 그리고 계급투쟁 대신 반노동 정치학을 추구하고자 한다. 그런데 일의 범주와 이렇게 날카롭게 대비되지 않으면서도, 이 영역에서 보다 설득력 있는 또 다른 접근법을 내놓는 방식이 하나 있다. 계급 역시 결과물이 아니라 과정으로 파악한다면, 계급과 일의 분석은 그렇게 뚜렷이 갈라지지 않을 수 있다. 계급을 과정으로 보는 개념은 계급 형성이 어떤 관습과 관계 안에서 보전되고 재탄생되고 도전받는지에 주목함으로써 계급 형성을 정적으로 배치하는 작업의 기능성을 무너뜨린다.[10] 계급을 계급화되는 과정으로 이해한다면, 일은 계급에 접근하는 유용한 렌즈로 이해될 수 있다. 이때의 일은 무엇이 일로 인정받느냐에 대한 투쟁까지 포함하는 개념이다. 이렇게 보면, 일에 반하는 투쟁 역시 계급 정치학의 한 영역이 될 수 있다.

그러나 여기서 하나 주의할 것이 있다. 계급이 형성되고 관계 지어지는 것을 반노동 정치학의 바탕으로 보기보다는, 반노동 정치학에 기름을 붓고 조직적 형태를 부여하는 것으로 바라보는 쪽이 낫다는 점이다. 이런 노력을 통해 무엇이 생겨날 수 있는지에 초점을 맞추어 생각하는 것이 더 좋을 것이다. 이런 독법을 통해 보면 계급 형성, 즉 자율주의 전통에서 계급 구성이라고 부르는 것은 투쟁의 원인이 아니라 투쟁의 결과로서 가장 잘 파악된다. 그러나 이러한 일의 정치학에서 등장할 수 있는 노동계급의 특별한 구성은—다시 말해 노동 문제를 중심으로 연합할 수 있는 집단들과 반노동 투쟁의 틈새 안에서, 또 탈노동 상상에서 생겨날 수 있는 분열은—열린 문제로 남는다. 이와는 달리 반노동 정치학은 전통적인 계급 분할을 관통할 잠재력을 지닌 만큼, 노동계급 정치학의 영역을 해체하고 다른 방식으로, 어쩌면 보다 확장적인 방식으로 재구성하는 역할을 해

낼지도 모른다.

결론적으로 나는 우리가 계급에 대해서 더 이상 생각하지 말아야 한다고 말하는 것이 아니다. 일에 초점을 맞추는 것이 계급에 접근하는 정치적으로 유망한 방법일 수 있다는 것이다. 일은 확장성 있는 개념이고, 일상의 매우 중요한 부분을 차지하며, 또한 우리가 분류되는 범주가 아니라 우리가 수행하는 행위이기 때문이다. 또한 이모든 이유 덕에 정치적인 사안으로서 제기될 수 있기 때문이다. 그리하여 일은 계급 분석의 영역으로 들어서는 진입구이다. 이 분석을 통해 계급 과정을 좀 더 가시적이고 뚜렷하며, 폭넓게 적용 가능하게끔 파악할 수 있을 것이다. 그리고 이 과정에서 아직 도래하지 않은 계급의 형성을 촉발할 수 있을지도 모른다.

자유와 평등

나는 이 책에서 일과 노동의 차이를 덮어 두고, 일과 계급의 정확한 관계에 대한 질문을 결국 미뤄 둘 것이다. 하지만 또 다른 차이, 바로 자유와 평등의 차이는 중요하게 다루고자 한다. 이 책에서 자유와 평등의 개념을 어떻게 바라보는지 이해하기 위해 돈을 지닌 자와 노동력을 지닌 자가 시장교환의 영역에서 생산의 영역으로 발을 옮겼을 때의 장면을 마르크스가 어떻게 그렸는지 다시 한번 살펴보자. 앞서의 이야기를 다시 떠올려 보면, 장소가 바뀌면서 등장인물의 외양에도 현저한 변화가 일어난다. 돈을 지닌 자는 자본가로 앞장서 가고, 그에 반해 노동력을 지닌 자는 노동자로서 뒤를 따른다. 마르크스는 계속해서 이렇게 쓴다.

서문 | 일의 문제

전자는 거만하게 미소를 띠고 사업에 착수할 열의에 차 바삐 걸어가고, 후자는 자기 자신의 가죽을 시장에 팔아 버렸으므로 이제는 무두질만을 기다리는 사람처럼 겁에 질려 주춤주춤 걸어가고 있다.(1976, 280)*

앞서 지적했듯이, 노동 시장에서는 두 계약 주체가 공식적으로 동등하나 일의 현장에서는 위계질서가 나타난다. 하지만 위 구절의 끝에서 보여 주듯이, 자본가가 앞서고 노동자가 뒤를 따를 때 불평등만 나타나는 것이 아니다. 자본가는 거만한 미소를 띠고 노동자는 겁에 질려 주춤거릴 때 종속 또한 그 모습을 드러낸다. 다시 말해, 일에 대한 비판적 분석은 착취뿐 아니라 지배를 드러낸다.[11] 은폐된 생산의 영역에서 벌어지는 폭력을 보여 주는 것은 일에서의 지배와 종속을 증폭해 보여 주는 역할을 한다.

일터에서 겪게 되는 지배와 종속은 그저 착취 과정의 부수적인 요소에 그치지 않는다. 캐럴 페이트먼Carole Pateman의 고용계약에 대한 분석은 이 지점에서 빛을 발한다. 페이트먼에 따르면 임금노동 외에는 실질적 대안이 없기 때문에 고용계약에 억지로 진입할 수밖에 없다는 데서만 문제가 오는 것이 아니다. 불평등이 그저 계약조건의 결과로서 생겨나는 것도 아니다. 마르크스의 어휘로 번역해 표현하자면 문제를 강제된 노동이나 착취, 어느 쪽으로도 환원해 버릴 수 없다. 그보다는 임금노동의 계약이 권위를 부여하는, 그래서 노동 현실을 형성하는 지배와 복종의 관계에 좀 더 주목할 필요가 있다. 페이

★ 김수행 역, 《자본론》 I(상), 비봉출판사, 233쪽.

우리는 왜 이렇게 오래, 열심히 일하는가?

트먼은 "고용계약이 자본가를 주인으로 만들기 때문에" 착취가 가능하다고 말한다. "자본가는 노동자의 노동이 어떻게 쓰일지 결정할 정치적 권리가 있다."(1988, 149) 이런 명령하고 복종하는 관계, 고용주가 계약에 따라 피고용인에게 지시를 내릴 권리를 갖는 것은 착취의 부산물이 아니라 착취의 절대적인 전제조건이다.

마르크스 역시 노동에서의 문제가 급여 조건에 대한 것으로 환원될 수 없으며, 임금관계와 임금관계가 장악하는 노동과정의 핵심으로 뻗어 있다는 점을 명확히 하고 있는 듯하다. 이것이 마르크스가 임금 인상 프로그램은 **"노예를 위한 더 나은 보상"**에 지나지 않는다고 주장한 이유이다(1964, 118). 과정이 아니라 결과에만, 그리고 부자유보다는 불평등에만 협소하게 초점을 맞추면 자본주의에 대한 비판은 빈곤해진다. 마르크스는 〈고타강령 비판Critique of the Gotha Program〉에서 이에 필적하는 부적절한 접근법을 놓고 아래와 같이 숙고한다.

> 이것은 마치, 노예제의 비밀을 드디어 간파하고 반란을 일으킨 노예들 가운데 낡아빠진 표상에 사로잡힌 한 노예가 반란의 강령에 다음과 같이 써 넣는 것과 같다: 노예 제도에서의 노예 급양은 일정한 최저 수준을 넘어설 수 없기 때문에, 노예제는 폐지되어야 한다! (1978, 535)**

고로 나는 노동의 착취와 소외에 대한 비판에 더해, 지배자와 피지배자의 관계로서의 권력power과 권위authority의 정치적 관계에 초점

** 《칼 맑스 프리드리히 엥겔스 저작 선집 4》, 박종철출판사, 382-383쪽.

을 맞추고자 한다. 이를 위해 마르크스뿐만 아니라 1970년대 페미니즘의 몇몇 갈래를 살펴볼 것이다. 평등과 더불어, 또는 평등 이상으로 자유에 집중하는 것은 당시 자유주의 페미니스트로부터 뻗어 나온 미국 제2기 페미니즘의 좀 더 급진적인 분파가 지닌 특징이었다. "(여자) 입장 금지" 표시를 따르기 거부하는 일은 가정과 결혼, 섹슈얼리티라는 이른바 '사적' 영역으로까지 이어졌다. "입장 금지" 표시는 오직 본성의 요구, 또는 개인의 선택의 권리에 따른다고 여겨지는 관계들에 대한 정치적 판단을 금지한다는 의미였다. 이런 운동이 급진적인 것은 여성이 현재의 상태에 동화되지 않고 일상을 전면적으로 변혁하기를 촉구하기 때문이었다.[12]

그 시대의 어휘로 표현하자면, 목표는 그저 여성과 남성의 평등이 아니라 여성 해방이었다. 정확히 무엇으로부터 벗어나 무엇을 향해 해방되려는 것인가는 물론 열띤 논쟁의 주제였지만, 해방이라는 표현과 평등을 뛰어넘어 자유를 추구하려는 기획은 페미니즘의 상상에 더 넓은 지평을 열고 새로운 행동의 의제를 제시해 주었다.

1970년대 여성 해방에 대해서는 아래에서 좀 더 논하겠지만, 그에 더해 자유를 페미니즘의 중요한 목표로 제시한 최근의 정치학 연구가 이 책의 기획에 또 다른 자원이 되어 주었다. 웬디 브라운Wendy Brown과 린다 제릴리Linda Zerilli의 작업은 "자유 중심 프레임 안에서의 페미니즘 프로젝트"를 시작했다는 점에서 특히 소중하다.(Zerilli 2005, 95) 여기서 자유는 개인의 소유에 대한 자유주의 모델을 넘어서는 것으로 이해된다. "자기 자신에 대해서, 자신의 신체와 정신에 대해서는 각 개인이 주권자이다"(Mill 1986, 16)라는 유명한 말에서처럼, 주권 의지로부터 뻗어 나오는 무언가, 개인의 독립을 지키는 무언가가 바로 자유이다. 여기서 자유는 소유하는 것이 아니라 실천하는 것으로 여겨진다. 목표라기보다는 과정이다. 브라운의 니체적 분석에서처럼 자유를 주권 의지의 창조적이면서 동시에 파괴적인 속성으로부터 끌어내든, 또는 제릴리의 아렌트적 분석에서처럼 시작을 일으키며 동시에 혼란을 야기하는 인간 행위의 역량에서부터 끌어내든, 자유는 이들의 논의에서 양면적 현상으로 나타난다.* 한편에서 자유는 규율에 반하는 행위로 그려진다. 브라운의 표현을 빌리면 "투쟁하지 않는다면 우리에게, 우리를 위해 행해졌을 것에 맞선 항구적인 투쟁"(1995, 25)인 것이다. 하지만 여기에서 그치지 않는다. 자유는 창조적 행위이기도 하다. 제릴리는 세상을 건설하는 집단적 실천이라고 표현했고, 브라운은 "삶의 조건을 만드는 데 참여하려는" 욕망, "미래를 헤쳐 가거나 그저 살아남기보다는 함께 미래를 만들어 가려는" 소망이라고 보았다(1995, 4). 고로 자유는 개인의 의지보다는 집단의 행위에 달려 있고, 이 때문에 자유는 정치적인 것이 된다. 이와 같이 자유는 관계적 행위이지만, 한쪽이 많이 가질수록 다른 한쪽은 적게 누리는 제로섬 게임은 아니다. 자유를 자기결정 혹은 자기주권의 문제로 보면, 자유는 유아독존적 현상으로 축소되어 버린다. 그보다 세계를 건설하는 실천으로 본다면 자유는 사회적인, 그리하여 필연적으로 정치적인 노력이다. 마르크스식 표현을 쓰자면, 자유는 개별자로서가 아니라 유적(類的) 존재로서 갖는 역량이며, 아렌트의 정식(定式)

★ 한나 아렌트는 《인간의 조건》에서 '행위'를 "모든 사람에게 의미 있는 공동의 세계에 관해 논의하는 활동"(이진우·태정호 역, 《인간의 조건》, 한길사, 35쪽)이라고 정의한다. 이때 행위는 타인의 현존 앞에 자신을 드러내 발화하는 활동을 가리킨다. 아렌트는 이런 행위야말로 무언가가 일어나도록, 즉 '시작'이 발생하도록 하는 것으로 보았다. "인간이 행위할 수 있다는 사실은 예상할 수 없는 것을 그에게 기대할 수 있다는 것과 또 매우 불가능한 것을 그가 수행할 수도 있다는 것을 의미한다. 이것이 가능한 것은 오직 각각의 인간이 유일하고 그래서 각자의 탄생과 더불어 유일하게 새로운 무엇이 세상에 존재하게 되기 때문이다."(같은 책, 238쪽)

43

에 바탕을 둔 제럴리의 주장에 따르면 자유는 다원성plurality*을 필요로 한다.(2005, 20) 그리하여 아렌트는 이와 같은 도발적 선언을 내놓는다. "인간이 자유롭기를 원한다면, 포기해야 할 것은 바로 주권이다."(1961, 165) 이런 의미에서 자유에는 권력의 부재가 아니라 권력의 민주화가 필요하다.

브라운과 제럴리 같은 정치학자의 연구는 자유의 개념을 정치적 열망의 중심축이나 원칙으로 구성하는 데 도움이 된다. 하지만 앞서 보았듯이 일을 논하기에는 일반적인 정치 이론으로 충분하지 않다. 일은 위계질서를 일으키는 활동—젠더화, 인종차별, 계급분화의 현장—으로서 뿐 아니라, 자유 중심의 정치학을 펼치고 추구하기 위한 장으로서도 대체로 간과되어 왔다. 그러나 마이클 데닝Michael Denning이 상기시키듯이, "일터는 근본적으로 시민사회의 **부자유한 연합이다**".(2004, 224) 일터야말로 사람들이 부딪히는 지배와 종속의 관계가 가장 끈덕지고 명백하게 드러나는 장소다. 정치적 사안으로 적합하다고 여겨질 만큼 변화 가능한 문제라고 일반적으로 받아들여지지 않을 뿐이다. 내가 주장하는 바대로 일에 대한 정치 이론이 자유의 문제를 다뤄야 하는 게 옳다면, 자유에 대한 정치 이론 역시 일의 문제에 초점을 맞춰야 한다. 따라서 나의 관심사는 일에 대한 페미니즘 정치 이론을 발전시켜 일 그 자체—일의 구조와 윤리, 일의

★ 《인간의 조건》에서 아렌트는 인간의 실존적 조건 중 하나로 다원성을 꼽는다. 다원성은 "보편적 인간(Man)이 아닌 복수의 인간들(men)이 지구상에 살며 세계에 거주한다는 사실에 상응한다. 인간 조건의 모든 측면들이 다소 정치에 관련되어 있지만 특별히 다원성은 모든 정치적 삶의 '필요조건'일 뿐만 아니라 '가능조건'이라는 의미에서 절대적 조건이다."(이진우·태정호 역, 《인간의 조건》, 한길사, 56쪽) 서로 다른 인간이 존재하지 않는다면, 차이를 드러내고 조율하는 정치가 필요하지도, 가능하지도 않을 것이기 때문이다.

실천과 관계—가 불평등을 일으키는 기제일 뿐 아니라 자유에 대한 정치적 문제라는 점을 드러내는 것이다.[13] 앞서 계급과 일을 구분했던 것을 이 개념 쌍(자유와 일_옮긴이)과 연결 지어 생각하면 내가 이 지점에서 다루고자 하는 바가 좀 더 명백해질 것이다. 계급의 정치학은 경제적 재분배와 경제정의 문제에 초점을 맞춘다. 특히 계급 범주의 지도를 다시 그리기 위해 임금 수준을 조정하는 데 주력하는 정치학이다. 그에 반해 내가 들여다보고자 하는 일의 정치학은 공간에 대한, 일상의 시간에 대한 명령과 통제가 어떻게 작동하는지 탐구하고, 우리가 함께 무엇을 할 수 있으며 무엇이 될 수 있을지의 조건을 빚어내는 데 직접 참여할 자유를 추구한다. 내가 "계급 결과class outcomes의 정치학"이라 부르는 정치학이 자본주의 사회의 불평등에 각을 세우는 것을 핵심에 둔다면, 내가 구성하고자 하는 일의 정치학은 자본주의 사회의 부자유에도 비판의 날을 들이민다.[14]

마르크스주의 페미니즘의 부활

다양한 자료를 참고하겠지만, 1970년대 페미니즘 중에서 위와 같은 관점에서 일을 이론화하는 데 특히 중요한 역할을 하는 버전은 영미권의 마르크스주의 페미니즘이다.[15] 그 전성기 시절, 자본주의 정치경제학과 젠더 체제를 반자본주의적이며 동시에 페미니즘적인 관점에서 배치해 보려는 시도로서의 전통은 젠더화된 노동 관습이 자본주의적이며 가부장적인 사회구조에 의해 어떻게 이용되었으며, 동시에 그런 구조를 파괴할 잠재력을 갖고 있었는지를 들여다보는 데 집중했다.[16] 이 연구가 초점을 둔 세 가지가 이 책에서 펼치려는 나의 논점과 특히 잘 들어맞는다. 일을 공공화publicize하고, 정치화politicize하며, 나아가 급진적으로 변환하는 것이 바로 그 세 가지이다. 하지만 이 세 가지 영역에서의 노력이 이 책의 기획과 바로 만나기 위해서는 재촉과 촉구가 좀 필요하다. 앞서 소개한 노동 거부라는 범주가 이 같은 재촉과 촉구를 위해 쓰일 것이다. 이 범주는 위의 세 가지를 보완하고 수정하여 새롭게 구성하는 수단이 될 수 있다.

이 책의 기획에는 마르크스주의 페미니즘, 또는 일부 사람들이 선호하는 바대로 부르자면 사회주의 페미니스트의 전통이 가장 먼저, 가장 중요한 영감을 주었다. 이 전통은 자본주의적 가부장제를 비판적으로 분석하는 출발점으로서, 동시에 정치적 행동이 겨냥할 핵심적인 지점으로서 노동에 초점을 맞추고 있기 때문이다. 한 분석가가 요약한 바대로, "사회주의 페미니즘은 **노동자로서의 우리 역량 안에서의 여성**, 그리고 우리의 모든 다양성 안의 여성에 끊임없이 주목하는 것을 의미한다".(Froines 1992, 128) 사회주의 페미니즘이 1970년대 일에 대한 비판적 연구에 가장 크게 공헌한 바는 아마도 범주 자체를 확장한 데 있을 것이다. 페미니스트들은 매일의, 그리고 다음 세대의 유급 "생산"노동을 가능케 하는 대체로 무급인 "재생산"노동이 사회적으로 필수적인 노동임을, 고로 이 노동을 둘러싼 관계들이 자본주의적 생산양식의 본질적 일부임을 주장했다. 여가leisure라고 분류되어 왔던 것이 실은 일이었다. 그리고 여성의 본성이 자연스럽게 표출되는 것으로 보았던 것이 실은 숙련된 활동이었다. 마르크스주의의 개념과 방법론을 새로운 영역에 접목하려는 노력을 통해 페미니스트들은 전통적인 일 개념에 논란을 불러일으키는 데 성공했다. 낸시 하트삭Nancy Hartsock은 돈을 가진 자와 노동력을 가진 자에 대한 마르크스의 이야기를 확장하는 방식을 사용했다. 자본가와 노동자

우리는 왜 이렇게 오래, 열심히 일하는가?

가 임금노동의 영역으로 발을 들인 후, 그다음 노동자의 집으로 따라 들어가 본다면? 여기에는 또 하나의 은밀한 생산의 장소가 있다. 우리는 여기서 등장인물의 면모에 또 한 번 변화가 일어나는 것을 목격하게 된다.

> 노동자로서 겁에 질려 주춤주춤 걸어가던 노동자는 이제 앞장서 활보한다. 마르크스가 묘사했던 자본가와 노동자(둘 다 남자였던) 사이의 거래에는 등장하지 않았던 제3의 인물이 이제 겁에 질려 뒤를 따른다. 두 손에 식료품과 아이, 기저귀를 들고서.(Hartsock 1983, 234)

노동자가 장터에서 일터로 갔을 때뿐 아니라 고용의 장소에서 가정으로 갔을 때까지 쫓아가 봄으로써 우리는 계급의 위계뿐 아니라 착취의 젠더화된 형태, 불평등의 패턴에 대한 증거까지 목도하게 된다. 가정 안의 더 은밀한, 그리고 더욱 첨예하게 사유화된 장소로 내려가 보면, 우리는 법적으로는 형식상 평등한 남성과 여성이 젠더화된 노동 분업을 통해 특권을 누리는 자와 불이익을 당하는 자로 나뉘는 광경과 마주한다. 1970년대의 마르크스주의 페미니스트들은 젠더 위계가 어떤 수단을 통해 여성 무급노동자를 좀 더 저렴하고도 유연한 제2, 제3의 임금노동 예비군으로 확보하면서, 동시에 가정 내 재생산노동으로 밀어 넣는지 탐구했다. 페미니스트들은 여성의 무급 가사노동이 생산하는 자본의 정확한 가치를 논하고, 지구 곳곳의 여성 임금노동자에게 행해지는 과잉 착취hyper-exploitation를 밝혀 보였다. 또한 가족과 노동 시장, 임금노동과 무급노동의 과정, 그리고 복지국가 사이의 서로 얽힌 상관관계를 연구했다. 앞으로 보게 되겠지만,

포드주의 아래서의 여성노동이 처한 조건에 대한 이들의 통찰 중 많은 부분은 포스트-포드주의의 전형적인 노동 형태에도 여전히 폭넓게 적용될 수 있다. 페미니스트들은 일을 공공화하고 정치화하고 변혁하려는 노력을 가사노동의 영역으로까지 확대함으로써 앞서 말한 세 가지 기획의 판을 키우고 복합적으로 만들었으며, 이는 매우 유용한 것이었다. 처음에는 그저 마르크스의 분석을 단순히 보충한 것처럼 보일 수 있던 것이 실은 그 개념과 모델, 비판적 분석과 유토피아적 전망을 포괄적으로 재고하게끔 했다.

이들 저술 상당수가 노동을 강조한다는 점에서 유용하지만, 마르크스주의 이론의 다른 몇몇 버전에서도 공통적으로 나타나는 전통적인 생산 중심주의 경향은 좀 더 골치 아픈 문제이다. 앞서 이미 살펴보았듯이 자유주의 페미니즘과 전통적 마르크스주의 모두 여성화된 가사노동의 대안으로서 임금노동을 옹호하는 과정을 통해서든, 또는 사회적으로 필수적인 노동으로서 무급노동의 가치를 일깨우는 노력을 통해서든 페미니즘은 그 자체의 고유한 노동윤리를 새로이 만들어 낼 수 있었다. 1970년대 마르크스주의 페미니즘 대부분을 포함하여, 페미니즘은 일의 가치를 묻기보다는 일의 조직화와 분배 방식을 비판하는 데 초점을 맞추는 경향을 보여 왔다. 이에 반해 자율적 마르크스주의 전통은 일을 분석의 주된 대상으로 삼으면서 동시에 그 전통적 윤리를 부정한다는 측면에서 유용했다. 노동의 부담을 자본주의 생산양식의 근본으로 보는 분석의 제1원칙뿐 아니라, 노동 거부를 정치적 우선순위로 놓는 것―노동**의** 해방이 아니라 노동**으로부터의** 해방을 요구한 데서 확인할 수 있는(Virno and Hardt 1996, 263 참조)―이 자율적 마르크스주의 전통의 핵심이었다. 노동 거부는 저항의 한 모델이다. 우리에게 현재 부과되는 노동양식에 대한 저항이기도, 노동에 대한 윤리적 옹호에 대한 저항이기도 하다. 동시에 노동 거부는 탈노동의 윤리와 더 많은 비노동nonwork의 시간 덕에 확보할 수 있을 집단적 자율에서 생겨날 일과의 새로운 관계를 향한 투쟁이기도 하다. 이런 측면에서 마르크스주의 페미니즘 연구는 이 책의 기획에서 특히 중요한 역할을 한다. 마르크스주의 페미니즘 연구는 노동의 중요성을 주장하면서 동시에 노동의 가치화에 이론을 제기하는 방법으로서 가사임금을 논한다. 이 연구는 이탈리아 페미니즘에 뿌리를 두고 있는데, 그에 속한 페미니스트가 지적했듯이 이탈리아의 페미니즘은 "다른 나라의 페미니즘에 비해 '노동/노동 거부'라는 주제가 되풀이되어 나타나며 강조된다는 것이 특징이다".(Dalla Costa 1988, 24)

고로 일은 부자유의 장소일 뿐 아니라 저항과 논쟁의 장소이기도 하다.[17] 여기서 내가 유익함을 발견한 마르크스주의 페미니즘 연구의 두 번째 요소와 맞닥뜨린다. 바로 일의 정치화에 대한 집중이다. 마르크스주의 페미니즘은 착취당하는 노동자뿐만 아니라, 학자 하나를 인용해 말하자면 "잠재적으로 혁명적인" 노동자에게도 초점을 맞춘다.(Eisenstein 1979, 8) 우리는 이 분야의 연구가 지배 구조에 주목하면서 동시에 그 안에서 꽃필 수 있는 비판의식, 전복적 행위, 그리고 페미니즘의 관점에 역시 주목하고 있음을 확인할 수 있다. 마르크스주의 페미니즘은 노동 행위와 관계, 주체성의 기초 위에서, 또는 이 요소들과의 관계 안에서 집단적 정치 주체를 구성하는 데 힘을 쏟는다. 나는 여기에서 현대 페미니즘과의 가장 깊은 관련성을 발견한다. 마르크스주의는 산업 프롤레타리아트가 그 족쇄 말고는 잃을 게 없기 때문만이 아니라 새로운 세상을 창조할 힘을 갖고 있기 때문에 혁명 계급이 될 것이라고 보았다. 이 사실을 되돌아보면서 자본주의의 가치 생산 과정에서 근본적이면서도 주변부로 밀려나 있는 여성화된 노동 형태에 초점을 맞춰 보면, 결정적인 지렛대이자 가능한 대안이 되어 줄 지점을 찾을 수 있다.

이렇게 일을 폭넓게 바라보면, 한때 반자본주의 정치학의 영역은 프롤레타리아트를 유일한 혁명 주체로 본 공장 중심의 정통 마르크스주의 산업 모델을 뛰어넘어 보다 포괄적인 장소와 주체들로 전환된다. 이렇게 확장된 정치 영역에 대한 분석에서 주안점을 가장 잘 나타내는 말이 바로, 자본축적과 사회적 재생산 사이의 모순이다.[18] 예를 들어 자본은 노동력을 "소비할" 시간을, 동시에 생산할(또는 재생산할) 시간을 필요로 한다. 그리고 한쪽을 위한 시간은 때로 다른 한쪽에 빼앗기기도 한다. 잉여가치를 생산하는 데, 그리고 잉여가치가 기대어 있는 생명과 사회를 유지하는 데 필요한 이 두 가지 요소는 서로 경쟁하며 자본주의 정치경제의 잠재적 단층선을 형성한다. 이 단층선이 비판적 사유와 정치적 행동이 일어나는 지점이 될 수도 있다. 이 말은, 예를 들자면 포드주의라는 조건 아래의 자본은 가족 중심의 사회적 재생산 모델에 의존한다는 것을 의미했다. 이때의 사회적 재생산 모델은 어떤 면에서는 자본의 목적에 부합했지만, 또 다른 면에서는 자본의 헤게모니에 대한 잠재적 장애물이었다. 그래서 포드주의 시기부터 포스트-포드주의 시기까지에 걸친 경영학 연구 및 실천 일체에서 일과 가정 사이에 일종의 균형을 찾아 유지할 필요가 명시적으로 드러나고 있는 것이다. 많은 페미니스트들은 이 일과 가정 사이의 균형이 자연스러운 성향이라기보다는 오히려 규범의 산물이며, 이는 그저 균형이냐 불균형이냐의 문제가 아니라 명백한 모순이 도사린 문제라는 점을 드러내려고 노력했다.

하지만 적어도 이 책의 기획에서 보았을 때, 마르크스주의 페미니즘의 일에 대한 연구가 생산 중심주의 성향을 보인다는 점에서 한계가 있었던 것과 마찬가지로, 일과의 관계 안에서 혁명의 가능성을 찾고 추구하는 데에만 지나치게 초점을 맞추는 것 역시 기능주의 논리에 경도된 것이라는 점에서 일부 한계가 있다. 물론 기능주의의 유혹은 페미니즘 이론에서만 나타나는 것은 아니다. 실제로 기능주의가 일정 수준 발현된다는 사실은 사회 시스템이 어떻게 오랜 시간에 걸쳐 지속되는가에 초점을 맞출 것인가, 아니면 사회 시스템이 어떻게 변화할 수 있으며 또 변화하는가에 초점을 맞출 것인가 사이의 방법론적·정치적 선택을 반영하는 것이기도 하다. 푸코Michel Foucault는 이 점을 이렇게 설명했다. 한편으로 권력관계의 "대립agonism", 또 다른 한편으로 "자유의 자동성intransitivity"에 의해 생겨나는 불안정성과 예측 불가능성 때문에 "같은 사건, 같은 변환을 투쟁의 역사 내부로부터 해석할 것인가, 아니면 권력관계의 관점으로부터 해석할 것인가"를 언제나 선택할 수 있다는 것이다.(1983, 223, 226) 그리고 푸코 자신의 작업 역시 이 두 선택지 사이에서 진동한다고 말할 수 있다. 이런 방법론적 구분은 마르크스주의 전통에서 오래 이어져 온 분할에서도 마찬가지로 나타난다. 예를 들어 두 가지 접근법 모두 자본주의 논리와 사회 형성의 시스템적 배치를 제시하지만,《정치경제학 비판 요강Grundrisse》에서는 위기와 갈등의 관점에서 분석하고《자본론》에서는 자본의 전유와 회복 능력이라는 관점에서 이야기를 풀어 나간다.

1970년대 마르크스주의 페미니즘의 경우로 돌아가 보면, 기능주의 논리의 잔여물은 사회적 재생산에 대한 이해의 부족에서 나타난다는 것이 나의 주장이다. 실제로 현대의 관점에서 보자면 마르크스주의 페미니즘의 분석에는 적어도 두 가지의 연결된 문제가 드러난다. 첫째, 이들 학자는 포드주의 정치경제의 전형적인 생산과 재생산 사이의 관계를 당시의 어떤 이들보다도 총합적으로 설명하는 데 성공한 것이 분명하지만, 그 설명은 포스트-포드주의의 구도를 설명하려는 기획에는 더 이상 적합하지 않다. 이 시기의 고전적인 문헌들을 살펴보면, 생산과 재생산은 두 개의 다른 공간과 결부된 이중 시스템 모델의 논리를 따른다. 생산노동의 장소인 돈을 받는 일터, 무급 재생산노동의 장소인 가정으로 이뤄진 모델이다. 여기서 재생산노동은 통상 무급노동의 형태를 포함하는데, 이 무급노동을 통해 개인들은 음식과 주거, 돌봄의 필요를 해소하고, 자신의 자리를 이어받을 새로운 세대를 길러낸다.[19] 하지만 탈산업화, 포스트-포드주의, 포스트-테일러주의의 생산조건 아래서는 생산과 재생산을 구분하는—영역으로든 업무로든 임금과의 관계로든—언제나 골치 아팠던 작업이 더욱 까다로워진다. 고로 늘 문젯거리였던 이중 시스템 모델은 더욱 불충분한 것이 되고 만다.

예전의 이 모델이 더 이상 지킬 만한 것이 될 수 없는 두 번째 이유는 기능주의의 문제에 있다. 과거의 이 분석들이 그러했던 것처럼 친숙한 가사노동의 목록으로 축소해 접근하면, 사회적 재생산이라는 범주가 자본축적의 논리 및 과정과 일으키는 갈등을 전체적으로 포착해 낼 수 없다. 이렇게 제한적인 재생산 개념은 가사노동의 구체적 문제—비가시성, 가치 폄훼, 젠더차별과 같은—를 부각시키기 위한 것일 뿐이다. 이런 구체적인 문제들에 대해서는 시장화된 가사노동 서비스의 확대가 그 대응책으로 제시될 수 있다(그러나 물론 해결책이 되지는 않는다). 노동 거부의 관점이 제시하듯이, 사회적 재생산의 조직화에 있는 문제는 이런 노동의 비가시성, 가치 폄훼, 젠더차별을 넘어선다. 나 역시 가사노동이 사회적으로 필요한 것이며 불평등하게 분배되어 있다는 점(젠더, 인종, 계급, 국적에 따라 누가 이런 노동을 더 많이 혹은 더 적게 하는가가 결정되는 경우가 많다는 점에서)을 짚어 두길 바란다. 하지만 나는 가사노동이 온전히 인정받고 적절히 보상받고 평등하게 분배된다면 현재의 가정 기반 재생산 모델에 문제가 없을 것이라는 주장 이상으로 나아가고자 한다. 사회적 재생산의 보다 확장된 개념에 노동 거부의 개념을 접목하면, 좀 더 강력한 문제 제기의 틀을 마련할 수 있을지 모른다. 자본축적이 기대고 있는 사회적 협업 형태의 생산으로 사회적 재생산을 이해하면 어떤 일이 벌어질까? 또는 자본이 끊임없이 그 시간과 공간, 리듬과 목적, 가치를 끌어다 이용하려고 하는 '일 바깥의 일상'으로 사회적 재생산을 바라본다면 어떻게 될까? 내가 탐색하려는 것은 자본축적의 요건과의 대립을 총합적으로 드러내 보일 수 있는 사회적 재생산의 개념—사회적 재생산 조직화의 중심에 있는 것에 대한 개념—이다. 이는 곧 사회적 재생산의 생정치적 biopolitical 모델인데, 이 모델은 일의 새로운 형태로 그리 쉽게 변환되지 못하며, 고로 현재 노동사회의 조건 안에서 간단히 회복될 수 있는 것이 아니다.

여기서 내가 짚고 넘어가려는 마르크스주의 페미니즘 전통의 세 번째 측면은 잠재적 유토피아의 지평 안에서의 사유, 즉 근본적인 전환의 가능성에 대한 사유에 집중한다는 점이다.(Feminist Review Collective 1986, 8) 일이 착취와 지배, 저항의 장인 것만은 아니다. 일에서 우리는 종속된 지식, 저항의 주체성, 새롭게 발현하는 조직화 모델들을 기초로 대안을 창출할 수 있는 힘을 찾을 수 있을지 모른다. 마르크스주의 페미니즘 연구 중 적어도 일부는 반노동 정치와 탈노동의 상상, 양쪽 모두에 초점을 맞춘다. 이런 유토피아 정치학의 모델은 "미래에 도래할 모습을 창조하는 것을 자본주의에 맞선 운동의 명시적인 일부로 삼고" 있으며, 이를 위한 혁신을 "혁명" 이후에 올 먼 미래로 미루는 "유예의 정치"에 도전한다.(Rowbotham, Segal, and Wainwright 1979, 147, 140) 이 모델이야말로 나는 페미니즘 이론이 감싸 안아야 하는 것이라고 생각한다. 오늘날의 관점에서 봤을 때, 이러한 급진적 사회변화의 비전이 갖는 문제는 사회주의라고 이름 붙은 테마의 변형태로 여겨지는 경우가 가장 흔하다는 데 있다. 설사 "새로운 종류의 사회주의"라든지, 동시에 페미니즘적인 만큼 반인종차별적이기도 한 사회주의 혁명이라든지 하는 식으로 불린다고 하더라도 말이다.[20] 하지만 오늘날 사회주의는 탈자본주의적postcapitalist 대안을 가리키는 미래지향적인 기표의 역할을 할 수 있을 것처럼 보이지 않는다. 사회주의라는 용어에는 적어도 세 종류의 문제가 있다. 첫째로는 명칭 자체에 문제가 있다. 사회주의라는 용어가 미국에서 명료하고도 생명력 있는 유토피아의 어휘로 울려 퍼질 수 있었던 것은 이제 한참 지난 이야기이다(우파에게는 생생한 디스토피아를 가리키는 것으로 여전히 받아들여지긴 하지만). 하지만 그저 딱지 붙이기가 문제는 아니다. 비전이 어떤 내용을 품고 있느냐의 문제이다. 사회주의는 전통적으로 평등한 노동의 의무와 그 보상의 공평한 분배를 중심에 두어 왔다. 여전히 일을 중심에 두고 좀 더 공정한 사회 형태를 이야기하는 사회주의는 노동사회를 변혁하기보다는 완성하려는 비전을 지향한다.

사회주의라는 진부해진 딱지, 노동에의 집중 말고도 사회주의의 유산에는 세 번째 문제가 있다. 마르크스주의 페미니즘—이 경우, 더 정확히 말하자면 사회주의 페미니즘—전통은 급진적으로 다른 미래에 대한 유토피아적 상상의 가치를 긍정하고자 하지만, 그럼에도 "사회주의"라는 호칭을 사용하는 순간, 지향하는 미래의 모습은 한정되어 버리고 그 기초적 밑그림도 미리 정해져 버린다. 이런 면에

우리는 왜 이렇게 오래, 열심히 일하는가?

서―5장에서 논의하겠지만―사회주의 페미니스트는 "너무 많은 것을 너무 빨리 알아 버린" 것인지 모른다. 대안에 대한 좀 더 파편적인 비전, 미리 구상된 내용으로 채워져 이미 이름 붙은 미래를 그리는 하나의 청사진으로 포섭되지 않는, 무언가 좀 다른 것의 실마리와 편린들에 유리한 점이 있다고 나는 주장한다. 나는 "탈노동사회postwork society"라는 명칭을 사용할 것이다. 이 말로 하나의 대안을 예견하려는 것은 아니다. 그보다는 유토피아적 가능성의 지평을 가리키기 위해서이다. "탈post"이라는 말이 "사회주의"라고 불렀을 때 추정하게 되는 것보다 좀 더 다른 미래의 공간을 열어 두는 것처럼 보이기 때문이다.

요약하자면 마르크스주의 페미니즘의 역사적 전통은 대개 계급 범주와 평등의 이상, 가사노동 문제, 더 많은 그리고 더 나은 노동을 향한 사회주의자의 투쟁에 초점을 맞춘다. 이 기획은 여기에서 출발한다고 말할 수 있을 것이다. 그러나 여기서 시작해 일, 자유, 사회적 재생산, 삶, 그리고 노동 거부와 탈노동의 범주를 바탕에 둔 새로운 과제와 상상을 통해 방향을 틀고자 한다. 나는 일을 진입로로 삼을 것이다. 이 진입로를 통해 계급 정치의 영역으로 발을 들일 것이며, 평등에 집중하는 반자본주의 정치 이론을 보완하고 그 방향을 틀고자 자유를 들여다볼 것이다. 일의 가치에 대한 과대평가에 맞서기 위해 노동 거부의 영역을 살필 것이며, 삶의 더 많은 부분을 잠식해 가려는 일과의 쟁투가 벌어지는 장인 사회적 재생산의 영역으로 걸음을 옮길 것이다. 그리고 혁명적 가능성과 상상의 지평으로서 사회주의 대신 탈노동 유토피아의 비전을 탐색할 것이다.

장별 개요

앞서 서술한 질문들과 주요 쟁점을 바탕으로 삼아, 이어질 장에서 보다 구체적인 주장을 펼쳐 나갈 것이다. 뒤따를 논의는 전체적으로 보아 크게 두 부분으로 나누어 볼 수 있다. 1장과 2장에 해당하는 전반부는 일에 대한 비평 이론을 진단하고 해체하는 데 초점을 맞춘다. 3장부터 5장까지에 해당하는 후반부는 처방하고 재구성하는 부분에 해당한다. "거부"가 전반부에 생동감을 불어넣는 범주라면, 후반부의 분석은 "요구"에 닻을 내린다. 노동사회라는 현재의 조건을 거부하는 데서 출발해 현재를 바로 잡고 새로운 대안적 미래를 상상하기를 요구하는 데로 나아갈 것이다.

앞서 언급했듯이 노동윤리는 내가 설명하고자 하는 일에 대한, 그리고 일에 맞서는 정치 이론의 중심에 있다. 일이 우리 삶을 장악하고 있는 현실에 반기를 들려면, 일에 의미를 부여하고 최우선의 자리를 주는 윤리 담론에 맞서야 한다. 1장과 2장에서는 노동윤리에 대한 비판적 해설을 전개하고, 노동윤리를 따져 보는 수단으로 쓸 수 있을 이론적 자원 몇몇을 탐색해 보고자 한다. 1장은 미국에서 노동윤리가 어떤 성격을 띠고 어떤 기능을 하는지에 집중한다. 1장의 분석은 관련 전통에서 가장 유명한 비평 중 하나인 막스 베버의《프로테스탄티즘의 윤리와 자본주의 정신Protestant Ethic and the Spirit of Capitalism》을 살핀다. 마르크스주의 연구에 크게 빚을 진 이 책에 꼭 맞는 출발점이 될 것이다. 가장 먼저 프로테스탄트 윤리에서 출발하여, 이후 산업화 윤리로, 다음으로는 탈산업화 윤리로 노동윤리가 어떤 현현을 보이며 지속되고 또 변화해 왔는지 좇음으로써, 노동윤리의 최근 역사를 구성해 보고 그 미래가 어떨지 질문을 제기해 보고자 한다. 오늘날 신자유주의와 포스트신자유주의 체제는 거의 모든 사람이 임금을 벌기 위해 일해야 한다고 주장하며(모두에게 돌아갈 만큼 일이 충분히 많지 않다는 점은 아랑곳하지 않는다), 탈산업화된 생산양식은 노동자의 손뿐 아니라 머리와 가슴을 필요로 한다. 또한 포스트-테일러주의 노동과정은 점점 더 주체의 자기관리를 요구해 일을 향한 태도와 정서적 지향 자체가 가치를 생산하게끔 만든다. 이런 시대에 일에 대한 지배적인 윤리 담론은 그 어느 때보다 긴요하며, 노동윤리의 처방을 거부하는 일은 더욱 시의적절한 일일지 모른다. 고로 1장의 분석을 통해 노동윤리의 영속성과 힘뿐만 아니라 그 불안정성과 취약성의 지점을 설명해 보려 한다.

2장에서는 서두에서 일부 언급했던 이론적 도구들을 살펴본다. 장 보드리야르의 생산 중심주의 비판에 기대어, 마르크스 이론의 두 가지 익숙한 패러다임이 지닌 한계를 탐구할 것이다. 여기서는 각각을 "사회주의적 근대화socialist modernization"와 "사회주의적 인본주의socialist humanism"라고 이름 붙인다. 이어서 자율적 마르크스주의 이론의 해석과 노동 거부의 실천에 초점을 맞출 것이다. 앞서 언급한 두 모델을 비판적으로 검토함으로써, 일부 마르크스주의 담론을 포함한 수많은 이론적 틀에 확고히 자리 잡고 있는 노동 지향적 가정과 가치에 반론을 제기할 기회와 마주하게 될 것이다. 나아가, 좀 더 최근의 자율적 마르크스주의에 활기를 불어넣고 있는 매우 다른 과제가 이 두 모델과 어떤 대비를 이루는지 살펴보는 것도 유용할 것이다. 노동 거부는 창조적이고 생산적인 활동을 거부하는 것이 아니라 현재 노동사회의 구성과 일의 도덕화된 개념을 거부하는 것이다. 그런 의미의 노동 거부는 방법론적 구심점이자, 이후 이어지는 장들에 계속해서 영감을 주는 원천이 되어 줄 것이다. 노동 거부의 중심에 있는 결정적인 실천은 해체하면서도 동시에 재구성하는—또는 자율주의자라면 분리의 실천이자 자기가치화self-valorization 과정이라고 표현했을지 모를— 분석 작업으로 반노동의 비평과 탈노동의 창안에 동시에 노력을 쏟는다.

3장에서는 노동 거부가 지닌 이러한 이중의 초점을 유지하면서, 비판적 기술로부터 가능한 대안의 구성으로, 반노동 비평의 전개로부터 탈노동의 정치적 상상으로 방향을 돌린다. 좀 더 구체적으로 이야기하자면, 이 지점에서 논의는 노동 거부와 그 윤리에 집중하던 것에서 발을 돌려 기본소득(3장)과 주 30시간 노동의 요구로 나아갈 것이다. 유토피아적 요구의 범주(5장에서 보다 상세하게 살펴볼 범주이다)는 반노동에 대한 분석과 탈노동을 향한 욕망, 상상, 의지 사이의 관계를 파악하기 위한 방식 중 하나이다. 욕망과 상상, 의지야말로 정치적 주장을 형성하는 과정에서 중요한 요소이다. 기본소득과 노동시간 단축 요구를 포함한 유토피아적 요구는 단순한 정책 제안 이상의 것이다. 유토피아적 요구는 이 요구를 촉구하는 언어와 실천에 영향을 미치고, 그로부터 발현하고, 필연적으로 그를 뛰어넘는 존재의 양식과 관점까지 포함한다. 고로 유토피아적 요구의 가치를 평가하려면, 그 구조적 효과와 담론적 효과 양쪽의 가능성과 한계에 주의를 기울여야 한다.

하지만 가장 먼저 이 두 가지 요구들을 꼽은 이유가 무엇일까? 살펴볼 가치가 있는 요구들, 현재의 노동조건에 실질적 개선을 가져올 제안들은 당연히 이것 말고도 많다.[21] 두드러지는 예로 생활임금living wage 요구가 있다. 생활임금 개혁 운동은 미국 전역에 걸쳐 상당한 정치적 활동을 불러일으켰고 중대한 승리들을 거두기도 했다. 그럼에도 기본소득과 노동시간 단축 요구에 초점을 맞추는 데는 두 가지

우리는 왜 이렇게 오래, 열심히 일하는가?

이유가 있다. 첫째, 생활임금과 마찬가지로 이 두 요구는 현재의 임금 및 노동시간 시스템의 문제 몇몇에 대한 중요한 개선책이다. 보편적인 기본소득 보장은 모든 노동자의 대對 고용주 협상력을 높여 줄 것이다. 또한, 일부에게는 선별적 복지 프로그램이 주는 낙인 효과와 불안정성에 대한 걱정 없이 임금노동으로부터 벗어나는 선택을 할 수 있게 해 줄 것이다. 임금 감축 없는 주 30시간 근무제는 불안전 고용과 과중 노동의 문제를 일부분 해소하는 데 도움이 될 것이다. 이 두 가지 요구에 초점을 맞추는 두 번째 이유는 이 둘을 통해 노동조건을 개선할 수 있을 뿐 아니라 일이 차지하고 있는 절대적 지위를 약화시킬 수 있기 때문이다. 바로 이 점이 기본소득 보장과 주 30시간 근무제 요구가 생활임금을 포함, 경제 개혁을 위한 다른 많은 요구들과 차별화되는 지점이기도 하다. 이 두 가지 요구는 일할 권리를 강조하기보다는 노동으로부터의 자유를 얻기 위한 몇몇 수단을 확보할 수 있도록 돕는다.[22] 이 책에서 관심을 둘 요구는 노동조건의 실질적인 개혁을 가져올 뿐 아니라 우리 삶에서 일이 갖는 지위에 대해 폭넓은 질문을 제기하며 일에 종속되지 않는 삶에 대한 상상을 촉발하는 요구들이다. 다시 말해 종착점이라기보다는 방향등의 역할을 할 요구들이다.[23]

3장은 1970년대의 가사임금 요구 운동을 되돌아보는 것에서 출발한다. 나는 이 운동의 가장 유망한 측면이 제대로 이해받지 못해 왔다고 생각한다. 마르크스주의 페미니즘 이론과 실천 중에서도 이 사례는 이 책의 기획과 특히 관련성이 높다. 자율주의 전통에 뿌리를 두고 있기 때문이며, 또한 노동 거부에 집중하고 노동 거부를 뚜렷이 활용하고 있기 때문이기도 하다. 이에 대한 연구들을 살펴보면 노동의 젠더화된 정치경제학, 가사노동의 조직화에 맞서는 방식, 그리고 요구를 제기하는 페미니즘의 정치적 실천 방식을 독특하게 분석하고 있다. 나는 이를 바탕으로 기본소득 보장 요구의 근거를 제시하려 한다. 나는 기본소득 보장 요구가 포스트-포드주의 정치경제 조건에 잘 부합하며, 동시에 가사임금을 실현할 가능성을 일정 부분 확보할 수 있다고 주장한다. 가사임금을 논하는 연구들로부터 끌어온 틀을 기반으로 삼으면, 기본소득 요구는 유용한 개혁안을 내놓는 것 이상의 역할을 할 수 있다. 임금 시스템에 대한 비판적 관점을 열어 보이면서, 동시에 시스템의 현재 조건에 전적으로 의존하지 않는 삶의 전망을 일깨울 수 있을 것이다.

기본소득 요구가 무엇을 의미하며 어떤 역할을 할 수 있는지 이해하고 나면, 4장에서 노동시간 단축 요구를 분석하기 위한 길잡이를 얻게 된다. 4장에서는 임금 감축 없는 하루 6시간 근무 요구를 살펴볼 것이다. 이 요구는 변화를 향한 요구이자 동시에 자극을 주는 관점이며, 유용한 개혁안이자 동시에 일의 윤리와 구조에 대한 비판적 사유와 공적 토론을 촉발할 개념적인 프레임이기도 하다. 가족과의 시간을 늘리기 위해 근무시간을 줄여야 한다고 주장하는 쪽, 그리고 일과 가족 간의 밀접한 관계를 해결해야 한다는 것을 설명하지 못하는 쪽 모두와 다르게, 4장에서 제시하는 노동시간 단축의 근거는 바로 우리의 자유에 초점을 맞춘다. 여기서 자유는 자본주의의 명령으로부터 벗어날 자유뿐 아니라, 섹슈얼리티의 규범, 가구의 구성 및 가정 내 역할에 대한 전통적인 기준으로부터 벗어날 자유까지를 포함한다. 가족 규범에 대한 담론을 이용하는 대신 그에 맞서야 한다. 그래야만 노동시간 단축 요구가 더 많이 상상하고 실험할 시간, 우리가 선택한 사람과 친교하고 교제할 시간에 대한 요구로 이해될 수 있다. 이런 관점에서 보면, 노동시간 단축 운동은 노동과 가족의 측면 모두에서 현재의 구조와 윤리에 맞서 새로운 대안을 만들기 위한 시간과 공간을 확보하기 위한 운동이다.

기본소득과 노동시간 단축 요구는 노동에 맞서고 노동을 뛰어넘는 정치로의 방향을 효과적으로 가리킴에도 불구하고, 유토피아적인 생각이라고 손쉽게 치부될 수 있다. 5장에서는 유토피아에 대한 비판을 살펴보고, 나아가 에른스트 블로흐Ernst Bloch와 프리드리히 니체의 작업에 기대어 그런 비판에 대한 반박을 제시할 것이다. 두 가지 요구가 어째서 실제로 현실적인 요구인지 논한 다른 장에서의 주장을 되풀이하는 대신, 5장에서는 좀 다른 접근을 취하려 한다. 이 요구들이 유토피아적이라고 가정한 채로, 유토피아적 요구가 무엇을 뜻하는지, 그런 요구가 무엇을 할 수 있는지 논의해 볼 것이다. 이 두 가지 요구의 유토피아적 측면을 복합적으로 이해해야만 그 효력을 제대로 파악할 수 있다. 유토피아적인 것으로서 이 요구들이 지닌 일반적 성격, 구체적 가능성과 한계를 확립하기 위해 전통적 문학, 유토피아적 철학, 선언문 등 우리에게 익숙한 유토피아적 가공물들과 이 요구들이 어떤 관계를 갖는지 살펴볼 것이다. 이를 통해 드러나는 유토피아적 요구의 개념에서 우리는 유토피아적 요구에 중대한 개혁을 불러올 능력이 있을 뿐 아니라, 지금과 다른 미래를 상상하고 그를 향해 나아갈 정치적 열망을 불러일으킬 비판적 관점과 자극으로서의 힘이 있다는 사실과 마주하게 될 것이다.

마지막으로 짤막한 에필로그에서는 앞선 주장들을 되짚으며, 거기서 빠진 몇몇 주제를 다룬다. 두 가지 점을 명확히 하는 것에서 출발하고자 한다. 첫째, 나는 반노동 투쟁과 탈노동 상상의 장으로 윤리보다는 정치를 선호하는데, 여기서 이 책이 상정하고 있는 정치와 윤리의 관계가 무엇인지 묻게 된다. 또 하나 논의할 가치가 있는 두

서문 | 일의 문제

번째 관계는 바로 노동 밖에서 삶을 재구성하려는 이 책의 급진적 열망과 그에 비해 온건한 요구 사이의 관계이다. 야심찬 목표와 온건한 수단 사이의 불일치는 이 책의 기획을 규정하는 개혁과 혁명 사이의 관계를 잘 보여 준다. 책의 마지막에서 나는 한 발짝 뒤로 물러나, 두 가지 요구를 한데 모을 방법을 모색해 보고자 한다. 일에 맞서 삶을 지키려는 더 광범위한 정치적 노력, 일상적인 언어로 표현하자면 "삶을 누리기" 위한 노력의 일부로 두 가지 요구를 바라보는 것이다. 나는 '일 대對 삶'이라는 표어를 제안하고자 한다. 이 표어는 반노동 정치를 위한 힘센 프레임을 제시하고 탈노동 상상에 기름 부을 수 있을 만큼 충분히 포괄적이면서도 예리하다.

서두의 인용구에서 C. 라이트 밀스는 우리가 일자리에 대한 만족도를 오로지 다른 일자리를 기준 삼아 따진다는 사실에 애석함을 표한다. "오늘날의 일하는 세계에서는 한 종류의 일, 즉 특정한 하나의 일자리가, 실재하는 것이든 상상한 것이든, 다른 종류의 일자리와 비교된다." 다시 말해 "현재 구성되어 있는 '일하는 세계' 자체를 다른 식으로 구성된 세계와 비교하는 방식으로 판단이 이루어지는 일은 거의 없다".(1951, 229) 나는 일에 대한 정치 이론의 중요성을 논증하고자 한다. 좀 더 구체적으로 말하자면, 일을 자유라는 정치적 문제로 바라보고자 모색하는 정치 이론을 이야기하고자 한다. 노동의 구조와 문화를 지탱하는 데 노동윤리가 어떤 역할을 하는지, 기본소득이 어째서 정당하며 노동시간 단축이 왜 필요한지, 유토피아적 사유가 어떤 효용을 갖는지 이런 개별의 주장이나 범주를 뛰어넘어, 일의 조직화와 의미에 대해 몇 가지 기초적인 질문을 던지려는 것이 이 책의 궁극적인 목적이다. 노동윤리의 핵심에는 성실한 노동, 긴 시간의 노동이 고결할 뿐 아니라 그런 노동이 불가피하다는 가정이 놓여 있다. 그리고 이런 가정은 반박되기는커녕 제대로 검토되어 본 적도 별로 없다. 나머지 삶과의 관계 안에서 일이 다른 활동과 비교해 어떤 성격과 가치, 의미를 갖는지 새롭게 생각할 방법을 창출하려면, 어떤 종류의 개념적 틀과 정치 담론이 필요할까? 어떻게 해야 일의 근본적 구조와 지배적 가치—그 시간성temporalities과 사회성, 위계, 주체성을 포함하여—를 억압적 정치 현상으로서 드러내 보일 수 있을까? 어째서 일하고, 어디서 일하고, 누구와 일하고, 일할 때 무엇을 하고, 얼마나 오래 일하는가가 모두 사회적 합의이고, 따라서 당연히 정치적 결정인 것이라면, 이러한 영역 중 더 많은 부분을 어떻게 해야 토론과 쟁투의 범위로 되찾아올 수 있을까? 일의 문제는 일이 너무 많은 시간과 에너지를 독식한다는 데만 있지 않다. 문제는 일이 사회적·정치적 상상을 장악하고 있다는 데까지 미친다. 임금노동 바깥의 다양한 시간과 공간을 우리는 어떻게 이름 붙일 수 있을까? 그 안에서 우리는 무엇을 하길 소망할 수 있을까? 사회 구성원 서로에 대한 의무의 내용과 조건을 일이라는 화폐 체계 밖에서 파악할 방법이 있을까? 이렇게 물을 때 논의는 다음으로 가닿는다. 일이 현재 조직화된 방식을 이론적으로 검증하고, 정치적으로 이에 맞설 방법을 상상하려는 하나의 시도로.

1장

노동윤리의
지도를
그리다

그러니 우리 모두 일어나 행동하세,
어떤 운명에도 용기를 지니고,
끊임없이 성취하고 끊임없이 추구하면서,
일하고 기다리는 것을 배우세.

— 헨리 워즈워스 롱펠로Henry Wadswordth Longfellow, 〈인생찬가A Psalm of Life〉

각자의 직업calling*에 담긴 의무라는 개념이 우리 삶 여기저기를 죽은 종교적
신념의 유령처럼 배회한다.

— 막스 베버, 《프로테스탄티즘의 윤리와 자본주의 정신》

우리는 왜 이렇게 오래, 열심히 일하는가? 이 질문에는 두 가지
보편적인 답이 있다. 첫째, 가장 당연한 답은 "그래야 하니까"이다. 일
부의 사람들은 어디서 일할지 선택할 수 있겠지만, 임금노동에 기반
한 경제에서 구체적 고용조건의 상당 부분을 직접 결정할 힘이 있
는 사람은 드물다. 더구나 일을 할지 말지 자체를 결정할 수 있는 사

★   calling은 소명이라는 의미와 직업이라는 의미를 동시에 가진다. calling이 직업을 가리킬 때, 그때
의 직업은 신이 내린 소명으로서의 직업을 가리키는 것으로 이런 지칭 자체에 베버가 설명한 종교
적 의미가 담겨 있다. 이 책에서는 calling을 문맥에 맞춰 '직업' 또는 '소명'으로 번역했다.

                                              1장 | 노동윤리의 지도를 그리다

람은 그보다 더 드물다. 이 첫 번째 답변이 불가피성에 초점을 맞춘다면, 두 번째 답변은 일할 의지를 강조한다. 이 설명을 따르자면, 우리는 일하고 싶기 때문에 일한다. 일은 수입뿐 아니라 다양한 만족감을 준다. 일은 삶의 의미, 목적, 짜임새, 사회적 결속, 그리고 인정의 원천이 될 수 있다. 이 두 가지 답변 모두 의심할 바 없이 중요하지만, 이것으로 충분하지는 않다. 그렇게 긴 시간을 일해야 하고, 많은 경우 정체성 자체를 쏟아붓는 것까지 요구받으면서도, 그만큼 갈등을 느끼지 않는 것을 구조적 강제만으로 설명할 수는 없다. 일이 삶의 다른 활동보다 훨씬 많은 비중을 차지하는 이유를 각 개인이 그렇게 동의했기 때문이라고 설명할 수도 없다. 우리가 그토록 많은 시간과 에너지를 일에 바치는 동기는 의심할 바 없이 복합적이고 늘 변화한다. 대개 강제적 요소와 자발적 선택, 필연성과 욕망, 습관과 의지가 복잡하게 섞여 있기 마련이다. 하지만 노동사회의 구조가 긴 노동시간을 불가피하게 만든다 하더라도, 수많은 사람이 어떻게, 왜, 무엇을 위해 이런 의무를 받아들이고 지키며 살아가는지에 대해서는 그보다 더 완전한 설명이 필요하다. 이런 납득을 이끌어 내는 동인 중 하나는 노동윤리라는 이름의 공식적인 도덕률로, 이는 변화무쌍한 선언과 이상, 가치들의 복합체이다.

이번 장에서는 미국의 노동윤리에 대한 비판적 분석을 제시하려한다. 여기서 프로테스탄트 노동윤리에 대한 막스 베버의 해석은 노동윤리의 논리와 기능에 대한 고고학처럼 길잡이가 되어 이후에 등장한 두 가지 버전의, 마찬가지로 이념형적ideal-typical 노동윤리를 간략히 들여다보는 데 도움을 줄 것이다. 첫 번째 노동윤리는 제2차 세계대전 이후 포드주의가 정점에 달했던 시기 동안 미국사회를 장악했던 산업화 시대의 노동윤리이며, 다른 하나는 포스트-포드주의로 이행하면서 등장한 탈산업화 시대의 노동윤리이다. 이번 장의 분석을 통해 노동윤리의 힘을 이해하면서 동시에 어떤 약점이 있는지 밝히고자 한다. 1장의 목표는 노동윤리를 이루는 요소들 사이의 일관성과 모순을 동시에 살피는 것이다. 이를 통해 노동윤리의 역사적 영속성과 끊임없는 불안정성을 함께 파악할 수 있을 것이다. 앞으로 보게 되겠지만, 노동윤리 담론을 그토록 강력하고 끈질기게 만드는 요소들이 반대로 언제나 저항의 요인이 된다. 노동윤리는 함정과도 같다고 밝혀졌지만, 때로 그 구조 아래의 사람들에게 무기가 되기도 한다.

이번 장에서 나는 세 가지 일반론적 주장을 펼치고자 한다. 첫째, 일의 윤리에 이의를 제기하지 않고서는 일의 구조에 맞설 수 없다. 일에 부여되는 정당성이 바로 윤리에 기대어 있기 때문이다. 둘째, 일에 대한 윤리적 담론은 꽤 긴 역사를 가지고 있음에도 이와 같은 이의 제기 앞에 취약하다. 세 번째 주장은 1장의 끄트머리에서 좀 더 명시적으로 밝히겠지만, 포스트-테일러주의 시대의 노동과정에서 노동윤리가 특히 중요한 역할을 했다는 점이다. 이 때문에 "노동윤리에 대한 저항"(Berardi 1980, 169)은 과거 어느 때보다 더욱 전복적일 수 있다. 요약하자면 지배적인 노동윤리에 맞서는 일은 불가피하며, 가능하고, 또 바로 지금 필요한 일이다.

자본주의 주체성의 시초 형성

베버의 《프로테스탄티즘의 윤리와 자본주의 정신》은 이 책에서 그렇듯이 여전히 노동윤리 연구의 시금석으로 여겨지는데, 마땅히 그럴 만하다. 베버가 말했던 것처럼 종교개혁의 의도치 않은 결과로 프로테스탄트 노동윤리는 노동에 새롭고도 강력한 지위를 부여해 주었다. 이 새로운 윤리는 무엇이 일이며 일이어야 하는가에 대한 인식에 중요한 변화를 가져왔으며, 일하는 사람worker이 된다는 것이 무슨 의미인가에 대한 독특한 개념을 이끌어 냈다. 프로테스탄트적 에토스의 성격을 만드는 특별한 점은 노동으로 이끄는 윤리적 허가, 심리적 유인이다. 금욕적 프로테스탄트주의는 자기규율적 개인－주체가 꾸준하고 정연한 생산적 노력을 기울이는 일이 얼마나 도덕적으로 중요한지 설파했다. 이는 그저 실용적 조언이 아니었다. 베버는 "이 규칙을 위배하는 것은 그저 어리석은 일을 넘어 의무를 저버리는 일로 여겨졌다"라고 썼다.(1958, 51) 사람들은 마치 신의 부름을 받은 것처럼(뒤에서 보겠지만 정확히 하자면, 신의 부름을 받았기 때문이 아니라) 일생의 "조직화된 세속적 노동"에 헌신해야 한다.(83) 베버는 사람들이 이런 청교도 윤리의 유산에 어떻게 사로잡히게 되었으며, 그것이 어떤 영향을 끼쳤는지 탁월하게 분석했다. 베버의 분석은 서유럽과 북아메리카의 자본주의 발전과 함께 등장한 새로운 노동윤리의 핵심 요소와 근본적 기제, 핵심 목표가 무엇인지 보여 준다.[1]

베버는 자본주의 발전의 고고학을 펼쳐 보이는데, 마르크스가 《자본론》1권 끝부분에서 자본의 시초축적을 간략히 설명하며 내놓은 이론과 여러 면에서 비교할 만하다. 여기서 마르크스는 두 종류의 사람, 즉 성실한 사람과 게으른 사람의 도덕성을 논하는 정치경제학자들의 이야기*에 반론을 펼친다. 마르크스는 여기에서 모두의 공유 자산을 폭력으로 강탈한 소수가 등장하는, 전혀 다른 기원 설화를 등장시킨다.(1976, 873－76) 베버는 마르크스만큼이나 논쟁적인 투로 자신의 적에 달려드는데, 그 적은 바로 경제학적 결정론자들의 구조

우리는 왜 이렇게 오래, 열심히 일하는가?

적 목적론이다. 베버가 내놓는, 마르크스와는 첨예하게 대비되는 분석은 사상의 예측 불가능한 발현과 역사적 동력을 강조한다. 마르크스와 베버는 모두 두 계급, 프롤레타리아트와 부르주아지가 어떻게 등장했는지에 대한 설명을 제시한다. 하지만 마르크스가 생산수단과의 관계에 초점을 맞추며 재산을 가진 소유주와 재산이 없는 노동자라는 구도를 제시했다면, 베버는 두 계급이 각각 고용주와 피고용인이라는 의식을 어떻게 갖게 되었는지에 집중한다. 베버는 윤리적으로 권리를 가질 자격이 있는 이와 없는 이를 가르는 정치경제학자들의 우화에 어떤 사상이 깔려 있는지 설명하며, 이념적 포장 이상의 것으로 이 우화를 이해해야 한다고 주장한다. 이 우화는 그 자체로 유럽과 북아메리카의 역사적 변화를 쟁탈한 무기였으며, 자본주의가 서 있는 기반의 일부였다는 것이다. 사실 마르크스와 베버의 분석은 동의와 강제를 놓고 서로를 거울처럼 비춘다. 한쪽의 분석에서는 프롤레타리아트가 임금노동의 관계 안으로 강제적으로 끌려들어가는 것이 선행하고 동의가 이루어지는 것은 그 다음이다. 다른 분석에서는 노동에 대한 동의가 먼저 있고 그 다음에 불가피성이 등장해 복종을 이끌어 내는 역할을 한다. 재산의 사적 소유는 자본주의 착취의 근본일지 모른다. 하지만 그것만으로 착취당하는 주체의 참여를 보장하지는 못한다. 이 때문에 베버가 사유재산의 시초축적에 대

★ 해당 부분을 옮기면 다음과 같다. "아득한 옛날에 한편에는 근면하고 영리하며 특히 절약하는 특출한 사람이 있었고, 다른 한편에는 게으르고 자기의 모든 것을 탕진해 버리는 불량배가 있었다는 것이다. 어찌 되었든, 전자는 부를 축적했으며 후자는 결국 자기 자신의 가죽 이외에는 아무것도 팔 것이 없게 되었다는 것이다. 그리고 이 원죄로부터 대다수의 빈곤과 소수의 부가 유래하고 있다는 것이다. 이 낡아빠진 어린애같은 이야기가 소유를 옹호하기 위해 매일 우리들에게 설교되고 있다." (김수행 역, 《자본론》 I(하), 비봉출판사, 978-979쪽)

1장 | 노동윤리의 지도를 그리다

한 마르크스의 설명에 자본주의 주체성의 시초 형성에 대한 이야기를 덧붙이는 것이다.

베버의 기획을 마르크스의 역사적 유물론을 대신할 역사적 유심론으로―실제로 많은 사람들이 그랬듯이―바라볼 수도 있을 것이다. 이는 마르크스가 경제적 생산을 중심에 두었던 것에 반해 베버는 문화적 동인을 중심에 둔 분석을 펼쳤다는 관점이다. 베버는 역사에서 사상이 갖는 역할을 강조했다. 이 점은 분명히 물질적 동인이 절대적 역할을 한다는 마르크스의 때로 공격적인 주장과 맞서는 자리에 놓인다. 하지만 베버와 마르크스 모두 이분법 구도로 짝을 이루는 유물론과 유심론 어느 쪽도 합당하지 않다는 사실을 알고 있었다. 유물론과 유심론은 때로 수사적인 목적으로, 또는 관심을 일으킬 목적으로 쓰일 수 있다. 하지만 어느 쪽도 실행 가능한 방법론으로 취급되어서는 안 된다. 베버는 명백히 "일방적인 유물론적" 또는 "마찬가지로 일방적인 유심론적 인과 해석" 모두 적절치 못하다고 보았다. 그리하여 《프로테스탄티즘의 윤리와 자본주의 정신》의 마지막 문단에서 이제껏 격렬히 옹호한 경제 발전에 대한 문화적 설명은 문화 발전에 대한 경제적 설명 없이는 충분하지 않다는 점을 상기시킨다.(1958, 183) 마르크스 역시 생산은 물질적 재화뿐 아니라 관계, 주체성, 사상의 구성체라고 보았다. 문화적 동인, 의식의 형성은 한계를 어떻게 정하든 생산양식으로부터 떼어 낼 수 없으며, 따라서 생산양식에 결정적 역할을 한다.[2] "고로 생산은 주체를 위해 객체를 창출할 뿐 아니라, 객체를 위해 주체를 창출한다."(1973, 92) 마르크스와 베버가 각각 다른 지점을 강조하고 있는지는 몰라도, 어느 쪽도 현대의 노동사회를 이해하고 그에 맞서려면 그 구조와 주체성 모두에 주의를 기울여야 한다는 사실을 부정하지 않는다.

우리는 왜 이렇게 오래, 열심히 일하는가?

마지막으로, 《자본론》에서 마르크스의 시초축적 이야기는 하나의 현상을 놓고 간략히 역사를 되짚어 본 것으로 볼 수 있다. 마르크스는 이 현상을 당시의 논리와는 다르게 설명하는 데 집중했다. 베버의 《프로테스탄티즘의 윤리와 자본주의 정신》 역시 시작과 끝에 대한 역사적 서술이나 원인과 결과에 대한 사회학적 분석이라기보다는 전통적인 해석 방향에 맞선, 현재와 가능한 미래에 대한 비판적 분석이라고 읽는 편이 더 유익할 것이다. 이런 관점에서 나는 자본주의 발전과 종교적 믿음 사이의 역사적 관계에 대한 베버의 유명한 주장을 엄정히 역사적인 주장이라기보다는 계보학적인 수단으로 취급할 것이다. 실제로 베버의 서술에서 내게 가장 설득력 있게 다가온 것은 자본주의 경제 제도의 종교적 기원에 대한 주장이 아니라, 종교적 프레임을 통해 노동 지향성의 구체성과 특수성을 포착해 내고 효과적으로 설명한다는 점이었다. 따라서 이어지는 논의는 그 실증적 적합성을 세세히 따지기보다는 베버의 인과논증이 어떤 수사학적 힘을 지니는지에 초점을 맞출 것이다. 뒤에서 보게 되겠지만, 베버는 "전통주의"라고 표현한 프로테스탄트의 노동윤리가 있기 "이전"과 그가 세속적이라고 본 그 "이후"를 날카롭게 대비시키면서, 하나의 깔끔한 인과논증 안에 종교와 자본주의를 세속적으로 결합시킨다. 이를 통해 베버는 이런 자본주의의 에토스를 강조하고 명확히 하며 극적으로 드러낸다. 그 덕에 우리는 그 현상에 주목하고, 반응하게 되는 것이다. 처음에는 전통적인 노동 지향에서 프로테스탄트적 노동 지향으로의 전환이 있고, 다음으로는 종교에 기반을 둔 에토스에서 세속적인 에토스로의 전환이 있다. 각각의 전환은 베버의 시대에 이미 우리가 마주하고 있던, 그리고 당연히 지금까지도 마주하고 있는 현실을 낯설게 보게끔 해 준다. 우리에게 너무도 익숙한, 정식화된 노동의 본성과 가치가 바로 그 현실이다.

우아하리만큼 단순하고 직설적인 인과논증처럼 보이지만, 그럼에도 베버는 자본주의 발전의 이 생명력 있는 에토스가 지닌 복잡성의 많은 부분을 드러내는 데 성공했다. 프로테스탄트 노동윤리는 하나의 단일한 교리라기보다는 여러 사상의 총합이자, 때로 맞물려 작동하고 때로는 상충을 일으키는 여러 요소의 복합체이다. 실제로 베버는 이 노동윤리가 몹시 역설적인 현상이라고 보았다. 그에 따르면 프로테스탄트 노동윤리는 강력한 효과를 발휘하는 동시에 매우 자기파괴적이다. 생산 중심주의라는 이 청교도의 표어는 부지불식간에 그 파괴의 씨앗을 뿌린다고 베버는 주장하는데, 이 주장만큼 프로테스탄트 노동윤리의 역설적 성격을 명백히 보여 주는 것도 없다. 이 노동윤리가 기름 부은 합리화는 결국 프로테스탄트 윤리의 종교적 기반을 약화시킨다는 것이다. 노동의 금욕적 에토스는 자본주의 정신 안에 "죽은 종교적 믿음의 유령"(Weber 1958, 182)처럼 살아남아 있는데, 그 존재와 그가 일으키는 효과는 이제 전보다 훨씬 기이하다. 이 금욕적 에토스는 명백히 현존하지만, 동시에 그 출몰은 기묘하여 확인하기 어렵다. 베버의 분석은 불안정성의 몇 가지 지점에 주목한다. 프로테스탄트 노동윤리가 이후 어떻게 발현하는지에 대한 나의 고찰은 이 지점들을 기초로 삼고 있다. 이 노동윤리가 미국의 포드주의 시기, 그리고 포스트-포드주의 시기에 어떻게 반복되어 나타나는지 추적하다 보면, 다른 요소들이 변화하는 가운데도 그 안의 몇 가지 요소만은 변함없이 지속된다는 것을 확인하게 된다. 실제로 프로테스탄트 노동윤리부터 산업화 시대, 그리고 탈산업화 시대의 노동윤리에 이르기까지 미국 노동윤리의 역사를 살펴보면 이념과 경향, 의무 일체가 놀랍도록 완고한데, 동시에 그 속에 불안정성이 도사리고 있음이 드러난다. 일에 대한 이 규범적 담론을 그토록 유연하게 만드는 요소 덕에 노동윤리는 반론과 변화로부터 계속해서 영향을 받는다.

뒤따라 나타난 노동윤리를 들여다보면, 베버가 밝혔던 프로테스탄트 노동윤리의 이율배반antinomies 일체가 산업화 시대와 탈산업화 시대까지, 이후의 미국 노동윤리에 계속해서 생명을 불어넣고 있다는 사실을 발견하게 된다. 그런 이율배반 중 세 가지는 프로테스탄트 노동윤리 규범의 내용에 뿌리를 둔다. 가장 **합리적**이면서 동시에 가장 **비합리적**인 행동을 명령하며, **생산 중심주의**의 가치와 **소비주의**의 가치를 동시에 장려하고, 개인적 **독립**과 사회적 **의존**을 함께 촉구한다. 이 윤리와 그 적용을 놓고 벌어진 분투의 역사를 들여다보면, 두 가지의 또 다른 이율배반이 모습을 드러낸다. 노동윤리가 **복종**의 수단으로서, 그뿐 아니라 **불복종**의 도구로서 어떻게 작용했는지가 하나이고, **배제**의 기제이자 **통합**의 기제로 어떻게 기능했는지가 다른 하나이다. 이 다섯 쌍은 모순이라기보다는 이율배반으로 파악된다. 변증법적 해결이나 목적론적 궤적을 상정하지 않고 그 내적 충돌 자체가 발휘하는 효과성을 강조하는 것이다.[3] 이런 역학관계가 규율 장치를 낳는가 아니면 약자의 무기를 낳는가? 그리고 스스로를 파괴할 씨앗을 뿌리고, 나아가 진보적 역사 발전을 가져올 것인가? 이는 여전히 결론이 내려지지 않은 질문들이다.

노동윤리를 낯설게 하기

프로테스탄트 노동윤리의 중심에는 자신의 일을 소명으로 접근하라는 명령이 자리 잡고 있다. 여기에 윤리 담론을 구성하는 첫 번째, 그리고 베버가 아마도 가장 주목했을 이율배반이 있다. 바로 합리적인 것과 비합리적인 것의 가능할 것 같지 않은 합류이다. 이론의 여지가 있겠으나, 베버가 전하는 데 성공한 가장 중요한 메시지—베버의 분석에서 핵심이 되는 발견이자 주된 주제이기도 한—는 노동 윤리가 그 기원에서부터 핵심까지 비합리적이면서도, 거기서 나오는 규범은 실천적 경제 행위의 가장 합리적 형태를 낳는다는 사실이다. 실제로 종교적 교리는 합리화에서 결코 작지 않은 부분을 차지하며, 베버에게는 이 점이야말로 서구 근대성의 독특한 지점이었다. 베버가 사로잡힌 것은 바로 이 이중성이었던 것 같다. 베버는 "우리는 여기서 소명의 모든 배태에서처럼 여기에도 자리 잡고 있는 바로 이 비합리적 요소의 기원에 특히 관심을 둔다"라고 썼다.(1958, 78) 이 "비합리적 요소"의 핵심은, 뒤에서 살펴보겠지만 우리가 흔히 가장 유용한 추구로 여기는 것, 즉 규칙적이고 생산적인 노동 속에서 베버가 찾아낸 무용한 속성이다.

하지만 일이 마치 소명인 듯 헌신하는 것의 비합리성도 일에 대한 새로운 문화적 지향의 요소이다. 베버는 바로 이 요소에 주목을 집중시키려고 애썼던 것인지도 모른다. 소명으로 주어진 의무라는 "오늘날 우리에게 너무 익숙하지만 실제로는 당연한 것이 아닌, 이 독특한 개념"(54)은 문화 구조 안에 파고들어 그 자체만을 떼어 내 이해하기가 쉽지 않다. 일의 가치는 우리 삶에서 중심적 지위를 차지하며, 근대 및 탈근대 자본주의 사회에 가장 확고히 이식되어 너무도 자명해 보이는 요소이다. 그 사회적·역사적 특수성을 검토하고, 우리 삶에 미치는 영향을 이해하려면, 이 가장 익숙한 교리를 우선 낯설게 만들어야 한다. 베버는 실체화된 상식을 낯설게 함으로써 강력한 효과를 일으켰는데, 일의 가치가 도덕으로 자리 잡은 것을 생각하면 이것이야말로 베버의 작업이 이룬 가장 중요하며 오래갈 성취이다. 베버의 작업에서 윤리의 종교적 기원의 프레임과 이야기를 시대별로 구분해 본 것은 특히 효과적이었다. 이를 통해 다른 역사적 관점들을 확인함으로써 독자들은 비판적 거리를 둘 수 있게 된다. 실제로 노동윤리는 두 가지 방향에서 낯설게 되는데, 첫째는 "전통주의"의 관점에서 노동윤리가 일에 대한 지향을 어떻게 만들어 내는지 살핌으로써, 둘째는 세속화된 세계의 관점으로부터 되짚어 봄으로써 그러하다.

베버는 계보학적 고찰에서 역사적 대비를 통해 일의 가치가 너무 당연하고 필연적으로 받아들여지는 지금의 현실이 특수하고 불확정한 역사의 산물이라는 사실을 일찍이 발견했다. 자본주의 이전에 존재했던 일에 대한 지향성에 베버는 "전통주의"라는 이름을 붙였다. 이때의 일은 실제적이고 한정된finite 목표를 위한 수단 이상의 것이 아니었다. 베버의 이야기에 따르면, 더 많이 일하고 더 많이 갖기보다는 적게 일하고 예전만큼의 필요를 충족할 만큼 소비하기를 선호하는 이들의 "엄청나게 완고한 저항"(60)은 "일정한definite 삶의 기준을 윤리적 구속으로 여기는 자본주의 정신이 투쟁을 벌여야 했던 가장 중요한 적수였다".(58) 전통주의의 관점에서 새로운 프로테스탄트 노동윤리, 즉 일을 그 자체로 목적으로 여기고 헌신하려는 의지, 살기 위해 일하는 게 아니라 일하기 위해 사는 태도는 별로 설득력이 없었다. 하지만 프로테스탄트 윤리가 예전의 지향성을 대체하고 나자 "경제적 획득은 물질적 필요를 충족하기 위한 수단으로서 사람에게 종속된 것이 더 이상 아니게 되었다. 우리가 자연스러운 관계라고 불러야 하는 것이 이렇게 뒤집혔는데, 순진한 관점에서 보면 이는 무척 비합리적인 것이었다. 이런 전복은 명백히 자본주의를 이끄는 원칙이었고, 자본주의의 영향력 아래 놓이지 않은 사람에게는 그만큼이나 이질적인 것이었다."(53) "이질적"이고 "순진한" 관점에서 보자면, 이런 새로운 사고방식에서 무엇이 이상한지 알아차릴 수 있을 것이다. 수단과 목적이 혼동되고, "사람은 그의 비즈니스를 위해 존재하며 그 반대가 아니"라는 것이다.(70) 그리고 이런 식으로 일에 헌신하는 것이 "순수하게 행복을 위한 이익 추구의 관점에서 보면 얼마나 비합리적인지" 이해하게 된다.(78)

일과 경제적 효용의 관계가 이렇게 희석되고, 임금노동에 이상한 무용성이 생겨나면서, 노동윤리는 자본주의 발전에 중대한 박차를 가하게 되었다. 베버에 의하면 더 열심히 더 오래 일함으로써 누리는 추가 임금의 약속이 처음에는 새로운 노동의 리듬과 일상을 받아들일 만큼 충분한 유인책이 되지 못했다. 임금을 낮게 유지하는 것은 노동자들이 더 긴 시간 더 많은 노력을 들이게끔 하는 믿을 만한 유인책일 수도 있었지만, 얼마 안 가 이런 전략이 임금노동 시스템의 장기적 생존에는 적절치 못하다는 점이 드러났다.(61) 임금을 통한 유인책이 반드시 더 긴 시간 더 힘들여 일하도록 하는 자극제가 되는 것은 아니었으며, 임금은 노동력의 재생산을 보장할 수 있는 최소한까지만 낮아질 수 있었다. 이 때문에 프로테스탄트 윤리는 다른 동기부여 기제에 손을 뻗었다. 베버는 물질적 필요가 일을 하게끔 이끄는 유일한 유인책도, 심지어는 가장 효과적인 유인책도 아니었다고 말한다. 오랜 시간의 고된 노동을 도덕적으로 정당화함으로써 임금을 올리거나 내리는 것만으로는 이룰 수 없었던 것을 성취할 수 있었다.

일 자체를 목적으로 삼는 이념은 실제적 필요의 충족뿐 아니라 일의 구체적인 속성조차 그리 중요하지 않은 것으로 만들었다.[4] 이

우리는 왜 이렇게 오래, 열심히 일하는가?

런 면에서 프로테스탄트 윤리는 민주적인 동인이었다. 일의 속성도 지위도 중요하지 않다. 중요한 것은 성실하게 헌신하는 태도이다. 다시 말해, 베버의 표현을 빌리자면 "그 자체로 절대적인 목적, 즉 소명인 것**처럼**" 여기는 자세가 중요한 것이다.(62, 강조는 저자 추가. 다음도 참조. Muirhead 2004, 106‒8) 일하는 사람과 특정한 업무의 구체성으로부터 떨어져 나와 추상화된 노동에 기초를 둔 경제 시스템에 이런 윤리는 딱 들어맞는 것이었다. 이 같은 노동윤리는 일의 속성과 실제적 필요의 충족이 한계 없는 생산의 논리와 더 이상 무관한 것이 되게 하는 데 일조했다.(Bauman 1998, 8. 다음도 참조. De Angelis 1995, 112‒13) 노동의 질보다 노동자가 들인 노력의 양이 더 중요해진 만큼, 이 노동윤리는 자본의 새로운 사이클, 한정된 소비가 아니라 끊임없는 축적을 위한 생산에 잘 들어맞았다.[5]

베버의 분석은 전통주의와의 대비 덕에 첫 번째 거리 두기 기제를 확보한다. 하지만 다른 방향에서 더 결정적인 효과가 나타나는데, 바로 프로테스탄트 윤리가 산파의 역할을 해 탄생한 세속적 세계의 관점에서 프로테스탄 윤리를 되돌아보는 것에서이다. 베버의 작업은 이 같은 시각을 초반부터 열어 보인다. 베버는 합리화된 세계의 기원을 탐구하고자 하는데, 처음부터 독자를 바로 그 합리화된 세계의 일원으로 호명함으로써, 또한 사회과학의 절차와 언어를 따라 논증을 조직화함으로써 그 같은 시각을 펼쳐 보인다.[6] 이어서 새로운 노동의 교리에 담긴 비합리적 요소에 다시 주목한다. 하지만 이번에는 그 비합리성에 기름을 부은 구체적인 프로테스탄트 교리에 집중한다. 베버가 구구절절 설명할 필요도 없이, 근대적 관점에서 보면 기이한 지점이다. 프로테스탄트 교리 중에서 베버는 칼뱅Jean Calvin의 예정설을 지목하며 그 심리적 효과가 "엄청나게 강력했다"라고 주장한다.(1958, 128) 예정설은 그 교리가 촉구하는 행동이 비합리적 무용성noninstrumentality을 악화시킨다는 점에서도 두드러진다. 베버가 설명한 바대로, 예정설은 신도로 하여금 일 자체가 목적인 것처럼 일하도록 독려했는데, 그렇게 해야 구원받을 수 있기 때문이 아니었다. 예정설에 따르면, 운명은 이미 결정되어 있으며 선행으로 그 운명을 바꿀 수는 없다. 일에 헌신하는 것은 그런 불확실성 탓에 생기는 불안감을 달래고, 자신이 선택받은 이라는 믿음을 굳세게 하는 방법으로 주어진다.(112) 일에 대한 이런 지향성은 내세의 운명을 결정하는 요소라기보다는 정해져 있는 운명의 결과이다. 성실한 노동과 성공은 구원을 위한 수단이 아니라 그저 구원의 징표이다. 일이 생산 활동이 아니라 표식을 드러내는 활동으로서 더 많은 의미를 갖게 되는 만큼, 노동 규율을 지키는 데는 의례의 요소가 깃들게 된다. 노동 규율은 실제의 물리적 보상이나 정신적 보상을 위한 수단으로서가 아니라 그 자체로 목적으로 자리 잡고, 따라서 그 유용성은 더욱 약해진다. 종교적으로조차 유용하지 않게 되면서 이런 행동에서 합리성은 점점 더 희박해진다.

여기서 잠깐 멈춰 베버가 초점을 맞췄던 시기 이래 생산 중심주의의 규범이 어떻게 발전되었는지 살펴보면, 수단과 목적의 이런 간극에 대해 또 다른 관점을 얻을 수 있다. 베버의 분석은 프롤레타리아트와 부르주아지가 주체로서 구성된 과정을 설명했다. 이들이 산업화 규율의 새로운 가치와 리듬에 맞게 변화하는 데 성공하고도 이야기는 계속되어, 탈산업화된 생산의 조건에 맞추어 또 변화가 거듭된다. 세상이 달라져 프로테스탄트 윤리의 종교적 기반에 적대적으로 변하자, 일을 위해 온전히 성실히 헌신하라는 규범을 위한 새로운, 그러나 결국 근본적으로 다를 바 없는 논리가 등장한다. 17세기

우리는 왜 이렇게 오래, 열심히 일하는가?

에서 18세기 초에는 종교가 일에 헌신하는 삶을 요구했다면, 19세기 초 미국에는 사회 이동성의 약속이 그런 역할을 했다. 다시 말해, 성실한 노력과 끈기로 자신과 가족을 스스로 더 나은 삶으로 끌어올릴 수 있다는 약속이 일을 향한 공인된 에토스를 뒷받침하는 가장 흔히 통용되는 근거였다.(Rodgers 1978, 10-12 참조) 이런 산업화 시대의 노동윤리는 과거 종교적이었던 에토스의 세속적 버전으로, 내세의 이동성이 아니라 현생의 성취에 초점을 맞춘다. 20세기 중반 이후에는 또 다른 요소, 현재까지도 존재하지만 산업화 담론에서는 그리 강조되지 않았던 요소가 새로운 탈산업화 시대 노동윤리의 전면에 등장했다. 바로 일을 개인의 자기표현, 자기계발, 그리고 창조성을 위한 길로 보는 것이다.(그 예로 다음을 참조. Bunting 2004, 168, M. Rose 1985, 77-92, Zuboff 1983, 166)[7] 프로테스탄트 윤리의 초월적 논리는 역사적으로 봤을 때, 프레드릭 제임슨Fredric Jameson의 표현을 빌리자면 자본주의 이전 경제와 자본주의 경제 사이에서 "사라지는 매개자vanishing mediator"로서 기능했다.(1973) 프로테스탄트 윤리는 가장 먼저 포드주의의 사회 논리, 바로 이동성에 대한 약속으로 대체되었고, 그 다음에는 좀 더 개인주의적인 근거, 더 즉각적인 충족감의 약속—이른바 충족감을 주는 의미 있는 일—에 의해 밀려났다.[8] 실제로 미국 노동윤리의 역사를 보면 이런 금욕주의적 이상이 시간과 공간을 가로질러 얼마나 잘 적응하고 변화해 왔는지 알 수 있다. 목적은 변화하는데 수단만은, 즉 윤리가 요구하는 행동만은 변하지 않는다. 언제나 윤리는 임금노동에 자신을 투사하고 구조적으로 헌신하도록, 일을 삶의 중심으로 끌어올리도록, 그리고 일 자체를 목적으로 받아들이도록 요구한다. 하지만 윤리가 제시하는 목표, 윤리적 실천을 통해 주어지는 보상은 놀랄 정도로 변화무쌍했다.

수단과 목적의 이런 혼동이 얼마나 기이한 것인지 제대로 이해하기 위해 다시 베버의 비판적 분석으로 돌아가 보자. 베버의 분석은 《프로테스탄티즘의 윤리와 자본주의 정신》의 마지막 부분에서 정점에 다다른다. 거기서 베버는 이런 윤리가 우리에게 가져다주는 운명, 바로 '철장iron cage'을 묘사하는데, 이 지점에 이르면 윤리는 종교적 내용을 모두 내버리고 자본주의의 세속적 문화 속으로 흡수된다. 하지만 윤리가 세속화되면서 새로운 경제적 에토스의 비합리적 속성이 사라진 것은 아니었다. 실제로 비교적 짧게 지속되었던 이런 종교적 색채가 사라진 후에도 노동윤리의 교훈에 대한 사람들의 헌신은 계속되었다. 이런 헌신을 우리에게 익숙한 목적–수단의 합리성이라는 관점으로 설명하기는 더욱 어려워 보인다. 적어도 청교도는 노동 규율을 따르는 것을 신앙의 실천이나 종교적 의미라는 관점으로 설명할 수 있을 것이다. 그러나 종교적 논리가 그 힘을 잃고도 일에 헌신하는 것은 더 신기하게 보인다. 고로 "소명의 이행이 가장 고결한 정신적·문화적 가치로 연결되지 않는다면, 또는 거꾸로 말해서 그 이행이 경제적 강제 이상의 것으로 느껴질 수 없다면, 개인들은 대개 소명의 이행을 정당화하려는 시도를 아예 포기한다".(Weber 1958, 182) 노동윤리에 사로잡혀 일에 헌신하는 것을 옹호하기는 여전히 쉽지 않다. 이런 헌신을 해명하려다 보면, 대개 스스로의 동기에 대한 충분한 설명보다는 사후적 정당화의 성격이 더 많이 드러나 버린다.[9] 하지만 우리의 동기가 무엇인지 알아맞히는 일은 현실의 관심사가 될 법해 보이지 않는다. 일을 중심에 둔 삶 이외의 모습에 대해 별 기억도 없고 상상도 없다면, 어째서 지금처럼 일하는지, 일이 아니라면 다른 무엇을 하고 싶은지 생각할 이유도 별로 없기 때문이다. 그보다는 대개, 베버가 쓴 다른 저작의 유명한 구절을 빌리자면 어떻게

"일에 착수해 '오늘의 임무'를 달성할지"에 생각이 묶이게 된다."(Weber 1946, 156)

베버는 최종적으로 이제는 세속화된 자본주의 정신과 그 정신이 독려하는 임금노동에의 의존을 고발한다. 서사에 종교적 프레임을 씌우는 것은 다시 한 번 베버의 이런 고발을 증폭시키는 역할을 한다. 베버의 저작 끝부분에서 누군가는 종교적 동기로 움직이던 노동윤리에 대한 예상치 못한 향수를 포착할지도 모르겠다. 그 부분에 이르기 전까지는 같은 무게의 과학적 객관성과 윤리적 혐오감을 연료 삼아 거리를 두고 그런 윤리를 대하고 있었음에도 말이다. 청교도 노동자의 관점에서 보면 오늘날의 세속화된 "평범한 일상"에는 목적을 잃은 공허함이 있다.(149) 이렇게 새로이 등장한 일하는 주체의 궤적을 따라가 보면, 베버가 마지막으로 내놓는 등장인물과 비극적인 국면에서 만나게 된다. 베버는 괴테_{Johann Wolfgang van Goethe}의 표현을 빌려 이렇게 묘사한다. "영혼 없는 전문가, 가슴 없는 향락자. 이 공허한 인간들은 인류가 전례 없는 수준의 문명에 도달했다고 생각할 것이다."(1958, 182) 베버는 노동윤리의 세속화를 종교의 불꽃에서 출발해 그로부터 각성하기까지의 여정으로 보여 주면서, 특유의 양가적 색채로 그 과정을 그려 보인다. 반가운 과정이면서 동시에 불행을 초래한 일이며, 또 벗어날 수 없는 굴레가 한데 섞인, 모호한 형태의 진보로.

"세속적 금욕주의": 생산 중심주의가 소비주의와 만나다

세속적 윤리에 종교적 기원이 있다는 베버의 주장은 "세속적"과 "금욕주의"라는 두 단어의 가능할 것 같지 않은 조합을 통해 우리를 두 번째 이율배반으로 이끈다. 한편으로 베버가 강조했듯이 청교도 노동윤리는 근본적으로 금욕적 도덕률이다. "모든 힘을 모아 단 하나, 바로 삶의 즉흥적 유희와 그런 유희가 선사하는 모든 것을 거부하는 것"이다.(166) 풍성한 가능성을 가진 "삶"은 규율적 노동의 요구에 종속된다. 다른 만족을 뒤로 미루고 생산적 목적을 향한 성실한 노력에만 초점을 맞추라는 이런 명령은 이후에 형성된 노동윤리에서도 여전히 핵심으로 남는다. 대니얼 로저스Daniel Rodgers는 "노동윤리의 중심축 중에서도, 의지를 결집해 내면의 유혹과 외부의 고난에 맞서는 것을 도덕적 삶이라고 여겼던 태도는 가장 강력하게 살아남았으며, 산업화의 영향도 가장 적게 받았다"라고 말한다.(1978, 123) "꾸준한 노동의 정화 효과", 그리고 적절한 자기규제를 통해 스스로 자기발전과 변혁을 이뤄 낼 수 있는 무대로서의 일에 집중하는 태도는 오늘날의 포스트-포드주의 생산조건 아래서도 여전히 긍정되고 있다. 그럼에도 이런 규범은 세속적 금욕주의로서―초월적 금욕주의가 아니라―수많은 난관에 부딪혔으며, 여전히 그러하다. 예를 들어 제멋대로인 육체, 유혹적 쾌락, 즉흥적 유희의 세속성은 생산적 추구에 집중해 주의를 기울이고 성실히 노력해야 할 의무에 끊임없이 도전을 제기한다. 금욕적 프로테스탄티즘은 "현생**에서** 살지만, 현생**의** 삶도 현생**을 위한** 삶도 아닌 삶"을 추구했고, 여기에서 그 복잡성이 모습을 드러낸다.(Weber 1958, 154, 강조는 저자 추가)

고로 한편으로, 금욕주의에 붙은 세속적이라는 호명은 생산적 노동을 칭송하고 사치와 게으른 오락을 금지함으로써 소비에 구속을 두었다. 하지만 베버에 따르면 "다른 한편으로는, 재화의 취득을 억눌렀던 전통주의 윤리에서 벗어나게 하는 심리적 효과도 있었다".(171) 청교도적 에토스는 고용주와 피고용인으로서 뿐 아니라 생

우리는 왜 이렇게 오래, 열심히 일하는가?

산자와 소비자로서의 필요와 욕망을 재구성하는 역할을 한다. 베버에 따르면, 청교도적 규범은 결코 생산자로서의 실천과 태도에만 국한되지 않는다. 실제로 초기 자본주의 발달에 불 지핀 거센 동력은 바로 이 윤리가 생산과 소비 모두에 주의를 기울이며, 금욕적 극기와 세속적 욕망을 강력하게 융합시켰다는 데 있었다. "소비의 제약에 더해 취득 활동에 이렇게 고삐가 풀리자" 그 결과는 "저축하라는 금욕적 의무를 통한 자본의 축적이었다".(172) 이 같은 노동윤리는 예전에는 두 계급의 각기 다른 책임으로 나뉘어 있던 생산 활동과 소비 활동 사이에 잘 작동하는 연결 고리를 만들어 냈다. "노동을 소명으로 여기는 태도는, 사업에 대한 마찬가지의 태도가 사업가의 특징이었듯이 근대적 노동자의 특징이 되었다."(179) 예를 들어 노동윤리의 교리는 노동자가 노동을 비노동의 시간과 공간보다 우위에 두도록 독려하였을 뿐 아니라, 노동자가 경제적 보상에 반응하게끔 가르쳤다. 다시 말해 사회의 생산자로서 자신의 공헌과 그에 걸맞은 소비의 권리가 필연적으로 연결되어 있다고 인식하고 받아들이도록 이끌었다. 노동윤리는 이 연결이 합당한 것이라고 여전히 옹호한다. 재화를 소비하는 일은 자신의 공헌, 생산자로서의 지위에 대한 보상이며 징표이다. 프로테스탄트 윤리의 "세속적 금욕주의"는 모순이라기보다는 이율배반으로서, 어울리지 않는 두 단어가 짝을 이루었음에도 불구하고가 아니라, 이루었기 때문에 힘을 발휘한다.

　"영혼 없는 전문가, 가슴 없는 향락자"라는 말로 베버는 노동윤리의 규범이 일으킨 효과를 밝혀 보였다. 노동윤리는 헌신적인 생산과 절제된 부의 획득을 주문함으로써, 불충분한 보상을 받고도 열심히 일하는 한 계급과 저축으로 부를 축적하는 다른 한 계급을 낳았고, 이것이 초기 자본주의 발달의 기초가 되었다. 하지만 베버가 앞서 지적한 것처럼, 이런 이율배반은 프로테스탄트 노동윤리가 역사적으로 중요한 역할을 하는 데 핵심적 역할을 했지만, 동시에 자취를 감추는 데에도 마찬가지 영향을 미쳤다. 이 '세속적'이라는 간판을 단 금욕주의는 자기 자신의 파괴를 싹 틔울 씨앗을 뿌렸다. 시간이 흐를수록 "이 청교도적 이상은 부의 유혹이 주는 엄청난 부담에 굴복하는 경향을 보였다".(174) 하지만 프로테스탄트 윤리 중심에 있는 쾌락과 극기 사이의 청교도적 관계는 사라졌어도, 비슷한 역학관계가 노동윤리의 후속 버전에 생기를 불어넣었다. 포드주의 시대에는 대량생산조건에 걸맞은 대량소비 수준을 유지하려는 노력과 함께 생산과 부의 취득 사이의 관계가 새로이 형성되었다. 저축만이 아니라 소비 역시 본질적으로 경제적인 실천으로서 모습을 드러냈다. 일하지 않는 시간은 이제 그저 게으른 시간이 아니라 경제적으로 의미 있는 시간, 더 열심히 일할 새로운 이유를 만들어 주는 시간으로 인식되었다.(Hunnicutt 1988, 46) 한 계급은 생산하고 다른 계급은 저축하는 대신, 포드주의 아래에서 생산자는 금욕적으로 관대한 소비자로서 두 배의 의무를 갖는다고 생각되었다. 임금을 버는 일은 소비할 권리를 주었고, 일한 시간만큼 여가시간이 허락되었다. 생산자-소비자 이율배반은 포드주의 아래서도 여전히 자본주의에 활력을 주는 동인으로 기능했다.

포드주의 시대, 소비와 소비자 중심의 주체성이 확장하면서 많은 논평가가 노동윤리는 마침내 완전히 숨이 끊어졌으며, 20세기 초반에 접어들면서 여가윤리(C. Mills 1951, 236), 쾌락주의적 소비윤리(Bell 1976, 63), 혹은 소비 미학(Bauman 1998, 2)이 그 자리를 대신하게 되었다고 결론을 내렸다. 이런 논평에 따르면, 이번에는 상품 문화의 유혹 덕에 일은 다시 한 번 그저 목적을 위한 수단으로 축소되었고, 소비가 일을 대신해 주체의 치열한 투자의 장으로 자리매김했다는 것이다. 실제로 미국 노동윤리의 역사를 보면 이런 주장이 되풀이되어 읊조려지는데, 대부분 새로운 세대에게 노동윤리가 설 자리를 잃어 가고 있다는 두려움에서 비롯된 이야기들이다. 노동윤리가 힘을 잃으면서 수많은 끔찍한 경제적·사회적·정치적 결과가 도래할 수 있다는 우려가 이런 주장을 낳는다.[10] 이런 주장들은 노동윤리가 언제나 이미 소비의 윤리였다는 사실을 간과하고 있다. 각 시대에 따라 그 정도는 달랐어도 노동윤리는 성실한 노동과 그에 걸맞게 마땅하고 책임감 있는 소비 사이의 필연적이며 합당한, 그리고 실로 윤리적인 연결 고리를 늘 언명해 왔다. 노동윤리는 다양한 형태를 띠면서 생산과 소비 사이의 변화하는 관계를 조직화하고 관리하며 정당화하는 데 도움을 준다. 노동윤리는 구속과 향락 사이의 윤리적 연결 고리를 만들어 줌으로써 노동의 구매와 상품의 판매 사이의 유용한 관계를 지탱해 주었으며, 여전히 그러하다. 베버는 청교도적 윤리의 경우에서 부富의 향유는 문제가 아니었다고 말한다. 그보다는 사람들이 더 이상 일할 필요를 느끼지 않게 되는 것이 진짜 위험이었다. 베버는 "실제로 반대할 이유가 있다면, 오로지 이런 안식의 위험이 소유에 도사리고 있기 때문이었다".(1958, 157)

포드주의나 포스트-포드주의의 생산조건이 노동윤리를 훼손하지는 않았다. 그러나 노동윤리의 이 핵심적인 이율배반이 품고 있는 잠재적 불안정성을 분명히 심화하기는 했다. 한쪽 계급에게 저축하라던 명령이 포드주의에서는 대량소비를 합리화하는 규범이 되면서, 예전 프로테스탄트 윤리의 중심에 있던 긴장—세속적 간판을 단 금욕주의를 옹호하던 것으로 드러나는—이 더욱 팽팽해졌다. 노동윤리가 유지해 주던 생산과 소비의 관계는 포스트-포드주의의 생산조건 아래서는 더욱 아슬아슬하고 허약해진다. 좀 더 구체적으로 보자면 노동과 소득 사이의 관계가 임금을 통해 반드시, 그리고 합당하게 매개되어야 한다던 주장을 지키기는 더욱 어려워진다. 비물질적 형태의 탈산업적 서비스, 인지 노동, 커뮤니케이션 노동이 늘어나면서, 노동자의 공헌과 그에 대한 보상 사이의 관계를 측정하는 것이 점점 어려워진다. 파트타임, 비정규직, 불안정 형태의 고용이 늘면서 고용과 소득의 관계는 더욱 위태로워진다. 그리고 산업과 국가 차원의 임금‒소비 관계를 주장하고 관리해 오던 포드주의와 케인스적 이데올로기가 쇠퇴하면서, 일하는 자의 노동과 그가 버는 임금 사이의 관계 역시 더욱 희미해지고 만다. 이런 변화가 던지는 시사점이 무엇인지는 3장에서 살펴볼 것이다. 여기서는 베버가 프로테스탄트 윤리의 경우에서 처음으로 인식했던 것처럼, 노동윤리가 생산과 일정한 관계 안에서 소비를 자극한다는 사실을 강조하고 싶다. 노동윤리는 생산 중심주의의 가치와 소비주의의 가치, 둘 사이의 필연적 연결과 상호의존성을 역설하면서 두 가지 가치를 모두 긍정한다. 특정한 시기에 "합리적 취득"이나 "합당한" 소비주의적 탐닉으로 여겨질 수 있을 것들을 처방하는 규범은 노동윤리의 불안정성을 끊임없이 낳는 원천이지만, 여전히 자본의 생산 중심주의 윤리 밖으로 벗어나지 않고 그 중심에 있다.

자율과 명령: 독립성을 관리하기

노동윤리의 중심에 있는 세 번째 이율배반은 베버가 설명한 바와 같이, 노동이 독립으로 가는 길로 장려되지만, 그 결과 개인들은 임

금노동에 의존하게 되고 고용주의 주권 아래 놓이게 된다는 사실이
다. 임금관계가 자기주권의 보증처럼 여겨지게 되었지만 여전히 예속
의 관계로 남아 있었으며, 일이 보장해 줄 것으로 기대되었던 자율은
일로 인한 계속되는 종속의 상태와 여전히 불편한 관계에 놓여 있었
다. 노동자의 독립성과 임금관계에의 복종이 사회적 생산에 불을 지
폈고, 이런 상황은 긴장 상태를 가져왔다. 이런 긴장은 조심스레 관
리되어야 했다. '주권을 지닌 개인 주체에 대한 착취'라 부를 수 있을
이런 역설적인 상황은 점점 더 잉여가치의 원천이 되어 주었다.

　일은 많은 경우 개별 행위주체의 영역, 자립의 징표이자 경로로
이해되고, 또 그렇게 경험된다. 프로테스탄트 노동윤리는 개인을 스
스로 구원의 확실성을 얻어 낼 책임을 지는 도덕적 행위주체로 보았
다.(Weber 1958, 115 참조) 이런 면에서 일은 종교적 기구나 권위에 의존
하는 대신, **정신적 독립**을 누리게 하는 메커니즘이었다. "신실한 청교
도는 끊임없이 자신의 신의를 스스로 감독한다." 임금노동과 독립 사
이의 연결 고리는 산업화 시대에 들어 일이 **사회적·정치적 독립**을 위
한 수단으로 칭송받으면서 더 굳건해졌다. 임금은 노동자를 국가의
원조와 가족의 지원에 의존하지 않을 수 있도록 해 주었다. 따라서
임금노동은 자립의 필수조건으로 여겨지게 되었다. 이렇게 보면, "자
유로운" 노동 시장은 개인들이 자신의 운명에 대한 고삐를 거머쥘
수 있는 제도적 환경, 이른바 "인간이 타고난 권리를 누리는 에덴동
산"을 제공한다. 여기서 개인들은 상품과 노동력을 사는 이와 파는
이로서 만나고 "법 앞에 평등한 자유로운 인간으로서 계약을 맺는
다".(Marx 1976, 280) 물론 산업화가 진전되면서 노동이 의존이 아니라
독립의 상태로 가장 잘 특징지어질 수 있다는 주장은 수많은 난관에
부딪혔다. 그럼에도 낸시 프레이저Nancy Fraser와 린다 고든Linda Gordon이

주장한 것처럼, 임금노동이 점점 더 독립과 동의어가 되었던 것도 이 시기였다. 개인의—보다 정확히는 가구의—독립은 재산의 소유권을 통해서만 획득할 수 있는 것이었음에도, 산업화 시대를 거치며 독립은 임금벌이와 점점 더 같은 것으로 여겨지게 되었다. 실제로 노동 계급 운동가들은 임금노동이 "임금 노예제"의 한 형태라고 비판했던 바 있었다. 그러나 이제는 "그 안에서 새로운 형태의 인간다운 독립"을 누릴 수 있다고 주장하고 있다.(Fraser and Gordon 1994, 315–16) 이 과정에서 의존은 자본주의의 예속관계를 관련된 영역 안에 포함하지 않는 식으로 재규정된다.(325)[11]

베버가 지적했듯이 노동윤리는 개인화의 담론이다. 그리고 이 점은 노동윤리가 역사적으로 여러 전환을 거치는 내내 그러하다. 개인의 경제적 성취나 실패가 자신의 인품character에 달려 있다는 것이다. 집단의 책임으로 볼 수도 있는 것이 각 개인의 의무가 된다. 고로 "바울의 '일하지 않는 자 먹지도 말라'"는 말에 담긴 청교도 윤리의 렌즈를 통해 보면, 한때는 공동체 전체의 문제였던 것이 이제는 "절대적으로 각 개인에 달린 것"이 된다.(1958, 159) 다시 말해, 도덕적 책임은 이제 공동체가 아니라 개인에게 놓인다. 부자든 빈자든 똑같이 "일하지 않고서는 먹어서는 안 된다".(159–60) 이 명제는 산업화 시대를 거치며 임금노동이 규범으로 자리 잡으면서 더 널리 적용되었다. 또한 이 명제는 먹고사는 일의 규범이 가장뿐 아니라 모든 성인 시민에게 요구되는 점점 더 보편적인 규범이 되면서 더욱 진실로 받아들여진다. 합당한 경제적 또는 정치적 의존의 사례가 점점 줄어들면서 "남아 있는 의존은 무엇이든 개인의 잘못으로 해석될 수 있었다".(Fraser and Gordon 1994, 325) 독립은 한 사람이 처한 관계의 유형에 달린 것이라기보다는 개인 인품의 자질에 달린 것이 된다.(332) 따라서 "탈산

우리는 왜 이렇게 오래, 열심히 일하는가?

업화 시대의 의존"은 점점 더 합당치 못한 것이 되면서, 동시에 "점점 더 개인화"되었다.(325)

노동윤리는 개인화를 촉진하는 담론으로서, 착취를 합리화하고 불평등을 정당화하는 이념의 역할을 오래도록 해 왔다. '모든 노동은 좋은 노동이다', '노동에는 귀천이 없으며 본질적으로 유용한 것이다'와 같은 말은 윌리엄 모리스가 지적한 바 있듯이 "다른 사람의 노동에 기대어 사는 이들에게는 편리한 신념"이다.(1999, 128) 베버는 프로테스탄트 노동윤리가 "고용주의 사업 활동을 소명으로 해석"해 주는 한, "바로 이런 노동 의지를 착취하는 것은 합법화"되었다고 말한다.(1958, 178) 노동윤리의 관점에서 보자면, 고용주가 피고용인이 일하기 위한 실제적 필요를 충족시킬 수 있을 만큼은 남겨 두고 잉여가치를 뽑아 가는 한, 정부는 시민들의 일할 권리를 보호함으로써 시민들의 복지를 지켜 주는 것이 된다. 프로테스탄트 윤리가 부르주아 사업가들에게 "현세의 불평등한 분배는 신의 특별한 은총이라는 위안"(177)을 선사해 주면서, 노동윤리는 모든 시대에 걸쳐 경제적 불평등의 강력한 방어막이 되어 주었다.(다음을 참조. Beder 2000, 48, Bauman 1998, 65) "일할 의지가 없는 것은 은총받지 못했다는 징표"(Weber 1958, 159)라는 말이 그러했던 것처럼, 오늘날에도 빈곤에는 도덕적 의심이 가해진다. 빈곤은 개인의 노력과 훈련의 부족 탓이라는 시각이다. 결국 "신은 스스로 돕는 자를 돕는다"라는 것이다.(115) 그리고 오늘날에는 신의 자리에 시장을 놓을 수 있다. 노동윤리는 개인화를 촉진함으로써 개인의 책임으로 돌려지는 사안에 대한 제도적 지원을 가로막고, 개인이 누릴 기회의 영역에 한계를 가하는 구조적 과정을 파악하기 어렵게 만든다.[12]

하지만 노동윤리는 한 계급의 가치와 이해관계를 모두의 가치와

1장 | 노동윤리의 지도를 그리다

이해관계인 것처럼 만드는 고전적 이데올로기의 기능을 하는 데 그치지 않는다. 노동윤리는 이를 넘어 훈육의 기능을 수행한다. 보편적 목적을 지어내는 것을 뛰어넘어, 순응적 주체를 구성하는 것이다. 고로 노동윤리는 인식론적 동력일 뿐 아니라 마땅히 존재론적이기도 하다. 베버가 처음으로 묘사했던 바대로, 실제로 노동윤리의 핵심은 노동윤리가 어떤 일을 할 수 있었느냐에 있다. 노동윤리는 자본주의적 착취에 대한 주체의 동의를 만들었을 뿐 아니라, 착취하면서 동시에 착취당할 수 있는 주체를 구성해 냄으로써 노동자들을 착취의 장으로 데려다 놓았다. 베버의 설명에 따르면 노동윤리의 주체화 효과는 결정적인 것이었다. 노동에 대한 새로운 담론은 이데올로기 이상의 것으로, 주체를 생산적인 개인으로 구성해 내는 훈육 기제였다.[13] 이런 세속적 금욕주의가 "전인全人, the whole man에 대한 조직적methodical 통제"를 추구하는 한, 프로테스탄트 윤리의 효과는 수도원의 존재에 비견하는 것이었다.(119, 강조는 저자 추가) 이런 면에서 프로테스탄트 윤리는 인구를 생산적이며 동시에 통치 가능하도록 만드는, 즉 역량과 순응성이 함께 늘어나도록 하는 생정치적 동력이었다. 푸코는 훈육적 개인성disciplinary individuality의 생산을 이렇게 설명한 바 있다. "훈육은 신체의 힘을 늘리고(경제적 의미에서의 효용성), 이 똑같은 힘을 축소시킨다(정치적 의미에서의 복종)." 훈육은 "생산적인 신체이자 동시에 종속된 신체"를 생산한다.(1979, 138, 26) 개별화된 주체는 보다 유용하며, 동시에 관리하기 더 쉽다. "다시 말해 개인은 권력의 대항자가 아니다. 개인은 권력이 일으키는 최초의 효과 중 하나이다."(Foucault 2003, 30)

　　프로테스탄트 윤리는 그저 외부에서, 즉 국가나 교회로부터 개인에게 가해지는 것이 아니었기 때문에 매우 효과적이었다. 베버는 "국교회의 권위주의적 도덕률이 낳은 결과와 **자발적 순종**에 의존하는 종파(보통 프로테스탄트 교파들)의 상응하는 규율이 낳은 결과 사이에 얼마나 큰 차이가 있는지에 주목해야 한다"라고 말한다.(1958, 152, 강조는 저자 추가) 예를 들어 칼뱅교는 "특정한 형태의 외적 복종을 강제"했을지는 모르지만, "개인의 힘에 대한 해방"뿐 아니라 "합리적 행동에 대한 주체적 동기 자체를 약화시켰다". 이 점이 바로 베버가 초점을 맞춘 지점이었다. 프로테스탄트 윤리는 복종을 강제하기보다는 개인 스스로 윤리를 내면화하게끔 했고, 그 덕에 효과를 발휘했다. 게다가 그 효과는 그저 개인의 신념과 가치관을 형성하는 데 그치지 않고, 생산 중심주의 규범의 장 안에서, 그리고 그 규범과 스스로 동일시하여 개인을 구성하도록 이끌었다. 이 윤리는 어떻게 행동할 것인지 뿐 아니라 어떤 사람이 되어야 하는지를 조언한다. 의식만이 아니라 신체의 에너지와 역량을, 욕망의 대상과 목표를 겨냥한다. 이 윤리의 명령은 일체의 신념을 유도하고 일련의 행위를 이끌어 내는 것을 넘어, 그런 신념과 행위를 향해 끊임없이 정진하는 자아를 만들라는 것이었다. 여기에는 습관의 함양, 반복적 일상의 내면화, 욕망의 고양, 희망의 조절이 포함되었고, 이 모두가 평생 일하라는 요구에 적합한 주체를 보장하기 위한 것이었다.[14]

따라서 한편 이런 담론 안에서 일은 개체화와 독립의 영역으로 여겨진다. 그리고 다른 한편, 임금관계는 위계적인 것으로서 개인으로 하여금 명령과 통제에 복종하도록 요구한다. 이런 이율배반―베버가 설명하려 애썼던 기묘한 **자기**-규율에서 잘 나타나는 것으로, 일과 그 윤리적 담론이 독립과 의존을 동시에 낳는다는 점―은 임금관계를 언제나 잠재적으로 불안정한 것으로 만든다. 독립의 이상은 노동과정의 조직화와 그 관리자의 행동을 평가하는 비판적 기준이자, 노동자가 개혁을 위해 뭉칠 때 중심에 둘 수 있는 요구로 언제나 쓰일 수 있다. 사실 개인의 독립은 임금 노예제에 맞선 투쟁부터 관료적 노동조합주의와의 싸움에 이르기까지, 미국 역사에 걸친 모든 투쟁이 호소한 이상이었다. 심지어 포드주의 시대에 애써 이뤄낸 개혁들, 임금 및 근로시간을 규정하는 법률, 많은 노동자에게 고용주의 변덕에 덜 의존하고, 중산층으로 진입할 기회를 주었던 사회보장 혜택도 그 덕에 얻게 된 독립의 상태에 대해 새로운 관심을 불러일으켰다. 포드주의 전성기의 아이콘인 "조직인organization man"과 1950년대 표준화된 개인성에 대한 비판은 이런 진보가 가져온 자유의 질에 의문을 제기했다. 또한 1950년대 초 새로운 형태의 화이트칼라 고용은 일부 노동자에게 새로운 자율성을 선사하는 것처럼 보였지만, C. 라이트 밀스와 같은 비평가는 이런 새로운 중간계급 노동자들을 "결정권자의 하인, 권위자의 조수, 경영자의 앞잡이"라고 부르며, 이들이 자신의 개인적 독립을 성취한 것인지 포기한 것인지 질문을 던졌다.(1951, 80) 이런 비판들은 결국 노동자 소외에 맞선 1960-1970년대의 투쟁과 그에 뒤따른 노동의 재조직화, 포스트-포드주의적 노동관리에 영향을 미쳤다.

하지만 의존과 독립 사이의 이 이율배반이 일으키는 불안정은 자율의 이상과 복종의 현실 사이에 존재하는 정적인 모순뿐 아니라 의존을 요구하는 자본과 독립을 외치는 노동자 사이의 상충하는 이해에서 기인하는 것이다. 갈등의 더 심원한 원천은 자본에게 개인들이 필요하며, 개인들에 대한 통제가 계속해서 문제를 일으킨다는 데 있다. 심지어 테일러주의, 그러니까 조립라인에서 유토피아를 꿈꿨던 그 과학적 경영에서조차 노동자가 개인으로서 더 가치 있다고 인식되었다. 다시 말해 테일러주의가 산업화된 공장에서 노동과정을 조직화하는 방식은 그저 집단 노동력을 균일화하고 산출물을 표준화

우리는 왜 이렇게 오래, 열심히 일하는가?

하는 것이 아니었다. 초기의 지지자들은 테일러주의를 각 업무의 구체성에 주의를 기울이고 개별 노동자를 관찰하고 측정하는 방법으로 보았다.(다음을 참조. Rodgers 1978, 56) 실제로 경영 이론과 그 실천의 상당 부분은 바로 이 작업, 즉 개인의 독립에 대한 자본의 의존을 관리하고, 개인성을 유리한 방식으로 조형하는 것에 초점을 맞춘다. 테일러주의의 사례는 여기서 다시 교훈을 준다. 테일러Frederick Winslow Taylor는 노동과정의 설계자로서, 노동자의 주체성에 의존하지 않고 대신 마지막 디테일까지 노동과정을 조직화하는 데 집중함으로써 고용주가 노동자의 자발적 복종이나 열정적 참여에 신경을 덜 쓸 수 있게 해 준 것으로 보통 기억된다. 하지만 그런 테일러조차 생산적 주체성을 만들어 내고자 노력을 기울였다. 레슬리 샐징거는 철강 노동자 슈미트Schmidt의 생산성을 높이는 데 성공한 것에 대한 테일러의 설명을 이렇게 해석한다. 테일러가 슈미트에게 자신이 "몸값 비싼 사람"이라면 어떻게 하겠느냐고 거듭해서 물어본 것이 영향을 미쳤다는 것이다. 샐징거는 이런 질문이 슈미트에게 더 빨리 일하도록, 테일러의 세세한 통제를 받아들이도록 동기를 부여했다고 보았다. "테일러는 자신이 표면상 인정하는 주체를 창조했고, 바로 그 주체가 테일러에게 슈미트의 행동을 통제하는 것을 넘어 슈미트의 자아까지 규정하는 힘을 선사했다."(2003, 17)

개인의 독립에 대한 의존, 그리고 이런 의존에서 생겨나는 긴장은 포스트-테일러주의 생산조건 아래에서 더 심해진다. 이 점은 1장의 뒷부분에서 더 자세히 다룰 것이다. 여기서는 서비스 및 지식 기반 경제에서의 이윤이 산업화 시대의 생산에서보다 노동자의 창조와 소통의 역량, 정서적·감정적 역량을 활성화하며 동시에 통제하고, 또 해방하면서 동시에 고삐를 죄는 데 더 의존한다는 점을 짚어 두고자 한다. 마우리치오 라자라토Maurizio Lazzarato는 "주체성을 그저 작업의 수행에 가둬 놓는 것이 더 이상 가능하지 않으면서, 관리와 소통, 창조성의 영역에서 주체가 가진 능력이 '생산을 위한 생산'의 조건에 부합하는 것이 중요해진다"라고 말한다. 생산적 형태의 주체성, 즉 자발적이면서도 관리 가능한 노동자를 만들어 내는 작업은 자본주의 경영 기법이 계속해서 씨름해야 할 문제이며, 포스트-포드주의에서는 특히 그러하다. 라자라토는 이렇게 덧붙인다. "고로 '주체되기'라는 슬로건은 위계와 협력, 자율과 명령 사이의 대립을 없애기는커녕, 오히려 더 높은 차원의 대립을 다시 제기한다. 이 슬로건은 개별 노동자의 다름 아닌 개성을 활용하면서, 동시에 그 개성과 충돌하기 때문이다."(1996, 135) 일은 개인의 자율과 독립을 보장한다고 여겨지며, 어느 정도까지는 분명히 그러하다. 그럼에도 일은 종속과 복종을 지탱하기도 한다. 이렇게 개인의 자율과 독립은 종속과 복종과 더불어 불안하게 공존한다.(Gorz 1999, 38–39도 참조)

노동윤리, 그리고 노동계급

《프로테스탄티즘의 윤리와 자본주의 정신》은 처음 세 가지 이율배반을 들여다볼 통찰을 주지만, 마지막 두 가지를 위해서는 베버가 다룬 시대를 벗어나 살펴볼 필요가 있다. 구체적으로 보자면 산업화 시대, 그리고 그 시기 부상했으며 우리 시대에까지 계속해서 영향을 끼치고 있는 계급투쟁, 반인종차별주의, 페미니즘의 역학 기제에 특별히 주의를 기울여야 한다. 노동윤리가 가능케 한 순종과 불순종 사이의 이율배반적 관계는 계급투쟁의 사례에서 확인할 수 있다. 그리고 뒤따르는 절師에서는 인종 기반 투쟁과 젠더 기반 투쟁의 역사를 간략히 살펴봄으로써 배제하면서 동시에 통합하는 기제로 노동윤리가 어떻게 쓰이는지 확인할 것이다. 여기에서 마지막 이율배반의 모습이 드러날 것이다.

베버의 논증이 갖는 특정한 한계들은 마르크스의 시초축적에 대한 설명과 베버의 초기 자본주의 발달에 대한 이야기 사이의 유사성을 다시 짚어 봄으로써 설명할 수 있다. 앞서 지적했듯이 마르크스와 베버는 각기 다른 "사라지는 매개자", 즉 마르크스는 국가 폭력에, 베버는 종교적 교의에 초점을 맞추어 자본주의 사회로의 이행을 이야기한다. 마르크스는 "폭력은 새로운 사회를 잉태한 모든 낡은 사회에게 산파가 된다"(1976, 916)라고 주장했고, 베버는 "근대적 경제인의 요람 옆에 서 있던"(1958, 174) 것은 청교도주의였다고 주장한다. 마르크스의 시초축적 이야기와 베버의 프로테스탄트 윤리사炸는 마찬가지로 비슷한 논조로 끝을 맺는다. 마르크스에 의하면 자본주의적 생산양식이 일단 자리 잡자, 임금노동자 계급을 창출하기 위한 "피의 규율"은 덜 직접적인 방식의 폭력, 바로 "경제적 관계의 말없는 강제"로 대체되었다.(1976, 905, 899) 베버의 설명은 "저항할 수 없는 힘"으로 모든 개인의 삶을 결정지을 수 있는 경제 질서가 청교도적 자기규율을 대체했다는 것으로 끝난다.(1958, 181).

문제는 마르크스나 베버 모두 너무 깔끔하게 이야기를 끝맺는다는 점이다. 이야기는 조력을 받아 경제적 인간이 출생했다는 데서 끝나지 않는다. 실은 여기에서부터 생산적 주체가 길러지며 고된 노동이 시작된다. 베버는 "승리군인 자본주의"는 다른 선택지 없이 임금관계를 강요하는 데서 그치지 않고, 나아가 "자본주의에 필요한 경제적 주체를 교육하고 선별한다"라고 쓰긴 했지만《프로테스탄티즘의 윤리와 자본주의 정신》은 이런 맥락의 분석을 밀고 나가지 않았다.(181, 55) 마르크스는 시초축적의 테크닉을 자본주의 최초의 시점으로 국한해 분석했지만, 이후 많은 사람들이 이를 수정해 폭력과 탈취는 자본의 역사 내내 축적의 수단으로 계속해서 활용되었다는 점을 설명하고자 해 왔다. 이와 마찬가지로 우리 역시 베버의 접근을 수정해 임금노동의 부과가 계속되는 과정이라는 점을 좀 더 명확히 해 둘 필요가 있다.

실제로 미국 역사를 들여다보면, 특히 19세기에서 20세기 초에 걸쳐 과거 노예 신세였던 이민자와 그 뒤를 따른 후예들에게 근면한 노동의 습관과 가치를 설파하려던 노력이 길게 이어져 왔음을 확인하게 된다.(Genovese 1974, 303, Gutman 1977, 14) 노동에 대한 금욕주의적 이상은 프로테스탄트 윤리나 산업화 시대의 이동성에 대한 약속, 또는 탈산업화 시대의 일을 통한 자아실현에 대한 전망에 별 감흥을 느끼지 않을 사람들에게는 똑같은 영향력을 발휘하지 못했다. 따라서 소득 수준별, 직업별 전 계층에 걸쳐 일의 가치를 설파하는 일은 진행형의 분투였고 지금도 그러하다. 하지만 미국의 계급투쟁 역사는 노동윤리에 힘을 실어 주는 또 다른 이율배반이 양쪽 편 모두에게 어떻게 무기로 쓰여 왔는지 보여 준다. 윤리는 노동자가 추상적 노동의 전제에 계속해서 복종하게끔 하는 기능을 했다. 동시에 윤리는 노동자의 불복종에 무기가 되어 주기도 했다.

앞서 보았듯 베버는 노동윤리가 복종의 기제로 기능한다는 점을 명확히 인식했다. 프로테스탄트 윤리에서 일의 복음은 "정확히 부르주아의 경제 윤리"(1958, 176)였으며 나중에 세속화되고서도 여전히 전문가 및 관리자 계급과 가장 긴밀히 결속되어 있었다. 그렇다고 해서 노동계급이 노동윤리의 구속으로부터 면제되었다거나 그 호소에 무감할 수 있었다는 의미는 아니다. 결국 프로테스탄트 윤리는 부르주아 사업가에게 "맑은 정신의 양심적이고, 유별나리만치 성실한 일꾼, 마치 신이 내린 인생의 목적인 듯 일에 매달리는 일꾼"을 선사해 주기까지 했다.(177) 노동윤리는 "믿을 만할 만큼 충분한 설득력과 진실성을 가진, 중간계급이 노동계급에게 설파하는 이데올로기"였고 여전히 그러하다.(Barbash 1983, 232)

베버가 인식하지 못했던 것은 노동윤리가 불복종의 수단이 될 수도 있다는 점이었다. 사주社主와 관리자는 노동자들에게 노동윤리를 가르치려고 분투했지만, 노동윤리를 받아들이는 것은 양날의 검과도 같은 것임이 드러났다. 관리자들은 전통적인 노동윤리를 확대하는 데 성공했다. 하지만 노동윤리가 언제나 관리자들이 원했던 형태로 받아들여진 것도, 원했던 결과를 낳았던 것도 아니었다. 첫째, 수단과 목적의 분리는 어떤 불확정성을 불러온다. 산업화의 노동윤리가 규율의 동력으로 기능하려면 어떤 면에서 애초의 프로테스탄트 윤리와는 반대로, 현세적 목표와 실질적 보상으로 표현되어야 한다. 그리고 나면 노동윤리는 노동자들이 개혁을 요구하며 투쟁하는 데 중심에 놓일 이상이 된다. 더 나은 사회적 이동성을 보장하는 임금 인상, 더 좋은 더 만족스러운 일을 요구하는 투쟁이 그런 예이다. 둘째, 기꺼이 일하는 주체를 형성하는 교육과정은 문화와 주체 간에 모방의 관계를 확립하지 않는다. 주체가 내면화하는 규범은 그 과정에서 언제나 일정 부분 변형되고 혼합된다. 경쟁하는 여러 버전의 윤리가 구축한 담론의 프레임 안에서 벌어지는 싸움은 계속해서 싸움의 조건을 변화시키게끔 작동한다.

19세기 이래 노동계급은 그들만의 노동윤리를 발전시켜 왔다. 아래로부터의 이 대안 노동윤리는 노동계급의 구조적 배제와 주변화에 맞서는 정치적 기획에 유용한 역할을 해 왔다.[15] 산업화 시대의 이런 "노동자 중심 노동윤리"는 뒤에서 계속 논의할 여러 다른 버전의 노동윤리 중 하나로, 임금노동의 가치와 존엄을 칭송하고, 그런 노동에 적절한 존경과 보상이 주어져야 한다고 주장하는 노동가치설의 다양한 분파들에 바탕을 두고 있다.(Tyler 1983, 200) 예를 들면 이 버전의 노동윤리는 야망 없는 빈자를 비난하는 대신, 한가한 부자들을 겨냥한다.(199) 노동자 중심 윤리는 산업 프롤레타리아트 계급 형성의 핵심 요소로, 프롤레타리아트를 계급으로 구성하는 데 일조했을 뿐 아니라 투쟁의 무기 중 하나로 기능하기도 했다. 보드리야르는 노동자 중심 윤리의 생산적 역할을 강조하고 높이 평가하면서, 이 윤리 덕에 노동계급이 집단 정체성으로서 합당하면서도 설득력 있게 보일 수 있었으며, 그로 인해 하나의 계급으로 구성될 수 있었다고 설명한다. "부르주아로부터 기원했으며 역사적으로 부르주아지를 하나의 계급으로 **규정하는** 역할을 했던 합리적 노동의 윤리는 노동계급의 수준에 맞춰 엄청난 진폭으로 갱신되어, 노동계급을 하나의 계급으로 규정하는 데에도 공헌한다. 즉 노동계급을 역사적 대표성을 지닌 지위로 선 긋는 데 일조한 것이다."(1975, 155) 부르주아지의 생업에 필적하는 의미로 "생산성 중심의 생업productivist vocation"이라고 규정된 노동계급은 변증법상 반대항의 위치에서 투쟁을 끌고 갈 수 있었다. 이 위치는 노동계급의 요구를 최대한 명료하게 하면서, 또 다른 차원에서는 그 복원력을 최대화해 주었다.(156-59) 복원력의 문제에 대해서는 뒤따르는 부분에서 살펴볼 것이다.

　　노동자 중심 윤리는 산업 프롤레타리아트의 강력한 무기로, 20세기 중반까지 노동계급이 여러 승리를 일궈 내는 데 도움을 주었다. 노동자들은 노동이 무엇이 될 수 있으며 무엇을 할 수 있는지에 대한 익숙한 서술을 진지하게 받아들여 임금노동이 그 이상에 부합할 수 있게끔, 그리고 사회 이동성과 자기실현이라는 약속에 부응할 수 있게끔 하고자 분투해 왔다. 이런 식으로 노동윤리는 지배계급의 힘에 무게를 실어 주면서, 동시에 노동계급의 맞서는 힘에도 기름을 부어 주었다. 1930년대 착취에 맞선 노동계급의 운동은 사회복지와 포드주의 임금관계에 대한 법적 규제를 얻어 냈다. 인간관계 운동*의 형태로 포섭co-optation**이 이루어지는 등 새로운 경영 방식이 도입된 것 역시 말할 것도 없이 큰 변화였다. 노동자 중심 윤리는 이런 변화가 일어나는 데 한몫을 보탰다. 탈산업화 시대의 노동윤리는 일을 개인의 발전과 의미 추구를 위한 길로서 강조했다. 이런 새로운 윤리는 1960-1970년대 초 포드주의 시대의 훈육적 주체성에 맞서 일어났던 저항들, 그리고 이런 저항이 공론화한 노동자 소외의 문제로부터 적어도 일정 부분 기인한 것이었다. 1980년대에 진가를 발휘한 인적 자원 운동은 운동가들이 제기한 노동의 질 문제를 해소하되, 이익이 남는 방식으로 노동과정을 바꾸려고 시도했다. 따라서 사회 이동성의 수단으로서의 일에 초점을 맞췄던 산업화 시대 노동윤리는 자기실현의 실천으로서의 일을 강조한 탈산업화 시대 노동윤리로 이행했다. 이런 이행은 두 가지 다른 윤리의 대결, 그리고 이 두 윤리가 가리키며 또 구현하는 일의 조직화와 의미를 놓고 벌어진 싸움이 품고

★　1920년대 엘튼 메이요(Elton Mayo)는 노동자들의 생산성이 물리적 근무 여건이나 경제적 요소뿐 아니라 조직 내의 사회적 요소 및 신념과 감정과 같은 인간적 요소들에 크게 영향을 받는다는 사실을 밝혀냈다. 이를 바탕으로 노동자의 감정적 측면과 직업만족도 등에 초점을 맞춘 인간관계 운동 (human relations movement)이 탄생했고, 이는 노동자의 동기 부여를 위한 다양한 경영 기법을 낳는 데 일조했다.

★★　조직의 안정이나 생존을 위협하는 대상을 조직의 구조 속에 흡수하는 방식을 일컫는 표현이다.

있는 본질이었다.(Bernstein 1997, M. Rose 1985, Storey 1989 참조)

　노동윤리의 적용을 놓고 벌어지는 계급투쟁은 또 하나의 의도치 않은 효과를 낳을 수 있다. 자신의 일이 지배적 노동윤리와 연관된 것으로 인정받아야 한다고 요구하는 사람이 늘어날수록, 노동윤리의 계급 특정성이 점점 더 시야 안으로 모습을 드러낸다. 언제나 그렇듯이, 일이 가져다주는 각양각색의 보상을 설파하는 노동윤리는―윤리 안에 새겨져 있는 보상이 사회 이동성이든 자기계발이든―노동사회 내 서로 교차하는 복잡한 위계 속 개인의 위치와 노동의 조건에 따라, 믿을 수 있는 이상에서 순전한 프로파간다로 전락한다. 윤리 담론이 더 멀리까지 나아갈수록 그 교훈은 현실의 노동조건으로부터 점점 더 떨어져 나오고, 거친 이데올로기적 현상으로 더욱 자주 축소되어 버리고 만다. 노동윤리는 일에 헌신하는 일생의 혜택과 만족이 보편적이라고 주장한다. 이런 주장은 한 계급의 경험을 어느 정도 반영할지는 모르지만, 다른 계급의 경험은 기만하는 것이다.

인종, 젠더 그리고 노동윤리의 선전

　미국 노동윤리의 역사는 계급 왜곡뿐 아니라 인종화, 젠더화된 담론의 사례를 보여 준다. 이제까지의 논의에서는 노동윤리의 이중적 용도, 즉 노동윤리가 계급 지배의 수단이자 동시에 계급 불복종의 수단으로 쓰인다는 점에 주목했다. 후자의 효용은 반인종차별주의와 페미니즘의 투쟁에도 도움을 주었다. 노동윤리 담론의 인종화를 짧게 살핀 뒤, 그 젠더화에 대해 좀 더 길게 살펴보면, 또 다른 모순적 역학 구도가 드러날 것이다. 배제하며 동시에 통합하는 기제로서 노동윤리가 어떻게 작용했는지 확인하게 되는 것이다. 좀 더 구체적으로 이야기하자면, 나는 여기서 노동윤리가 한쪽으로는 더 통합적이 되었다는 점에 초점을 맞추려 한다. 다시 말해, 노동윤리가 다른 집단에 대해 배타적인 모습을 취하면서 동시에 산업화 시대의 부르주아 계급, 오늘날로 보면 전문가 및 경영자 계급을 넘어 어떻게 그 영향력을 넓혀 왔는지 논의할 것이다. 노동윤리가 지탱해 온 통합과 배제 양쪽에 초점을 맞추면, 새로운 노동관이 일으킨 평등주의적 효과와 위계적 효과를 동시에 강조했던 베버의 논의가 떠오른다. 노동윤리 담론은 모든 형태의 임금노동을 윤리적으로 가치 있는 실천으로 끌어올림으로써 민주화의 동력으로 일정 수준 작용했다. 하지만 동시에 불평등을 정당화하는 데 결정적인 역할을 함으로써 위계 질서의 강력한 원천이 되기도 했다. 오늘날 불평등은 임금노동 구조의 결과라기보다는 개인의 인품에서 기인한 것으로 여겨진다. 이 마지막 이율배반은 모든 규율적 규범이 갖는 특징이다. 푸코가 설명했듯이 규율적 규범은 "실현해야 할 일체성"을 주문하면서 "모든 차이점들에 관해서 차이의 정도를 규정할 한계"를 추적하는, 동일화하는 동력이자 동시에 차별화하는 동력이기 때문이다.(1979, 183)*

예를 들어, 인종과 젠더에 기반한 배제를 수단 삼아 노동윤리가 어떻게 계급의 차원에서는 더 통합적이 되었는지 살펴보자. 산업화 시대의 초기에는 백인 노동계급이라는 요소가 그 인종적 정체성을 통해 독립과 지위의 상징과 동일시되었다. 18세기 후반에서 19세

★ 오생근 역, 《감시와 처벌》, 나남, 287쪽 참고.

기 초에는 "임금 노예제"라는 표현을 들어 거부하던 지위를 정당화하고 그와 동일시하는 경향이 "때맞춰" 확립되었으며, 이는 노예 제도, 그리고 그를 지탱하는 담론을 통해 굴욕적 주체들로 구성된 이들과 "대비를 이루는" 것이었다. 데이비드 뢰디거David Roediger가 설명한 것처럼, 백인됨whiteness의 수용은 "임금노동에의 의존에 대한 두려움과 자본주의 노동 규율의 필요성에 백인 노동자들이 반응했던 방식이었다".(1991, 13) 여러 이주민 집단의 타자화는 임금노동자에게 비슷한 보상을 가져다주었다. W. E. B. 두 보이스W. E. B. Du Bois는 이를 백인 노동계급에게 주어지는 "공적·심리적 임금"이라고 불렀다.(다음을 인용. Roediger 1991, 12) 노동윤리는 이렇게 인종과 민족, 국적 차별을 동력 삼아 계급 사다리 아래로 내려갔다. 노동윤리의 인종화는 화이트칼라 노동의 수용을 촉진함으로써 탈산업화 경제에서도 제 역할을 했다. 실제로 C. 라이트 밀스가 밝혔듯이, 화이트칼라 노동 대부분이 사실 숙련을 필요치 않는 반복적 노동이었음에도 불구하고, 미국의 화이트칼라 노동자는 화이트칼라 직업군 내 대부분이 백인이고 시민권자라는 사실을 바탕으로 블루칼라 노동자에 비해 더 나은 명망을 누렸다.(1951, 248) 다시 한 번, 노동윤리 규범의 인종과 국적, 민족을 기반으로 한 배제는 계급 차원에서는 통합을 돕는 동력이 되었다. 임금노동자, 말하자면 노동계급, 즉 중간계급의 일원으로서의 지위와 태도는 단순히 그 사람의 도덕적 가치와 "노동자"로서의 사회적 신분을 확인해 주는 데 그치지 않았다. 그것은 백인 노동자, 일하는 남자, 미국인 노동자로서의 신분을, 그리고 앞서 들었던 예시를 떠올려 보면 "몸값 비싼 남자"로서의 신분을 확인해 주는 것이었다. 다시 말해 특정한 인종과 성별, 국적과 계급을 지닌 주체로서의 상대적 특권의 징표였다.

우리는 왜 이렇게 오래, 열심히 일하는가?

노동의 이런 이상향들은 주변화의 관습에서 여전히 책임이 작지 않다. 이런 이상향은 한 사람이 하는 일이 지닌 본래의 매력, 그 일로 누리는 임금이나 지위와는 상관없이, 그 사람의 도덕적 우월성을 옹호하는 수단으로 쓰일 수 있으며, 그로 인해 그가 다른 인종이나 젠더 집단에 비해 더 큰 경제적 특권을 누리는 것을 정당화한다. 미국 역사 전체에 걸쳐, 이민자 및 인종 집단별로 노동 습관과 성실성이 어떻게 다른지에 대한 의문이 끊임없이 제기되어 왔다. 이런 의문은 미국 기업은 더 건실한 일본의 노동문화와 경쟁할 수 없을 거란 두려움으로, 또는 "도시 빈민가 거주자들", "저소득 계층", "복지 수령자", "불법 이주자"들은 노동에 대한 부적절한 태도를 갖고 있다는 그치지 않는 논의들로 표현되어 왔다. 예나 지금이나 노동윤리는 인종, 젠더, 국적 차별의 흐릿한 정당화의 논리와 과정으로 이어지는 담론들의 심원한 저수지이다. 특히 인종화된 복지 담론의 역사가 보여 주듯이, 노동윤리는 여전히 인종별 차이를 설명하는 존중할 만한 논리로 여겨진다. 노동윤리가 아니었다면 이런 인종별 차이에 대한 주장은 공적으로 수용되지 못했을 것이다.(다음을 참조. Neubeck and Cazenave 2001)

노동윤리는 인종화되었을 뿐 아니라 젠더화된 구성체이다. 노동윤리가 역사적으로 다양하게 표현되는 데, 여성 역시 배제된 타자로서 기능해 왔다. 미국 내에서 역사적으로 노동은 임금노동과 동일시되고, 임금노동은 남성성과 연결되었으며, 무급의 가사노동은 비생산적인 여성의 일로 여겨졌다. 여성의 타자화는 이런 역사적 과정을 통해 가능했다. 산업화 초기, 가정 내 무급노동이 비노동nonwork의 (자연화되고* 여성화된) 모델로 정립되면서 (이제 남성화된) 일의 개념과 대비를 이루며, 그런 일의 개념을 지탱해 주게 되었다. 여성화된 가사노동을

1장 | 노동윤리의 지도를 그리다

인정하지 않는 태도는 이와 더불어 등장했다. 그리하여, 진 보이즈스
톤Jeanne Boydston이 설명한 것처럼, 젠더 분업화는 일의 젠더화된 개념
으로 변형되었다.(1990, 55) 노동 규율의 도덕적 정화 및 활성화 효과
를 누리지 않는, 임금을 벌지 않는 여성을 (그리고 이런 규범 모델 아래 재단
당하는 임금을 버는 여성도) 의존적 계급으로 취급하는 것은 정당하게 여
겨졌다. 그리하여 비노동—여가 및 소비활동에서부터 무임금의 경
작 활동이나 가사노동까지 모든 것을 포함하는 상당히 포괄적인 범
주의 활동—은 폄훼된 여성성과 결부되어 평가 절하된 반면, 노동
윤리는 남성적 윤리로 포용될 수 있었다. 이 과정에서 나타난 산업화
시대의 젠더 질서 안에서 블루칼라 생산직은 남자의 노동으로 규정
되었다. 이런 남성화는 노동자들이 생산직 노동을 남자에게 이로울
뿐 아니라(Fraser and Gordon 1994) 남자가 되는 데 중요한 일로서 받아
들이고 그와 동일시하는 데 도움이 되었다.(그 예로는 Willis 1977, 150-51,
Baron 1991, 69를 참조)

이제까지의 논의에서 살짝 방향을 틀어, 노동윤리의 젠더화와
다른 노동의 현장을 움직이는 규율적 규범, 바로 가족윤리 사이의
관계를 인식하는 것이 중요하다. 실제로 가족윤리는 가정 내의 임금
을 벌지 않는 여성뿐 아니라 임금노동자까지도 규율하면서 노동윤리
의 보충재로서 기능한다. 미미 아브라모비츠Mimi Abramovitz가 밝혔듯이,
사회적 규제 및 통제 기제로서의 가족윤리는 젠더 분업화에 기초하
며, 젠더 분업화의 조건을 표현하고 합리화하는 역할을 한다.(1988, 37)

★ 저자는 이 책에서 '자연화(naturalization)'라는 표현을 많이 쓰는데, 어떤 상태나 특성을 자연적 본
성에 기인한 당연한 것으로 규정하는 것을 일컫는 말이다. 예를 들어 '노동을 자연화한다'는 것은
노동을 하는 것이 인간 본성의 자연스러운 발현으로 여긴다는 의미다.

우리는 왜 이렇게 오래, 열심히 일하는가?

하지만 가족윤리는 무급 가사노동의 영역에만 적용되는 것이 아니었다. 산업화 시대 내내 고용주, 정치가, 종교 지도자, 그리고 개혁가들은 모든 노동자가 전통적 가족 모델—이성애 가부장적 핵가족 모델—에 순응하게끔 독려했다. 이런 가족 모델은 노동 규율의 중대한 부속물이었고, 노동자의 일에 대한 헌신, 생산 중심주의 에토스에 대한 지지를 보여 주는 또 하나의 징표와 같은 역할을 했다. 이런 가족윤리는 포드주의 시대, 생산-소비 연쇄를 관리하는 중요한 수단으로서 등장했다. 따라서 헨리 포드Henry Ford는 안정적이고 훈련된 노동력은 전통적 가족 제도를 통해 재생산될 수 있다고 믿었고, 그의 직원들이 그런 가족 모델을 따르도록 요구했다.(1987년 5월) "빈곤문화" 담론은 전통적인 가부장적 핵가족 모델이 경제적 성공에 필수적이라고 주장하며 비판적 시각의 초점을 오래도록 가족 구조에 맞춰왔다. 악명 높은 〈모너헌 보고서Moynihan Report〉의 "흑인 가족Negro family"도 그중 하나이다.(Roschelle 1999, 316 참조) 물론 포드주의가 정점을 찍은 이래 가족 제도에는 극적인 변화가 있었다. 하지만 노동윤리가 일이 탈바꿈하는 동안 살아남을 수 있었듯이, 숨이 끊어진 가족관의 유령 역시 여전히 우리를 떠나지 않고 있다.(Stacey 1996, 49) 1980년대 한 백악관 보고서의 표현을 빌리면, 가족은 "경제적 기능, 돈, 습관, 일에 대한 태도, 재정적 독립의 기술을 기르는 온상"으로서 노동 기능과 윤리를 전파하는 데 핵심적 역할을 하며, "근대적 가족도 자유기업 시스템도 서로가 없이는 오래 살아남지 못할 것"이라고 여겨졌다.(다음에 인용. Abramovitz 1988, 350-51) 오늘날의 포스트-포드주의 시대에도 가족윤리는 남아, 가족의 가치를 설파하는 각종 캠페인에서 정치·경제적 규율을 설파하는 수단으로 쓰이고 있다. 가족윤리는 과거 가족윤리가 옹호됐던 이유들과 대부분 같은 이유로 여전히 옹호되고 있다. 공적 자원의 차원에서는 아주 적은 투입으로 안정적이고 유능한 노동인구를 재생산하는 데 가족이 제 역할을 하기 때문이다. 혹은 좀 다르게 표현하자면 이렇다. 가족이 없다면 "값싼 노동력을 생산하는 황금알을 깨뜨리게" 될지 모르기 때문이다.(Kessler-Harris 1990, 39)[16]

다시 본래의 논의로 돌아가자. 노동윤리가 부여하는 존엄과 가치로부터 일부가 배제됨으로써 다른 이들에게는 노동윤리의 요구가 더 매력적으로 다가갈 수 있었다. 따라서 더 많은 백인남성 노동자를 노동윤리 논리의 영향권 안으로 통합하는 일은 다수의 흑인여성 노동자들을 근면하고 훈련된 생업의 지위로부터 배제함으로써 일정 부분 힘을 얻었다. 젠더와 인종, 계급정체성 및 계급관계의 측면에서 노동윤리가 이런 식으로 표출되었던 덕에 앞선 사례에서처럼 백인남성 노동계급 안에서의 선전 효과는 높아질 수 있었다. 하지만 같은 이유로 갈등이 생겨나기도 했다. 이런 다양한 배제에 맞서 한편에서 반론이 제기되고 저항이 일어났으며, 다른 한편에서는 이런 배제를 거부하고 무시했다―이 점에 대한 논의로 다음 장을 시작할 것이다―우리는 이미 노동자 중심 윤리의 역사적 중요성을 간단히 다루었다. 노동윤리는 반인종차별 투쟁에서도 비슷하게 강력한 무기로 쓰여 왔다. 고된 노동의 역사와 생산성 중심의 가치에 대한 헌신을 인정하도록 요구하면서, 노동윤리 안에 가정된 백인됨whiteness에 대해 매번 반론을 제기했다. 노동윤리의 효과에 대한 주장은 반인종차별 담론 및 지위 향상 운동 내에도 자리 잡아 왔다. 부커 T. 워싱턴Booker T. Washington에서부터 안나 줄리아 쿠퍼Anna Julia Cooper, 윌리엄 줄리어스 윌슨William Julius Wilson까지 모두의 기획에서도 마찬가지였다. 부커 T. 워싱턴은 "일 그 자체를 사랑하게끔 배우도록" 학생들을 교육하고자 노

력을 기울였고(1971, 148), 안나 줄리아 쿠퍼는 흑인여성의 무급 가사노
동에는 경제적 혜택뿐 아니라 사회적 혜택까지 있다고 목소리를 높
였다.(Logan 2002) 윌리엄 줄리어스 윌슨은 실업 또는 불완전 고용 상
태의 "도시 게토" 거주자들을 놓고 이들의 "선택"을 병리화하려던 담
론들과는 달리, 이들 역시 노동가치의 중요성을 피하기보다는 받아
들이는 경우가 더 많다고 주장했다.(1996, 179–81)[17]

  통합되기를 요구하는 이런 목소리들이 역사적으로 중요했으며 정
치적으로 효과적이었다는 점을 부인할 수는 없다. 하지만 나는 배제
되고 주변화된 노동자들에 대한 도덕적 존중을 얻어 내고 이들 노동
의 윤리적 지위를 획득하려는 이런 노력에 어떤 한계가 있는지에 초
점을 맞추고자 한다. 이어질 논의에서 나는 이런 한계들을 설명하고
자 페미니즘과 노동윤리의 관계에 집중할 것이다. "노동윤리가 여성
운동에 엄청난 힘을 비축해" 주었던 19세기 이래 노동윤리를 페미니
즘을 통해 재구성하려는 노력이 많이 있어 왔다.(Rodgers 1978, 184) 서
문에서 소개했듯이, 여성의 주변화에 맞서는 페미니즘의 두 가지 일
반적 전략은 임금노동과 가사노동의 젠더화된 관계에 대한 산업화
시대의 상상과 구성에 대응하기 위해 등장했다. 한쪽 대응은 가사노
동이 비노동으로 규정되는 것을 받아들이면서 여성을 임금노동으
로 통합하는 데 초점을 맞추는 것이다. 자유주의 페미니즘의 전통
은 오래도록 여성을 위한 임금노동의 미덕과 보상을 칭송해 왔다. 이
런 맥락에서 1792년 매리 울스턴크래프트Mary Wollstonecraft는 중산층 여
성성의 규범이 조장하던 게으름이 여성을 무기력하고 타락하게 한다
고 매도하며 "시시한 일이 여성을 시시한 사람으로 만든다"라고 주
장했다.(1996, 77) 하지만 페미니즘 내에서 노동윤리에 가장 무조건적
지지를 보낸 것은 아마 베티 프리던Betty Friedan의 《여성의 신비Feminine

Mystique》일 것이다. 이 책에서 베티 프리던은 여성이 "사회에 실제 가치를 주는 일, 즉 사회가 통상 값을 치러 주는 일을 통해서만 정체성을 찾을 수 있다"고 선언한다.(1963, 346). 프리던이 인터뷰했던 주부들은 여성의 신비와 "그 신비가 낳은 미성숙함"에 속아 "그들이 할 수 있는 일을 하는 것"과 프리던이 처방한 "진지한 직업적 헌신"을 추구하는 것으로부터 가로막혀 있었다.(253, 349) 제1기와 제2기 자유주의 페미니즘에서 찾은 이런 사례들은 더 백인 중심·중산층 중심 담론의 예시를 보여 주는 것으로, 별개 영역 이데올로기*, 여성적 나태함에 대한 불안에 가장 공명했던 이들에게 도움이 되는 담론이었다. 하지만 이런 주장들은 의심할 바 없이 더 폭넓은 계층의 여성들에게도 호소력을 가졌다. 질라 아이젠슈타인Zilah Eisenstein은 프리던의 주장을 놓고, 자신이 속하지 않았음에도 그 계급 지위와 동일시하는 여성들뿐 아니라 이런 주장들이 기초한 기회의 평등과 개인의 독립이라는 자유주의 이상에 매료되는 여성들까지도 이런 주장에 이끌린다고 말한 바 있다.(1981, 178) "일할 권리"에 대한 이 같은 강조를 그웬돌린 밍크Gwendolyn Mink는 미국 페미니즘의 "노동 시장 편견"(1998, 26)이라고 표현했는데, 이런 경향은 주류 페미니즘의 폭넓은 분파들에 여전히 특징으로 남아 있다.

이처럼 페미니즘의 한 가지 대응은 임금노동의 가치에만 유일하게 초점을 맞추는 전통적 노동윤리를 받아들이고, 여성 역시 고용의 기회가 주는 미덕을 누릴 동등한 기회를 가져야 한다고 주장하는 것이었다. 이와는 달리, 여성을 비생산적 시민으로 규정하는 것에 맞선

★   남성과 여성에게 동떨어진 별개의 영역이 있다고 규정하는 이데올로기.

두 번째 대응은 가사노동 역시 진짜 노동의 지위를 인정받아야 한다고 주장하는 것이었다. 즉, 가사노동 역시 가치 있는 형태의, 사회적으로 필요한 존엄한 노동이라는 것이다. 예를 들어 19세기에서 20세기 초의 가정학 운동home economics movement은 가사노동에도 산업노동에서 필요한 것과 다르지 않은 일정 수준의 규율과 효율, 체계적 노력이 필요하다고 주장하며, 똑같은 노동윤리의 한 버전을 가정 내 노동에 접목시켰다.(다음을 참조. Rodgers 1978, 200-201, Ehrenreich and English 1975) 여성의 일을 또 다시 늘리는 것 외에도—첫 번째 접근법은 여성의 삶에 두 번째 직업을 더하고, 두 번째 접근법은 가정 내 노동의 기준을 높여 여성이 결국 더 많이 일하게 한다—이 두 가지 전략에는 각각 또 다른 문제점이 있다. 첫 번째 전략에 무급 가사노동의 비가시성과 평가 절하를 영속화할 위험이 있다면, 두 번째 전략은 (구별된 별개 영역) 담론을 강화할 가능성이 있다. 이 담론을 샬럿 퍼킨스 길먼Charlotte Perkins Gilman은 "가정 신화"라고 비판했다.[18]

제2기 페미니즘은 이 두 번째 접근법에 특히 관심을 기울여, 가사노동뿐 아니라 핑크칼라 임금노동—예를 들어 돌봄노동이나 성노동—까지 여성화된 형태의 노동을 새로이 가치평가해야 한다고 주장했다. 돌봄의 고전적인 여성 중심 윤리를 옹호하는 이들은 돌봄노동은 진짜 노동이며, 그렇게 인정받고 가치평가받아야 한다고 주장했다. 임금노동의 모델을 돌봄 활동에 대입하는 것보다 돌봄노동에서 또 다른 윤리적 노동의 모델을 찾는 데 관심을 두었음에도 불구하고, 제2기 페미니즘 저술가들 일부는 돌봄노동의 중요성과 가치를 설득하기 위해 임금노동에 대한 윤리적 담론의 측면들을 그대로 반복한다. 그리하여 돌봄의 윤리 역시 노동의 윤리로서 구성될 수 있었다. 이 기획을 붙들고 있는 고질적인 젠더 본질주의 문제 외

1장 | 노동윤리의 지도를 그리다

에도, 무엇을 일로 볼 것인가의 개념을 확장하려는 노력들에는 또 다른 문제가 있다. 바로 전통적인 노동윤리에 기대어 그 범위를 확장할 위험이 있다는 것이다.[19]

성노동에 대한 페미니즘 분석은 일의 지위를 획득하려는 노력이 지배적 노동윤리가 부여한 정당성을 활용하는 것을 포함할 때 어떤 한계에 부딪히는지 잘 보여 주는 사례이다. "성노동"이라는 표현은 페미니즘 내 성매매 논쟁feminist sex wars을 중재하는 방식으로 처음 도입되었는데, 성매매에 대한 페미니즘 내 논란의 국면을 바로잡아 보려는 시도였다.(Leigh 1997) 예를 들어 "성노동" 범주는 "매춘"의 대체어로서 논쟁의 국면을 사회적 문제가 제기하는 딜레마에서 경제 행위의 측면으로 옮겨놓았다. 즉, 성노동을 도덕성의 붕괴를 낳는 인품의 흠결이 아니라 수입을 창출하고 기회를 제공하는 직업적 선택지로 다시 바라보게 한 것이다. 일례로, 매춘에 대한 페미니즘 내 논쟁의 국면에서 성노동이라는 단어는 성매매 금지 진영 내 일부가 성노동자 소개소의 존재를 부인하고 피해자화의 논리와 언어에 고집스럽게 매달리는 것, 그뿐 아니라 과격하게 성 도덕을 내세우는 것에 맞서는 방법으로서 특히 중요한 역할을 해 왔다. 하지만 성매매 금지 진영에 맞서는 측이 노동을 기술하는 방식에도 마찬가지로 문제가 있었다. 노동을 단어 선택의 문제, 등가 교환과 개인 행위자 모델에 기초한 고용 계약의 문제로 취급했기 때문이다. 우리의 논점에서 보자면, "성노동"이라는 표현의 수사학적 유용성 중 얼마큼이 전통적인 노동관과 결부되어 있는지 인식하는 것이 중요하다. 성노동자 옹호 진영에게는 이 표현이 성노동의 경제적 측면을 전면에 드러나게 하는 방법일 뿐 아니라 성노동의 본질적 가치, 존엄, 정당성을 주장하는 방법이기도 했다. 옹호 진영의 논리에 따르면, 성노동은 "존중받고 보호받

우리는 왜 이렇게 오래, 열심히 일하는가?

아야 할 서비스 노동"이었다.(Jenness 1993, 67에 인용.) 나는 이런 노력이 절대적으로 중요했음을 부인하려는 것이 아니다. 다만 이런 노력이 많은 경우 전통적 노동윤리 담론을 비판 없이 답습하는 경향이 있었음을 지적하려는 것이다. 따라서 성매매 여성의 권리 옹호 그룹인 코요테COYOTE(네 고루한 윤리는 갖다 버려Call Off Your Old Tired Ethics)는 우리의 고루한 윤리를 갖다 버리는 데 성공할지 모른다. 하지만 그 과정에서 또 다른 윤리를 가져다 쓰고 재생산한다. 이런 접근은 돈을 벌기 위한 성관계의 성격과 가치, 정당성을 탈도덕화하는 데 유용하지만, 많은 경우 다른 틀 안에서 재도덕화하는 방식을 취한다는 것이 문제이다. 결국 이런 접근은 도덕적 논쟁의 영역을 한쪽에서 다른 쪽으로 옮길 뿐이다. 다시 말해, 의심스러운 성행위에 대한 도덕적 논쟁에서 존중받을 법한 고용관계에 대한 도덕적 논쟁으로 옮겨가는 것이다.

이런 서로 다른 버전들 전부 ― 노동윤리의 노동자 중심, 반인종차별적, 페미니즘적 전유 ― 는 변화를 이끌어 내는 힘 있는 무기였다. 윤리를 동력 삼아 평등에 대한 많은 요구들을 정당하고 명료하게 내걸 수 있었다. 노동자 중심 윤리는 "필연성을 긍지로, 예속 상태를 영예로 바꾸어 놓았"고(Rodgers 1978, 181) 그럼으로써 계급의식 발전의 매개체이자 노동운동을 위한 역량 결집의 지렛대를 제공해 주었다. 노동윤리의 반인종차별적 선언은 인종차별적 스테레오타입에 이의를 제기하고, 고용 기회를 누리기 위한 투쟁에 강력한 무기가 되어 주었다. 이뿐 아니라 여러 많은 맥락과 지점에서 동등한 권리를 요구하고 개혁을 부르짖는 투쟁들에도 힘을 실어 주었다. 노동윤리의 페미니즘적 해석은 폭넓은 여권 신장 요구의 호소력을 확대하고 이에 대한 공감을 끌어내는 데 마찬가지로 비슷한 역할을 했다. 생산적 시민으로서 동등한 권리와 기회를 주장하는 것은 계급, 인종, 젠더 및 성적 위계질서에 맞서는 방법으로서 엄청난 효과를 발휘해 왔다는 데는 의문의 여지가 없다.

하지만 통합되기를 요구하는 이런 주장들은 동시에 노동윤리의 범위를 새로운 집단, 새로운 형태의 노동으로까지 넓히고, 그 영향력을 재확인해 주는 역할을 했다. 노동자 중심 윤리는 투쟁을 통해 포드주의의 양보를 얻어 낼 수 있었을지 모르지만, 그를 위해 평생에 걸친 "고귀한" 노동이라는 이상을 긍정했다.(다음을 참조. Rodgers 1978, 181) 보드리야르는 "그리하여 '노동자의 계급'은 그 혁명적 이상에 따를 때조차 생산력으로서의 이상화된 지위로서 공식화된다"라고 썼다.(1975, 156) 이런 전술은 노동사회의 위계질서에는 반대하지만, 그 윤리에는 공범이 되어 주었다. 이는 일에 대한 페미니즘의 오랜 전략과 거기에 깔린 지배적 가치관 양쪽 모두에 깔린 잠재적 문제이다. "진짜" 노동(말인즉슨, 임금노동)으로 여성을 포섭해 달라는 요구, 게으름이나 여가활동 또는 사적이고 친밀한 자발적 애정 표현, 그러니까 어느 경우에서든 비노동으로 잘못 규정되어 온 활동까지 포함하도록 일의 범주를 확장해야 한다는 주장이 모두 여기에 속한다. 이런 접근법에는 모두 자본주의 노동사회의 젠더차별적 조직화에 맞서기 위해 그 조직화의 근본적 가치관을 재생산할 위험이 따른다. 어떤 이를 생산적 시민으로 자리매김하고, 노동윤리 안에서 그의 가치를 주장하는 것은 그를 통해 애초의 윤리가 다소 변화한다하더라도, 노동윤리라는 구체적인 측면에서는 여전히 포섭으로 이어지기 쉬운 반란 방식이다. 전통적인 노동 담론의 조건에 맞서기보다는 그 안에서만 투쟁하는 것은 도출되는 요구의 범위를 한계 짓고, 동시에 노동사회의 사회 계약을 이루는 기초 조건에 맞설 수 없게 한다. 수많은 성공이 있었지만, 베버가 "자본주의 문화의 사회적 윤리"라고 부른 것에 직

접 저항할 수 있었던 정치 운동은 거의 없었다.(1958, 54)

포스트-포드주의와 노동윤리

포스트-포드주의와 결부된 정치적·경제적 발전은 노동윤리에 새로운 압박을 가했다. 지금의 트렌드를 보면, 일에 대한 우리의 태도는 현대의 일하는 방식과 그 방식들의 통제력이 계속해서 유지되는 데 점점 더 중요한 역할을 하고 있다. 혹자는 신자유주의적 구조조정이 일어나고, 이를 전조로 자본과 노동 사이 힘의 균형점이 움직이면서, 긴 시간의 고된 노동을 감수하게 하는 강압적 유인책만으로도 관리 가능한 노동자를 노동 시장으로 대개 유입시킬 수 있게 되었다고 주장할지 모른다. 실제로 노동의 이동에는 여전히 제한이 있는 데 비해 자본의 이동성은 높아지면서 정치적 지평에 변화가 일어난다. 글로벌 경쟁의 위협 탓으로 돌려지는 일자리 축소는 노동자를 수세에 몰아넣는 와중에 사회복지가 축소되면서 개인들은 임금관계에 더욱 의존할 수밖에 없게 된다. 너무 많은 노동자가 놓인 불안정한 자리는 베버가 말했던 청교도의 자리와 다를 바 없다. 끊임없는 불안과 불확실성 때문에 고된 노동에 언제나 붙들려 있어야 하는 처지인 것이다.[20]

이런 분위기에서 혹자는 과거의 시기에 대한 베버의 선언을 떠올리며, 자본이 다시 "안장에 앉았"으며(1958, 282, n. 108), 따라서 더 이상 오래된 윤리의 지원은 필요 없다고 결론지을지도 모르겠다. 하지만 이는 이야기의 일부에 지나지 않는다. 다른 측면에서 보면, 일을 삶의 중심이자 그 자체를 순수한 목적으로 받아들이고 헌신하려는 노동자의 의지가 그렇게 필요했던 적이 어쩌면 단 한 번도 없었을지 모른다. 포스트-포드주의 아래 일에 대한 우리의 태도가 새삼 중요하게 여겨지는 데에는 적어도 두 가지 이유가 있다. 첫째, 노동자가 노동윤리에 집중하는 것은 점점 더 의미 있어지는데, 수많은 형태의 노동, 예를 들어 서비스업계의 일자리에서 고용주는 산업화 시대의 공장 노동자에게 통상 요구하던 것보다 더 많은 것을 원하기 때문이다. 오늘날 고용주는 노동자가 그저 손으로 일하는 것이 아니라 머리와 가슴으로 일하기를 요구한다. 따라서 포스트-테일러주의 노동과정은 무형의 노동을 하는 노동자에게 희생과 복종 이상을 요구하는 경향이 있다. 노동자의 창조성, 관계적·정서적 역량을 흡수하고자 하는 것이다. 높이 평가받는 것은 복종이 아니라 헌신이다. 직원들이 관리자의 권위에 그저 복종하기보다는 관리자의 관점 자체를 받아들이기를 기대한다.(Bunting 2004, 110) 포드주의가 그 중심인 노동자들에게 일생에 걸쳐 노동 규율을 따르도록 요구했다면, 포스트-포드주의는 수많은 노동자에게 유연성, 적응력, 끊임없는 재탄생까지 요구한다.[21] 원래 노동윤리가 이미 훈육된 노동자를 착취로 이끌기 위한 수단이었다면, 오늘날은 보다 직접 생산적인 기능을 한다. 태도 자체가 생산적인 곳에서, 강력한 노동윤리는 필요한 수준의 자발적 헌신과 주체적 투자를 보장한다. 특히 서비스 노동과 정서적 요소나 소통의 요소를 가진 노동의 맥락에서 개인의 태도나 감정 상태는 공감능력, 사교성과 함께 결정적인 능력으로 여겨진다.[22] 로빈 레이드너가 지적했듯이, "자신의 태도를 조직의 이해에 맞도록 조작해 드러내는 노동자의 의지와 역량은 직업 역량의 핵심"이기 때문에 실제로 노동자의 능력과 태도를 나누어 구분하는 일은 어려워진다.(1996, 46) 그리하여 더그 헨우드Doug Henwood는 "고용주 대상 설문조사를 해 보면, 상사들은 직원들의 '인품character'에 신경 쓰는 만큼 직원들의 능력에는 신경을 쓰지 않는다. 여기서 인품은 자기규율, 열정, 책임감을 뜻한다'라고 밝힌 바 있다.(1997, 22) 앨리 혹실드Arlie Hochschild는 대인 서비스 분야 노동에 대한 획기적 연구에서 이렇게 썼다. "'직업을 사랑하는' 것처럼 보이는 것이 직업의 일부가 된다. 그리고 이를 위해 노력하는 노동자에게 정말로 직업을 사랑하기 위해 애쓰는 것, 고객과 소통하기를 즐기는 것이 도움을 준다."(1983, 6) 실제로 과거 어느 때보다 "노동자는 자기 자신을 더 잘 착취하기 위한 설계자가 되기를 기대받는다".(Henwood 1997, 22)

하지만 이는 어떤 종류의 노동력이 주로 요구되는가에 그치는 문제가 아니다. 노동자에게 더 많은 책임과 재량이 주어질 때, 특히 서비스를 제공하고 고객이 어떤 감정적·정서적 상태에 스며들게 하는 일을 포함하는 직업일 때, 노동자의 작업을 측정하고 추적하기는 더욱 어렵다. 점점 더 협력적으로 되어 가는 노동과정에서 개별 직원이 얼마큼 공헌했는지 어떻게 판단할 수 있겠는가? 특히 노동과정이 노동자의 정서적·인지적 역량, 소통 역량에 기대어 있다면 더욱 어려운 일이 된다("서비스 품질 보장을 위해 통화 내용은 모니터될 수 있습니다"라는 안내를 들어 보았을 것이다. 하지만 아마도 그런 일은 없을 것이다). 집단적 생산과정에서 개인의 공헌을 판가름하기 더 어려워지면서, 고용주는 점점 근삿값 추정에 의존해 측정할 수 있는 것을 측정하는 데 초점을 맞추게 된다. 그리하여 성격 테스트가 행동 평가를 대신하는 평가법으로 점점 각광을 받는다. 이런 식으로 "특정한 '생산적' 행동이 아니라 개인의 총체적 행동을 강조하게 된다".(Townley 1989, 106) 오랜 시간 일하는 것 또한 헌신의 표시로, 고로 생산성의 증표로 쓰일 수 있다. 노동자가 일에 몰두하는 것이 한때 선택받은 이로서의 지위를 나타내는

1장 | 노동윤리의 지도를 그리다

증표였던 것처럼, 이제는 그의 역량을 보여 주는 증표와도 같은 역할을 한다. 경영학 담론에서 확고한 노동관은 새로운 감시 감독 문제의 중요한 해결책으로 점점 주목받고 있다. 그리하여 미국 및 여러 나라에서 태도와 동기 부여, 행동을 바탕으로 노동자를 선발하고 평가하는 추세가 점점 확대되고 있다. 이는 고용 위계질서 내의 고액 연봉을 받는 자리뿐 아니라 비교적 낮은 임금을 받는 자리에까지 해당되는 흐름이 되어 간다. 이런 척도들은 제조업, 서비스업 할 것 없이 화이트칼라, 핑크칼라 노동자뿐 아니라 블루칼라 노동자에 대해서까지 점점 더 많이 쓰이고 있다.(92. 다음도 참조. Ehrenreich 2001)

포스트-포드주의의 독립성 관리: 프로페셔널해질 것

앞서의 논의를 떠올려 보자면 이런 포스트-테일러주의 노동과정은 독립적이면서 의존적인, 스스로 창의적이면서 명령에는 순응하는 노동자를 구성해 내려는 경영상의 노력에 새로운 과제를 던진다. 테일러가 슈미트에게 했던 것 같은 노골적 주체화는 이제 수많은 경영 이론과 생산적 기업문화 형성을 돕는 주요 산업의 지침을 따라 움직인다. 포드주의 시대의 비교적 단순했던 산업심리학은 문화 형성과 감정 엔지니어링의 복합적 기술로 재탄생해, 오늘날 수많은 관리 체제에 흔히 쓰이고 있다. 많은 고용주에게 직원들의 자기계발을 독려하는 것이 중요해지지만 오직 "인적자원human resources"으로서의 계발이 중요할 뿐이다. 다시 말해, 이런 경영 통제 논리를 비판하는 이들의 표현을 빌리자면 "자주적인 직원들을 독려하여, 그들이 누린다고 여겨지는 독립을 통해 자신의 수완을 뽐내고, 나아가 책임이라는 이름 아래 끊임없는 자기검열을 받아들이게끔 이끄는 것이 고용주들의 숙제이다".(Costea, Crump, and Amiridis, 2008, 673-74) 개인의 계발이 가치 생산을 위한 숙제처럼 한계지어지면서 그 개념이 곤궁해져 버렸다. 이런 현상은 경영학의 권위자 톰 피터스Tom Peters가 일이 미래 취업의 가능성을 최대화하는 기회라고 설명한 데서 뼈아플 정도로 명징하게 드러난다. 피터스는 일이 "당신에게 새로운 기술을 가르쳐 주고 새로운 전문성을 가져다주고 새로운 역량을 길러 주고 동료 집단을 키워 주고 당신을 하나의 브랜드로 계속해서 재탄생시켜 줄 수 있는 것"이라고 이야기한다.(1997, 94)

프로테스탄트 윤리가 노동자로 하여금 자신의 일을 마치 소명인 듯 여기도록 독려했던 것처럼, 오늘날 두드러지는 경영 기법은 노동자가 자신의 일을 커리어로서 바라보도록 요구한다. 테일러는 상징이 된 생산직 노동자 슈미트에게 자신이 사회 이동성을 약속하는 포드주의 노동윤리를 몸에 새긴 "몸값 비싼 사람"처럼 일하도록 요청했다. 탈산업화 시대의 수많은 서비스 노동자에게 주어지는 비슷한 요청은 "프로페셔널해져라"일 것이다. 오늘날의 프로페셔널리즘 담론은 직접적 감독을 따르기 비교적 어려운 서비스 기반 노동 인력의 정서와 태도를 관리하는 규율 기제로 널리 적용되고 있다. 산업노동에서부터 탈산업노동에 이르기까지 프로페셔널리즘 범주의 목적과 적용을 간략히 들여다보면, 프로페셔널(전문가)의 존재와 그 행동 규범이 점점 더 편재하여 숱한 곳에 파고들게 된 것이 얼마나 중요한지 알 수 있다.

프로페셔널한 일의 범주는 한때 좁게 규정되어 있었다. 자기규제 수단을 따르고 특화된 지식이 필요하며 비교적 높은 정도의 재량과 판단이 따라오는 직종에 국한된 것으로, 프로페셔널이라는 호칭

1장 | 노동윤리의 지도를 그리다

은 전통적으로 법률, 의학, 성직 분야에만 주어졌다. 프로페셔널이 된다는 것은 "그냥" 일자리가 아니라 커리어—소명—을 갖는다는 의미였다. "프로페셔널한 사람에게 자신의 일은 자신의 삶이다. 따라서 프로페셔널한 커리어의 첫발을 내딛는 행위는 어떤 면에서 종교적 질서에 진입하는 것과 비슷하다."(Greenwood 1966, 17) 프로페셔널이 자신의 소명과 맺는 관계는 일과 삶을 가르는 현세의 경계를 무너뜨리고, 일과 일 바깥의 삶에 들이는 감정적 투자의 질을 다르게 조절하게끔 요구한다. 리사 디쉬Lisa Disch와 진 오브라이언Jean O'Brien은 프로페셔널 노동의 사례를 놓고, 프로페셔널은 자신을 비교 불가능한 존재라고 여기기 때문에 돈을 받고 하게끔 되어 있는 일이 아니라 할 필요가 있는 일을 하려고 한다고 이야기한다.(2007, 149) 프로페셔널리즘의 사회화는 그런 전문직종의 재생산에 필수적이라고 여겨져 온 노력과 헌신, 자격 부여와 동일시, 그리고 아마도 가장 중요할 자기감독을 유도하는 규율적 기제의 역할을 언제나 해 왔다.

프로페셔널 계층과 프로페셔널리즘 이데올로기의 확대는 C. 라이트 밀스가 화이트칼라 직종에서 주체성이 작동하는 새로운 방식, 그리고 탈산업화 노동 질서로의 이행이 일에 가져올 변화를 일찍이 예상하면서 지적했던 것이기도 하다. 프로페셔널이라는 단어는 한때 특정한 기술이나 전문성과 연결된 일체의 지식에 통달했다는 뜻이었지만, 이제 프로페셔널이 갖췄을 것으로 기대되는 전문성은 점점 더, 밀스의 표현을 빌리면 "성격personality"에 관한 것이 되고 있다. 다시 말해, 테일러의 이야기에 등장하는 몸값 비싼 사람은 자신의 물리적 노력을 규율에 맞추도록 요구받지만, 오늘날의 프로페셔널은 자신의 생각·상상·관계·정서를 통제할 것으로 기대된다. 여기서의 목적은 프로페셔널이 된다는 것에 오랫동안 결부되어 있던 자기훈육과 주체적 투자를 장려하는 것이다. 그리고 몸값 비싼 사람처럼 프로페셔널에게는 "위신을 드러내는 배지"가 주어지기 때문에(C. Mills 1951, 138) 광범위한 노동자들을 프로페셔널로 맞이하는 일은 배지에 붙은 구호를 활용해 직원들이 위계질서상 더 위쪽의 일자리와 스스로 동일시하게끔 유인하는 역할을 했다. 베버가 프로테스탄트 노동윤리를 어떻게 설명했는지 떠올려 보면, 모든 임금노동자는 자신의 일이 마치 소명인 양 근면하게 일할 것으로 기대받았다. 포스트-포드주의 시대 저임금 서비스 직종의 노동자는 자신의 일이 마치 "커리어"인 양, 프로페셔널하게 일할 것으로 기대받는다. 이런 일의 프로페셔널화, 즉 전문직profession으로 여겨지는 자리, 더 중요하게는 "프로페셔널해질 것"을 기대받는 노동자의 수가 늘어나는 것은 이런 규율적 주체화가 포스트-테일러주의 시대 노동 위계질서 내에서 위로 또 아래로 확장되는 한 방식이다. 이렇게 널리 적용되는 프로페셔널화는 일의 내용보다는 스타일, 정서, 태도에 대한 것이다. 화이트칼라 노동자는 "그 명칭이 의미하듯, 외양의 스타일로 위신을 드러낸다"라고 밀스는 지적한 바 있다.(241) 블루칼라 노동자가 보통 유니폼을 입어야 하는 것과는 달리, 화이트칼라 직원들은 집에서나 일터에서나 표준화된 기성품일지언정 자기 옷을 입는다. 이 점은 화이트칼라 노동자, 특히 여성이 옷에 돈을 얼마나 쓰는지에 반영된다고 밀스는 이야기한다. 두 가지 다른 유형의 인력에 대한 연구를 보면, 언제나 "칼라collar"의 은유는 입는 옷을 가리키는 것이었고, 옷은 다시 프로페셔널의 주된 표식이었다. 카를라 프리먼(2000)은 캐리비안의 핑크칼라 사무직에 대한 연구를 발표한 바 있는데, 연구는 노동자가 자신을 프로페셔널로 정체화하도록 유인하는 방식에 초점을 맞추었다. 여기서 형성되는 정체성은 절대적으로 어떤 스타일의 옷을 입는지에 중심을 둔 것이었다. 이로부터 기쁨을 느끼는 경우가 많았는데, 일 자체에 그만큼 만족스러울 것이 거의 없을 때조차, 혹은 일이 만족스럽지 못할 때 특히 그랬다. 이런 경우에서 프로페셔널리즘 담론은 생산의 행위와 정체성을 소비의 행위와 정체성으로 연결 짓는다. 실제로 소비는 프로페셔널로서의 일이 주는 매력의 일부이자, 프로페셔널의 이데올로기가 사람들로 하여금 일에 만족하고 일과 동일시하게끔 유인하는 방식의 하나이기도 하다. 프로페셔널로서의 지위와 정체성을 소비 행위와 연결 짓는 것은 스타일과 옷차림이 개인성의 표현이자 지위의 표시, 즐거움의 대상, 열망의 장으로서 기능하는 많은 방법을 활용해 이루어진다. 프로페셔널한 차림새, 이를 갖추기 위해 필요한 시간과 자원은 우리를 경제적으로나 사회적으로 뿐 아니라 미학적·정서적으로 일에 결부시킨다. 앤드류 로스Andrew Ross는 미국의 몸값 비싼 과학기술 분야 지식노동자들에게 관행을 따르지 않는 "노칼라no-collar" 심성이 있다고 표현한 바 있는데, 이런 심성은 포드주의 전성기 조직에서 일하던 화이트칼라 노동자의 옷차림과는 눈에 딱 띌 만큼 정반대인 패션 스타일에서 나타난다. 실제로 창조성과 개인성을 함의하는 이런 노칼라 스타일은 포스트-포드주의 노동윤리가 칭송하는 일의 이상을 시각적으로 드러내는 역할을 한다. 스타일 안에 세심하게 짜인 연극성은 인터넷 산업이 소비자에게, 동시에 산업 내의 노동자에게, "외부"와 "내부"의 고객 양쪽에게 설파하고자 하는 창조성, 리스크 감수, 인습 타파 등의 가치를 표방한다.(다음을 참조. Ross 2003, 3, 32, 50)

프리먼의 연구와 로스Andrew Ross의 연구에서 묘사된 노동자는 자신이 속한 고용 분야를 다른 분야와 구별해 나타내는 방법으로 옷과 스타일을 활용한다(블루칼라가 아니라 핑크칼라, 화이트칼라와는 대비되는 노칼라). 마찬가지로 이런 배경 안에서 단순히 "칼라에 따라" 나뉜 계급의 일원으로서보다는 개인으로서의 지위를 드러내기 위해 옷차림을 활용하기도 한다. 하지만 혹실드가 또 다른 상징적 핑크칼라 직군인 항공승무원에 대한 연구에서 밝혔듯이 "'프로페셔널'해야 할 필요를 끊임없이 참조함"으로써 노동자의 외양에 대한 철저한 관리가 정당화된다. 이를 통해 자율적인 듯한 느낌, 자부심이 주입될지 모르지만, 그럼에도 노동자는 여전히 강력히 규제받고 있는 것이다.[23] 프로페셔널리즘에 대한 산업 표준에 따르면 "그러므로 이상적인 옷차림 규칙을 가장 가깝게 준수하는 항공 승무원은 '가장 프로페셔널'하다". 혹실드는 그 결과 "이 업계에서 '프로페셔널'한 항공승무원은 표준화 규칙을 완전히 받아들인 사람"이라고 말한다.(1983, 103)

오늘날 "프로페셔널"이라는 말은 특정한 일의 지위보다는 어떤 일에 대해서건 가져야 할 태도를 일컫는 경우가 더 많다. 프로페셔널처럼 행동하려면—자신의 일에서 프로페셔널해지려면—일에 대한 주체적 투자, 일과의 동일시뿐 아니라 일로부터 일종의 정서적 거리 두기가 필요하다. 프로페셔널은 개인으로서의 인격을 일에 투자하지만, 까다로운 동료, 고객, 환자, 학생, 승객이나 고객을 대할 때 "개인적으로 받아들여서는" 안 된다. 이는 이상적인 노동자 주체성으로서, 역할의 수행만이 아니라 더 심원한 자아의 헌신을 필요로 한다. 빠져들고 동일시해야 하는 대상은 일만이 아니라 일의 규율이기도 하다. "프로페셔널해져라"라는 흔한 권고, 프로페셔널한 태도와 스타일, 페르소나를 기르라는 이런 말은 자율성을, 특히 무형의 노동을 하는 사람들의 자율성을 경영 관리의 관점에서 구성할 수 있는 한 방법이 된다. 자율성의 이런 구성은 포스트-포드주의 노동 위계질서 내의 위쪽으로도 아래쪽으로도 미친다.

결론

1장의 앞쪽에서 검토했던 다섯 가지 이율배반은 담론의 포용력과 한계를, 그 외관상의 불가침성과 취약성을 동시에 보여 준다. 원래의 프로테스탄트 윤리로 다시 돌아가 보면, 베버는 청교도가 매끈하고 통일된 동력이 아니었으며, 사실상 "수많은 모순을 포함하고 있었다"라는 점을 기억하라고 경고한다.(1958, 169) 이런 이율배반들은 노동윤리의 헤게모니가 대단할지 몰라도, 동시에 언제나 불완전하고 빈약하며 변화무쌍하다는 점을 시사한다. 첫째, 한쪽 관점에서 가장 합리적인 행동으로 여겨지는 것이 좀 더 파헤쳐 보면 불합리한 것으로 드러난다. 일에 헌신하는 문화에는 단순한 경제적 불가피성으로 설명할 수 없는 부분이 있는데, 이런 부분은 많은 경우 이상하리만치 불가해한 것으로 드러나곤 한다. 둘째, 노동윤리의 생산 중심주의 지침과 소비주의 지침 사이의 관계는 유용한 것일 수 있지만, 둘 사이의 긴장은 불안정성을 낳고 비판의 여지를 열어 두기도 한다. 한편으로 이 관계는 생산과 소비를 조정하는 역할을 하지만, 다른 한편으로 서로에게 걸맞은 소비와 생산의 수준을 맞추는 것에는 가능한 형태의 고용으로 해결할 수 없는 소비의 욕망을 자극하는 위험이 따른다. 셋째, 의존과 독립을 동시에 요구하는 담론은 끊임없는 잠재적 혼란의 원인이다. 노동윤리는 개인주의의 이상을 불러일으킬 수 있지만, 그런 이상을 가진 주체는 자본주의적 생산과 재생산의 엄격한 요구에 따라 관리된다. 넷째, 역사에 걸쳐 여러 다른 형태로 모습을 드러냈던 노동윤리는 착취 가능한 주체를 길러내는 데 굉장히 유용하게 쓰여 왔지만, 동시에 약자에게 강력한 무기가 되어 주기도 했다. 노동윤리는 자본축적 쪽에도, 동시에 자본축적의 방법에 맞섰던

우리는 왜 이렇게 오래, 열심히 일하는가?

쪽에도 좋은 자원이 되어 주었다. 노동윤리가 내건 약속은 결코 완전히 충족되지 않는 욕망, 신념, 관심, 희망으로 사람들에게 주입된다. 그런 의미에서 자본주의의 노동관계가 내려둔 윤리적 닻은 그 재생산에 딱 필요한 수준을 뛰어넘는 욕망과 필요를 생산해 낼 수도 있다. 마지막으로, 윤리의 전파 방식은 그 모순적 역학 기제의 핵심이기도 하다. 타자화 과정과 그에 대한 저항을 통해 ─ 이런 타자들은 예속자로 구성될 수 있지만, 또한 저항하는 주체로 구성될 수도 있다 ─ 전파됨으로써 예측불가능성의 또 다른 요소가 나타난다. 노동윤리에 생명력을 불어넣는 이율배반들은 노동윤리의 처방이 계속해서 권위를 갖는 이유와, 동시에 노동윤리의 지배력이 그토록 위태로운 이유를 설명해 준다는 것이 나의 주장이다.

노동윤리의 중요성은 포스트-포드주의 조건 아래서도 여전하며, 그 취약성 또한 그러하다. 일 바깥의 삶에 대한 욕망을 견인차 삼아 일하는 능력은 아마 과거 그 어느 때보다 노동윤리의 힘에 달려 있을 것이다. 노동윤리는 일과 스스로를 동일시하고 일에 끊임없이 헌신하도록, 일을 삶의 마땅한 중심으로 끌어올리도록, 일 그 자체를 목표로 긍정하도록 일관되게 처방한다. 이는 현대의 축적하는 체제와 이 체제가 힘을 쏟는 사회적 노동의 특정한 양식에 적합한 종류의 노동자와 노동 역량을 생산해 내는 데 도움을 준다. 하지만 노동과정에 일어난 변화는 노동을 중시하는 가치관을 더 중요하게끔 만들면서, 동시에 그 가치관의 설득력을 약화시키기도 했다. 노동윤리는 확실성을 선사하는 인식론적 보상에서부터 사회 이동성을 약속하는 사회경제적 보상, 의미와 자아실현을 약속하는 존재론적 보상까지 여러 모습으로 재구성된다. 그리고 그럴 때마다 더 많은 사람이 일하도록 요구받는다. 실제로 베버의 설명에 등장하는 불안한 프로테스탄트에게 일의 질과 임금의 양, 구체적 과업의 본성과 그를 통해 버는 소득의 양은 노동자가 어떤 수준의 노력을 기울이느냐와 별 상관이 없었다. 그와는 달리 오늘날은 노동과정의 질과 그에 따르는 물질적 보상의 양은 윤리 담론이 새로운 일의 이상을 전하는 능력과 관계가 있다.

노동윤리에는 너무 많은 게 걸려 있고, 너무 많은 기대가 얹혀 있다. 이런 노동윤리가 많은 일자리의 현실로부터 점점 더 유리되고 있다는 데에는 놀라울 구석도 없다. 이중화된 노동 시장 안에서 우리는 노동 위계질서의 한쪽 끝에서는 "과대평가된 일", 다른 한쪽 끝에서는 "저평가된 일"의 새로운 양식들과 만난다.(Peterson 2003, 76) 노동위계질서의 한쪽 끝에서는, 스탠리 아로노비츠Stanley Aronowitz와 윌리엄 디파지오William DiFazio가 지적한 것처럼 "유급노동의 질과 양은 종교적 원천으로부터 도출되어 그 기초로 깔려 있는 주장을 더 이상—과거에라도 그런 적이 있었는지 모르겠지만—정당화하지 못한다. 그 주장은 현대 사회 이론과 사회 정책의 기반으로 자리 잡았는데, 바로 유급노동이 개인 정체성의 중심이 되어야 한다는 관점이다". 다른 한쪽 끝에서는 일이 삶 전체이기를 요구받는다. 사회적인 것으로 남아 있는 것까지 식민지로 삼고 거기에 그늘을 드리운다. 그와 동시에 노동윤리는 더욱 끈덕지게, 그리고 아마 더욱 필사적으로 옹호된다. 앙드레 고르André Gorz에 따르면 "'사회적 결속', '사회적 결집력', '통합', '사회화', '개인화', '개인 정체성' 그리고 의미의 원천으로서 노동의 '대체 불가능'하고 '불가피'한 기능은 이런 기능 중 **어떤 것도** 더 이상 충족될 수 없게 된 이후 너무도 강박적으로 요청받고 있다".(1999, 57) 오늘날 우리는 또 한 번 젊은 세대의 노동윤리가 약해져서 끔찍한 결과가 돌아올지 모른다는 소리를 듣는다. 이 세대의 구성원들은 성공적으로 호명되지 못할 것이라고들 걱정한다. 노동윤리의 내적 불안정성을 고려할 때, 우리는 그 옹호자들과 지지자들이 우려해 마땅할 이유가 있다고 결론지을 수도 있을 것이다. 사람들의 태도가 생산적인 곳에서 노동윤리에 불복종하고, 자본축적을 위한 자기규율의 미덕에 회의를 품고, 당연한 원칙으로 일에 대한 훌륭한 "프로페셔널"의 태도를 함양할 의지가 없고, 삶 전체를 일 아래 두기를 거부하는 데에는 새로운 종류의 전복 가능성이 도사리고 있기 때문이다. 나의 주장은 이렇다. 그 역할을 생각할 때 노동윤리는 도전**받아야 한다**. 그리고 그 불안정성으로 인해 노동윤리는 도전**받을 수 있다**.

2장

마르크스주의,
생산 중심주의,
그리고
노동 거부

고된 노동이 정말 그렇게 위대한 것이라면,
부자들은 그걸 모두 독차지했을 것이다.

—노동조합 운동가

노동윤리가 문화적으로 우세할지는 몰라도, 매끈하고 논쟁의 여지가 없느냐 하면 절대로 그렇지는 않다. 1장에서는 노동윤리가 일으킨 배제에 대한 한 가지 대응을 다루면서—배제에 맞서 통합을 요구했던 목소리가 또 다른 노동윤리에 기대어 있었으며, 그 노동윤리는 불복종의 수단으로 기능했다—이런 대응이 어떤 이점과 동시에 어떤 한계를 갖고 있었는지 논의했다. 하지만 다른 종류의 접근법도 있다. 미국의 노동윤리 이야기는 예속적 주체와 인정을 얻으려던 그들의 투쟁에 대한 것만이 아니다. 노동의 규범적 담론에 대한 다양한 형태의 거부와 저항이 있어 왔다. 동시에 일의 복음을 내면화하

2장 | 마르크스주의, 생산 중심주의, 그리고 노동 거부

는 데 실패한 이들의 역사가 평행하게 펼쳐진다. 저항하며, 심지어 호명을 피하려 하는 '나쁜 주체들'에 대한 역사이다. 이런 이야기의 한 장章은 산업 노동계급 쪽의 저항에 중심을 둘 수 있을 것이다. 마이클 사이드먼Michael Seidman이 묘사한 바에 따르면, 이 계급은 노동자 중심 윤리를 통해서가 아니라 "임금노동의 요구, 그 공간과 시간을 거부함으로써" 그들의 계급의식을 표현했다.(1991, 169) 또 다른 한 장章은 여가를 노동력을 재생산하고 소비를 일으키는 수단으로도, 고용을 확대하고 임금을 끌어올리는 수단으로도 보지 않고, 대신 그 자체를 목적으로, 즐거운 비노동의 시간으로 여기는 보통 사람들의 관점을 다룰 수도 있다.(Rodgers 1978, 159-60 참조) 이런 대안의 역사는 최첨단 유행의 패션리더들을 다루듯이 흑인 노동계급 내 그룹들에 초점을 맞출 수 있을 것이다. 로빈 켈리Robin Kelley는 이들의 이야기를 상세히 다루면서 "좋은 프롤레타리아가 되기를 거부하고" 비노동의 시간과 공간에서 의미와 기쁨을 찾으면서 계급 저항의 다른 방식을 추구했던 사람들이라고 표현했다.(1994, 163) 그리고 가사임금 요구 운동에 연대했던 페미니스트들을 포함한 제2기 페미니스트들은 일을, 임금노동이든 무급의 가정 내 노동이든, 여성들이 열망해야 할 것이 아니라 피하려고 애써야 할 것으로 보았다. 이런 노동윤리와의 탈동일시에 대한 역사는 다양한 청년 하위문화를 포함할 수도 있다. 비트족부터 히피, 펑크, 슬래커까지 모두 E. P. 톰슨E. P. Thompson이 "청교도적 시간 가치"(1991, 401)라 표현한 것에 반대하며 탄생한 흐름들이다. 오늘날 일의 부과에 맞선 저항의 표현들은 여러 활동가 그룹과 옹호 조직의 의제에서 확인된다. 이론의 여지는 있겠지만 가장 역동적인 사례 몇몇은 유럽의 프레카리아트 운동에서 볼 수 있다. 이 운동은 점점 더 높아지는 노동의 유연성과 불안정성에 맞서되, 안정적이고 확실한—하지만 동시에 일방적이고 오로지 소비적인—포드주의적 임금관계를 요구하는 게 아니라 삶과 일 사이에 완전히 새로운 관계를 누릴 능력을 요구한다.[1] 미국 내 복지 수혜자의 일에 대한 지향을 보면 흥미로운데, 어떻게 노동윤리가 내재화되었으면서 동시에 거부되는지 확인할 수 있기 때문이다. 종종 쓰이곤 하는 "문화 실조cultural deficiency" 담론과는 대조적으로, 1996년 복지개혁('개인책임 및 근로기회조정법the Personal Responsibility and Work Opportunity Reconciliation Act', 이하 '개인책임법률')의 효과에 대한 연구를 보면, 수혜자들이 대체로 개혁에 깔린 사상과 개혁에 붙은 이름이 설파하는 익숙한 노동윤리를 지지한다는 사실을 확인할 수 있다. 실제로 샤론 헤이스Sharon Hays의 발표에 따르면 "빈곤한 어머니들이 복지개혁을 지지한다는 점은 모자 복지 수령 여성들이 '개인책임법률'에 그려진 것처럼 사회적 '아웃사이더'가 아니라는 점을 보여 주는 가장 두드러지는 징표이다".(2003, 215) 하지만 미국 복지 시스템의 역사를 보면, 복지 수혜자들이 노동윤리 담론과 관련해 다양한 방식으로 정치화된다는 사실 역시 확인하게 된다. 1960년대 중반에서 1970년대 초반에 이르기까지 미국 전국복지권리기구National Welfare Rights Organization는 임금노동이 소비의 필요를 해결하는 유일한 합법적 수단이라는 관점을 명시적으로 거부했다. 생산중심주의와 소비주의 사이의 이율배반 앞에서 이 운동가들은 노동과 소비를 잇는 연결 고리의 정당성과 불가피성을 거부하고, 임금노동에 참여하는지와 상관없이 소득을 누릴 권리를 위해 싸웠다.(다음을 참조. Kornbluh 1997, Nadasen 2002)[2] 그리하여 노동윤리가 집요하게 겨냥하는 대상이자 노동윤리의 지침에서 많은 경우 배제되었던 이들조차 노동윤리의 정당성에 급진적이고도 강력한 반기를 드는 데 힘을 보탰다.

내가 강조하려는 바는 임금노동을 부과해 온 역사, 그리고 그 지배적 윤리의 역사는 저항과 거부의 역사가 그 옆에 나란히 놓이지 않고서는 완전할 수 없다는 점이다. 노동윤리는 윤리에 맞선 저항과 저항의 회복을 이끌어 내는 데 그치지 않고, 탈주선을 낳기도 한다. 하지만 뒤이어서는 이 역사를 곱씹는 대신, 반노동의 정치와 탈노동의 상상에 불을 밝혀 줄지 모를 몇 가지 이론적 논의들을 살펴보려 한다.

마르크스주의와 생산 중심주의

그런 이론적 논의들은 마르크스주의 전통에서 나온다. 마르크스주의는 일에 대한 페미니즘적인 분석은 물론 비판적인 분석을 위한 뻔하면서도 독특한 자원이 되어 준다. 뻔하다 함은 노동에 초점을 맞춘다는 점에서이고, 독특하다 함은 마르크스주의가 아주 많은 경우, 노동을 칭송하면서 노동을 착취로부터 해방하고 소외되지 않은 형식으로 노동의 존엄을 회복해야 한다는 관점으로 이해되기 때문이다. 하지만 서문에서 지적했듯이, 마르크스주의 전통 안에서도 여러 관점이 존재한다. 그중 몇몇 관점은 노동의 구조와 관계에 대한 비판을 노동의 가치에 대한 좀 더 직접적인 대결과 연결 짓는다. 자율적 마르크스주의가 그중 하나인데, 이 전통에 핵심이 되는 개념, 즉 노동 거부는 내가 이 책에 걸쳐 전개하고자 하는 노동에 대한, 그리고 노동에 맞서는 정치 이론에 영감을 주었으며, 그 이론에 살을 붙여 줄 비판적 분석, 정치적 의제, 유토피아적 구상의 중심에 있다. 노동 거부는 마르크스주의적 개념이면서, 그럼에도 마르크스주의 역사의 제법 폭넓은 범위를 겨냥해 비판하는 개념으로 이해해야 한다. 이를 위해 2장은 간략한 계보학적 논의에서 출발할 것이다. 이 논의는 마르크스주의 내에서 오래도록 존재했던 노동의 본성, 의미, 가치에 대한 논쟁의 역사와 관련한 맥락 안에 노동 거부를 위치 지을 것이다. 그 논쟁 중 하나가 생산 중심주의에 대한 비판으로, 이 지점을 입구 삼아 첫발을 내딛어 보자.

마르크스주의 내에서 일어난 생산 중심주의 비판 중 가장 간명하면서도 무엇보다 가장 도발적인 것은 장 보드리야르가《생산의 거울The Mirror of Production》에서 내놓았다. 보드리야르에 따르면 "혁명의 상상은 하나의 유령에 홀려 있다. 바로 생산의 유령이다. 생산성에 대한 고삐 풀린 낭만을 지탱해 주는 것이 이 유령이다".(1975, 17) 보드리야르가 간파했듯이, 사적 유물론은 정치경제학의 노동에 대한 물신주의를 재생산한다. 마르크스주의 역시 여기에 연루되어 있는데, 노동을 자연화하는 존재론을 근간에 두고, 노동하는 인간의 본질이 방해받지 않은 생산성의 형태로 완전히 구현되는 유토피아적 미래를 구상했다는 점에서 그 증거를 찾을 수 있다. 보드리야르는 이 같은 규범적 이상, 이른바 "일의 신성화"(36) 안에서 세속적 금욕주의 가치관에 대한 충성을 보았다. 세속적 금욕주의 아래서는 사회적 행위와 관계의 풍성함, 자발성, 다원성은 도구적이며 합리적인 생산성 논리에 종속된다. 활동을 통한 고양감은 철저히 공리주의적인 목적 아래 자연을 통제하는 데 집중되어 있다. '생산 중심주의에 대한 마르크스주의의 집중'이라고 보드리야르가 밝힌 것, 다시 말해, 서구 자본주의 사회 형성에 힘을 보태며 함께 성장해 온 노동관을 끊어 내지 못하는 무능함은 비판적인 분석의 실패, 그리고 유토피아적 상상의 실패를 드러낸다.

마르크스주의를 총체적으로 싸잡아 고발하는 데는 문제가 있지만, 보드리야르의 비판은 이 분야에 공헌한 시각 중 적어도 일부에 여전히 완고히 자리 잡은 생산 중심주의의 가정과 가치관을 끄집어내 재고해 볼 기회를 준다. 소비가 주는 유혹적이며 정신을 흐트러뜨리는—그래서 어쩌면 겉보기에—필연적으로 비천할 수밖에 없는 기쁨에 이따금 던져지는 비판적 시선이 한 예이다. 또한 창조성이라는 단어는 몇몇 경우 노동과 동의어로 쓰이는데, 이 단어가 노동의 범주를 선택적으로 확장하는 효과를 일으키거나, 나아가 가치 있는 인간 활동으로 그 지위를 높이는 효과를 일으킬 때는 최소한 그러하다. 여기에서도 나는 전통적 노동윤리의 찌꺼기가 드러난다고 생각한다. 그리하여 예를 들어 탈자본주의 사회를 창의적 활동의 해방이라는 관점에서 묘사한다면, 비노동마저도 건전한 목표를 향한 규율잡힌 실천으로서, 게으름의 죄에 연루될 위험에서 벗어나 상상될 수 있는 것이다. 마르크스주의가 이런 전통적인 노동관에 빠져 있다는 사실은 그 역사를 볼 때 두 가지 사례에서 아마 가장 명백히 드러날 텐데, 나는 이 두 가지를 '사회주의적 근대화'와 '사회주의적 인본주의'라고 부르려 한다. (이 둘은 특히 非마르크스주의자들이 이쪽 분야를 묘사할 때 여전히 가장 많이 쓰이는 방식이다.) 이 두 가지가 가진 일에 대한 가정은 탈자본주의적 대안에 대한 각 사조의 유토피아적 상상을 렌즈 삼아 살펴볼 때 명징하게 드러난다. 한쪽에서는 유토피아가 노동 착취를 극복하는 것으로서 놓이고, 다른 한쪽에서는 노동 소외의 해결책으로 제시된다.[3] 이 둘을 선택해 간략히 검토하려는 것은 두 사상이 보드리야르가 비판했던 일의 본질적 가치에 집중하고 있다는 것을 아주 뚜렷하게 확인할 수 있기 때문이다. 또한 뒤이어 설명할 자율적 마르크스주의가 취하는 일에 대한 반反생산 중심주의적 접근과 유용한 대비를 보여 주기 때문이다. 덧붙여, 처음의 두 사상에 깔린 일의 가치와 본성에 대한 가정들은 대단히 끈질겨서, 마르크스주의 전통 안에서든 밖에서든, 각종 분석에 깔린 비판적 틀이나 규범적 시각에 주기적으로 등장한다. 이런 가정들에 일을 옹호하고 그 전통적 가치를 되풀이하는 관점이 깔려 있다는 점은 아직 완전히 이해된 바 없다.

사회주의적 근대화

가장 널리 알려진 바대로 마르크스주의로부터 기인한 탈자본주의적 대안을 특징짓는 것은 근대화의 유토피아이다. 이 전망에서 보자면, 공산주의는 자본주의에서 발전한 생산력의 잠재적 생산성이 완전히 실현되는 것을 의미한다. 여기서 자본에 대한 비판은 착취의 문제, 생산력과 생산관계 사이의 모순을 중심으로 이루어진다. 착취는 생산력의 사적 소유로부터 시작되어, 노동이 일군 잉여가치의 과실에 대한 사적 전유로 이루어진다. 이렇게 잘 예견된 자본주의 발전 서사에 따르면, 이 부르주아적 소유관계는 결국 근대적 생산력의 완전한 발전을 가로막는 걸림돌이 된다. "부르주아 사회의 조건은 너무 협소해 그 조건이 낳은 부를 담아내지 못한다."(Marx and Engels 1992, 9) 그에 반해 공산주의는 소유와 통제의 경제 관계를 민주화할 것이다. 그리하여 생산수단과 노동과정 그 자체는 그저 족쇄에서 풀려날 뿐이지만, 생산관계, 즉 계급관계는 재편될 것이다.

사회주의적 근대화는 보통 국가사회주의의 정치적 유산과 한 묶음으로 여겨지지만, 마르크스의 저작과 마르크스주의 전통 안에서

2장 | 마르크스주의, 생산 중심주의, 그리고 노동 거부

보았을 때 몇 가지 참조할 지점이 있다. 예를 들어, 앞서 설명한 혁명의 패러다임 이론과 궤를 같이하는 1918년 저작을 보면, 레닌Vladimir Ilich Lennin은 자본주의의 전복 이후를 두 단계로 구분한다. 첫 번째는 사회주의 단계로, "공장 규율"이 사회 전체로 확장된다. 이 단계 후에야 마지막으로 진정한 공산주의 단계가 찾아온다. 사회주의 단계는 자본주의에서 공산주의로 이행하는, 그 기간이 얼마일지 알 수 없는 오랜 단계이다. 이 단계에 노동자의 "자기희생"과 "인내심" 그리고 "꾸준하고 규율 잡힌 노동의 올바른 경로"에 대한 헌신이 필요하다.(Lenin 1989, 223, 226) 공산주의의 도래를 보장하려면, 이 이행 기간 동안 자본에 맞선 공세를 부분적으로 잠시 멈춰야 한다. 따라서 공산주의는 자본주의를 순수하게 초월한 것으로서 추상적으로 상상되는 반면, 사회주의는 자본주의의 일시적 심화를 포함한다. 동시에 "소비에트 정부가 그 휘하의 모든 국민에게 부과해야 할 것은 일하도록 학습하는 것이다".(240) 여기에는 성과급을 활용하고, 기업 간 경쟁을 부추기고, 시간-동작 연구를 도입하는 일이 포함된다. 이런 근대화의 유토피아가 레닌의 저작보다 더 명확히 예시되어 있는 곳도 없다. 레닌은 테일러주의에 매료되고 경탄했으며, 프티부르주아적 게으름과 이기심, 난맥상에 맞서려면 무쇠 같은 노동 규율이 필요하다고 주장했다.(240-41, 257 참조). 하지만 레닌이 혁명 직후의 어려운 조건을 해결하기 위한 유일한 수단으로 여겼던 것이 다른 이들의 손에서는 목적 그 자체가 되었고, 그와 함께 유토피아는 어느 때보다 멀고먼 미래로 물러나거나 아예 도래한 것으로 선포되고 말았다. 아마도 이후 소비에트의 정책과 수사는 근대화의 이상을 보여주는 순수한 사례를 제공할 것이다. 그 전망은 규율 잡힌 프롤레타리아 노동에 세계를 건설하는 영웅적 능력이 있다고 확신하며, 인간 노동이 지닌 창조성의 가치에 의존하여 이를 중심에 두고 돌아간다. 여기서 인간 노동은 사회적 생산이라는 좁은 개념으로 파악되는 것이다.

마르크스주의의 시각에서 보면, 이런 생산성 중심의 전망은 자본에 대한 불충분한 비판을 바탕에 두고 세워졌기 때문에, 대안에 대한 시각에 자본주의의 구조와 가치가 너무 많이 보전되어 있다는 문제가 있다. 프롤레타리아 노동과 생산력의 점진적 발전에 대한 이런 찬사는 자본주의 사회의 근본적 속성을 그대로 되풀이한다. 이런 관점에서 노동계급은 "사회적 노동의 무릎 위에 잠들어 있던 생산력"을 우리에게 처음 일깨워 준 부르주아지가 맡았던 역사적 역할을 이어받아 수행한다.(Marx and Engels 1992, 8) 여기에서 우리는 경제 성장과 산업 발전, 부르주아 정치경제학에서 볼 수 있는 것과 비슷한 노동윤리에 대한 지지를 확인하게 된다. 또한 경제 근대화 과정을 당연시하며 칭송하는 것이기도 하다. 스타하노프Stakhanov*와 오블로모프Oblomov**와 같은 인물들은 정치경제학자들이 지어낸 우화의 소비에트 공식 버전이나 다름없다. 이 우화는 윤리적으로 가치 있는 이와 무가치한 이에 대한 이야기인데, 다만 계급의 위치가 뒤바뀌어 있다. 가치 있는 쪽은 근면한 노동자이고, 쓸모없는 쪽은 게으른 귀족이다.

---

* 1935년 노동 생산성을 높이고 사회주의 경제 시스템의 우수성을 홍보하고자 소비에트 정부가 추진했던 운동의 상징적 인물이다. 광부였던 스타하노프는 독자적으로 고안한 채탄공정 혁신으로 엄청난 생산성의 증대를 이루었다고 언론에 보도되었고, 이를 계기로 스타하노프는 스탈린(Joseph Stalin)이 표방한 '새로운 인민'의 표상으로 내세워져 스타하노프 운동이 펼쳐지기 시작했다. 스타하노프의 기록은 전국적으로 선전되었으며, 생산 목표량을 초과 달성한 노동자에게 '스타하노프 노동자'라는 칭호가 수여되었다.

** 러시아 소설가 이반 곤차로프(Ivan Goncharov)가 1859년에 쓴 동명의 소설에 등장하는 주인공이다. 오블로모프는 막대한 유산을 물려받고 안락한 생활을 누리게 되면서 게으르고 소극적이며 무감각한 사람이 되어 버린다.

이런 구도에서 자본주의 생산에 대한 비판은, 예를 들면 노동과정 그 자체까지 대상으로 삼지는 않는다. 따라서 마르크스가 수차례 비판한 공장 노동의 지루하고 반복적인 속성, 자유를 위해서는 노동시간 단축이 필요하다던 마르크스의 주장은 설명하지 않는다. 이런 식의 서사는 공산주의를 그저 소유관계의 전환에 국한시키고, 산업 생산의 기초적 형식, 그리고 심지어는 생산에 대한 자본주의적 통제 방식에는 손도 대지 않는다. 이런 논리에 대한 모이시 포스톤의 비판적 해석에 따르면, 여기에서 자본주의의 대안적 미래는 "자본주의가 일으켰던, 그 **똑같은** 생산의 산업적 양식을 정치적으로 관리하고 경제적으로 규제하는 새로운 양식"으로 국한되어 버린다.(1996, 9) 그에 따라 공산주의는 자본주의를 합리화하고 그 과정을 길들이고 정복하는 것으로 이해될 수 있었다.

사회주의적 인본주의

마르크스주의 역사 저장고에서 근대화 모델에 저항하면서도, 결국 노동을 강조하는 그 근본적 특징을 함께 갖고 있는 두 번째 사례를 살펴보자. 이 두 번째 사례는 1960년대 많은 영미권 마르크스주의자들 사이에서 인기를 끌었다. 근대화 담론은 19세기 후반에서 20세기 초반 유럽 혁명 운동의 맥락 안에서 출발했지만, 이런 인본주의적 마르크스주의 모델의 발전과 대중화는 뉴레프트New Left의 부상과 때를 같이했다. 이런 관점에서 마르크스를 해석한 고전적 사례가 에리히 프롬Erich Fromm의 《마르크스의 인간관Marx's Concept of Man》*이다. 이 책은 미국에서 처음 출간된 마르크스의 저작 《경제학-철학 수고Economic and Philosophic Manuscripts》에 대한 주석으로 1961년 출간되었다. 에리히 프롬은 이 책에서 마르크스주의를 기존 사회주의 체제와 결부되는 것으로부터, 나아가 그 경제학적·결정론적 경향으로부터 구해 내고자 시도한다. 프롬은 《경제학-철학 수고》(1920년대 처음 출간되고, 1959년 미국에서 처음으로 번역되었다)에 기대어, 대항-마르크스counter-Marx를 재구성한다. 인본주의 전통에 기초한, 분석의 단위이자 역사의 동인으로서 창조적 개인을 중심에 내세우는 마르크스이다. 마르크스주의적 근대화라는 예전의 모델은 《자본론》, 《공산당 선언The Communist Manifesto》을 우선적인 저술로서 중심에 두지만, 이 인본주의적 담론은 《경제학-철학 수고》, 《독일 이데올로기》 등 마르크스의 초기 저작까지 그 계보를 좇는다. 근대화의 유토피아가 부르주아적 소유관계와 착취 문제에 대한 비판의 대답으로 여겨진다면, 인본주의적 유토피아는 노동 소외에 대한 비판으로부터 출발한다. 전자가 사회 진보·사회정의·사회 조화의 개념에 초점을 둔다면, 후자는 개인을 절대적 범주이자 근본적 가치로서 특별히 취급한다. 프롬에 의하면 실제로 마르크스의 철학은 "개인주의의 완전한 실현을 목표로 했다".(1961, 3) 프롬이 마르크스의 철학을 "서구 산업화의 진전에 내재한 비인간화와 인간의 자동화에 맞선 운동"(1961, v) 그리고 "성공한 산업화의 기계적 물질주의 정신"을 대체할 "정신적-인본주의적" 대안(72)이라고 묘사한 데서 분명히 드러나듯이, 여기에는 낭만적 측면이 있는 것도 사실이다. 근대화의 유토피아와 인본주의적 유토피아는 근대화의 두 얼굴 위에 마르크스주의적 허울을 드리운다. 계속되는 과

★   국내에서는 《마르크스의 인간관》(김창호 역, 동녘, 1983, 절판), 《에리히 프롬, 마르크스를 말하다》(최재봉 역, 책세상, 2007, 절판)로 출간된 바 있다.

학과 산업의 발전에 바탕을 둔 사회·경제적 진보라는 이상, 그리고 그 이상에 따라오는 합리화의 힘에 맞서는 낭만적 저항.

미래에 대한 두 가지 전망, 사회주의적 근대화와 사회주의적 인본주의는 어떤 면에서 서로 정반대의 모습을 띠고 있다. 하지만 둘 다 노동을 인간의 근본적 가치로 보는 비슷한 관점을 바탕에 두고 있다. 사회주의적 근대화에서 노동은 사회적 생산으로 파악되고, 사회적 결집과 성취의 주된 메커니즘으로 칭송받는다. 사회주의적 인본주의에서 노동은 이제 우리에게 낯설어져 버린, 그러나 복원해야 할 개인의 창조적 역량이자 인간의 본질로 이해된다. 마르크스의《경제학–철학 수고》를 바탕으로 프롬은 마르크스의 핵심 주제가 인간의 자기실현이라고 이해했으며, 이것이야말로 노동 활동과 불가분하게 연결되어 있다고 주장한다. "인간이 스스로 개발한 이런 순수한 활동의 과정 안에서 일은 목적―생산품―을 위한 수단일 뿐 아니라 목적 자체로, 인간의 에너지를 의미 있게 표현하는 것이다. 따라서 일은 즐길 만한 것이다."(1961, 41–42) 자본주의의 문제는 우리의 핵심적 본성, 진정한 자아로부터 멀어지게 하는 것이다. 이런 관점에서 소외는 생산성의 반대항이다.(43) 프롬은 "마르크스에게 사회주의는 인간을 자기 자신, 존재와 본질 사이의 정체성으로 돌려보내도록 해 주는 사회질서였다"고 주장한다.(69) 소외되지 않은 노동은 미래의 유토피아적 사회를 구성하는 중심에 자리할, 널리 퍼져 있는 이상으로, 개인의 자아실현과 자기구현의 제1수단으로 여겨진다. 프롬은《자본론》3권에 등장하는 구절을 길게 인용한다. 마르크스가 필요의 영역 너머, 그 위에 있는 자유의 영역을 상상하는 유명한 부분이다.* 인용과 함께 프롬은 사회주의의 모든 핵심 요소는 여기에서 찾을 수 있다고 주장한다.(59–60) 마르크스의 이 구절에 대한 프롬의 해석에서 우리는 소외되지 않은 노동에 대한 인본주의적 전망의 핵심이 무엇인지 찾을 수 있다. 바로 노동의 세계를 개인 생산자들이 통제하는 협력적 과정으로 전환하는 것이다. 자유를 실현하는 것은 계획 경제가 아니라, 자유를 가져다주게끔 기획하고 조직하는 활동에 참여하는 일이다. 자유는 개인의 독립의 문제로 "사람〔개인〕이 온전히 자기 발로 서는 것, 자신의 힘을 쓰는 것, 생산적으로 세상과 관계 맺는 것에 기초"하는 것이다."(61)

프롬이 자본주의에 내놓은 처방은 레닌이 내놓았던 '더 많은 일'이 아니라 '더 나은 일'이다. 프롬은 "마르크스의 핵심 주제는 소외되고 의미 없는 노동을 생산적이고 자유로운 노동으로 전환하는 것"이라고 주장한다.(1961, 43) 이를 통해 우리는 진정한 인간성을 마침내 구현할 수 있다는 것이다.《자본론》3권의 그 유명한 구절, 바로 프롬이 사회주의의 모든 핵심 요소를 표현한다고 일컬은 그 구절을 놓고 펼치는 프롬의 논의에서 흥미로운 지점은 마르크스가 자유의 영역은 필요의 영역을 기초로 두고서만 번영할 수 있다고 이야기하는 부분

★　해당 부분을 옮기면 다음과 같다. "사실 노동이 필요와 외적 효용의 압박 아래에서 요구되는 단계를 거치지 않는 한 자유의 왕국은 시작되지 않는다. 사물의 본성상 자유의 왕국은 이 단어의 엄밀한 의미에서 물질적 생산의 영역 너머에 있다. 야만인이 자신의 욕구를 충족시키기 위해, 자신의 삶을 유지하고 재생산하기 위해 자연과 씨름해야 하는 것과 마찬가지로 문명화된 인간 또한 그렇게 해야 한다. 대신 문명인은 모든 사회에서, 그리고 어떠한 생산양식 아래에서도 그렇게 해야 한다. 인간이 발전함에 따라 욕구도 증가하기 때문에 자연적 필요의 영역은 확장된다. 그러나 동시에 이들 욕구를 충족시킬 수 있는 생산력 역시 증가하게 된다. 이 분야에서의 자유는 다른 어떤 것도 아니고 **사회화된 인간인 생산자들의 연합이 어떤 맹목적인 힘에 휘둘리듯 자연에 지배되는 대신 자연과의 교역을 조절하고 자연을 자신들 공통의 통제 아래 놓는다**는 데서 생겨나는 것이다. 그들은 에너지를 최소한도로 사용하면서, 그리고 자신들의 본성에 가장 적합하며 그럴 만한 가치가 있는 조건 아래서 임무를 수행한다. **그러나 그것은 언제나 필요의 왕국으로 남아 있다.** 그것을 넘어서야 인간 능력의 발현이 시작된다. 그러니까 그 자체가 목적인 진정한 자유의 왕국이 시작되는 것인데, 그것은 그러나 필요의 왕국을 토대로 해야만 번성할 수 있다." (최재봉 역, 《에리히 프롬, 마르크스를 말하다》, 에코의서재, 118-119쪽)

까지 길게 인용을 이어 오다가, 바로 그다음 결론을 짓는 구절은 생략하고 있다는 것이다. 프롬이 생략한 구절에서 마르크스는 "노동시간의 단축이 기초적 전제조건이다"라고 덧붙인다.(Marx 1981, 959) 책의 뒤에서 프롬은 같은 부분을 이번엔 좀 더 짧게 인용하는데, 여기에는 노동시간 단축의 필요성을 이야기한 마지막 문장을 포함한다. 그러나 노동시간 단축의 이상에 프롬이 관심을 두지 않는다는 것은 여전히 명백하다. 그는 인용구의 모든 부분을 이탤릭체로 써서 강조하지만, 이 마지막 문장만은 그렇게 하지 않으며 역시 어떤 코멘트도 더하지 않는다.(1961, 76) 소외되지 않은 형태의 일이 사회화된 생산으로서 자기창조의 표현이자 수단이라면, 어째서 일을 더 적게 하겠는가? 여기서 목표는 일의 존엄과 가치를 회복하는 것이지 일이 사회적 가치의 기둥으로서 누리는 지위에 반기를 드는 것이 아니다.

자본주의적 규율의 기본 형태는 승인하고 받아들이지만 사적 소유와 시장은 거부하는 근대화 모델과는 달리, 인본주의 패러다임은 일에 대한 보다 광범위한 비판을 반영하고 있다. 하지만 이 비판은 이전 시대에 대한 향수, 바로 수공예 생산의 낭만화에 가로막힌다. 이런 태도가 대안을 구상하는 전망의 바탕을 이룬다. 프롬은 수공예 생산과 제조가 주를 이루던 자본주의 초기보다 지금 소외가 더 심하다고 주장한다.(1961, 51) 이런 분석들에서 사용가치를 생산하는 실체적 노동은 교환가치를 생산하는 추상적 노동의 대안으로 이따금 제시되기도 한다. 예를 들어, 데이비드 맥렐런David McLellan은 이런 인본주의적 표제에 딱 들어맞는 저작에서 공산주의의 또 다른 재구성을 보여 준다. 대체로 마르크스의 초기 저작들을 바탕으로, 맥렐런은 공산주의를 사람들이 노동의 생산물과 직접적이고 개인적인 연결을 맺는 소외 없는 사회로 그린다.(McLellan 1969, 464) 또한 인간의 노동하는 본질이 구체화되는 사회로 상상하는데, 여기서는 사람들이 창조한 대상물이 사람들의 존재를 확인해 주는 역할을 한다. 잉여가치를 생산하기 위해 시장에 내다 팔 필요 이상의 물건들을 생산하는 대신, 사람들은 당장 소비할 유용한 것들을 만들 것이다. 다양한 종류의 노동을 노동 일반으로 환원하는 개념적 추상화로서의 추상적 노동, 그리고 개인들의 실체적 노동 활동을 대규모 사회적 생산의 필요에 따르도록 전환하는 현실의 과정으로서의 추상적 노동, 양쪽 모두와 정반대에 있는 이런 낭만적 인본주의의 관점은 실체적 노동을 대안으로 높이 평가하는 경향이 있다.

앞서 지적했듯이, 일의 본성과 의미에 대한 이런 가정들과 그런 가정들에 기초한 구상들 중 적어도 일부는 프롬이 여기에 내놓은 사회주의적 인본주의 전통 바깥에서도 찾아볼 수 있다. 예를 들어 마리아 미스Maria Mies와 닐라 슐레우닝Neala Schleuning 모두 마르크스주의 페미니즘의 관점에서 산업 자본주의적 근대화를 비판하며, 이런 인본주의 패러다임과 공명하는 대안 경제의 전망을 내놓는다. 미스는 자유가 필요의 영역 너머에 존재하며 필수적인 노동을 줄이거나 철폐해야만 얻을 수 있다는 것이 마르크스의 관점이라고 해석한 뒤, 그 관점을 명시적으로 거부한다.(1986, 216) 미스는 어떤 형태의 일, 예를 들어 육아, 농사, 장인의 작업 등은 상품 생산에 완전히 매몰되고 시장 논리에 기대어 있지 않는 한, 짐이 아니라 즐거움과 자기표현의 원천으로 인식해야 한다고 주장한다.(217) 슐레우닝의 근대적 노동 소외에 대한 비판은 비슷하게 "좋은 일good work"모델에 근간을 두고 있다. 여기서 "좋은 일"은 산업화 이전의 재생산노동에서 가져온 개념이다.(1990, 90-92) 이 학자들의 관점에서 이런 형태의 일이 그토록 충만한 이유는 모두 물건이나 부富의 생산보다는 직접적이고 즉각적인 일상의 생산에 포함된 활동이기 때문이다.(Mies 1986, 217) 이런 노동은 소비가 아니라 사용을 위해 생산한다.(Schleuning 1990, 85)[4] 우리는 우리 일에서 필요와 목적의 감각을 가져야 한다. 이를 찾으려면 유용한 것들을 생산해야 한다.(Mies 1986, 218) 여기서 목표는 일이 다시 삶과 통합되는 공동체를 구상하는 것이다.(Schleuning 1990, 45) 따라서 노동 시간이 얼마나 긴지는 문제가 되지 않는다. "긴 노동시간, 심지어 일로 꽉 찬 인생은 저주가 아니라 인간의 성취와 행복의 원천으로 여겨질 것이다."(Mies 1986, 217)

이 학자들은 지속 불가능한 소비 패턴을 비판하고, 소비재와 그 소비재가 만들어지는 조건 사이의 관계에 대한 의문을 왜곡시키는 상품 물신화를 파고든다. 이런 비판과 분석은 중요하지만, 이 학자들은 여전히 생산 중심주의에 대한 지지와 소비주의에 대한 반대 사이의 관계를 인정한다. 이 관계는 전통적인 노동윤리의 중심 교리 중 하나를 반복하고 있다. 이 학자들의 논의가 가진 문제들 중 하나는 개인의 소비를 개인의 생산으로 구속하려는 경향이다. 이 학자들은 생산과 소비 사이의 연결 고리 중 더 직접적이고 단단한 것을 승인하면서, 개인으로서 혹은 공동체의 구성원으로서 생산한 것만을 소비한다는 이상을 고수한다. 미스에 따르면 "우리가 생산한 것을 **소비해야만** 우리는 그것들이 쓸모 있고 의미 있고 유익한지, 그것들이 필요한지 혹은 넘치는지 판단할 수 있다. 그리고 우리가 소비하는 것을 **생산해야만**, 우리가 소비하고 싶은 것을 위해 얼마큼의 시간이 진짜 필요한지, 어떤 능력이 필요한지, 어떤 지식이 필요한지, 어떤 기술이 필요한지 알 수 있다".(219) 직접 사용하기 위한 생산과 분명한 필요를 위한 소비, 각각은 서로에게 엄정한 한계를 지운다. 소비하려면 반드시 생산해야 하고 오직 생산한 것만 소비해야 한다는 주장은 최고의

우리는 왜 이렇게 오래, 열심히 일하는가?

세속적 금욕주의를 위한 지침이다.

인본주의의 재검토

인본주의자가 근대화 모델의 반대 지점에 서 있었듯이, 자율주의 전통이 앞서 설명한 인본주의 패러다임을 지탱하는 해석 방식과 유토피아의 전망을 어떻게 비판하는지를 통해 자율주의 전통을 대략 이해할 수 있다. 어떤 면에서, 인본주의의 자본주의 비판의 핵심에 있는 포드주의 아래의 소외 비판은 포스트-포드주의 노동의 조건에 훨씬 더 합당한 것처럼 보인다. 포스트-포드주의 노동조건은 보다 최근의 이론적 기획을 대표하는 자율주의자들의 관심사이다. 노동자가 물리적 노력뿐 아니라 감정적 기술, 정서적 역량, 소통 능력까지 제공하기를 요구하는 일자리가 많아질 때, 다시 말해 자아의 더 많은 부분이 노동과정으로 끌려들어 가고 이익 극대화의 요구에 발맞춰 관리되어야 할 때, 자기 자신으로부터, 또 타인으로부터의 소외는 분명히 점점 더 심각해진다. 하지만 이런 비판에도 여전히 문제는 있다. 예를 들자면, 특히 앞서 소개한 주장 중 상당수에서 그렇듯이 개인이 분석의 단위로 다뤄질 때, 소외에 대한 비판은 인간 주체의 본성에 대한 과거의 주장과 결부되어 버린다. 보드리야르가 이야기했듯이 역사를 초월해 보편적인 노동 역량에 기반한 이런 인간 모델은 산업화 시대에 확립된 일의 표준화와 일반화를 그대로 좇는다. 다른 말로 하자면 실재하는 구체적 사례들로부터의 추상화는 노동을 정량적으로 파악할 수 있게 하면서, 동시에 그 정성적 측면들의 공통분모를 본질적 인간성의 표현으로 파악할 수도 있게 해 준다. 보드리야르는 이를 통해 "상품으로서의 노동력이 지닌 추상적이고 형식적인 보편성이 정성적 노동의 '실체적concrete' 보편성을 뒷받침하는 것이다"라고 설명한다. 여기에서 강조할 것은 두 가지이다. 첫째, 생산자로서의 인간man 개념은 자본 외부의 비판적 관점이라기보다는 추상적 노동의 현실적인, 또 이데올로기적인 부과의 본질이라는 점이다. 둘째는 더 중요한 것으로, 이 인간 개념은 일의 실용적 필수성을 넘어 실존성을 확인하는 데 함께하는, 그 내부에 자리 잡은 신화라는 사실이다. 그리고 이 개념은 궁극적으로 노동사회를 지지한다.

보드리야르는 마르크스주의를 놓고 격렬한 비판을 그저 짤막히 제시했지만, 이런 식의 분석 관행에 대한 보드리야르의 비판은 마르크스주의 전통에서도 드물지 않다. 그중에도 인간 본성에 대한 주장이 아마 가장 폭넓게 비판받을 것이다. 예를 들어, 자율주의 이론가 안토니오 네그리Antonio Negri는 소외의 문제를 내면성의 담론, 본질적 인간 본성의 상실과 회복에 대한 담론으로 다루는 것에 아무 관심도 보이지 않는다. "이른바 마르크스의 인본주의"에 따르면, 실제 역사적 경향은 "인간 본성의 유기적 전개(역사적으로 규정되어 있다고 하더라도)"의 예측 가능한 서사의 울타리 안에서 움직인다. 이런 인본주의는 "이론을 다루는 조급함의, 즉 이행과 공산주의를 균질화하도록 운명 지어진 긍정적 유토피아를 활용한" 산물이다.(1991, 154) 이를 통해 보면, 가능한 미래는 이미 만들어진 전망과 예상 가능한 결과로 한정지어진다. 보드리야르는 이런 움직임의 현실적 한계를 강조해 말한다. "사람들이 '타자other'인 척하는 것이, 사람들의 가장 깊숙한 욕망이 '자기 자신'이 되는 것이라고 설득하는 것이 얼마나 터무니없는가!"(1975, 166) "진짜가 아니inauthentic"라고 여겨지는 욕망을 기초로 행동하게끔 힘을 북돋는 것이 어떻게 가능하겠는가? 네그리는《정치경제학 비판 요강》을 놓고, "일의 어떤 개념도 복원하거나 해방할 것은 없다"고 해석한다.(1991, 10) 오히려 일의 조직화와 의미에 급진적 재발명의 여지가 활짝 열려 있다고 본다. 뒤에서 살펴보겠지만, 자율주의자들은 분석의 틀을 개인 본성의 질문에서 집합적 구성의 가능성으로, 자아의 복원에서 자아-들의 발명으로 옮겨놓는 경향이 있다.

실체적 노동의 패러다임에 기초한 대안의 전망도 다른 마르크스주의 분석의 관점에서 보자면 마찬가지로 문제가 있다. 미스와 슐레우닝처럼 실체적 노동을 추상적 노동의 유토피아적 대안으로, 사용가치 생산을 교환가치 생산의 대체재로 보는 것은 실제로는 내부에 있는 비판적 지점을 외부에 있는 것으로 상상하는 것이다. 마르크스가 분석을 전개하는 데 쓴 개념 쌍들, 사용가치와 교환가치, 실체적 노동과 추상적 노동은 비판 전략의 일부일 뿐 대안의 전망을 이루는 요소들은 아니다. 니체가 썼던 귀족의 도덕과 노예의 도덕 역시 교훈을 주기 위한 비교일 뿐이다. 니체가 한쪽의 기준으로 다른 쪽을 평가하는 식으로 구별을 짓기는 하지만, 귀족의 도덕으로 돌아가는 것이 가능하거나 바람직하다고 이야기하는 것은 아니다. 귀족의 도덕이라는 범주는 더 나은 과거나 미래에 대한 전망이 아니라 노예의 도덕을 비판하기 위한 수단으로 쓰였다. 비슷하게 마르크스의 범주 구분 역시 그가 비판하는 시스템의 해결책을 제시하는 것이 아니다. 자본주의 사회의 대안을 구축하려면 자본주의의 추상적 노동, 마찬가지로 자본주의로 인해 빚어진 실체적 노동의 양식 모두의 너머로 나아가야 한다. 또 다른 자율주의 학자인 해리 클리버Harry Cleaver는 마르크스를 이렇게 읽는다. "탈자본주의적 '유용한 노동'을 말하는 것은 탈자본주의적 국가를 말하는 것만큼이나 문제가 많다."(2000, 129)[5] 여기서 역시 문제는 넘어서고자 하는 시스템의 결정적 버팀목 중 하나를 노동에 대한 이런 긍정 — 여기서는 각 개인들의 유용한 노동에 대한 긍정 — 이 강화한다는 것이다.

실제로 가야트리 스피박Gayatri Spivak이 지적했듯이 사용가치를 교환가치의 대항점에 놓는 것은 마르크스의 주장을 설명하기에는 "지나치게 러다이트스러운 이원론적 반대"이다.(2000, 2) 자율주의자들을 포함하여 또 다른 학자들이 바탕에 두었던 마르크스는 공산주의 사회의 삶을 그리면서 장인의 생산을 긍정하는 대신, 노동 분업을 비판하면서도 동시에 유토피아적 사회주의자들이 내놓는 목가적인 전前 산업적 전망에 풍자의 잽을 날린다. 마르크스가 그린 공산주의 사회에서 사람은 "아침에는 사냥을 하고, 점심에는 낚시를 하고, 저녁에는 소를 돌보고, 저녁 식사 후에는 비평을 할 수 있지만, 사냥꾼도 어부도 목동도 비평가도 되지 않고 그저 지성을 가질 뿐이다".(Marx and Engels 1970, 53)[6] 이런 말을 했던 마르크스가 대규모 협업을 수공예 생산과 질적으로 구분되는 사회적 노동의 한 형태라고 하며, 그 미덕을 노골적으로 옹호하기도 했다. 마르크스는 《자본론》에서 사회적 생산의 힘은 "협업 그 자체에서 나온다"라고 주장하며 이렇게 말한다. "노동자가 기획된 방식으로 다른 사람들과 협업할 때, 그는 그의 개인성의 족쇄를 벗어 버리고 그의 종spieces의 역량을 개발한다."(1976, 447) 인본주의 모델에서 특권적 위치에 놓인 개인은 이런 협업의 단계에서부터 더 이상 분석의 적절한 단위가 되지 못한다. 구체적인 유용한 생산물을 만드는 개별 노동자의 시각은 특정한 개인의 덕으로 돌릴 수 없는 기술 및 과학 지식 일반을 반영한 과정과 일치하지 않는다. 《정치경제학 비판 요강》에서 마르크스는 이렇게 말한다.

발전의 초기 단계들에서는 개별적 개인이 좀 더 완전하게 개발되어 있는 것처럼 보인다. 그의 관계들을 아직 완전히 이끌어 내거나 자기 자신과 마주한 독립적인 사회적 힘과 관계성들로 정립하지 못했기 때문이다. 원래의 그 완전함으로 돌아가고자 갈망하는 것은 이 완전한 공허감과 함께 역사가 정지해 버렸다고 믿는 것만큼이나 어리석은 일이다. 부르주아적 관점은 자신과 이런 낭만적 관점 사이의 이런 안티테제를 결코 넘어서지 못했다. 그러므로 저 낭만적 관점이 합당한 안티테제로서 그 축복받은 종말까지 쫓아다닐 것이다.(1973, 162)

이 같은 발전은 독립적 개인을 중심에 둔 예전의 조직화 방식으로 되돌아간다기보다는 일과 생산의 새로운 방식, 주체성의 새로운 모델로 나아간다.

자율적 마르크스주의

모범적 행동이자 인간 가치로서의 일의 매력은 자유주의뿐 아니라 마르크스주의의 상상에도 강력한 영향력을 끼친다. 그리하여 일을 도덕화, 규범화, 신화화하는 것은 자본만이 아니다. 네그리가 1977년 저술에서 지적했듯이 "공식적 사회주의 운동" 역시 노동의 부과가 마치 "고결함의 징표"인 양 취급하며, 노동 거부를 끊임없이 억압하려 시도한다.(2005, 263, 269) 자율적 마르크스주의의 노동 거부 개념은 이런 생산 중심주의적 경향에 부합하는 시의적인 대안을 제시한다. 자율적 마르크스주의 전통은 1960년대 후반에서 1970년대까지의 이탈리아 사회운동과 더불어, 그에 화답하며 탄생했다. 애초의 작업에 영감을 주었던 운동은 무너졌지만, 그 이론적 접근은 정치적 기획의 몇몇 측면과 함께 여전히 남아 있다.(Dyer-Witheford 1999, 64 참조)[7] 이론적 틀이자 동시에 정치적 의제인 노동 거부는 자율주의 전통을 특징짓는 보다 광범위한 방법론적 지향으로부터 터져 나왔다. 따라서 나는 세부적인 사항들로 넘어가기 전에 좀 더 일반적인 영역에서부터 출발하고자 한다.

자율주의 전통을 앞서 검토했던 두 가지 패러다임, 즉 사회주의적 근대화와 사회주의적 인본주의와의 관계 내에 위치 짓는 데서 논의를 출발해 보자. 두 패러다임이 어떤 저술을 우위에 두는지가 대비되는 하나의 지점을 보여 준다. 고전적 마르크스주의에서는《자본론》이 중심에 있고 인본주의자들은《경제학-철학 수고》를 주된 문헌으로 삼는 반면, 자율주의자들에게는《정치경제학 비판 요강》이 특별히 중요한 자료이다.《정치경제학 비판 요강》을 연구한《마르크스를 넘어선 마르크스Marx beyond Marx》에서 네그리는 자신의 정치적 상황에서 비추어《정치경제학 비판 요강》에 어째서 끌리게 되었는지 설명한다.《정치경제학 비판 요강》은《자본론》의 단순한 예비 작업 또는 초안이라기보다는 1857년의 특정한 위기를 고려하여 쓰인 저작이며, 혁명적 가능성을 이론화하는 시도로 보아야 가장 잘 이해할수 있다. 그리하여 이 경우에는 "이 과정을 실체화함으로써, 다시 말해 혹자가 소유하거나 지배하거나 뒤집어 버릴 수 있을지 모를 그 고유한 발전의 법칙과 함께 이 과정을 전체성 안으로 경직시켜 버림으로써 그 역동성을 파괴할 (…) 가능성이 없다".(Negri 1991, 9) 자율주의 학자들은 1960년대와 1970년대 이탈리아를 뒤흔든 노동자와 학생, 페미니스트와 직업 없는 이들의 느슨한 연대가 일으킨 혁명적 동요로부터 주도권을 넘겨받았다. 네그리는 1979년 "우리는 혁명적 운동이 새로운 기반을 찾고 있는 시기에서 우리 자신을 발견하며, 그 방식은 소수자의 방식이 아닐 것이다"라고 썼다. 이런 상황에서 네그리는 "우리는 정통 이론과는 아무 관계도 없다"라고 설명한다.(1991, 17) 다른 여느 저작과 마찬가지로 정통적으로 쓰였을지 모를 네그리의 저작은 마르크스를 충실히 읽어 내고 있지만, 뚜렷하게 드러나는 비전통적인 요소는 바로 마르크스를 뛰어넘는 마르크스를 발명하려는 네그리의 의지이다. 다시 말해, 네그리는 변화무쌍한 자본주의 발전 형태와 그 안에서 생겨나는 저항의 방식을 따라잡기 위해 마르크스의 분석을 뛰어넘고자 한다. 네그리가 보기에 《정치경제학 비판 요강》은 마르크스를 평형보다는 위기의, 대상적 경향성보다는 주체적 행위자의, 대립과 종합보다는 저항과 분리의 이론가로 재정립한다. 아마 어떤 것보다도 자율주의 전통을 특징짓는 요소는 주체성을 방법론적·정치적 제1항으로 재정립하려는 시도일 것이다. 이런 면에서 자율적 마르크스주의는 마이클 레보위츠Michael Lebowitz가 자본과 자본 재생산의 "일방적" 관점이라고 표현한 것으로부터가 아니라 노동자와 자본의 힘을 뒤엎을 노동자의 잠재력이라는 관점으로부터 이론을 정립하고자 하는 마르크스주의 내의 좀 더 넓은 분파와 연결될 수 있다.(1992)[8] 능동적 주체의 힘을 이렇게 강조하려면, 노동의 형이상학으로부터 레닌주의 분파와 전통적 노동조합에 이르기까지 이런 주체적 동력들을 억제했던 마르크스주의 이론과 실천 내의 분석 및 조직화 장치 일부를 해체해야 한다. 이렇게 주체성을 제1항으로 재구성하려면 결정론과 목적론을 버리고, 뒤이어 논하게 되겠지만 변증법의 회복 논리까지 거부해야 한다.

이런 접근법은 분석의 단위이자 정치적 행위의 장場으로서 집단에 초점을 맞춘다. 이 접근법을 예증하는 명제는 때로 "프롤레타리아트의 선도적 역할” 또는 “자율주의적 가정”으로 불리는데, 계급투쟁을 변화의 주된 엔진으로 보아 강조한다. 이 명제는 어떤 면에서 자율주의 전통의 방법론적 무게중심으로 기능해 왔는데, 제이슨 리드Jason Read의 설명에 따르면, 노동계급의 저항은 자본주의적 생산의 발전에 선행하며 그를 예고한다.(2003, 13) 노동자들은 주로 자본의 희생자로 여겨지는 대신, 자본의 대항자로 여겨질 것이다.(다음을 참조. Tronti 1980) 이런 추측에 따르면, 자본도 노동력도 첫 번째 창조적 요소는 아니다. 그보다는 노동계급의 불복종이 역사를 움직이는 동력이다. 이런 가정은 역사적 법칙으로서 또는 심지어 사회학적 일반화로서가 아니라 방법론상의 경험 법칙으로 가장 설득력 있다. 이 경험 법칙은 안정성을 찾길 기대하는 불균형의 지점을 탐색하게끔 만들며, 누가 능동적이고 누가 반응적인지에 대한 전통적 가정들을 뒤흔들고, 노동계급을 경제적 역할의 관점에서 주로 보는 것이 아니라 정치적 행위자로 인식하게끔 이끈다. 이렇게 마르크스를 해석하면 **“노동계급은 그 생산 기능에 의해서가 아니라 자본에 맞선 투쟁에 의해 규정된다”**.(Zerowork 1975, 3)

이런 노동계급 범주에 누가 속하겠는가는 여전히 열려 있는 질문이다. 이 범주는 사회적인 것이 아니라 정치적인 것이며, 그 경계는 특정한 시간과 장소에서 이 범주가 어떻게 구체적으로 구성되느냐에 달려 있다. 계급 구성의 개념은 “계급 구성의 역사적 변형 가능성”을 인정하며, 그뿐만 아니라 네그리의 관점으로는 시간이 흐르면서 노동계급의 정치적 형성에 포함될 수 있는 이들도 확대된다.(1988, 209) 즉 계급 구성의 개념은 노동계급의 범주를 역사 안에서 움직이는 것으로 상정할 뿐 아니라, 계급 범주의 범위를 확대하기도 한다. 역사적 역학 기제라는 면에서 노동자들이 이루는 정치적 연대의 형태들은 자본 쪽의 대응을 일으켜, 계급 구성을 깨뜨린 뒤 더 기능적인 방식으로 복원하는 재조직화를 일어나게 만든다. 그러므로 예를 들면, 테일러주의적 대량생산은 그 역시 앞서의 노동자 연대 패턴을 깨뜨리는 역할을 했던 노동 귀족제labor aristocracy를 무너뜨리는 방법이었지만, 대량생산은 대규모 조직화의 새로운 가능성을 만들어 내기도 했다.(Baldi 1972, 11, Negri 1988, 205) 계급 구성의 개념은 노동계급을 산업 프롤레타리아트와 동일시하기보다는, 자본의 휘하에 있는 대상들을 더 폭넓고 더 열려 있는 집단으로 상정하기도 하는데, 그 구체적 조성은 언제나 변할 수 있다.(다음을 참조. Zerowork 1975, 4, Cleaver 2003, 43) 예를 들어 네그리는 노동계급의 구성 변화를 일련의 이동으로 설명한다. 노동계급은 초기 산업화 시대의 전문 노동자로부터 공장 안팎의 거대한 임금노동자 집단에 함께 합류했던 포드주의 전성기의 대중노동자로 이행한다. 그리고 다시 그 구성이 더 이상 임금노동자에만 국한되지 않는, 실업자나 가사노동자, 학생처럼 계급의 존재와 구성을 필요로 하는 포스트-포드주의의 사회적 노동자로 이행한다. 가장 최근으로 오면, 하트Michael Hardt와 네그리의 다중多衆, multitude으로까지 이어지는데, 이는 생정치적·사회적 생산과 재생산의 회로를 가로질러 뻗어 있는 계급 범주로, 시간이 지나며 발전해 갈수록 탈노동자주의postworkerism를 보다 온전히 구현해 낸다.(예를 들어 다음을 참조. Negri 1988, 235, Dyer-Witheford 1999, 72-76, Hardt and Negri 2000) 무엇이 일 또는 사회적 생산성으로 여겨지는가, 그리고 누가 일의 조건에 대해 정치적으로―함께 또는 서로 가까운 거리를 두고―조직화될 것인가는 시간과 장소에 따라 변한다.

같은 이름의 "자율"이라는 단어는 이 단어가 붙은 수많은 비판적·정치적·유토피아적 과제들에서 보다시피 다차원적이다. "자율적 마르크스주의"라는 호칭에서의 자율은 역사적으로 다른 좌파 정당이나 조합과의 관계에서 보았을 때, 특정한 역사적 활동주체로서나 조직 형태로서나 이탈리아의 원외 좌파에 속해 있음을 가리키는 것이었다. 이런 의미에서 자율은 이중의 관계를 가리킨다. 외부 집단과의 독립적 관계뿐 아니라, 자율주의 그룹 간 내부의 관계까지도 다양한 의제를 지닌 복수의 참여자들을 아우를 수 있는 연합이라는 조직적 이상의 차원에서 구상한다는 의미이다. 하지만 더 중요한 것은 아마도, 이 말이 자본에 맞선 자율을 향한 집단의 역량을 긍정한다는 점일 것이다.

자율주의 기획의 이 마지막 차원에 절대적인 세 가지 조건이 있다. 바로 자기가치화self-valorization, 저항, 그리고 분리이다. 이 가운데 첫 번째, 자기가치화는 정치 행위의 집단적 차원을 조직적 형태와 실천에 더 주의를 기울이는 전통 안에서 이해하는 한 방법이다. 자본주의의 가치화, 즉 잉여가치 생산에 기초한 가치 시스템의 대안으로서 자기가치화는 클리버가 설명했듯이 자본주의의 가치화 과정에 대한 단순한 저항이 아니라 "자기구성의 긍정적 기획"이다.(1992, 129, Virno and Hardt 1996, 264도 참조) 정치적 조직화는 해체적이며 동시에 건설적인 기획을 목표로 한다. 비판의 주체이면서 동시에 발명의 주체인 것이다. 정치적 집합체들은 자기가치화의 장場으로서, 그저 대의적 기구가 아니라 구성적 장치로 인식된다. 자율적 자기가치화의 생산은 비판의 대상으로부터 분리되기 위한 투쟁에 달려 있다. 분리는 변증법적 대립과는 다른 것으로 이해된다. 분리에서 탄생한 저항은 반대의 맥락보다는 탈주의 맥락을 따라 상상된다. 분리의 과제는 저항하는 대상의 논리를 따르지도, 거울상처럼 뒤집지도 않는 방식으로 투쟁을 조직하는 것이다. 분리는 다른 경로, 즉 종합으로 포섭될 안티

테제가 아니라 새로운 무언가를 만들어 낼 특이성을 구축하는 것이다. 네그리는 똑같은 것과 다른 것 사이의 변증법적 대립 모델에 기초한 자본의 반대자들이 자본과 갖는 관계를 거부하는 것으로 분리를 설명한다. 네그리는 이런 대립 모델에는 특이성의 개념이 빠져 있다고 말한다.(Casarino and Negri 2008, 46) 마지막으로 저항을 핵심 조건으로 덧붙여야 한다. 분리의 저항 논리는 모순의 변증법적 논리와 대조를 이룬다. 변증법적 모순이 객관적 범주, 구조들의 체계가 낳은 산물이라면, 저항은 역사적 주체들이 드러내는 필요와 열망으로부터 나온다. 이런 점에서 저항은 모순의 주체화로 파악될 수 있다. 주체화된 모순의 예를 들자면, 양편 사이의 차이를 생각해 보자. 한편에는 생산력과 생산관계 사이의 모순이 있고, 다른 한편에는 우리가 가진 것과 우리가 원할지 모르는 것들 사이의 갈등, 우리의 현재와 우리가 될 수 있을 것 사이의 갈등, 우리가 하고 있는 것과 할 수 있는 것 사이의 갈등이 있다. 자기가치화, 분리, 저항은 자율주의 기획에 절대적이며, 마르크스주의적 방법을 구상하는 수단들은—적어도 그 이상적 형태에서는—"어떤 변증법적 전체성이나 논리적 통일성 안에 갇혀 있을 수 없는", "완전히 주체화되고, 전적으로 미래에 대해 열려 있으며 창조적인" 것일 수 있다.(Negri 1991, 12)

노동 거부

이론이자 실천으로서의 노동 거부는 위와 같이 방법론적으로 집중하고 개념적으로 초점을 맞추는 영역으로부터 등장한다. 노동 거부는 1960년대와 1970년대 이탈리아 사회운동의 중요한 표어로서,

자율적 마르크스주의의 비판적 분석 및 정치적 전략의 근원적 바탕
이자, 앞서 설명한 자율주의 기획의 결정적 요소였다. 어떤 측면에서
노동 거부는 전 세계 일하는 이들이 느끼는 즉각적 열망을 뚜렷이
표현하는 것이었다. 이런 관점에서의 노동 거부는 자율주의자에게서
탄생해 보다 다채로운 개념으로 발전하며 몇 가지 구별되는 비판적
접근법 및 전략적 의제를 아우르게 되었다. 여기서 인정해야 할 것은
자본주의 사회 형성에 대한 비판적 분석을 통해 일터에 대한 이해가
이미 형성되어 있었기 때문에 이 개념이 동력을 얻을 수 있었다는
사실이다. 다시 말해, 분석이자 전략으로서의 노동 거부에서 근본적
인 것은 사적 소유 대신 노동의 부과와 조직화를 중심에 두고 자본
주의를 정의한다는 점이다. 결국 노동자의 관점에서 보자면, 임금을
버는 것―자본을 축적하는 것이 아니라―이 첫 번째 관심사이다.
임금 시스템은 개인들을 직접적으로든 간접적으로든 경제적 협업의
자본주의적 방식 안으로 통합하는 지배적 기제로 남아 있다. 따라서
클리버는 자본을 "상품-형식을 통한 노동 부과에 기초한 사회 시스
템"이라고 정의한다. 삶을 노동에 복속시키는 것에 바탕을 둔 시스템
이라는 이야기이다.(2000, 82) 다이앤 엘슨Diane Elson의 마르크스 해석은
이 점을 구체화했다는 면에서 유용하다. 엘슨은 마르크스의 가치 이
론이 가치의 노동 이론으로서가 아니라 노동의 가치 이론으로서 가
장 잘 이해될 수 있다고 설명한다. 다시 말해, 이 분석의 목적은 착취
의 존재를 증명하는 것도 가격을 설명하는 것도 아니다. 핵심은 가치
가 노동에 의해 구성되는 과정을 파악하는 것이 아니라, 노동의 실천
이 자본가의 가치 추구에 따라 어떻게 조직되고 형성되고 감독되는
가를 파악하는 것이다. 엘슨은 "나는 마르크스의 가치 이론이 대상
으로 삼은 것이 노동이었다고 주장한다"라고 썼다.(1979, 123) 사회주의

우리는 왜 이렇게 오래, 열심히 일하는가?

적 근대화와 사회주의적 인본주의는 각각 탈자본주의 사회의 가능성을 노동의 구성권력constitute power*이 실현된다는 관점에서 사회적 삶 또는 개인의 존재 내 노동의 중심성을 파악하는 문제로 상상하는 반면, 엘슨의 새로운 마르크스 독법에서는 "노동이 사회적 삶에서 구성적 중심을 차지하는 것이 자본주의의 특징이며, 이 점이 자본주의 지배의 추상적 방식 아래 놓인 궁극적 기초를 형성한다."(Postone 1996, 361) 노동 거부의 결정적 핵심이자 본질적 연결 고리는 사유재산도, 시장도, 공장도, 창조적 역량의 소외도 아닌, 바로 노동을 자본주의적 관계의 제1의 기초로, 시스템을 지탱하는 접착제로 파악한다는 것이다. 따라서 자본주의의 어떤 의미 있는 전환도 노동의 조직화와 사회적 가치에 대폭적 변화를 일으키지 않고서는 불가능하다.

고로 자율주의 전통은 근대화 모델과는 달리 자본주의 아래서의 노동을 비판하는 데 초점을 맞춘다. 이는 노동 착취에 대한 비판을 포함하지만, 그것으로 환원될 수는 없다. 인본주의자들 역시 노동을 비판하지만, 자율적 마르크스주의자들은 노동의 해방이 아니라 노동으로부터의 해방을 요구한다는 점에서 그들과 다르다.(Virno and Hardt 1996, 263) 자율적 마르크스주의자들은 노동자 투쟁의 구호 중 하나인 "일할 권리"를 새로운 구호 "노동 거부"로 바꾸자고 주장하면서, 말할 것도 없이 마르크스의 발걸음을 따른다. 여기서의 마르크스는 자유가 노동시간 단축에 달려 있다고 주장했던 그 마르크스다. 하지만 보다 적절한 선구자는 아마도 마르크스의 사위 폴 라파르그

★ 이 개념은 정치적인 틀들을 계속해서 창출하고 활성화시키는 권력 형태를 가리킨다. 구성권력은 구성'하는' 권력으로서 열린 과정으로 작동하는데, 안정적이며 닫혀 있는 구성된 권력(constituted power)과 대비를 이룬다.

Paul Lafargue일 것이다. 이렇게 계보를 연결 짓는 것은 레세크 콜라코브스키Leszek Kolakowski가 라파르그를 "쾌락적 마르크스주의"의 창시자로 칭했다는 것을 감안한다면 더욱 적절하지 않을 수 없다.(1978, 141-48) 물론 콜라코브스키는 라파르그가 진지하지 못하고 순진했다는 의미로 모욕을 담아 이렇게 부른 것이지만, 노동 거부에 집중하고 탈노동의 미래 가능성에 열려 있는 마르크스주의 전통을 분류하는 데 딱 들어맞는 표현이기도 하다. 《게으를 권리The Right to Be Lazy》에서 라파르그는 "노동자의 육체에 파문을 선고"하고 노동자의 필요와 기쁨, 열정을 축소하려는 자본주의 도덕에 반기를 든다.(1898, 3-4) 하지만 직접 겨냥한 표적은 1848년 프랑스 프롤레타리아가 내세운 일할 권리라는 수사였다. 라파르그는 이 수사가 노동윤리를 반복하고 강화한다고 불평한다. 라파르그에게 이는 프롤레타리아가 "스스로 노동의 교조에 현혹되고 말았다"는 증거였다.(8) 프롤레타리아트 스스로 끊임없는 참여를 통해 시스템을 재생산한다는 계획은 소외된 노동이 사유재산의 원인이라는 마르크스의 주장을 떠오르게 한다. 이 계획에서 라파르그는 자본주의적 생산의 결함이 부르주아가 아니라 프랑스 노동자들 탓이라고 비판한다. 라파르그는 "모든 개인적, 사회적 불행은 프롤레타리아의 일에 대한 열정에 그 기원이 있다"라고 주장한다.(8) 예를 들어, 제조업자들이 과도하게 사치품을 소비할 때, 또는 제품이 시간이 지나면 망가지게끔 만들려 할 때, 이들을 탓해서는 안 된다는 것이다. 이들은 그저 "직원들 쪽에 있는 일에 대한 미친 욕망"을 만족시키려 노력하고 있을 뿐이다.(31) 일에 대한 이런 이상하고도 격렬한 열광 때문에 노동자들은 충분히 요구하지 못한다. "프롤레타리아는 자본가도 공장에서 10시간 일하게 해야 한다고 생각했다." 라파르그는 이것이 커다란 실수라고 주장한다. "일은 금지해야지

부과해서는 안 된다"라고 라파르그는 말한다. 이 책의 가장 인상적인 부분 중 하나는 라파르그가 생산 중심주의 가치에 기대어 비노동을 복권하려는 것을 다소 지나치게 거부한다는 것이다. 라파르그는 "유용함이라는 자본주의 강령"을 멸시하고 노동시간이 3시간으로 단축되면 그제야 노동자는 "게으름의 미덕을 실천하기" 시작할 수 있을 것이라고 주장한다.(41, 32) "오, 게으름이여, 예술과 고귀한 미덕의 어머니여"(41)라는 열정에 찬 라파르그의 헌사는 말할 것도 없이 콜라코브스키와 같은 겉보기에 보다 진지한 마르크스 연구자들과는 명백한 대조를 이룬다. 콜라코브스키는 완전히 다른 해석을 옹호했는데, 마르크스가 노동시간 단축을 지지한 것이 사실이라고 인정하더라도 라파르그가 이야기하는 것처럼 노동자에게 "근심 없는 소비"에 들일 더 많은 시간을 주기 위해서는 아니었다는 것이다. 콜라코브스키는 그보다는 "자유로운 창조 행위를 위해 더 많은 시간"(1978, 148)을 위해서라고 안심시키는데, 이는 보다 전통적이며 존중받는 미덕에 부합하는 주장이다.

게으름의 이점에 대한 라파르그의 파격적인 헌사에도 불구하고, 사실 노동 거부는 활동이나 창조성 일반을 거부하는 것도, 특별히 생산을 거부하는 것도 아니다. 노동 거부는 단순히 노동을 포기하는 것이 아니라, 노동을 가장 고결한 소명이자 도덕적 의무로 보는 이데올로기를 거부하는 것, 노동을 사회적 삶의 불가피한 중심이자 시민으로서의 권리를 얻기 위한 수단으로 보기를 거부하는 것이다. 그리고 마지막으로, "근심 없는 소비"를 포함한 다른 모든 추구보다 일을 우위에 두는 이들—좌파에 있는 그런 이들까지—의 금욕주의를 거부하는 것이다. 노동 거부의 당면한 목표는 두 가지로 제시되는데, 하나는 노동 감소로 노동시간을 줄인다는 의미이자 노동의 사회적

2장 | 마르크스주의, 생산 중심주의, 그리고 노동 거부

중요성을 줄인다는 의미이다. 다른 하나는 자본주의적 조직화 방식을 새로운 협업 방식으로 대체하는 것이다. 노동 거부는 착취당하는 노동, 소외되는 노동을 거부하는 것일 뿐 아니라 "현실성과 합리성의 원칙으로서의 노동 자체"를 거부하는 것이다.(Baudrillard 1975, 141) 이런 면에서 "해방된 노동은 곧 노동으로부터의 해방이다."(Negri 1991, 165) 노동 거부는 특정한 행위 일체—파업이나 태업, 노동시간 단축 요구, 또는 참여 기회 확대, 그리고 재생산노동에 대한 지원 확대 및 조건 개선을 위한 운동 등—로 협소하게 파악하기보다는 아주 폭넓은 관점에서 정치적 문화적 운동 일반으로, 아니면 더 나아가 노동에 종속되고 노동으로서 규정되는 지금의 생활 방식에 반하는 잠재적 삶의 방식으로 바라볼 때 가장 잘 이해할 수 있다.

노동 거부는 분석의 측면에서, 그리고 어쩌면 실행의 측면에서도 두 가지 과정으로 나뉠 수 있다. 한 과정은 그 지향이 비판적이며, 다른 하나는 그 목적이 보다 근본적으로 재구축을 추구한다. 둘 중 첫 번째, 부정적 과정은 "거부"라는 말에서 가장 쉽게 전달되는 것으로 일과 그 가치를 이루는 현재의 시스템에 대한 비판이자 저항을 포함한다. 임금노동 시스템이 우리를 생산양식과 연결시키는 결정적인 문화적·제도적 기제라면, 노동 거부는 이런 거대한 장치에 맞서 중대할 수 있을 반기를 든다. 하지만 운동으로서 또 분석으로서의 노동 거부는 현재의 노동 조직화에 단순히 반하는 방식을 취하는 것이 아니다. 노동 거부는 기존의 생산 형태를 재전유하고 재구성하고자 하는 창조적 실천으로서도 이해되어야 한다.(다음을 참조. Vercellone 1996, 84) 이것이 네그리가 주장했던 노동 거부의 특별한 이중적 성격이다.(2005, 269-74) "거부"라는 단어가 자율주의 사고에서 너무도 주요한 구성적 측면을 바로 전달하지 못한다는 점은 불행한 일일지 모른다. 네그리는 노동 거부를 자본주의적 노동 조직화에 맞선 투쟁이자 자기가치화 과정, 즉 "발명-권력invention-power"의 형태로 설명한다.(274) "노동과 권위의 거부, 또는 사실상 자발적 예속의 거부에서 해방의 정치학이 **출발한다.**"(Hardt and Negri 2000, 204, 강조는 저자 추가)

그리하여 노동 거부는 탈출의 운동이자 발명의 과정을 모두 포함한다. 거부를 통해 대안들을 구성할 수 있는 물리적인, 또 개념적인 시간과 열린 공간을 만들 수 있다. 이런 면에서 거부는 누군가가 완수하는 단순한 이탈의 행위라기보다는 하나의 과정, 분리를 일으키고자 하는 이론적, 실천적 운동이다. 그리고 분리를 통해 우리는 대안적인 실천과 관계를 추구할 수 있다. 하트와 네그리는 "단순한 거부를 넘어, 또는 그러한 거부의 일환으로서 우리는 새로운 삶의 방식, 무엇보다 완전히 새로운 공동체를 구성할 필요도 있다"라고 말한다.(204) 파올로 비르노Paolo Virno는 이와 똑같은 사상을 엑소더스exodus와 탈출exit의 개념을 통해 전개한다. "'탈출'은 갈등을 움직일 수 없는 지평으로 전제하는 대신, 갈등이 일어나는 조건을 수정한다. 탈출은 이미 제시된 대안적 해결책 중 하나를 선택하는 식으로 문제를 다루기보다는 문제가 일어나는 맥락을 변화시킨다."(1996, 199) 이런 면에서 거부는 엑소더스나 탈출처럼 **개입적인 철수**(또는 창립적인 결별)"(197), 단순한 방어적 입장에 반하는 창조적 실천이다. 거부의 부정적 지점으로부터 탈출과 발명의 구성적 지점으로의 이행은 퇴거라는 반응적 제스처에서 사회 혁신이라는 적극적 긍정으로의 이동을 뜻한다. 이런 해석에 따르면 노동 거부는 목표가 아니라 경로의 역할을 한다. 이 경로는 바로 분리의 경로이다. 필요와 욕망들은 사회적 메커니즘 안에서 흔히 중재되고 통제될 것이라고 여겨지는데, 분리의 경로를 통해 자신의 필요와 욕망이 사회적 메커니즘과 더 이상 부합하지 않

163

는 주체들이 구성될 조건이 생겨난다. 이런 이유로 마르크스주의적 근대화나 인본주의적 마르크스주의 모두와는 대조적으로, 네그리는 노동 거부 안에서 그저 착취와 소외의 징후가 아니라 자유의 수단을 찾는다.(2005, 273) 노동 거부로 촉발되는 탈주는 우리에게 없는 것이나 우리가 하지 못하는 것에 기대지 않는다. 노동 거부는 잃을 것은 족쇄뿐인 자들을 위한 경로가 아니다. 그보다는 우리의 "숨어 있는 부富, 넘치는 가능성"에 달려 있는 것이다.(Virno 1996, 199)

　이런 설명으로 거부의 부정적인 지점과 긍정적인 지점을 분석적으로는 구별할 수 있어도 현실적으로 분리할 수는 없다. 해체라는 부정적 과정으로 여겨지는 이행과 대안의 긍정적 건설로 그려지는 공산주의 사이에 급진적 단절을 가정하는 전통적인 2단계 모델보다는, 이런 식의 분석에 깔린 논리가 자본의 현재 논리와 이행 사이의 보다 실질적인 단절이 지닌 가치를 보여 준다. 여기서의 이행은 다른 미래가 구성될 수 있는 과정으로 제시된다. 다시 말해, 수단과 목적 간의 관계를 이렇게 구성함으로써 현재로부터 더욱 중대한 단절을 시도하는 더욱 급진적인 전략들을 추구하는 것이 얼마나 중요한지 시사한다. 이를 통해 노동의 조건 몇 가지를 재고하거나 협상하기보다는 현재의 노동 시스템을 거부하고 변환하기를 요구하는 전략이 지닌 호전성을 더 잘 이해하게 될 수도 있다. "노동 거부"라는 말의 과도함이 순진하거나 비현실적인 것으로 다가올지도 모르지만, 이런 전략이 서로 다른 주체들이 구성되고 다른 미래들로 나아가는 경로를 열어 주는, 개념적이자 실천적인 실험실이라고 여긴다면, 노동 거부의 유토피아적 측면, 실질적인 사회변화의 가능성을 상상하고 그를 향해 투쟁해야 한다는 노동 거부의 주장이야말로 본질적이다.

(우리가 아는 바대로의) 노동 철폐

자율주의 사유에서 대안의 전망은 반노동에서 탈노동으로의 이행을 가리키는데, 이는 사회주의와 대비를 이루는 지점이다. 사회주의는 공공 소유를 통해 노동을 되찾아오는 시스템으로서 규정되기 때문이다. 이런 면에서 노동 거부는 앞서 검토했던 두 가지 전망을 부정한다. 하나는 착취를 해소할 국가계획 경제로서의 사회주의이고, 다른 하나는 소외를 치유할 소규모 생산 체제로서의 사회주의이다. 전자는 "주로 노동계급의 훈육을 의미"하고 후자는 "낭만적"이다.(Zerowork 1975, 6) 장-마리 뱅상Jean-Marie Vincent은 "문제는 단순히 생산을 해방시키는 것이 아니라 생산을 모든 사회적, 개인적 행위의 무게 중심으로 여기는 것을 그만둠으로써 인간성 스스로 생산**으로부터** 해방되는 것"이라고 주장한다.(1991, 20) 자율주의 전통에서 그 무엇보다 우위에 놓는 탈자본주의의 전망은 노동이 합리적으로 조직화되고 동등하게 요구되고 공정하게 분배되는 완벽한 노동사회를 향한 전망이 아니다. 그보다는 노동사회의 극복을 향한 전망이다. 다시 말해 노동이 분명히 없어지지는 않겠지만, 노동이 사회적 생산과 정치적 의무의 경제 안에서 다른 역할을 하게 되는 사회를 향한 전망이다. 네그리는 노동 철폐를 말하면서, 현재 우리가 경험하는 노동과 미래에 조직될 방식의 노동은 같은 것이 아니라고 설명한다.(1991, 165) 이렇게 이야기할 때 노동 철폐는 청사진으로, 정확히는 심지어 내용물로도 제시되는 것이 아니다. 그보다는 반노동 비판과 탈노동 가능성의 분리를 가리키는 표지이다.

노동 거부와 노동 철폐의 관계를 차이와 파열의 측면에서 파악하는 논리를 똑같이 적용하자면, 그 관계는 경향성과 가능성에도 바탕

2장 | 마르크스주의, 생산 중심주의, 그리고 노동 거부

을 둔다고 볼 수 있다. 탈노동 미래의 가능성을 가리키는 경향성은 주체들의 임금과 소득을 최소화하려고 노력하면서 동시에 주체들의 필요와 욕망을 확장하는 시스템이 일으키는 끊임없는 갈등을 포함한다. 이런 경향성에는 소비 수단을 확보하려면 노동해야 하는 사회와 지식 축적, 기술 발전, 협업 역량 확대로 노동이 소비 수단을 확보하게 해 주는 기능을 더 이상 하지 않는 사회 형태의 가능성 사이에서 점차 높아지는 긴장 역시 포함된다. 후자의 사회 형태란, 예를 들면 노동시간이 극적으로 줄어들고 노동과 소득 사이의 연결 고리가 끊어지는 사회 형태를 뜻한다.(예를 들어 Postone 1996, 361, 365, Vincent 1991, 19–20도 참조) 이 같은 길항의 시간성은 이런 방법을 이데올로기 비판을 포함, 다른 비판적 방법들과 구별 짓는다. 이데올로기 비판에서는 현실을 그 이상과 비교해 평가하거나, 본질적 진실을 찾기 위해 사물의 드러나는 외양을 탐구한다. 네그리는 현재를 미래의 관점에서 해석하는 이런 "경향적 방법tendential method"을 과거와 관련해 현재를 해석하는 계보학적 방법과 구분 짓기도 한다.(1991, 48–49) 전자는 현재와 미래 사이의 연결에서 결정적인 대비의 지점을 찾아, 실재하는 것과 가능한 것 사이의 관계로서 파악한다. 포스톤은 이를 내재적 비평 모델이라고 설명한다. 이 경우에서 노동은 일이 사회적 중재의 제1동력으로 기능하지 않는 사회적 형태의 가능성이 부상한다는 관점에서 바라본 노동사회를 향한 비평이요(1996, 49), 탈노동의 가능성에 기초한 반노동적 비평이다.

현실적 요구이자 이론적 관점으로서 노동 거부는 축적된 사회적 노동 역량에 엄청난 생산력이 잠재되어 있다고 전제한다. 또 다른 자율주의자 프랑코 베라르디Franco Berardi("비포Bifo")는 이렇게 설명한다. "우리가 원하는 것은 존재하는 에너지와 잠재력을 완전히 그리고 일관되게 사회화된 지능, 일반적 지성을 위해 활용하는 것이다. 우리는 노동시간을 일반적으로 줄일 수 있기를 바란다. 우리는 노동의 조직화 방식이 생산적 실험 조직을 분야마다 자율적으로 조직화할 수 있게끔 전환되기를 바란다."(1980, 157-58) 노동 거부는 사회적 노동의 창조적 힘을 이렇게 긍정하고 있지만, 그렇다고 생산 중심주의에서 노동을 미화하는 것을 똑같이 따라하지는 않는다(심지어 사회주의적 노동이나 소외되지 않은 노동에 대해서도 그렇다). 협업, 지식, 기술의 생산력을 칭송하는 것은 거기에 자본주의적 통제의 불가피성에 맞설 잠재력뿐 아니라 노동에 소모되는 시간을 줄일 잠재력이 있기 때문이다. 그로서 생산이라는 경제적 영역 밖에서 기쁨과 창조성을 추구할 가능성이 주어지기 때문이다. 이를 통해 "노동 거부는 활동을 소거하는 것이 아니라 노동의 지배에서 벗어난 인간 활동에 가치를 부여하는 것을 의미한다".(Berardi 2009, 60)

이는 생산의 탈노동적 조직화 가능성에 대한 탈개인주의적 postindividualist 전망일 뿐 아니라 탈결핍postscarcity의 전망이기도 하다. 축적된 사회적 노동 역량의 생산력은 노동 감축을 불러올 역량을 언제나 가지고 있었지만, 그런 변화가 요구될 때에만 노동 감축은 가능하다. 거부의 전략으로 종종 소환되는 한 쌍의 요구, 바로 더 많은 수입과 더 적은 노동에 대한 요구는 뱅상이 "다른 사회를 향한 투쟁이 세속적 금욕주의의 형태여야만 한다는 개념"으로 표현한 것, 즉 노동자의 요구가 시스템 합리화의 일부인 빈곤과 희생, 고된 노동, 자기억제의 담론을 반대하지 않고 반복해야 한다는 생각과 다소 극명한 대비를 보여 준다.(1991, 27) 더 많은 수입과 더 적은 노동에 대한 이런 요구는 라파르그가 일찍이 노동 거부를 설명했던 데서 콜라코브스키가 무엇을 간파했던지—그리고 얕보았던지—드러낸다. 바로 정치적 금욕주의의 부정이다. 이런 요구들 앞에서 통상 결핍을 강조하고, 내 핍을 자본주의 위기의 해결책으로 장려하는 것에 대한 답변으로 라 파르그는 그 대신 우리의 필요와 욕망을 통상적 대상 너머로 확대해 부르주아의 과소비와 프롤레타리아의 절제라는 운명 모두를 피해야 한다고 주장했다.(1898, 37-38) 비슷한 맥락에서 자율주의 전통에서 찾 을 수 있는 해방의 과정이라는 개념은 많은 경우, 회귀나 재건의 측 면이 아니라 초과와 확장의 측면으로 구성되어 있다. 다시 말해 주체 성을 함양하고, 필요를 확대하고, 기존 방식의 충족을 뛰어넘는 욕망 의 요소와 속성을 계발하는 과정이다.

더 나은 일, 혹은 더 적은 일

여기서 나는 마르크스주의 역사의 영역에서 벗어나, 이제까지 마 주했던 정치적 의제들을 잠시 되짚어 보고자 한다. 이제까지 검토 했던 세 가지 이론적 패러다임에서 우리는 변화를 위한 세 가지 다 른 처방을 도출할 수 있다. 각각 더 많은 일, 더 나은 일, 더 적은 일 에 대한 요구이다. 이 책에서 더 많은 일보다 더 적은 일을 선호하는 것이야 명백할 것이다. 더 많은 일에 대한 요구는 개인이 생계를 해결 하는 유일한 수단이 일일 때에는 당연히 필요할 것이다. 하지만 나는 더 적은 일에 대한 요구 역시 절대적으로 중요하다고 주장한다. 그럼 에도 더 적은 일과 더 나은 일에 대한 요구 사이의 관계, 그리고 어째 서 적어도 상대적으로 후자를 무시하면서 전자에 초점을 맞추는지 에 대해서 좀 더 이야기할 필요가 있을 것이다. 말할 것도 없이 나는 노동조건 개선을 위한 투쟁이 긴요하다는 사실을 부인하지 않는다.

하지만 현실적 측면에서, 그리고 아마 논리적 측면에서도 더 적은 일과 더 나은 일에 대한 요구를 포함한 이 모든 요구들은 서로 배타적이지 않음에도 이들 사이의 관계가 어떤 면에서 복잡한지 인식하는 것은 유용한 일이다. 더 나은 일을 요구하며 이루어진 최근의 시도들 몇몇을 간략히 살펴보면, 그 복잡함을 일부 이해할 수 있을 것이다.

더 나은 일을 향한 노력의 일환으로 몇몇 분석가들은 새로운 버전의 노동윤리를 요구하며 새로운 윤리 담론을 쓰기도 했다. 노동의 불가피성과 중심성, 가치를 인정하지만, 그 이름 아래 더 나은 일에 대한 요구도 진전시킬 수 있는 윤리 담론이었다. 예를 들면, 우리가 인본주의적 노동윤리라고 생각할 만한 견해는 소외되지 않은 노동의 전망을 긍정하고 노동에 대한 윤리 담론이 그런 노동의 실현을 향한 투쟁의 수단이 되어 준다고 주장한다.[9] 이런 방식으로 일에 대한 지지와 투자를 새롭게 조명하며, 나아가 더 나은 일을 요구하는 윤리를 옹호하는 최근의 학자로는 알 지니Al Gini와 러셀 뮤어헤드 Russell Muirhead가 있다. 지니에 의하면 "일은 우리 인간성의 근본적 부분"(2000, xii)이고 따라서 마땅히 우리 삶의 중심에 있기 때문에 우리의 일자리는 좋은 것이어야 한다. 프로테스탄트 노동윤리가 착취당하고 소외되는 노동의 조건, 즉 일의 위계질서·강압·고됨·지루함·위험을 신화화하는 데 쓰였던 반면, 지니가 옹호하는 대안 윤리는 모든 일의 가치를 문화적으로 평가해야 한다고 주장하며 일이 의미와 자기실현, 훌륭한 결실에 대한 약속을 이루어지게 하는 방법으로서 기능한다. 하지만 지니의 관점에서 보면, 온전히 인간답다는 것이 의미하는 바에서 일이 너무도 근본적이기 때문에 고결한 것이자 고결하게 하는 것으로서 일을 칭송하는 것이 일을 개선하는 것보다 더 강조된다. "그 모든 결함에도 불구하고 일은 지켜져야 한다."(209) 궁극적으로 중요한 것은 "모든 일을 긍지로 다시 고취하는 것"(218)이다. "우리가 일의 본성을 언제나 바꿀 수 있는 것은 아니지만 노동자의 사기와 사회의 태도에는 영향을 미칠 수 있기 때문이다."(218-19) 이렇게 보면 어떤 일이든 일이 없는 것보다는 낫다. "우리가 하는 일로 행복하든 무감각해지든 우리는 반드시 일해야 하며, 좋든 싫든 일이 곧 우리 인간성의 표식이다."(224) 이런 시각에서는 더 적은 일에 대한 요구는 별 주목을 받지 못한다. 탈노동의 전망은 "게으름은 우리 본성에 없다"(206)는 주장 앞에 일축되어 버리고, 노동을 본질로 보는 관점, 동시에 비노동의 가능성에 대한 말라 버린 상상만이 드러날 뿐이다. 뮤어헤드는 프로테스탄트 윤리의 대안을 비슷하게 제안한다. 그의 대안은 우리 삶에서 일이 얼마나 중요한지 인정하고 일에 쏟는 현재의 헌신을 이해하면서도, 더 나은 일에 대한 요구를 옹호하는 비판적 기준이 되어 준다. 딱 맞는 일, 충족감을 주는 일에 대한 전망을 제시하는 것이다. 하지만 뮤어헤드는 지니에 비해 더 엄정한 비판을 내놓으며, 동시에 일을 넘어선 삶의 가치에 더 주목한다. 뮤어헤드가 보기에 일이 그 약속에 미치지 못하는 방식을 인식하려면 일을 개선하기 위해 싸워야 할 뿐 아니라 노동윤리의 요구에 한계를 두고자 애써야 한다. 뮤어헤드는 일이 삶 전체가 되어서는 안 된다는 인식으로 누그러진 노동윤리를 해결책으로 내놓는다. 그가 주장하는 노동윤리는 일의 불가피성과 내재적 가치를 인정하면서도, 제자리를 벗어나지 않게 하는 윤리이다.(2004, 175-76)

이 책의 관점에서 보자면, 인본주의적 노동윤리는 일이 주는 보상의 양뿐 아니라 경험의 질에도 비판적 시선을 던진다는 점에서 지배적 담론으로부터 분명히 진일보한 것이다. 하지만 소외에 대한 비판에 의존하며, 현재의 경영학 담론의 씨줄과 날줄에 너무 편안하

게 흡수되어 버리는 방식으로 더 나은 일을 요구하는 현실적 전략
에는 몇 가지 한계가 있다. 이런 전략은 새로운 것은 아니다. 잭 바버
시Jack Barbash가 이야기했듯이, 소외에 대한 비판은 "1970년대 초 마르
크스주의 관할구역" 밖으로 나와 대중적 논의의 영역으로 진입했다.
아마도 가장 두드러진 것이 미국 노동자들 사이에 널리 퍼진 불평
과 불만에 주목했던 1973년 정부 연구였을 것이다. 이 연구는 "무료
하고 반복적이며 의미 없어 보이는 작업이 노동자들 사이에서 지위
고하를 막론하고 불만을 일으키고 있다"라고 지적했다.(다음에서 인용.
Barbash 1983, 242) 1970년대 중반에 접어들면, 경영 이론과 실천은 자아
가 거의 몰입되지 않는 일에 대한 이런 비판에 대응해, 경영의 초점
을 옮겨 놓았다. 과거에는 유명한 경영학자 더글라스 맥그리거Douglas
McGregor의 "X 이론"에서 묘사하는, 반항적이고 노력을 기피하는 포드
주의 노동자의 복종을 이끌어 내는 데 초점을 맞췄다면, "Y 이론"에
등장하는 일을 사랑하고 자기 주도적이며 책임감을 추구하는 모범
적 노동자의 헌신을 독려하는 것에 초점을 맞추는 것으로 변모한 것
이다.(1960) 인간관계 관리라는 이전 모델이 1930년대의 투쟁적 노동
운동에 대응해 등장한 것이라면, 1970년대 등장한 인적자원 관리 패
러다임은 다른 형태의 불만과 다른 방식의 저항을 해결하려 했다. 후
자의 틀에서 노동자는 단순히 노동력의 전달 수단이 아니라 온전한
"인적자원"으로 비치며, 이상적으로 자신의 역량을 온전히 개발하고
동시에 가치를 최대화하게끔 "힘을 부여받게empowered" 되었다.[10] 모델
의 초창기 설계자 중 하나인 맥그리거는 이를 개인의 욕망이 조직의
목표와 부합하도록 이끄는 문제라고 표현한다. 맥그리거는 "우리는
각 개인이 조직의 성공을 향해 노력을 기울이면 자신의 목표도 달성
할 수 있게 되는 정도의 통합을 추구한다"라고 말한다.(1960, 55) 더 나

은, 더 몰입하는 일과 더 효율적인 노동과정이라는 두 가지 목표는 적어도 이론적으로는 공존할 수 있다고 상상된다. 현실에서 실제 경영 체제가 복지 증진을 더 강조하느냐 효율 최대화를 더 강조하느냐는 어떤 산업인지, 노동 위계 내에 노동자의 위치가 어디인지, 해당 시점에 노동과 자본 사이 힘의 균형이 어떠한지에 달려 있다. 예를 들어, 노동 시장 한쪽에서는 반복화, 감시감독, 생산기지 해외 이전의 위협이 노력과 협업을 원하는 수준으로 끌어내는 데 충분할 수 있는 반면, 다른 산업 분야에서는 문화적 장치, 세심한 훈련에 의지해야 할 수도 있다.[11]

후자에 속하는 산업군에서 특히 개발해야 할 인적자원의 일부로 여겨지는―그리하여 경영진이 관심을 기울여야 마땅할―자아의 측면들이 주체성의 새로운 영역들로 계속해서 뻗어 나간다. 예를 들어 최근에는 "웰니스wellness"에 대한 관심이 부상하며 새로운 영역이 열렸다. 현대 경영의 개념과 체제를 개괄한 최근의 저술가들이 지적하듯이 "고용주가 노동자의 웰니스에 대해 일종의 총제적 돌봄을 제공한다는 개념은 강력한 지평을 열어 조직화된 노동의 경계를 확장한다".(Costea, Crump, and Amiridis 2008, 670) 그 외에도 피터 플레밍Peter Fleming이 "그저 네 자신이 돼라just be yourself" 경영 담론이라고 표현했던 것이 있다. 이 담론은 노동자들에게 일 바깥의 "진정한" 자아를 일 안으로 가지고 들어올 것을 주문한다. 이를 통해 "전全 인격을 생산의 매트릭스 안으로" 통합시키고자 하는 것이다.(2009, 38) 이렇게 자의식을 동원하는 경영의 생정치적인 방식들로 인해 일과 삶의 전통적 구분은 점점 희미해진다. 이런 프로그램들에 쓰이는 표어들, 이를테면 임파워먼트empowerment, 참여, 책임, 유연성, 충실화enrichment 같은 말들이 공허한 수사에 그칠 수도, 혹은 직원들의 업무환경에 의미 있

우리는 왜 이렇게 오래, 열심히 일하는가?

는 개선을 가져올 수도 있을 것이다. 어떤 쪽이든 이런 말들은 고용주에게 직원들의 새로운 방식과 수준의 노력, 그리고 일부 경우에는 동일시를 이끌어 낼 기회를 선사한다. 노동자 임파워먼트는 효율성을 증진할 수 있고, 유연성은 비용 절감의 방법이 될 수 있으며, 참여는 조직에 대한 헌신을 이끌어 낼 수 있다. 그리하여 "주체를 조직적 통제의 행위 안으로 휩쓸어 넣고" 조직 규율을 내재화시킨다.(Costea, Crump, and Amiridis 2008, 668) 요약하자면, 업무 충실화라는 이름 아래 제시되는 프로그램들은 많은 경우 업무 강도 강화의 방법이기도 하다.[12] 더 나은 일에 대한 요구가 더 많은 일을 할 의무로 탈바꿈하면서 질이 양이 되는, 일종의 나쁜 변증법이 동원되는 것이다.

여기서 나는 두 가지 점을 짚어 두고자 한다. 첫째, 경영 담론은 소외에 대한 비판을 활용하고 해결책으로 더 많은 일을 제안함으로써 경영 동력에 대한 비판 일부를 흘려 버리고 만다. 프롬과 미스, 슐레우닝과 같은 비평가들이 설명했던 소외되지 않는 노동의 전망에서 노동은 삶 속으로 재통합된다. 이런 전망은 일과 삶을 분리하는 근대화의 신조와 실천에 대한 비판으로서 설득력 있었을지도 모른다. 하지만 삶을 일 속으로 포섭하는 탈근대성의 맥락에서는 비판의 칼날이 무뎌지고 만다. 소외되지 않는 노동의 긍정은 현대의 자본주의적 통제 방식에 맞서는 데 적절한 전략이 되지 못한다. 노동의 형이상학과 일의 도덕화가 너무도 많은 곳에서 엄청난 문화적 권위를 누리는 상황 안으로 너무 쉽게 포섭되어 버리고 만다. 더 나은 일을 위한 투쟁, 다시 말해 영혼 없는 반복적 업무, 위험한 작업 환경, 감각을 마비시키는 고립, 종속적 위계질서로부터의 해방을 위한 투쟁을 그만두어야 한다고 이야기하려는 것이 아니다. 다만 인간적 노동을 말하는 언어, 그리고 어느 정도까지는 그 실천조차 이미 자본주의 통제 방식 안에 포섭되어 버렸음을 인식하는 것이 중요하다는 뜻이다. 인적자원 관리의 이데올로기는 일을 인간화하는 다양한 프로그램을 통해 직장을 직원들이 손과 머리뿐 아니라 마음까지 헌신해도 좋을 곳으로 만들고자 한다. 여기에는 노동자 주체성의 더 생산적인 모델들을 만들어 내기 위한 경영 기법들이 동원된다. 이는 일에 대한 불만족을 돈이 되는 방식으로 다양하게 표현하여 대처하려는 시도로 인식되어야 한다. 보드리야르가 마르크스의 소외에 대한 비판의 한 버전에 반박했던 것은 이런 면에서 특히 적절해 보인다. "마르크스주의는 사람이 자신의 노동력을 판매함으로써 소외된다는 사실을 확신시키고, 그리하여 사람이 노동력으로서 소외될 수도 있다는 훨씬 급진적 가정을 검열한다."(1975, 31)

그러므로 문제는 평생 일하라는 처방을 그저 반복하고 재확인하지 않는 방식으로 더 나은 일에 대한 요구를 어떻게 진전시킬 것인가, 사회적 효용과 개인적 의미 구현에 대한 일의 약속을 어떻게 지키게끔 할 것인가이다. 내가 고려하려는 질문은 노동윤리의 중심에 있는 일에 대한 긍정이 더 나은 일을 향한 투쟁에 성공적으로 쓰일 수 있겠는가이다. 더 나은 일과 더 적은 일을 모두 요구하면서 한쪽의 요구가 다른 한쪽의 비판적 동력을 상쇄시키지 않도록 하는 것이 가능할까? 뮤어헤드는 이런 노력들을 결합하는 한 가지 방안을 제안한다. 앞서의 논의를 떠올려 보면, 지니와 뮤어헤드 모두 임금노동에의 헌신을 여전히 칭송하고 장려하면서도 그런 노동이 적절한 보상과 개인적으로 만족스런 경험을 주어야 한다고 주장할 수 있는 새로운 노동윤리가 필요하다고 말한다. 하지만 뮤어헤드는 여기서 더 나아가 이 두 가지 측면, 즉 노동의 내재적 가치를 긍정하는 것과 그 조건의 개선을 요구하는 것이 어긋나 버릴 수 있다고 인정한다. 이 문제를 해소하는 방법으로 뮤어헤드는 세 번째 요소를 더한다. 일이, 심지어 좋은 일이라도, 그 자리에 붙들어 둠으로써 삶 전체를 잠식하지 못하게 해야 한다는 것이다. 이를 통해 일의 중요성에 대한 주장을 중화시키면서 동시에 노동의 감소와 혁신을 향한 정치를 추구할 수 있다고 말한다.(2004, 12) 뮤어헤드는 이렇게 설명한다. "일의 중요성을 누그러뜨리는 것은 착취적 행태의 이름 아래 벌어지는 그 중요성의 남용, 즉 노동윤리가 특히나 빠지기 쉬운 남용에 맞서 그 중요성을 보호하는 것이기도 하다."(176)

이런 개혁 의제—더 나은 일과 더 적은 일을 동시에 요구해야 할 분명한 필요—의 중요성에도 불구하고, 일의 내재적 가치를 일단 긍정하고 그 다음 노동조건 개선의 경영 담론으로 연결 짓는 것은 노동윤리의 영향력을 중화시켜야 한다는 요구와 상충하고 그 중요성을 가릴 위험이 있다. 여기에 더해, 노동 감축에 대한 요구가 뒷전으로 밀릴 위험도 따른다. 노동윤리에서처럼 노동의 중요성을 인정하는 것은 어떤 노동이 개선되어야 한다고 강력히 주장하기 어렵게 만든다. 마찬가지로, 더 나은 일에 대한 요구는 더 적은 일에 대한 주장을 손쉽게 압도해 버린다. 그리하여 내가 짚어 두려는 두 번째 주장은, 노동윤리의 수정된 버전을 내놓기보다는 이 윤리를 비판하는 것을 우선순위에 두어야 한다는 것이다. 그래야만 더 적은 일에 대한 투쟁에 성공의 기회가 있을 것이다.

결론, 그리고 계속해서: 페미니즘과 노동 거부

노동 거부는 가장 광범위한 측면에서 볼 때, 시의적절한 비판적 시각과 실천 의제들을 만들어 낼 잠재력이 있다. 특히 노동 거부는 현재 시스템을 사람들이 계속해서 받아들이게끔 하는 노동관에 반론을 제기한다. 보드리야르의 표현을 빌리자면, 문제는 노동자가 "자본주의 정치경제 **시스템**에 의해 생산력으로서 양적으로 착취될 뿐 아니라, 정치경제 **규범**에 의해서 형이상학적으로도 신념을 부여받는다"는 점이다.(1975, 31) 인간다운 노력의 원형으로서, 사회로의 소속과 개인적 성취 모두를 위한 핵심으로서 일을 칭송하는 것은 현대 자본주의의 근본적인 이데올로기 토대를 구성한다. 현대 자본주의는 이 윤리의 기초 위에 세워졌으며, 이 윤리는 여전히 시스템의 이해를 위해 복무하고 시스템의 결과를 합리화하는 역할을 한다. 일의 본질주의와 도덕주의를 포함하는 이 규범이 현재에도 발휘하는 동력을 결코 과소평가해서는 안 된다. 보드리야르가 주장했듯이, 그리고 1장에서 논했듯이 "최후에 시스템은 이것으로 그 힘을 합리화한다".(31) 나는 소외를 비판하는 인본주의적 노동윤리가 내놓는 것보다 일의 형이상학과 도덕주의에 더 직접적인 반기를 들어야 한다고 주장한다. 노동의 질을 개선하려는 투쟁은 그 양을 줄이려는 노력과 반드시 함께 가야 한다.[13] 이런 맥락에서 노동의 가치에 대한 기존의 윤리를 보다 전면적으로 비판하고, 그와 더욱 급진적으로 결별하는 노동 거부야말로 값진 관점을 제시해 준다. 태도가 생산적인 곳에서 노동 거부—일이 사회적 존재, 도덕적 의무, 존재론적 본질 그리고 시간과 에너지의 불가피한 중심으로 여겨지는 것을 거부하는 것, 그리고 "노동윤리에 대한 불복종"(Berardi 1980, 169)을 실천하는 것으로 이해되는—는 우리가 처한 상황을 설득력 있게 그리고 날카롭게 드러낼 수 있다.

이것이 특히 페미니즘에 무엇을 제시하는지는 이어지는 두 장에 걸쳐 논의할 것이다. 그 논의에 앞선 서문으로 두 가지 사항을 간략히 짚어 두고자 한다. 첫째는 노동 거부가 오늘날의 노동 현실에 제기하는 도전은 페미니즘의 의제와 관심사와 최소한 상통한다는 것이다. 여성을 위해 더 나은 일을 요구했던 페미니즘의 주장은 중요한 것이었지만, 여성에게 전체로 보아 더 많은 일을 안기는 결과를 낳았다. 앞서 언급했던 여러 임금노동의 업무 강도 강화에 더해, 무급의 가사노동 및 돌봄노동의 부담 또한 증가했다. 일하는 여성에게 주어지는 이중 부담과 신자유주의의 구조조정 압박 때문이기도, 동시에 집중 양육 모델*이 점차 지배적으로 자리 잡았기 때문이기도 하다. 집중 양육 모델은 자녀 세대의 계급 지위를 상승시키는 것은 물론, 재생산하는 것에조차 점점 더 필수적으로 여겨지는 소통, 인지, 창조 역량을 개발하는 데 필요한 것으로 여겨지고 있다.(다음을 참조. Hays 1996) 가족 제도는 재생산노동의 사유화를 지탱하고 그 기초로 자리 잡았다. 이 가족 제도가 아이와 노인, 병자와 장애인을 돌볼 책임을 그렇게 많이 떠안고, 명백히 제대로 완수하지 못하는 것을 감안하면, 재생산노동이 조직화된 현재의 방식을 거부하는 것이 현대 페미니즘에 큰 힘을 보태 줄지 모른다.[14]

하지만 두 번째 짚어 둘 점은 이것이다. 노동 거부를 재생산노동의 구조와 윤리로까지 확장하는 것은 훨씬 까다로운 일이다. 무급 가사노동을 거부하는 것이 무엇을 의미하는지는 좀 더 살펴보아야 할 문제겠지만, 이런 노동의 가치가 임금노동과 비교했을 때 다르게 — 지금보다 적든 크든 간에 — 평가받아야 한다는 주장 이상으로 나아

★ 집중 양육(intensive parenting) 모델은 부모, 특히 어머니가 많은 시간과 에너지를 투여하여 집중적으로 자녀 양육에 관여하는 모델을 일컫는다.

2장 | 마르크스주의, 생산 중심주의, 그리고 노동 거부

갈 것은 분명하다. 실제로 노동 거부를 무급 가사노동의 영역으로까지 확장하는 것은 전통적인 페미니즘의 결정적인 몇 가지 관점들을 약화시킨다. 이를테면 임금노동의 이익과 미덕을 고수하면서 여성에게 가정적인 역할을 기대하는 규범을 비판했던 것, 가정 내에서 장려되는 돌봄의 윤리나 소외 없는 수공예 생산을 옹호하는 관점에서 착취적 임금노동의 영혼 없는 세계를 비판했던 것 등과 충돌하는 것이다. 노동 거부의 페미니즘 버전은 가정의 관점에서 일을, 또는 일의 관점에서 가정을 비판하기보다는 일과 가정 모두를 거부의 대상이자 장소로 아우른다. 이런 보다 광범위한 거부의 기획은 반노동 비판과 탈노동 상상 양쪽에 도전을 제기한다. 페미니즘의 반노동 비판은 몇 가지 과제를 동시에 극복해야 하는데, 그 과제들이란 무급 가사노동을 사회적으로 불가결한 노동으로 인식하자고, 무급 가사노동의 불공평한 분배(젠더, 인종, 계급, 국적에 따라 그런 노동을 얼마나 많이 하는지가 결정된다는 사실)에 맞서자고, 그리고 동시에 그런 노동의 가치를 인정하고 더 공평하게 분배하는 것만으로 충분하지 않다고, 즉 무급 재생산노동의 조직화와 임금노동과 맺는 관계를 완전히 새로 사유해야 한다고 주장하는 것이다. 페미니즘의 탈노동 상상에서 제기되는 문제는 이런 것이다. 우리가 임금노동 제도와 사유화된 가정이 생산과 재생산의 중심 구조로 기능하는 모델을 모두 거부한다면, 그 대신 우리가 원하는 것은 무엇인가? 이어지는 장들에서 나는 마르크스주의 전통과 페미니즘 전통을 한데 모아, 임금노동과 무급노동의 구조와 윤리에 어떻게 도전하고 새로운 상상을 시작할 수 있을지 생각해 보고자 한다. 정치적 의제를 만들어 내는, 더 구체적으로는 요구하는 현실적 영역 안에서.

3장

일하기의 요구: 가사임금부터 기본소득까지

정치적 전망들은 깨지기 쉽다. 전망들은 나타났다가 다시 사라진다. 한 세대에서 생겨난 사상은 다음 세대에서 흔히 잊히고, 또는 제지당한다. 한 시대의 진보적 사상가에게 불가피하고 현실적으로 보였던 목표들을 이후에 온 이들은 공상적이라거나 유토피아적이라는 평가와 함께 선반으로 치워 버린다. 급진적 시도가 이루어지는 특정한 시기에는 목소리를 찾았던 열망이 다른 시기로 가면 사그라지거나 심지어 완전히 침묵한다. 모든 진보 운동의 역사는 절반쯤 기억되는 그런 희망들과 실패한 꿈들로 어질러져 있다.

—바버라 테일러Barbara Taylor,《이브와 새로운 예루살렘Eve and The New Jerusalem》

우리는 말하자면 갈림길에 다다랐다. 여기서부터 분석의 초점을 반노동 비평에서 탈노동 정치로 옮겨간다. 앞서 노동과 노동윤리 거부에 집중했던 데서 발길을 돌려 대안의 방향을 가리키는 요구들을 탐구하는 쪽으로 나아갈 것이다. 3장에서 나는 1970년대 페미니즘의 가사임금 요구를 살펴보고, 이 요구의 재구성으로서 현대의 기본소득 보장 요구를 제안할 것이다. 곧 명확히 드러나겠지만, 가사임금에 대한 관점은—1972년부터 1976년까지 이탈리아, 영국, 미국에서 발표된 몇 가지 저작에 설명되어 있는 바대로의—4장과 5장에서 펼칠 논의에도 중요한 영감을 주었다.[1] 실제로 가사임금을 옹호하는 이들은 다른 자율주의자들과 함께 두 가지 주된 요구, 즉 더 많은 돈과 더 적은 일에 대한 요구를 많은 경우 되풀이하는데, 이 두 가지는 3장과 4장에서 주제로 다룰 요구로 이어진다. 바로 기본소득 요구와 노동시간 단축 요구이다. 아마도 더 중요한 점은, 1970년대 저작들이 요구 자체의 본성과 요구하는 행위 양쪽에 준 통찰들이 이 두 가지 요구의 근거와 잠재적 효과성에 대한 나의 분석에 기초가 되어 주었다는 것이다. 우선 1970년대 페미니즘의 좀 독특하게 여겨질 저작들을 검토해 보고자 한다. 논의의 핵심으로 들어가기 전에, 이 역사적 시기를 살피고자 내가 취하는 접근법의 몇몇 부분을 명확히 짚어 두는 것이 도움이 될 것이다.

페미니즘의 과거를 읽기

페미니즘 역사에서 이 부분을 되짚어 보는 이유는 무엇일까? 페미니즘 내에서 가사임금보다 신뢰받지 못하는 정치적 전망을 찾기도 어려울 것이다. 실제로 이 주장은 페미니즘 역사 내에서 방향을 잘못 짚은 운동으로 종종 이야기되곤 한다. 또한, 페미니즘의 역사적 저술들을 늘어놓을 때는 제2기 페미니즘 이론의 기록들 중 좀 이상한 골동품으로 흔히 제시된다. 이런 평가들을 가벼이 여겨서는 안 될 것이다. 이 기획의 몇몇 차원에서 내가 영감을 받긴 했지만, 그 근간에 깔린 주장과 존재의 이유로 보이는 것에 나 역시 반대한다. 그렇다면 이 절반쯤 기억에 남은 희망, 실패한 꿈이 현대의 페미니즘과 무슨 상관이 있을 수 있을까? 비문碑文으로 남은 구절들을 여기로 가져오는 게 무슨 의미일까? 좀 더 구체적으로 말하자면, 고려해 보아야 할 두 가지 질문이 있다. 첫째, 과거 페미니즘에서 이 조각을 다시 꺼내는 이유는 무엇인가? 둘째, 끌려나온 이 과거는 페미니즘의 현재와 가능한 미래에 어떤 영향을 미칠 수 있을까?

1970년대를 돌아보기는 쉽지 않은데, 페미니즘 자체의 역사 서술 관행 때문이다. 여기에는 가장 친숙한 시기별 구분 모델과 분류 구도 중 일부가 포함된다. 두 가지가 특히 길을 가로막는다. 첫째는 페미니즘의 과거와 현재를 변증법적 논리로 파악하는 관행이다. 변증법적 논리는 시간의 흐름을 순차적 시기들로 기록한다. 둘째는 가족 모델의 관점에서 역사에 접근하는 것이다. 이런 접근법에서는 역사를 한 세대와 다음 세대의 관계로 파악한다. 첫째는 무엇하러 쓸데없이 과거를 돌아보는가 하는 질문을 제기한다. 둘째는 다른 미래를 만들기 위한 노력을 위해 과거의 도움을 받는 데 한계를 만든다. 첫째가 역사를 너무 무시하고, 둘째는 너무 존중하는 것이 문제는 아니다. 내가 보기에 문제는 이렇다. 전자는 과거를 완전하고도 풍성하게 살펴볼 기회를 막을 수 있으며, 후자는 과거의 통찰을 창조적으로 재전유하지 못하게 막을 수 있다.

아마도 페미니즘 역사를 이야기하는 가장 익숙한 방법은 변증법적 논리에 기대어 시간의 흐름에 따라 페미니즘 이론의 역사적 발전을 서술하는 방식일 것이다. 예를 들어, 널리 알려지고 흔히 반복되는 페미니즘 분류법은 1980년대 초반에 유명해졌는데, 여기서 자유주의 페미니즘, 마르크스주의 페미니즘, 급진적 페미니즘은 사회주의 페미니즘이 흡수해 빛을 발했다고 여겨지는 이론들로, 페미니즘 이론의 서로 경쟁하는 모델로서 제시된다. 특히 가사임금을 포함하는 마르크스주의 페미니즘이 하나의 테제라면, 급진적 페미니즘은 그 안티테제로 여겨진다. 그리고 각각의 결점은 그 합에 해당하는 사회주의 페미니즘에 의해 해소되었다는 것이다. 고로 제2기 페미니즘 이론의 이런 초기 역사들 중 일부에서 사회주의 페미니즘은 방법론적으로나 정치적으로나 자유주의·마르크스주의·급진적 페미니즘을 시기적으로 계승하면서 동시에 뛰어넘은, 페미니즘이 이룬 위대한 성과로 묘사된다.[2] 이후 이런 똑같은 시기 구분 방식의 다른 사례들이 1990년대에 등장해, 사회주의 페미니즘을 밀어 놓고 탈구조주의 페미니즘을 우위에 가져다 놓았다. 클레어 헤밍스Clare Hemmings는 이런 모델들을 비판적으로 독해한 저작에서 이 갱신된 서사들 중 널리 퍼진 버전을 다음과 같이 설명한다. 자유주의·마르크스주의·급진·사회주의 페미니즘을 포함하는 광범위한 범주였던 1970년대의 본질주의 페미니즘은 1980년대 유색인종, 제3세계 페미니스트들에 의해 도전받는다. 1990년대 탈구조주의 페미니즘은 이들의 비판을 받아들이고 뛰어넘었다는 것이다.(2005, 126)

　이런 설명의 한계 중 하나는 환원주의로, 아마 이런 종류의 분류 작업의 피할 수 없는 부작용일 것이다. 여기서 내가 우려하는 부분은 가사임금이 마르크스주의 페미니즘이라는 더 넓은 범주에 속한 것으로 국한되고, 마르크스주의 페미니즘은 다시 진보적 역사 서술 내에서 변증법적 사슬 중 한 지점으로 삽입되고 만다는 것이다.[3] 하지만 더 어려운 문제는 이런 서술 방식이 가사임금을 실패하고 좌절한 정치적 전망으로 본다는 데 있는 것이 아니다. 문제는 가사임금이 지나가 버린 역사의 일부로 여겨진다는 것이다. 이 때문에 1970년대 전통으로 돌아가는 것이 그저 집중을 흩뜨리는 것이 아니라 퇴보하는 것으로 여겨진다. 이로 인해 사회주의 페미니즘이 마르크스주의 페미니즘을 흡수하기 이전에 벌어졌던 실수로 회귀하는 것, 또는 완전히 버려져 이제는 극복된 본질주의 페미니즘으로 돌아가는 것처럼 취급받는 것이다.

가사임금에 대한 이어질 분석 일부는 이런 논리에 대응하여, 역사적 기록을 바로 잡는 데 할애할 것이다. 기존의 해석 몇몇을 재검토하고, 동시에 이 기획의 잃어버린 측면 일부를 복원하고자 한다. 예를 들어, 자율적 마르크스주의 전통과의 역사적 연결점을 더 잘 이해함으로써 바로잡을 수 있는 수많은 오해가 있다. 또한 기획의 특정한 몇몇 측면을 되살리고자 노력할 텐데, 이 측면들은 마르크스주의 페미니즘과 급진적 페미니즘을 더 완벽하게 조합해 냈다고 추정되는 사회주의 페미니즘에도, 탈구조주의의 반反본질주의 페미니즘에도 속해 있지 않다. 되살려 낼 측면들에는 관련 저술에 종종 등장하는 사회적 공장social factory 개념, 노동 거부에 대한 집중, 운동과 분석 모두에 핵심적이었던 정치적 요구와 요구를 제시하는 과정에 대한 이해가 포함된다. 페미니즘 역사 이야기는 변증법적 역사 모델과는 반대로, 진보의 이야기일 뿐 아니라, 때로 비문이 일깨워 주듯 잊힌 사상들과 사그라진 열망들의 이야기이기도 하다.

하지만 역사적 복원 작업은 그 가치에도 불구하고 나의 주된 관심사는 아니다. 나는 가사임금을 기억 속에 보존하는 게 아니라 새로이 구성하는 데 더 관심이 있다. 이를 위해 전 시기에 걸친 페미니즘 이론들 간의 관계에 대한 두 번째 개념을 되짚어 보자. 이는 내가 구상하는 1970년대로의 복귀를 약화시킬 또 다른 진보적 서사라고 할 수 있다. 페미니즘 역사를 서술하는 이 두 번째 방식은 가족 모델에 기초를 두고 시간 구성을 한다. 주디스 루프Judith Roof는 이를 세대론적 담론이라고 적절히 묘사한 바 있다. 어머니가 페미니즘의 유산을 새 세대에게 물려주고, 새 세대는 그 이어받은 유산을 발판 삼아 나아가는 이야기, 시간이 흐르면서 더 커다란 페미니스트 가족 내 세대들의 이행으로 진화되는 페미니즘의 자매애 이야기로 페미니즘의 역사를 그리는 담론이라는 것이다.(1997, 70) 페미니즘 지식이 꾸준히 쌓이고 페미니즘 연대가 계속해 확장됨으로써 진보는 보장된다. 이런 개념화의 문제 중 하나는 루프가 지적했듯이, 가족 모델이 페미니스트 간의 차이를 길들여 되풀이되는 본질적 갈등을 가족 간 다툼이나 세대 차이로 환원해 버린다는 것이다.[4] 하지만 이 모델에서 더 중요한 문제는 이론적 담론과 정치적 쟁점을 개별화하고 개인화하는 경향에 있다. 페미니즘에 대한 학술 연구의 영역에서 보자면, 하나의 페미니스트가 다른 페미니스트에게 물려주는 유산은 쌓아 놓은 저술이라기보다는 일생의 작업이다. 이런 주체화된 틀에서 저자는 저술에 우선한다.[5] 유산은 정치적이며 동시에 개인적인 것이며, 개인적 저술의 패러다임을 상회하는 이론과 전략, 전망이 아니라 의식과 경험, 욕망, 특정 개인의 헌신으로부터 생겨난다. 변증법 모델이 과거를 현재로 이끄는 단계 또는 역사의 쓰레기통으로 취급한다면, 가족 모델은 과거에 경의를 바친다. 페미니즘의 역사를 존경해야 할 어른, 보존해야 할 유산으로 여기는 것이다.

이런 시대 구분 프레임과 역사적 상상은 역사결정론이라는 문제가 있다. 다시 말해 이런 방식들은 하나의 이론적 패러다임을 그 시대**의** 것일 뿐 아니라 — 특정한 정치적 국면과 개념적 지평 내에서 발전한 — 그 시대**만**의 것으로 본다. 각 이론은 그 기원부터 소멸까지의 기간 안에 가두어진다. 생명이 다한 유품이 아니라 살아 있는 유산으로 여겨질 때조차 하나의 기획이라기보다는 역사적 유물로 남는다. 각각의 공헌은 변증법이든 가족 모델이든, 각 순간을 표시하고 가르고 봉인하는 하나의 논리에 따라 일방향의 연대표 위에 고정된다. 변증법적 구도에서는 특정한 이론들이 주어진 분류 틀에 맞도록 균일화될 뿐 아니라, 각각이 특정한 역사적 시기의 울타리에 갇힌 완성품으로 여겨진다. 가족 서사에서는 각 이론이 한 개인이나 특정한 한 시기로 쉽게 규정할 수 없는 보편적 질문과 정치적 열망들이 일으킨 공동의 기획보다는 개별 저술가들과 그들의 관점으로 설명된다.

나는 여기에서 과거와 현재, 미래 사이에 더 풍성한 관계를 뒷받침해 줄지도 모를, 좀 다른 시간성에 관심을 두고자 한다. 로빈 위그먼Robyn Wiegman의 표현을 빌리자면, 나는 "페미니즘의 정치적 시간을 비선형적이고 다각적이며 동시적인 것으로 생각"하고자 한다. 이를 통해 "역사적인 것을 현재와는 구별되는 다른 것**이자** 현재에도 살아 있는 동력으로 생각할 가능성"을 열 수 있을 것이다.(2000, 824, n. 14) 가족 모델과는 대조적으로 나는 글쓴이들이 아니라 저술에 초점을 맞출 것이다. 확실히 하자면, 나는 이 저술들을 역사적 유물처럼 다룰 것이다. 나는 여기서 가사임금을 현대적으로 되풀이한 글이나 이를 주장한 최초의 저술가들이 나중에 쓴 글에 관심이 있는 것이 아니다. 대신 나는 1970년대 초반부터 중반에 쓰인 몇몇 저술들에 초점을 맞출 것이다. 짚어 둘 만한 것은 그 대부분이 선언문이며, 고로 분명히 그 시대에 속한 것이라는 점이다. 즉 특정한 시기와 장소의 정치적 에너지를 모으고 이끌고자 설계된, 현실에 개입하기 위한 글들이다. 하지만 주로 역사적인 이유로 이런 저술들을 살펴보려는 것은 아니다. 지성사史보다는 정치 이론에 대한 작업으로서, 가사임금이 현재의 조건과 맞서고 가능한 미래를 다시 상상하는 데 어떻게 쓰일 수 있는지에 주로 초점을 맞출 것이다. 나는 여전히 배울 것이 있을지 모를 잃어버린 가능성에 열려 있다는 의미에서 반反변증법적이면서, 동시에 저술을 보존할 유산이 아니라 활용할 수단으로 여긴다는 의미에서 반反가족적인 방식의 해석을 추구할 것이다. 따라서 나는

1970년대 가사임금에 대한 저술들을 역사적 맥락 안에서—다른 마르크스 이론과 비교해서, 그리고 포드주의에서 포스트-포드주의로 이행하던 특정한 시기였다는 관점에서—해석하는 데 관심이 있지만, 결국 핵심은 1970년대로 돌아가 얻은 통찰을 가지고 앞으로 나아가는 것, 그 통찰을 지금 이 시대 이 장소에서 활용하는 것이다.

가사노동 논쟁

열띠게 읽혔으며 보통 공헌한 바가 많다고 기억되는 페미니즘 저술 중 하나에서 가사임금에 대한 탐구를 시작하는 게 좋을 것 같다. 가사노동 논쟁은 여성의 가정 내 노동의 정치경제학에 초점을 맞추었던 1970년대 영미권 마르크스주의와 사회주의 페미니즘 이론의 주요 줄기 중 하나였다. 페미니즘 연구에 마르크스주의 범주와 틀을 가져오는 것은 젠더화된 관계와 자본 논리 간의 연결점에 대해 새로운 통찰을 제시해 줄 수 있었다. 가사노동 논쟁에 참여했던 이들은 젠더 차이와 위계 역시 노동 관행에 의해 구성되고 재생산되며, 특정한 젠더 분업은 현대 자본주의 사회 구성의 본질적 부분이라고 주장했다. 이 논쟁에서 상당한 양의 저술이 탄생했는데, 1960년대 후반부터 1970년대 말에 걸친 활발한 의견 교환들이 여기에 담겼다.[6]

하지만 1970년대 말 가사노동 논쟁은 소진되어 버렸다.(Vogel 2000, 152) 이는 부분적으로는 논쟁 외부의 요인들 때문이었다. 1980년대에 이르러서는 많은 페미니즘 이론가들이 다른 틀에 기초한 다른 주제들로 옮겨갔다. 가장 눈에 띠게는, 유물론적 분석의 중심이 경제학의 영역에서 신체의 영역으로 넘어갔고(Malos 1995b, 209), 노동 관습의 구성 동력에 쏟던 관심은 언어, 담론, 문화들로 점점 옮겨가 이것들이 젠더화된 주체들의 삶을 형성하는 동력들로서 탐구되기 시작했다. 탈구조주의 접근이 점점 대중성을 얻어 유효해지면서 마르크스주의와 마르크스주의 페미니즘 모두, 그로부터 영감을 받거나 도전받거나 변화하는 대신 빛을 잃어 갔다. 이와 함께 가사노동 논쟁에 대한 관심 역시 줄어들었다. 하지만 가사노동 논쟁이 소멸된 더 중요한 원인은 내부에 있었다. 마르크스주의와 페미니즘의 이론적 에너지와 정치적 노력을 결합하는 유망한 시도로 출발했지만, 결국 가사노동과 마르크스의 가치 이론 간의 관계를 어떻게 파악할 것인지에 대한 논란의 구렁텅이에 빠져들고 말았다. 복잡하게 얽힌 여러 입장을 단순화해 보면, 논쟁은 두 진영으로 나뉘었다. 한쪽은 좀 더 정통적인 진영으로, 이들은 잉여가치를 창출하지 않는다는 이유로 가사노동을 그 자체로 자본주의의 중심에 있지 않은 비생산적 노동으로 보는 경향이 있었다. 그리고 다른 한쪽의 덜 정통적인 이들은 가사노동이 잉여가치를 간접적 혹은 직접적으로 창출하기 때문에 자본주의 생산의 필수 요소로 파악되어야 하며, 따라서 가사노동을 재생산노동, 심지어 생산노동이라고 보았다. 적어도 이 논쟁의 초반에는 두가지 중요한 사안이 뚜렷하게 나타났다. 가정 내 정치경제학과 자본주의 생산양식의 결합을 어떻게 접근할 것인가를 다루는 개념적 사안이 하나였고, 노동계급의 조직화와 의제를 페미니즘 투쟁과 결합할 것인가 분리할 것인가에 대한 정치적 질문이 다른 하나였다. 하지만 시간이 흐르면서 이런 이론적 질문들과 현실적 고려들은 마르크스의 가치 이론에 대한 점점 더 기술적으로 치닫는 논쟁에 자리를 빼앗기고 말았다.[7] 논쟁이 마르크스의 저술 중에서 분쟁을 단번에 해결해 줄 정확한 구절을 찾아내는 경쟁으로 자꾸 변질되면서 개념적,

정치적 핵심은 점점 흐려졌다. 마르크스주의를 페미니즘의 관점에서 다시 생각하려던 초기의 노력은 마르크스주의 관점에서 페미니즘을 다시 생각하려는 노력에 거의 가려지고 말았다. 마르크스주의 관점은 페미니즘의 질문과 노력들이 따라야만 할, 이어받은 구체적 성구처럼 상정되기 일쑤였다.

가사노동 논쟁은 마르크스주의와 페미니즘의 잘 알려진 불행한 결혼을 보여 주는 또 다른 장면으로, 우리가 그 논쟁의 종결에 슬퍼하지 않는 데는 분명히 마땅한 이유가 있다. 그렇다고 해서 가사노동 논쟁의 주변부에서 귀한 통찰과 혁신적 분석이 탄생했을 가능성을 절하할 필요는 없다. 앞으로 몇 쪽에 걸쳐 나는 이 논쟁의 내용 중 의심할 바 없이 가장 비정통적이었던 것들을 재검토해 볼 것이다. 바로 가사임금에 대한 관점으로, 마리아로사 델라 코스타Mariarosa Dalla Costa와 셀마 제임스Selma James의 《여성의 힘과 공동체의 전복The Power of Women and the Subversion of the Community》(1973)이 종종 그 근간을 이루는 저작으로 지목되곤 한다.[8] 1970년대 초·중반 가사임금 전통에 속하는 이 저작과 그 밖의 다른 저술들에서 내가 주로 관심을 두는 측면은 세 가지이다. 나는 이 세 가지 측면을 복원하고 재구성하여 다소 차별화된, 좀 더 시의적일 수 있는 분석과 전략을 제안하고자 한다. 그 세 측면 중 첫 번째는 가족을 자본주의적 발전의 새로운 단계에 속하는 일부로서 분석하는 것이다. 가사임금 전통에서 페미니스트들은 "사회적 공장"이라는 표현으로 이 새로운 발전 단계를 포착하고자 했다. 두 번째는 "노동 거부"의 범주로, 이 범주는 노동의 구조와 분업만이 아니라 그 윤리까지 비판하는 역할을 한다. 세 번째는 가사임금에 대한 요구로, 나에게 가장 호소력 있었던 측면이었음을 처음부터 밝혀 두는 게 좋겠다. 내가 여기에 끌린 것은 요구에 담긴 구체적 내용 때문이 아니라 요구 행위의 실천, 요구의 의미, 그리고 요구를 통해 할 수 있는 것에 대한 저자들의 개념화 때문이었다. 나는 이 세 가지 요소를 종합하여, 3장의 끝에서는 대안적 요구를 짚어 볼 것이다. 바로 기본소득 요구이다.

앞서 언급했듯이, 내가 좀 더 시의적인 측면이라고 보는 요소들을 짚어 발전시키기 위해서 가사임금 관점을 자율적 마르크스주의 전통에 비추어, 또 그와 비교하여 재고해 보고자 한다. 가사임금 관점은 자율적 마르크스주의에 그 바탕을 두었으며, 이후 자율적 마르크스주의 전개에 영감을 주기도 했다.[9] 자율적 마르크스주의와 가사임금 사이의 몇 가지 연결 고리에 주목함으로써 두 가지를 얻을 수 있다. 첫째, 페미니즘의 기획이 연결되어 있는 더 광범위한 마르크스주의 틀에 기댐으로써 내가 재전유하고자 하는 가사임금에 대한 저술의 몇 가지 요소에 대한 오해를 걷어 낼 수 있다. 둘째, 좀 더 최근의 자율주의 저작을 담론에 반영한다면, 관점을 수정하고 전혀 다른 요구를 구성하는 데 도움을 얻을 수 있을 것이다.[10]

사회적 공장의 재생산

가사노동 논쟁의 정통파 진영은 가사노동이 자본주의 생산에서 분리되어 있다고 보았다. 이들에게는 유감스럽게도, 델라 코스타와 제임스는 마르크스가 썼든 쓰지 않았든 가사노동이 잉여가치 생산에 필수적이라고 간주하며, 가사노동 추출의 장場을 사회적 공장이라고 불렀다.(1973, 30–31) 하지만 이 주장은 제대로 이해받지 못했다. 특히 사회적 공장 개념은 혼란을 일으켰는데, 어떤 이들은 사회적 공장이 가정家庭을 산업 생산에 대한 마르크스주의 분석의 표제 아래 두고자 시도된 그릇된 비유라고 보기도 했다.[11] 실제로 당시 다른 자율주의자들도 이 개념을 썼으며, 델라 코스타와 제임스는 특별히 생산적인 목적으로 이 개념을 활용했다.[12] 사회적 공장 개념은 가정이 공장과 어떻게 닮았는지를 주장하기보다는 현대 자본주의에 대한 좀 더 폭넓고 설득력 있으며, 시의적인―아래에서 더 설명하겠지만―분석을 지향한다. 사회적 공장 이론은 공장을 뛰어넘어 델라 코스타와 제임스가 때로 "공동체"로 불렀던 것, 즉 사회 그 자체가 자본주의적 관계에 포함된다는 생각에 바탕을 둔다. 고로 사회적 공장 개념은 자본주의적 생산을 특정한 시간과 공간, 임금노동 관계에만 한정해 보는 이론에 대한 대안을 암시한다.

일반적으로 델라 코스타와 제임스는 사회적 협업의 두 영역, 바로 가정 경제와 임금노동 경제 사이의 상호연관성을 사유하기 위해서 사회적 공장 개념을 다소 제한적으로 사용했다. 자본의 근본적인 사회관계로서 이해되는 임금관계는 두 영역을 연결 짓는 핵심이었다. 델라 코스타와 제임스의 설명에 따르면 가족 제도는 임금노동의 중요한, 그럼에도 잘 드러나지 않는 요소이다. 가족 제도는 임금을 버는 이들의 임금을 벌지 않는 이들에 대한 사회관계로서(12) "실업자, 노인, 병자, 아이, 그리고 주부들"을 포함하는 포괄적 범주이다.(James 1976, 7) 이런 면에서 가족은 분배 기제로 작동하는데, 가족을 통해 임금이 임금을 벌지 않는 자, 임금을 적게 버는 자, 임금을 아직 못 버는 자, 임금을 더 이상 벌지 않는 자로 가닿는 것이라고 상상할 수 있는 것이다. 가족은 사회적 재생산의 사유화된 장치로서 기능한다. 가족이 이처럼 기능하지 않는다면, 일반적으로 개인들은 가정 내에서 생산되는 재화나 서비스를 상품화된 등가물을 통해 확보하거나,

우리는 왜 이렇게 오래, 열심히 일하는가?

임금노동을 하고도 시간이 충분해 그런 재화나 서비스를 직접 생산할 것이다. 이 경우 임금은 더 높아야 하고 노동시간은 더 짧아야 할 것이다. 이렇게 가족은 임금 시스템에서 계속해서 결정적 요소로 기능하지만 여전히 숨어 있는 파트너로 남아 있으며, 가족 제도를 자연화하고 낭만화하며 사유화하고 탈정치화하는 모든 담론들이 그 역할을 은폐한다. 임금 시스템은 이런 확장된 관점에서조차 모두를 포괄하거나 모두에게 생활임금을 주는 데 당연히 성공하지 못하기 때문에, 가족 이데올로기는 일종의 소탕 기능을 맡아 임금 시스템이 가족 구성 및 책임의 규범을 따라 살 수 있는 이들을 부양해 줄 것이라고 상상하게끔 유인한다. 이로 인해 사람들은 임금 시스템이 가진 결함에도 그것을 받아들이게 된다. 델라 코스타는 가족을 임금 시스템과 연결 지어 노동의 자본주의적 조직화를 이루는 한 축으로 설명함으로써(Dalla Costa and James 1973, 33) 가족 제도가 노동 가격 인하를 흡수하며, 저렴하고 더 유연한 여성화된 노동 형태를 제공하도록 도울 뿐 아니라, 국가와 자본에게 사회적 재생산 비용의 책임을 상당 부분 면제해 주는 이데올로기적 기반을 제공한다는 사실을 상기시킨다.

델라 코스타와 제임스의 분석을 보면 임금은 가정과 임금노동 경제를 이어붙이는 역할을 한다. 이렇게 임금에 초점을 맞추는 것은 두 학자뿐 아니라 더 광범위한 자율주의 전통에도 나타나는 공통점이다. 임금을 이런 식으로 중요하게 보는 이유는 무엇일까? 마르크스에 대한 자율주의의 접근을 따르면, 임금이 개인들을 자본주의 협업 방식으로 편입시키는 지배적 기제로 여겨지기 때문이다. 델라 코스타는 "마르크스 이래로 자본주의가 임금을 통해 지배하고 발전한다는 것이 명백하다"라고 주장한다.(Dalla Costa and James 1973, 25~26) 더 중요한 것은 임금이 모순적 현상이라는 점이다. 임금은 노동자가 잉여가치의 생산으로 통합되는 기제이며, 동시에 일 바깥의 생활을 창조하는 지렛대이자 자원이기도 하다.(다음을 참조. Negri 1991, 132, Baldi 1972, 18, Read 2003, 100) 다시 말해 임금은 자본과 노동 사이의 권력관계를 가장 직접적으로 표현하는 요소 중 하나이자, 그 조건을 놓고 벌어지는 투쟁의 가장 구체적인 대상 중 하나다. 가사임금을 옹호하는 두 학자 니콜 콕스Nicole Cox와 실비아 페데리치Silvia Federici가 설명하다시피 "임금에는 언제나 두 편이 있다. 자본의 편은 임금을 올릴 때마다 생산성이 올라가게끔 하려고 노력하면서 노동계급을 조종하는 데 임금을 사용한다. 노동계급의 편은 더 많은 돈, 더 많은 권력, 더 적은 일을 위해 점점 열띤 투쟁을 벌인다".(1976, 11) 임금은 자본의 축적, 그리고 노동자가 잠재적으로 지닌 자율적 필요와 열망의 확대 양쪽을 모두 촉진할 수 있다.

가사임금 관점은 누가 임금으로 훈육되느냐, 누가 임금 투쟁에 참여하느냐에 대한 지배적 이해에 반기를 들고자 한다. 마르크스가 임금은 잉여가치 생산에서 임금노동자가 소진한 잉여노동을 은폐하는 역할을 한다고 주장했듯이, 임금은 가치화 과정에 들어간 무급노동의 공헌 역시 감추어 결국 진짜 노동시간을 보이지 않게 만든다.(Cox and Federici 1976, 9–10) 콕스와 페데리치는 이 점을 다음과 같이 표현한다. "우리는 자본을 위한 근무시간이 전부 봉급을 주지는 않으며, 공장 입구에서 시작하고 끝나는 게 아니라는 사실을 안다."(4) 콕스와 페데리치는 임금관계에 누가 참여하는지, 그리하여 누가 그 조건에 맞설 것인지 뿐 아니라, 무엇을 임금 투쟁으로 볼 것인지에 대해서까지 보다 포괄적인 논의를 내놓는다. 여기서 임금 투쟁은 그저 임금 수준에 초점을 맞추는 것을 넘어 사회서비스 제공과 노동시간 단축을 확보하려는 노력까지 포괄한다.

델라 코스타와 제임스의 주장은 자율주의 논의에서 사회적 공장 개념을 언급한 초기의 저술 중 하나이며, 그 이후로 사회적 공장 개념은 자율주의 내에서 더욱 발전되었다. 혹자는 노동 개념을 임금노동 형태 너머로 확장한 페미니즘의 주장이 자본주의의 사회적 생산 구조에 대한 새로운 개념으로 나아가는 문을 여는 데 도움을 주었다고 주장할 수 있을 것이다. 사회적 공장 범주는 일찍이 이 새로운 개념이 형성되는 데 이바지했다. 뒤에서 우리는 사회적 공장 개념으로 다시 돌아와 포스트-포드주의 조건 아래 이 개념이 어떻게 변모했으며, 결과적으로 사회적 공장의 장소와 관계들을 파악하는 기획에 어떤 영향을 미쳤는지 살펴볼 것이다. 여기서는 1970년대 저술들을 계속 살펴보자. 여기에 관심을 기울일 두 번째 사안이 있다. 바로 노동 거부이다.

노동 거부

델라 코스타와 제임스와 같은 학자들이 가족을 사회적 생산의 장으로 주장하고, 뒤이어 논의할 운동에서 여성이 가족 내에서 하는 일에 대해 임금을 받아야 한다고 요구할 때, 핵심은 가사노동의 미덕을 칭송하는 것이 아니었다. 그 반대로 이들은 일이 숭배할 것이 전혀 아니라고 주장했다. 일에 환호하고 일을 도덕화하는 우파와 좌파 양편 모두의 담론들로부터 떨어져 나온 가사임금 운동과 분석은 더 폭넓은 전통의 일부이다. 그 전통은 노동 거부를 기획의 일부로 받아들이는 것으로, 나는 우리가 이 전통을 복원하고 확장해 나가야 한다고 생각한다. 하지만 이런 노동 거부는 가장 자극적이며, 동시에 잠재적으로 유망한 요소 중 하나이다. 동시에 가장 제대로 이해받지 못하는 요구 중 하나이기도 하다. 세일라 벤하비브_{Seyla Benhabib}와 드루실라 코넬_{Drucilla Cornell}을 포함한 몇몇 학자들은 이 운동을 "노동의 유토피아"를 향한 마르크스주의 페미니즘의 노력, 정통적 마르크스주의가 생산 활동에 보내는 찬사의 페미니스트 버전이라고 특징지었다.(1987, 4) 가사임금에 이론적으로 또 현실적으로 활기를 불어넣었던 노동 비판의 구체적 특징을 이해하려면, 자율주의 전통에 내린 뿌리와 그와의 공명을 이해해야만 한다. 이것이 바로 어떤 주장을 역사화하는 것이 결정적으로 중요하다는 사실을 증명하는 사례 중 하나이다. 역사화하지 못한다면, 그 핵심에 있는 분석적 지향과 정치적 헌신 중 하나를 이해하지 못할 수 있다.

2장에서의 논의를 떠올려 보면, 노동 거부는 자율주의의 비판적 분석과 정치적 실천에서 지배적 주제 중 하나이다. 거기서 지적했듯이, 노동 거부는 노동의 생산성 중심 가치화에 기대어 있는 마르크스주의 내의 요소들로부터 떨어져 나온 중요한 분기점을 나타낸다. 그 요소들에는 경제적 근대화 모델에 집중하는 정통적 마르크스주의와 인본주의적 마르크스주의의 노동 형이상학이 모두 포함된다. 이들의 생산성 중심 조류에 맞서, 자율적 마르크스주의는 생산적 삶을 향한 유토피아적 전망과 생산자로서의 인간을 상정하는 존재론 모두를 거부한다. 노동 거부는 생산적 활동 그 자체를 거부하는 것이 아니다. 그보다는 임금관계의 핵심 요소들과 그 관계가 부과하는 일의 방식을 받아들이게끔 독려하는 담론들을 거부하는 것이다. 노동 거부는 일이 삶의 시간과 공간을 장악하고 도덕화되는 것에 대한 거부, 일이 필수적 의무이자 최고의 소명으로 승격되는 것에 대한 저항을 의미한다. 노동 거부는 저항의 모델이자 삶과 일 사이의 새로운 관계를 향한 투쟁이다. 이 새로운 관계는 탈노동윤리와 더 많은 비노동의 시간을 확보할 수 있게끔 돕는다.

그리하여 이런 맥락에서 가사노동을 "일"이라고 부르는 것은 그 지위를 끌어올리려는 것이 아니라 "가사노동의 거부로 나아가는 첫 걸음"이라고 상상해야 한다.(Federici 1995, 191) 유급노동을 추구하는 것은 가사노동을 거부하는 실효성 있는 방법이 아니었다. "조립 라인에 묶인 노예가 되는 것은 부엌 싱크대에 묶인 노예 상태로부터 해방되는 것이 아니다."(Dalla Costa and James 1973, 33) 자본주의 경제는 가정적이어야 한다는 처방을 거부하는 페미니즘의 기획에 직장 여성의 수를 계속해서 늘리는 것으로 대처해 왔고, 여성은 임금을 버는 노동을 할 때조차 무급 재생산노동의 주된 책임으로부터 대개 벗어나지 못한다. 이런 현실을 감안한다면, 일에 대한 더 광범위한 비판이 필요하다. 델라 코스타는 우리가 "일을 통한 해방이라는 신화를 거부"해야 한다고 촉구한다.(47)

가사임금의 요구는 가사노동을 칭송하려는 것이 아니며, 신성시하고자 의도한 것 역시 아니다. 이 페미니스트들이 무급 가사노동의 생산성을 주장한 것은 도덕적 선언이 아니었다. "생산적인 것이 도덕적 의무까지는 아니더라도 도덕적 미덕으로 여겨지는 것은 오직 자본주의의 시각에서만 그렇다."(Cox and Federici 1976, 6) 여기서 우리는 가사노동의 비가시성과 그 도덕화 모두에 맞서려는, 즉 가사노동이 일로서는 폄훼되면서 애정노동으로 과대평가되는 문제를 바로 잡으려는 의제에 담긴 어려움과 급진적 야망을 뚜렷이 이해할 수 있다. 실제로 노동 거부를 무급 가사노동의 영역에 적용하는 것은 노동 거부 기획에 걸린 몫을 한층 커지게 만든다. 임금노동을 거부하는 것과 가족 제도, 그리고 가족 제도가 조직하고 의미를 부여하는 노동의 방식에 맞서는 것은 완전히 다른 이야기이다. 노동 거부는 무급 가사노동에 적용될 때, 현재의 가족 중심 조직화, 노동의 젠더 분업을 거부한다는 의미가 된다. 나아가 가정 영역 내의 관계와 의식에 대한 너무도 익숙한 그 모든 낭만화에 기댄 비판을 옹호하길 거부한다는 뜻이기도 하다. 이렇게 가사노동의 영역에 거부 전략을 도입하는 일은 실천을 급진적으로 이끌 뿐 아니라 명료하게 만든다. 일을 거부하는 것, 이 경우 가사노동을 거부하는 것이 반드시 집을 방치하거나 돌봄을 부인한다는 의미는 아니다. 그보다는 이 노동을 결정하는 기본 구조와 윤리를 들여다보고, 이 노동을 이를테면 비생산적이게끔 만들 방법을 찾아 싸울 것을 요구하는 것이다. 이런 의미에서 페미니즘의 노동 거부는 일에 대한 문화적 강박에 대한 해독제의 역할을 할지 모른다. 이를 통해 현재의 노동조건을 논의할 장場을 열어 줄수 있을 것이다. 오늘날 미국에서는 노동윤리가 위세를 떨치고, 일은 신화화되고 칭송받으며, 심지어 태도조차 생산적이어야만 한다. 이런 미국에서 노동을 비판하고, 델라 코스타가 "일하지 않기 위한 투쟁"이라 부른 것을 이끌어 내는 일은 절대적으로 중요하며, 동시에 그만큼 진전시키기 어려운 일이다.(Dalla Costa and James 1973, 47)

가사노동의 거부는 지금 가사노동이 조직되고 분배되는 방식과 그 도덕화를 함께 거부하는 것뿐 아니라 가족 기반의 재생산 모델의 보편적인 두 가지 대안을 거부하는 것까지 포함한다. 그 두 가지 대안 중 첫 번째는 가사노동의 상품화이다. 이는 다른 종류의 사유화로, 주류 자유주의 페미니즘의 기본 해결책으로 여전히 기능하고 있다. 두 번째는 가사노동의 사회화로, 보육소, 공공 세탁소와 매점, 지역 식당 등처럼 국가가 부담하는 서비스를 통해 가사노동을 공공화하는 것이다. 이는 몇몇 급진적 페미니스트와 사회주의 페미니스트들이 제안하는 대안이다.(일례로 다음을 참조. Benston 1995, 106) 가사임금 운동에 참여하는 페미니스트들은 자본주의적 해결책뿐 아니라 동시대의 다른 페미니스트들이 옹호하는 사회주의적 해결책 역시 거부했다. 가사임금은 자율적 마르크스주의의 사회주의적 생산 비판 — 자율적 마르크스주의자들은 사회주의적 생산이 똑같은 생산 구조를 놓고 사적 통제의 자리에 국가 통제를 가져다 놓은 것에 지나지 않는다고 보았다 — 을 재생산의 영역으로까지 확대했다. 사회주의는 노동사회를 변혁하는 게 아니라 완벽하게 하기 위해 사회적 공장 내의 생산을 합리화하려는 프로그램으로 이해되었다.[13] 물론 가사노동을 지원하는 공적 지원 서비스를 비판하는 것은 그때나 지금이나 어색하지 않은 일이다. 하지만 이런 비판은 대규모의 공공 육아시설에 불을 지르는 엄마 없는 아이들의 유령을 떠올리게 하지 않았고, 그런 서비스를 공적으로 제공하는 것이 진정한 변화를 하나도 가져오지 못한다는 주장을 진전시키고자 했을 뿐이었다. 이들 페미니스트는 다른 자율주의자들과 마찬가지로 사회주의를 혁명보다는 관리를 위한 기획으로 보았다. 임금 고용과 가족 중심의 생산적 협업 체제를 바꾸려는 노력이라기보다는 가족 기반 돌봄을 강화하고 임금노동에 종사하는 여성의 수가 늘어날 수 있게 하려는 것에 가깝다고 본 것이다. 이들은 요구사항의 목록에 보육을 포함한 각종 국가서비스의 제공을 집어넣지 않았다. 이런 서비스 제공은 무언가 다른 방향을 가리키는 급진적 요구가 아니라 필요한 개혁 정도로 여겨졌다. 이들은 다른 종류의 요구에 더 관심이 있었다. 바로 시간과 돈을 달라는 요구였다. 델라 코스타는 이렇게 썼다. "우리는 매점도, 보육시설과 세탁기, 식기세척기도 원한다. 하지만 우리는 선택권을 원하기도 한다. 우리가 원할 때 소수의 사람들과 사적으로 식사하는 것, 아이들과 어르신들과 아픈 이들과 시간을 보내는 것을 언제 어디에서 할지 선택할 수 있기를 원한다." 선택권을 가지려면 시간을 가져야 한다. 그리고 "시간을 갖는 것'은 적게 일하는 것을 뜻한다".(Dalla Costa and James 1973, 38) 가사임금은 여성이 임금노동의 2교대조를 피할 수 있게 함으로써 이런 시간을 좀 확보해 줄 수 있었다.

분석의 한계

30년 된 페미니즘 기획에서 무엇을 끌어올지 당연히 신중하게 선택해야 한다. 특히 특정한 시간과 장소에 전개되었던 운동이나 선언들을 참고하는 것이라면 더욱 그렇다. 여기서 잠시 멈춰 가사임금 분석의 몇 가지 한계를 짚어 보는 것이 유용할 것이다. 짚어 볼 결점들은 언급할 가치는 있겠지만, 이 시기 가사임금에 대한 연구에만 해당하는 것들은 아니다. 1970년대 페미니즘 이론을 접하는 이들에게는 모두 익숙할 이야기이다. 이런 문제에는 이른바 방법론적 근본주의를 지향하는 경향성도 포함된다. 이런 경향은 보편화하는 주장을 애호하는 가사임금 저술의 편향성에서 나타나는데, 도나 해러웨이Donna Haraway는 이를 부분적 설명의 상태를 받아들이길 거부하는 것이라고 표현했다.(1985, 78) 이뿐만 아니라 생산 우위에 대한 집중, 바로 경제적 동력이 당시 저자들이 좀 더 적절하게 사회적, 문화적, 정치적인 요인들로 (그리고 많은 경우 "고작" 그렇다고) 여긴 것들보다 더 큰 효능을 가지고 있다고 가정했다는 데에서도 그런 경향은 나타난다.[14] 몇몇 경우에서는 이런 경향이 환원주의적 경향과 함께 나타난다. 델라 코스타가 "노동계급 주부의 역할은 (…) 다른 모든 여성의 지위를 결정하는 **핵심** 요인"이라고 주장한 것이 그 예이다.(Dalla Costa and James 1973, 19) 그밖에도 복잡한 젠더 형성과 정체성 문제를 여성 역할의 문제로 환원하려 한 많은 시도들도 있었다. 당시 여성 역할의 문제는 오로지 자본의 구성 동력으로부터 기인한 것으로 여겨졌다. 통일된, 궁극적으로 지구적인 여성 공동체를 문제의식 없이 가정하고, 이에 집중했던 것 역시 이런 경향과 관련이 있다. 여성 간 차이에 대한 이런 부정의 징후는 가사노동을 모든 여성 공동의 문제로, 따라서 가사임금이 모든 여성에게 영감을 주는 요구라고 흔히 보는 데서 나타난다.(그 예로 다음을 참조. Dalla Costa and James 1973, 19) 가장 설득력 없는 주장에서는 심지어 가사임금이 유일한 혁명적 관점이라고 묘사되기도 한다.(Federici 1995, 188)

고려해 볼 더 흥미로운 문제는 아마도 가사임금 요구에 원래 기능주의 지향성을 바로잡으려는 의도가 있었다는 사실일 것이다. 기능주의에서 자본은 일종의 획일적 통일체이자 단독적 행위자로 여겨지고, 노동자는 자본의 간계의 희생자로 축소된다. 자본이 언제나 자신의 최대 이익만을 위해 움직인다고 가정하면서—그리고 많은 경우 자본은 이 서사에서 사람의 자리를 대신한다—가족과 같은 복잡한 사회 조직을 설명한다면, 결국 자본의 자율적 영향력은 과대평가하고 자본 관계가 필연적으로 일으키는 갈등과 저항은 과소평가하게 된다. 자본에 너무 많은 일관성, 선견지명, 동력을 부여하는—동시에 여성에게는 너무 적은 이질성, 자율성, 주체성을 부여하는—이런 경향은 자율적 마르크스주의의 근본 원칙 중 하나에 대한 강력한 신념과 갈등을 빚는다. 그 원칙은 프롤레타리아트의 선도적 역할에 대한 것으로, 이들 페미니스트 역시 다른 측면에서는 분명히 진전시키고자 했던 원칙이다. 이 가정에 따르면, 노동자는 자본의 희생자가 아니라 잠재적 저항자이자 심지어 파괴자로 여겨져야 한다. 자본주의 발전을 자극하는 것은 노동계급의 거부, 그리고 필요와 욕망의 주장이다. 고로 자본주의 발전 역사의 이정표들은 노동자의 불복종에 대응하여 자본의 영향력을 재정립하려는 정치적 시도로 이해되어야 한다.(그 예로 다음을 참조. Tronti 1980, 31-32) 델라 코스타와 제임스는 이런 뒤집힌 방법론에 충실한데, 이 점은 그들의 마르크스 해석에서 확인할 수 있다. 제임스는 이렇게 썼다. "마르크스에게 역사는 착취당하는 자들의 투쟁 과정이다. 그들은 오랜 기간에 걸쳐, 그리고 급작스런 혁명적 도약들에서 생산의 근본적 사회관계들, 그리고 이 관계들을 표현하는 모든 제도들에 끊임없이 변화를 일으킨다."(Dalla Costa and James 1973, 5) 자본주의 생산의 기능적 구성 요소일 수 있는 것들은 적극적이며 전복적인 잠재성을 지닌 저항자가 될 가능성이 있으며, 역사상 여러 순간들에 실제로 그렇게 되었다.

가사임금 요구는 적어도 초기에는 페미니스트 주체성을 개발하는 메커니즘으로서 델라 코스타와 제임스의 흥미를 끌었던 것으로 보인다. 매끈한 시스템과는 거리가 먼 사회적 공장 개념은 비판적 관점과 정치 행동의 장을 열어 주는 긴장과 모순으로 가득했다. 하지만 여성이 요구하지 않는다면 가족은 계속해서 자본을 위해 기능할 것이라는 게 이들의 주장이었다.(3) 과제는 페미니즘적 기능장애를 포착해 촉진하는 것이었고, 가사임금 요구를 통해 이 과제를 달성할 수 있기를 이들은 바랐다.

가사임금 요구

가사임금 연구의 상당수에는 흥미로운 모호함이 드러난다. 가사임금 요구는 글자 그대로 읽어야 하는가, 아니면 비유적인 표현으로 봐야 하는가? 이 요구는 실제 정책 목표로 제시되었는가, 아니면 비판의 책략이었는가? 그 자체로 목적이었는가, 아니면 다른 목적을 위한 수단이었는가? 실제로 엘런 말로스Ellen Malos는 1980년 "가사임금을 요구한 운동가들이 그들이 외쳤던 것을 정말 원했던 것인지는 여전히 분명하지 않다"라고 썼다.(1995a, 21) 델라 코스타와 제임스는 이런 질문들에 몇몇 흥미로운 답변을 내놓는다.《여성의 힘과 공동체의 전복》은 가사임금 운동의 중추적 저술로 페미니즘 내 2차 저작에서 흔히 언급되지만, 이 저작에서 두 사람은 가사임금 요구를 아주 간략히 다룬 뒤 이 요구가 가정 내 젠더 분업을 더 확고히 할 뿐이라며 일축한다.(Dalla Costa and James 1973, 34) 그러나 이 저작의 주석 두 곳에서 가사임금 요구는 여전히 다소 모호한, 그러나 분명히 좀 더 긍정적인 인정을 받는다. 델라 코스타는 이 주석들에서 가사임금 요구가 그저 요구로만이 아니라 관점으로 읽혀야 한다고 제안한다. 이어지는 논의에서 나는 이런 방식, 다른 운동의 저술들에서도 받아들인 이 방식에서 출발한 뒤, 가사임금 요구의 내가 생각하기에 가장 설득력 있는 독해로 발전시켜 나가고자 한다. 논의는 두 부분으로 나뉜다. 첫 부분에서는 이 요구를 하나의 관점으로 자세히 설명하고, 뒷부분에서는 자극으로서의 가사임금 요구에 초점을 맞출 것이다. 이 특정한 요구의 내용이 갖는 한계는 그 뒤에서 다룰 것이다. 지금은 이 요구가 무엇이며 무엇을 할 수 있는지 탐구하고자 한다. 이를 통해 가사임금 요구가 이론적 초점이자 실천의 전략으로서 갖는 여러 결합 가능성 중 일부를 끌어낼 것이다.

관점으로서의 요구

옹호자들이 일관되게 주장했듯이, 가사임금 요구는 그저 요구가 아니라 하나의 관점이다.(그 예로 다음을 참조. Dalla Costa and James 1973, 53, n. 16, Federici 1995, 187) 하나의 관점으로서 보자면, 요구에 담긴 내용만이 문제가 아니라 "우리가 가사임금을 받기를 요구"할 때 "우리가 말하고 있다"는 사실이 핵심이다.(Edmond and Fleming 1975, 7) 즉 요구의 기초가 되었으며, 요구로부터 이끌어질 수 있을 비판적 분석이 문제이다. 보다 구체적으로 말하자면, 가사임금 요구는 실체적 개혁으로서가 아니라 노동사회 내―임금노동 시스템 내 그리고 그 위성satellite 격인 가족 내―여성의 지위를 가시화하고 또 이에 대한 비판적 사유를 독려할 기회로 여겨졌다. 이 목적에 맞춰 지지자들은 가사임금이 탈신비화의 동력, 탈자연화의 수단, 인지적 배치cognitive mapping의 수단으로 기능할 수 있다고 제안했다.

첫째, 탈신비화의 동력으로서 가사임금 요구는 일과 가족에 대한 지배적 담론으로부터 비판적 거리를 두는 것을 목표로 했다. 특히 이 요구는 일의 세계와의 명징한 대비에 의해 지탱되는 가족 개념을 흔들고자 했다. 가사임금 요구는 가족 내에서 일로서 생겨나는 부분에 이름을 붙임으로서 억압과 통제의 장으로서의 일과 진실하고 순수한 자발적 관계를 품은, 자유롭게 생겨난 장으로서의 가족을 가르는 구분을 어지럽게 한다. 가사임금 요구는 "이것(가사노동)이 다른 모든 것과 같은 일자리이며, 따라서 다른 모든 것처럼 값을 받아야 하

우리는 왜 이렇게 오래, 열심히 일하는가?

고, **다른 모든 것처럼 거부할 수 있어야 한다**는 점을 명확히 한다."(Power of Women Collective 1975, 87) 이 요구는 가족관계를 형성하는 데 경제적 책무, 젠더 규범, 강제된 이성애가 수행하는 역할을 모호하게 함으로써 가족을 냉혹한 세계 속 천국처럼 이상화하는 이데올로기에 의문을 제기한다. 가사임금 요구의 한 옹호자는 이렇게 말했다. "우리는 일인 것을 일이라고 부르길 원한다. 그리하여 마침내 무엇이 사랑인지 재발견하고, 우리가 알지 못했던 우리의 성적 특징이 무엇일지 창조할지도 모른다."(Federici 1995, 192) 그리하여 하나의 관점으로서의 가사임금 요구는 가사노동의 불가피성과 가치를 주장함과 동시에 가사노동을 탈신비화하고 탈낭만화하는 시도였다. 이 요구는 일과 가족의 관계를 탈신비화할 수 있을 뿐 아니라, 가사임금 관점은 임금 시스템에 비판적 시선을 던지기도 한다. 이런 관점에서 보면, 가사임금 관점이 주는 이점 하나는 동일 임금을 주장하는 일부 옹호자들이 주는 이점과 비슷하다. 동일 임금 법제화로 여성들이 누릴 실제적 이득에 더해, 능력의 측정과 가치의 결정을 정치화함으로써 임금 관계를 새로운 종류의 감독 아래 놓을 수 있다는 데 그 급진적 가능성이 있다.(Blum 1991, 16–17) 가사임금 관점은 사회적 생산에 공헌하는 것들 중 무엇에 임금을 주고 무엇에 주지 않느냐가 얼마나 임의적인지에 주목하게 한다는 면에서 임금 시스템을 탈신비화할 수 있는 비슷한 잠재력을 갖고 있다.

가사임금 관점이 호소력을 주는 주된 요인 중 하나는 말할 것도 없이 그 탈자연화 효과에 있다. 여성의 본성에 뿌리 내린 자발적 욕망으로 여겨지는 것에 대해 여성이 돈을 받아야 한다고 주장하는 것은 일종의 인지부조화를 낳는다. 가사임금 요구의 가치를 이런 측면에서 강조했던 사람도 있었다. "**이 요구로 우리 본성이 끝나고 우리 투쟁**

이 시작된다. 그저 가사임금을 요구하는 것은 우리 본성의 표출로서의 일을 거부하는 것을 가리키며, 그리하여 자본이 발명한 바로 그 여성의 역할을 거부하는 것을 의미하기 때문이다."(Federici 1995, 190) "여성성과 동일시되는" 행위에 대해 가사임금을 요구하는 것은 탈동일시의 과정을 시작하는 것이다. "가사임금을 요청하는 것조차 이미 **우리가 곧 그 일인 것이 아니라고** 말하는 것이다."(Edmond and Fleming 1975, 6) 그리하여 "투쟁을 통해 자본주의적 동일시를 깨뜨리는 힘을 얻는 만큼" 여성들은 적어도 "우리가 누군가가 **아닌지**"를 결정할 수 있다.(1976, 8, 강조는 저자 추가)

마지막으로 지지자들은 가사임금 관점을 사회적 공장 내 생산과 재생산의 관계를 추적할 수단으로 보았다. 이런 의미에서 가사임금 요구는 프레드릭 제임슨이 인지적 배치라고 부른 것을 위한 도구였다. 인지적 배치란, "방대하여 적절히 표현될 수 없는 전체성, 즉 전체 사회구조의 총체성에 대해 개별 주체의 측면에서 이뤄지는 상황에 따른 재현"을 구성하는 시도를 말한다.(1991, 51) 가사임금 요구는 미리 준비된 지침을 제시하지 않았다. 그보다는 듣는 이들을 움직여 요구를 발전시켜 나가는 데 동참하게끔 했다. 델라 코스타는 "이 관점을 끊임없이 현실로 옮기는 것"이 페미니즘의 작업이라고(Dalla Costa and James 1973, 53, n. 16), 형식면에서 요구인 이것이 듣는 이에게 요청하는 일종의 분석적 작업이라고 주장한다. "가사임금"이라는 슬로건을 이해하려면 이 요구의 근거와 타당성을 뒷받침해 줄 더 광범위한 분석의 공백을 메워야 한다. 가사임금 요구를 특징지으면서 동시에 그로부터 발생한 관점은 가정을 임금노동 경제와 복잡한 연결고리를 가진 경제적 단위—노동의 세계로부터의 안식처라기보다는 그 구조적 요소—로 파악한다. 가정과 가정이 더 큰 경제적 동력 및 논리와 맺는 관계에 대한 분석의 압축된 형태로서 가사임금 요구가 작동한다면, 별개 영역 모델을 뒤흔들어 공적인 것과 사적인 것, 일의 영역과 가족의 영역 사이의 경계를 가로질러 배치를 파악하게끔 이끈다. 특히 이 관점은 노동시간의 대안적 구성을 제안하는데, 임금을 기준으로 하루를 규정하는 전형적인 개념에 도전하는 것이다. 가사임금 요구의 지지자들은 이렇게 설명한다. "이제까지 노동계급은 남성이든 여성이든, 출퇴근 카드를 찍고 왔다가 찍고 나가며 자본이 규정한 노동시간을 따랐다. 이것이 우리가 자본에 속한 시간과 우리 자신에게 속한 시간을 정했다." 그리고 이렇게 덧붙인다. "하지만 우리는 우리 자신에게 한 번도 속한 적이 없다. 우리는 삶의 모든 순간에 언제나 자본에 속해 있다. 그리고 그 모든 순간에 대해 자본더러 값을 치르게 할 때이다."(Cox and Federici 1976, 12)[15]

자극으로서의 요구

가사임금 요구가 하나의 관점으로서 그러했듯이, 자극으로서의 가사임금 요구도 그저 실용적인 것을 뛰어넘는 효용이 있었다. 가사임금 요구의 평가에서 종종 간과되는 것은 그 수행의 차원이다. 관점으로서 이 요구는 요구가 전제했던 것처럼 보이는 페미니즘에 대한 지식과 의식을 산출하는 기능을 했다. 자극으로서의 요구 역시 요구가 그저 반영하는 것처럼 보이는 전복적 노력, 집단 형성, 정치적 희망을 일으키는 역할을 했다. 고로 가사임금을 요구하는 집단적 실천은 인식론적, 존재론적 생산성을 갖는다. 관점으로서뿐 아니라 자극으로서의 가사임금 요구는 저항, 집단적 힘과 욕망을 자극하고 선언

하는 시도로 읽혀야 한다.[16]

자극으로서의 요구를 제대로 이해하기 위해 우선 한걸음 물러나 요구를 한다는 것이 무슨 의미인지 되짚어 보자. 가사임금 요구를 파악하는 몇 가지 방법이 있다. 하나는 그 요구를 개혁의 제안으로 설명하는 것이다. 구체적으로 이야기하자면, 임금 시스템의 결함 일부를 보완해 시스템을 합리화하기 위한 정책이나 프로그램으로 보는 것이다. 이런 설명은 어느 정도까지는 정확하지만, 여기에서 빠진 것을 이해하려면 요구가 요청 또는 탄원—타협이나 수용을 얻어 내기 위한 노력의 첫걸음—과 어떻게 다른지 생각해 보아야 한다. 중립적 분위기를 풍기는 정책 제안, 갈망을 담은 탄원도 가사임금 요구에 담긴 어조와 스타일을 포착해 내지 못한다. 둘 중 무엇도 이 요구가 통상적으로 품는 호전성이나 그를 통해 자극하려는 저항심을 전해 주지 않는다. 가사임금 요구가 적어도 부분적으로는 개혁의 진지한 제안일지 몰라도, 이 요구의 옹호자들은 적당한 수준으로 보이거나 중간쯤에서 만나기 위해 노력을 기울이는 것처럼 혹은 기존 시스템의 논리 안에서 그 규칙에 따라 움직이는 데 관심을 두는 것처럼 보이지는 않는다. 가사임금 요구가 경제적으로 실행 불가능하다는 주장에 콕스와 페데리치가 내놓은 대답은 이러했다.

가사임금 요구의 재정적 측면을 보자면 "매우 문제가 많다". (…) 이는 노동계급을 대할 때만 언제나 가난하다고 주장하는 자본의 관점, 재무부의 관점을 취할 때만 그렇다. 우리는 재무부가 아니고 **재무부이고 싶은 마음도 없으므로**, 그들의 눈으로 볼 수 없으며, 그들을 위해 지불, 임금격차, 생산성 문제의 시스템을 계획하는 일은 상상조차 해 보지 않았다. 우리의 힘에 한계를 긋는 것은 우리가 아니다. 우리 가치를 측정하는 것도 우리가 아니다. 우리는 그저 우리 모두를 위해 우리의 조건 위에서 우리가 원하는 것을 전부 얻어 낼 뿐이다. 우리의 목표는 값을 매길 수 없어지는 것, 시장의 밖에서 스스로 값을 매기는 것, 가사노동과 공장 노동, 사무실 노동이 "비경제적"으로 되는 것이다.(Cox and Federici 1976, 14)

이 구절에서 두 가지 짚어 둘 것이 있다. 하나는 스타일에 대한 것이고 다른 하나는 내용에 대한 것이다. 첫째, 보통 요구는 자신들의 주장을 다양한 상대방에게 호소할 수 있게끔 조정하기를 거부하면서 끈질기게 제시된다는 것이다. 여기에는 협상의 가능성이 없다. 또 다른 지지자의 이야기에서도 잘 드러난다. "우리는 가사임금을 원한다. 우리는 기다리지 않는다!"(Fortunati 1975, 19) 이들은 "통지"할 뿐 의견 교환을 할 생각이 없다.(Campaign for Wages for Housework 2000, 258) 둘째, 가사임금을 얻어 내는 것이 당장의 목표일 수는 있으나, 이것이 유일한 목표는 아님을 명확히 하고 있다. 이 점에 대해서는 조금 뒤에서 다시 살펴볼 것이다.

가사임금 요구는 달래거나 부추기거나 꾀어내는 것이야 말할 것도 없고 설득하려는 노력과도 별로 닮지 않았다. 예를 들어, 가사임금을 요구했던 이들은 여성의 희생이나 사심 없음을 인정해 주기를 바라지 않는다. 콕스와 페데리치는 "우리의 힘은 생산 주기 내 우리의 위치를 누군가가 인정해 주는 데서가 아니라 그 위치에 맞서 싸울 우리의 역량에서 온다"라고 설명한다.(Cox and Federici 1976, 6) 이들은 주부의 종속적 위치를 받아들이고 그 위치를 도덕적 상위로서 활용해 동정이나 죄의식을 불러일으키는 것보다는 자신의 힘을 선언하는 데 관심을 기울였다. 제임스는 다른 좌파 그룹 및 노동조합들과의 관계에 대해 이렇게 설명한다. "우리는 그들과 논쟁하지도 훈계하지도 않는다." 대신 제임스와 그녀의 동료들은 물질적 계급 이해에 대한 공동의 언어로 이야기를 건넬 것이다.(1976, 27) 이들 페미니스트는 피해자의 위치를 취하는 대신, 자신들을 무시할 수 없는 동력으로 드러낸다. 이런 의미에서 요구는 "전략으로서 방어를 거부하는 것"이다.(James 1976, 26)

고로 요구는 혁명적 저항의 선언일 뿐 아니라, 최소한 두 가지 의미에서 힘을 향한 요구이기도 하다. 첫째, 가사임금을 옹호하는 이들은 "자율을 향한 요구"(James 1976, 26)를 제시하며, 여성이 남성으로부터 자본으로부터 국가로부터 독립할 수단을 확보할 수 있는 조건, 여기서는 바로 소득을 추구했다. 이들이 여성에게 더 적은 일과 더 많은 돈이 주어져야 한다는 데 초점을 맞추지 않고 보육센터나 공동주방과 같은 국가서비스를 통해 "가사노동의 사회화"를 이루는 데 집중한 페미니스트들을 비판했던 것은 바로 이 때문이었다. "한쪽에서는 우리 삶에 대한 통제를 일부 되찾겠지만, 다른 쪽에서는 우리에 대한 국가의 통제가 확장된다."(Federici 1995, 193)

하지만 가사임금 요구는 자율적 힘을 향한 요구만이 아니었다. 그 힘을 획득하고 기를 기회이기도 했다. 요구는 "가사임금과 그를 위한 투쟁이 가져다줄 자율"에 대한 것이다.(James 1975, 18) 여기에서 우리는 요구가 목적이 아니라 수단이라는 것을 보다 명확히 이해하게 된다. 실제로 델라 코스타는 요구가 무엇인지 더 잘 이해할 필요가 있다며 아래와 같이 주장한다.

목표는 유일한 것이 아니라, 어느 순간에나 자본이 그렇듯이 본질적으로 사회적 관계에 대한 저항의 한 단계이다. 우리가 얻어

우리는 왜 이렇게 오래, 열심히 일하는가?

낸 공공 매점이나 가사임금이 승리인지 패배인지는 우리 투쟁의 동력에 달렸다. 그 목표가 자본이 더 합리적으로 우리의 노동을 지휘할 기회인가, 그 지휘에 대한 자본의 장악력을 우리가 약화시킬 기회인가는 이 동력에 달렸다. 목표가 가사임금이든 공공 매점이든 무료 피임약이든 우리가 목표를 이뤘을 때 목표가 띠는 형태는 그 투쟁 안에서 탄생하고, 사실상 창조된다. 그리고 그 형태가 투쟁을 통해 우리가 도달한 힘의 수준을 보여 준다.(Dalla Costa and James 1973, 53, II. 17)

이런 생각을 따르면, 가사임금은 주로 또는 당장 임금을 향한 것이 아니라 힘에 대한 것이었다. 요구는 집합행동을 촉구하는 자극이었고, 제임스는 그런 면에서 요구가 "힘의 조직자"(1976, 28)라고 표현했다. 가사임금 요구는 그저 목표가 아니라 운동, 다시 말해 자신의 기여에 대한 경제적 보상을 필요로 하고 원하며, 누릴 자격이 있다고 느끼는 사람들, 더 정확히는 집합체가 되어 가는 과정이었다. 이런 면에서 가사임금 요구는 더 진전된 요구—많은 돈, 더 많은 시간, 더 나은 일자리, 더 나은 서비스에 대한 요구—를 내걸 힘을 향한 요구였다.(그 예로 다음을 참조. Dalla Costa 1975, 126) 이런 의미에서 하나의 요구는 언제나 리스크를 안는 일이요, 그 요구를 위한 투쟁이 만들어 낼 힘에 성공이 달린 도박이다. 인용한 위 구절을 보면, 델라 코스타와 제임스에게 요구의 내용은—예를 들어, 가사임금이든 무료 피임약이든—요구하는 정치적 행위 그 자체만큼 중요하지 않았다는 사실을 뚜렷하게 확인할 수 있다. 요구가 다른 무언가, 더 많은 무언가를 추구하는 집단의 힘을 자극할 수 있는 만큼, 그 요구는 추구할 가치가 있었다.

때로 요구는 주부들이 무엇을 필요로 하는가 혹은 무엇을 누려 마땅한가에 대한 이해에 기초하기는 했지만, 더욱 눈에 띄는 것은 요구가 얼마나 자주 그 옹호자들이 무엇을 원하는지로 설명되었는가이다. 한 소책자는 "우리는 일자리를 원하지 않는다. 우리는 돈을 원한다"라고 선언하기도 했다.(Los Angeles Wages for Housework Committee 1975, 124) 여기서 누군가가 원하는 무언가로서의 요구와 필요나 권리의 선언 사이의 차이를 고려하기 위해 이 논의를 시작했던 용어의 영역으로 돌아가 보는 것이 도움이 될지 모르겠다. 가사임금을 지지한 이들은 실제의 명백한 필요를 보다 공정히 제시하는 데서, 혹은 "합당한 요구"[17]로 비칠 수 있는 권리를 선언$_{claim}$하는 데서 요구의 기초를 찾기보다는, 더 많은 경우 요구를 욕망의 진술로 기꺼이 표현했다. "우리는 그들이 우리가 원하는 것을 주도록 만들 것이다."(Fleming 1975, 91)[18] 필요와 권리를 요구와 비교하자면—둘 다 어느 정도 객관성을 주장하지만, 필요는 생물학적인 것에 상응하고 권리는 사법적인 것과 관련된다—요구는 주장의 주관적 측면을 보다 뚜렷하게 드러낸다. 다르게 표현하자면, 필요와 권리는 주체에게 부여되고 주체를 대신해 제기될 수 있지만, 요구는 주체 자신에 의해 주장된다. 실제로 요구하는 행위는 일종의 개인적 투입과 열렬한 애착을 내포한다. 욕망하는 주체가 요구 뒤에 존재하는 것이다. 요구와는 달리 선언은—이 경우, 주장의 선언 또는 필요에 대한 선언—선언을 제시하는 사람과의 일종의 비인격적 거리를 가정한다. 선언은 "혹자"가 제시할 수 있지만, 요구를 제기하는 사람은 "우리"이거나 "나"이다. 선언은 합리적 교환의 영역에서 보다 명료하게 작동하는 반면, 요구는 오히려 정서적 동요가 담겨 있다. 앞서의 이야기로 돌아가면, 요구는 필요와 권리, 선언의 언어가 대개 우회하거나 앞지르거나 부인하는 갈등의 영역, 저항의 관계들을 상정한다.

다시, 수행적 차원은 결정적이다. 가사임금 요구는 기존의 필요를 충족하는 것보다는 확장하는 것, 욕망의 만족보다는 욕망의 고양에 대한 것이다. 가사임금을 주장하는 운동가들이 원했던 것은 이들이 자주 되풀이했다시피, 더 많은 시간과 더 많은 돈이었다. '더 많이'를 향한 정치적 욕망의 자극제로서 가사임금 요구는 익숙한 좌파 금욕주의의 방식과 명백히 거리를 두었고, 그 옹호자들은 명징하게 다음 사실을 인식하고 있었다. "좌파는 노동자들―남성과 여성, 임금노동자와 무급노동자―이 생산을 어떻게 합리화할지 알아내고자 걱정하는 대신, 스스로 더 많은 돈, 더 많은 시간, 더 많은 힘을 원한다는 사실에 두려워한다."(Cox and Federici 1976, 18) 가사임금을 옹호하는 이들은 좌파 정치의 다른 실천가들이 조언했을 바대로, 얻어 낼 만한 것을 요구하기보다는 그들이 원하는 것을 겨냥했다. 실제로 가사임금 요구에는 이따금 일종의 재미있는 과잉이 더해지기도 했다. 그 예로 "모든 정부에 보내는 공지"로 알려진 소책자가 있었다. 책자는 다음과 같이 마치 몸값을 요구하는 식의 최종 선포로 가사임금 요구 선언을 맺는다. **"전부 현금으로, 소급 적용하여 당장 가져올 것. 한 푼도 빠짐없이."**(Campaign for Wages for Housework 2000, 258) 소책자는 "우리는 우리 아이들을 좋은 시민이 되도록, 당신들의 법을 존중하도록 길렀다"라고 선언한 뒤, 이렇게 경고한다. "이제 우리는 아이들을 더 많이 **기대하도록 기를 것이다.**" 자기희생은 전략으로서도 이상으로서도 거부된다. 델라 코스타는 이렇게 말한다. "우리의 문제는 단 한 번도 충분히 가진 적이 없다는 것이다. 물론 너무 많이 가져 본 적 역시 없다."(Dalla Costa and James 1973, 43)

여기서 우리는 이 논의의 출발점으로 돌아간다. 가사임금 요구를 그 지지자들이 정말 얻어 내길 원했을까? 대답은 '예'이기도 '아니오'이기도 한 것 같다. 한편에서 가사임금 요구는 실체적 목표로 이해되고 추구되었다. 지지자들은 가사임금을 확보하는 것이 그 자체로 "혁명"은 아니며, 그보다는 "혁명적 전략"이라고 설명한다. 이를 통해 힘의 경제에 변화를 일으켜 새로운 투쟁과 더 큰 성공의 가능성을 만들 수 있다는 이야기이다.(다음을 참조. Cox and Federici 1976, 14) 다른 한편에서 가사임금은 하나의 목적이었을 수 있지만 동시에, 그리고 더 중요하게는 다른 목적을 위한 수단이었다. 가사임금 요구를 지지하는 이들은 이 주장이 돈에 대한 요구이며, 동시에 힘과 힘을 기를 기회에 대한 요구라고 설명한다. 이것이 제임스가 가사임금을 그저 점진주의적 변화 프로그램이라기보다는 "승리의 관점"이라고 표현했을 때 의미했던 바이다.(1976, 27) 가사임금 요구는 페미니즘적이자 반자본주의적인 정치 집합체를 구성하는 수단이었다. 이 집합체의 목적은 노동과 가족 제도의 급진적 전환이었다. 앞서 인용했던 구절을 떠올려 보면, 지지자들의 목표는 "값을 매길 수 없어"짐으로써 그들 삶의 일부를 자본의 논리와 목적으로부터 구출하는 것, 가사노동을 — 다른 형태의 일과 함께 — "비경제적"이 되게끔 해 비생산적으로 만드는 것이다. 따라서 가사임금 요구에는 이중적 성격이 있었다. 혁명적 열망을 가진 개혁적 프로젝트였던 것이다.

델라 코스타는 토대가 된 글에서 가사임금 요구를 지지했지만, 1971년 초안을 쓰고 난 뒤 덧붙인 주석에서 언급했을 뿐임을 염두에 두는 게 중요하다. 이때는 가사임금 요구가 이탈리아 등지의 페미니스트 운동에서 어느 정도 받아들여지고 난 뒤였다. "힘과 자신감"이 붙으면서 요구가 진전되기 시작하고 나서야, 페미니즘 및 반자본주의 운동의 실효성 있는 사안으로 상상될 수 있었던 것이다.(Dalla Costa

우리는 왜 이렇게 오래, 열심히 일하는가?

and James 1973, 52, n. 16) 말로스가 지적했다시피, 델라 코스타와 제임스 등이 글에서 전술로서 지지했던 것들은 불행히도 이따금 총체적 전략으로 받아들여졌다.(1995a, 20) 가사임금 운동은 앞서 언급한 이들 외의 페미니스트들에게 영감도 주지 못하고 지지도 받지 못하게 된 후에도 한참 동안 지속되었다. 운동의 전술로서 요구는 나타났다가 사라지는 것임을 인식해야 한다. 이번 장 서두의 인용구에서 바버라 테일러가 말했듯이 "전망들은 나타났다가 다시 사라진다".(1983, ix) 관점으로서 기능하는 요구들, 특히 자극의 역할을 하는 요구들은 언제나 잠깐의 성취일 것이다. 요구들은 상황에 종속된 채, 특정한 순간들의 에너지와 저항에 기댄다. 예를 들어 여성끼리의 경쟁, 나약함, 자기희생 같은 흔한 개념들과 싸우던 1970년대 초반, 페미니즘적 저항과 힘이 내건 급진적 주장들이 페미니스트들에게 어떻게 다가갔을지 상상해 볼 수 있다. 오늘날에는 변화의 새로운 가능성이, 새로운 장애물이 있다. 지금의 맥락에서는 과거의 요구가 담고 있던 내용을 보존하거나 되살리기보다는 이 시기에 더 적절할 만한 내용과 수사적 스타일, 목표 효과와 함께 요구들을 다시 고려해야 한다.

기본소득 요구

알리사 델 레Alisa Del Re는 이론의 여지는 있으나 마르크스주의 페미니즘의 주요 문제점 중 하나로 꼽히는 것을 이렇게 이야기한다. "여성들이 재생산의 실제 비용을 은폐한 위에 세워진 시스템과 맞서려면—이 비용은 이제껏 여성들이 치러 왔으며, 돈과 노동의 차원뿐 아니라 개인적·사회적 삶의 질이라는 차원으로도 계산할 수 있는 비용이다 ― 청구서를 내밀 방법을 찾아야만 한다."(1996, 110) 가사임금을 지지한 이들이 그토록 강경하게 주장했듯이, 단순히 임금노동 인력으로 편입되는 것은 그 자체로 청구서를 내미는 일이 되지 못한다. 그들은 현재의 사회적 생산 및 재생산 시스템으로부터 각자 빠져나가기보다는 힘을 합해 그 시스템에 맞서길 원했다. 그들은 재생산 노동의 생산성을 드러냄으로써 그 노동을 힘의 잠재적 원천으로, 일종의 지렛대로 바꿀 수 있을 것이라고 기대했다. 가사임금 요구는 이 노동을 공공화·정치화하는 한 방법, 다시 말해 청구서를 내미는 한 방법이었다.

하지만 관점이자 자극으로서의 가능성에도 불구하고 가사임금 요구를 오늘날 받아들일 수 없게끔 하는 내용상의 두 가지 근본적인 문제가 있다. 첫째, 비판하는 이들이 오랫동안 주장해 왔듯이, 가사임금을 주부들에게 지급함으로써 젠더 분업은 더 확고해질 것이다.[19] 일부 지지자들은 이런 비판에 반박하며, 가사노동의 탈자연화가 여성에게 가사노동을 거부할 힘을 실어 주기 위한 첫 번째 단계라고 주장했다.(그 예로 다음을 참조. Federici 1995, 191, Cox and Federici 1976, 11) 하지만 이런 반론은 여전히 설득력이 없다. 젠더화된 주체를 호명하거나 그 물질적 기초인 노동 분업을 영속화할 구실을 주지 않고도 분명히 가사노동을 가시화하고 논쟁의 대상으로 삼을 수 있기 때문이다. 둘째, 더 많은 형태의 노동에 가사임금을 주는 것은 임금 시스템의 완전성을 흔들기보다는 보전하는 데 힘을 실어 줄 것이다. 여기에 이렇게 반박할 수도 있을 것이다. 가사임금 요구가 사회적 생산에 대한 어떤 공헌을 경제적으로 보상할지 말지가 임의적이라는 데 주목하게 함으로써 임금 시스템을 탈신비화할 잠재력을 가지고 있다는 것이다. 그렇다고 해도 가사임금은 임금관계의 전환이 아니라 확장

우리는 왜 이렇게 오래, 열심히 일하는가?

을 필요로 한다. 이번 장의 마지막 부분에서 나는 청구서를 내밀 다른 방법을 고려해 보고자 한다. 자율주의 전통에서는 오랫동안 익숙했던 또 다른 요구, 바로 기본소득 보장 요구이다.

기본소득이 무엇인지에서부터 시작해 보자. 기본소득은 개인들에게 무조건적으로, 가족이나 가구 구성, 다른 소득 여부, 과거와 현재, 미래의 고용 여부와 상관없이 지급되는 소득이다.(van Parijs 1992, 3) 기본소득은 소득이 그 아래로 떨어지지는 않게끔 바닥 수준을 정립하기 위해 설계된 것으로, 많은 이들이 임금 시스템으로부터 독립할 수는 없더라도 지금의 조건과 상태에 덜 의존할 수 있게 해 줄 것이다. 이 개념은 미국 정치에는 새로운 것이 아니다. 1960년대 닉슨 Nixon 정권 내에서 이런 선상의 다양한 제안이 논의되었고, 언론에서도 광범위하게 다루어졌다.(Aronowitz et al. 1998, 67, Theobald 1966, 16-17) 2장에서 언급했다시피 1960년대 중반부터 1970년대 중반까지 전국복지권리기구는 복지 시스템의 불안정하고 침해적인 성격에 맞선—복지 시스템이 만드는 사회적 위계에 대해서도—대안으로 기본소득을 지지했다. 이 기구만이 아니었다. 브라이언 스틴스랜드Brian Steensland가 지적했다시피 "연간 소득 보장 방안은 1960년대 후반에서 1970년대까지의 복지개혁 전략이었다".(2008, ix) 1980년대 이래 유럽과 북미, 나아가 다른 지역에서도 학계와 활동가 모두에서 기본소득에 대한 관심이 높아졌다.[20] 기본소득 지지자들은 다양한 수단을 통해 기본소득이 지급될 수 있으며, 가장 중요한 것은 간소화된, 더 누진적이고 효과적인 개인 및 법인 과세를 통한 방법이라고 주장한다.(McKay and Vanevery 2000, 270, Chancer 1998, 120-22)

기본소득 요구의 몇 가지 세부사항은 그 지지자들 사이에서도 논의거리이다. 얼마큼의 소득을 지급해야 하는지, 무엇이든 조건을 부과해야 한다면 어떻게 될지, 지급의 시점을 어떻게 정해야 할지 등이다. 뒤에서 설명하겠지만 가사임금에 대한 대안이자 탈노동 정치 기획에 실질적 진전을 가져올 제안이 되려면, 기본소득은 충분한 금액으로 무조건적이고 지속적으로 지급되어야 한다. "기본"이라고 여겨질 소득 수준은 첫 번째의, 그리고 아마도 가장 중요한 고려 요소이다. 소득의 금액에 따라 그저 저임금 일자리에 대한 보조금에 그칠 것인가, 아니면 개인들에게 임금노동을 선택하지 않을 자유를 줄 것인가가 결정되기 때문이다.(Pateman 2003, 141, Gorz 1999, 81-84) 노동 거부의 정치와 연결되려면, 가사임금 요구에서도 그랬듯이, 보장되는 소득이 충분히 커서 임금노동이 필수가 아니라 선택일 가능성에 가까워질 수 있어야 한다.(다음을 참조. McKay 2001, 99) 기본적 필요를 채울 만큼 충분한 소득이 보장된다면, 임금노동을 완전히 거부할 수 있거나, 추가 소득을 원할 대부분에게는 더 나은 고용 조건을 협상할 수 있는 더 우세한 지위가 주어질 것이다. 보장되는 소득이 임금에 더해지는 소액에 그친다면, 불안정 고용을 지원하고 현재의 임금 시스템을 정당화해 줄 위험이 있다. 기본**생활**소득으로서 그 돈으로 생활하기에 적절한 수준일 때, 기본소득은 현재 노동사회의 조건에 더욱 실질적인 파열을 일으킬 것이다.

두 번째 논의 사항은 소득을 지급받는 데 조건이 부과되어야 할지이다. 예를 들어 기본소득 지지자 일부는 참여소득이라는 이름의 제도를 제안하는데, 수령자가 자원봉사나 돌봄노동처럼 사회적으로 유용한 기여를 하는 것을 조건으로 건다.(Robeyns 2001, 85) 이런 접근법은 생산적 기여로 인정되는 것의 개념을 확장한다고 하더라도 일에 중심을 둔 사회적 상호성의 이상에 여전히 집중한다는 문제가 있다. 대안적 가능성으로서 조건 없이 지급되는 시민소득citizen's income이

우리는 왜 이렇게 오래, 열심히 일하는가?

나 사회임금social wage이 참여소득보다 낫다.* 소득을 일에서 더 완전하게 분리하는 방식이기 때문이다.(Pateman 2003, McKay 2001) 마지막으로, 사회적 지분 급여stakeholder grant의 형태를 띤 일시 지급 방식을 선호하는 이들도 있고, 일생에 걸쳐 정기적으로 지급하는 방식을 선호하는 이들도 있다.[21] 이 문제는 상속과 소득의 차이로 생각해 볼 수 있다. 전자는 자본 양도처럼 부의 일부를 재분배하는 역할을 할지도 모른다. 하지만 후자는 보다 명확히 임금의 보충이나 대체재로서 주어진다. 사회적 지분 급여는 경제적 불평등을 주로 겨냥한다. 오랜 시간에 걸친 정기 지급 방식은 시간과 장소, 활동, 유급노동의 관계로부터 적어도 어느 정도는 자유를 허락해 준다. 요약하자면, 내가 가사임금의 계승으로서, 현대의 탈노동 정치의 전술로서 고려하고자 하는 기본소득 요구는 임금 지원이 아닌 기본소득, 참여소득이 아닌 조건 없는 소득, 자본 양도가 아닌 사회임금이다.

임금에서 소득으로: 관점으로서의 요구

기본소득 요구의 가능성과 한계를 탐구하기 위해 가사임금에 대한 앞서의 검토에서 가져온 개념 구도를 적용해 보고자 한다. 다시 말해, 이번 절에서는 기본소득 요구를 하나의 관점으로서, 다음에서는 자극으로서 살펴볼 것이다. 앞선 논의를 되짚어 보면, 가사임금 요

★ 시민소득: 조건 없는 기본소득과 같은 개념으로 주로 영국에서 쓰이는 표현이다. 모든 시민 개인에게 조건 없이 주어지는 소득을 의미한다.
사회임금: 무조건적 기본소득의 또 다른 표현이다. 고용 여부가 아니라 시민의 권리에 따라 최소한의 생활을 영위하는 데 필요한 임금을 지급하는 제도를 가리킨다.

구는 노동과 가족의 본성을 비판적으로 조명하며 사회적 공장의 시간과 공간상에서 이 둘의 관계가 어떻게 배치되어 있는지 살피는 것에서 출발한다. 기본소득 요구가 하나의 관점으로서 가사임금 관점에 어떻게 기대어 있고 또 그로부터 얼마나 진전된 것인지 제대로 이해하려면, 가사임금 관점에서 사회적 공장을 어떻게 분석하고 있는지 돌아보고, 그 내용을 현재에 맞춰 수정할 필요가 있다.

가사임금은 본질적으로 사회적 공장의 포드주의 모델에 기초한다. 이 모델에서 생산과 재생산은 분리된 두 영역으로 나뉘고, 남성인 프롤레타리아와 여성인 주부가 각 영역의 상징으로 자리 잡는다. 지지자들이 내세운 재생산노동의 생산성은 이런 분리된 시스템 모델을 전복하려는 시도였다. 실제로 주부에 초점을 맞추고 주부의 일이 지닌 생산성을 주장하는 것은, 가족이라는 사적이라고 여겨지는 영역 내의 관계들이 띤 정치적 속성을 드러냈다. 동시에 이런 주장은 포드주의 질서에만 가능한 상상의 산물이자, 아마도 그 질서를 거부하는 더욱 통렬한 표현 중 하나였을 것이다. 다시 말해 개인적인 것의 사유화와 탈정치화를 거부하고, 비생산적이라고 규정되는 가정 내 활동을 자연화하는 것을 거부하고, 생산과 재생산을 젠더로 나누는 것을 거부하는 것이었다. 하지만 산업화 경제에서 탈산업화 경제로, 케인스식 통치 체제에서 신자유주의로, 테일러주의 노동과정 및 경영 전략에서 포스트-테일러주의로, 대량소비를 위한 대량 생산에 기초한 포드주의 임금관계에서 유연성에 기초한 보다 이질적 임금관계 모델로 이행하면서, 가사임금 관점이 파악했던 생산과 재생산의 관계는 훨씬 더 복잡해졌고, 둘 사이를 가르는 경계도 식별하기 더 어려워졌다. 포스트-포드주의로 요약할 수 있을 맥락에서는 분석과 정치적 기획 모두가 기반을 두었던 그 구분을 점점 더 방어하기 어려

우리는 왜 이렇게 오래, 열심히 일하는가?

워진다.

임금 생산과 가정 내 재생산의 관계를 생각해 보자. 첫째, 가사임금이 재생산노동의 생산성에 대해 가진 통찰, 그리고 가치 생산 과정의 일부로서의 무급 가사노동 및 돌봄노동에 대한 분석은 오늘날 더 진전되어야 한다. 가정 내에서 생산되던 재화와 서비스가 계속해서 상품화된 형태의 것들로 대체되고, 서비스 및 돌봄노동의 많은 방식이 임금 고용의 방식으로 전환되면서 생산과 재생산의 상호침투는 더욱 심화되고 있다. 그리하여 생산과 재생산은 각각의 노동과정과 그 결과물의 측면에서 서로 더욱 닮게 된다. 둘째, 재생산노동은 임금노동의 형태로 제공되는 많은 경우가 증명하듯이 오늘날에는 그 생산성이 보다 뚜렷이 확인된다. 이뿐만 아니라 생산노동은 점점 더 재생산적으로 되어 가는데, 그 결과물이 많은 경우 엄정한 경제적 재화 및 서비스일 뿐 아니라 사회적 지평, 소통의 맥락, 문화적 형태로 나타나기 때문이다. 실제로 사회적 관습과 문화적 규약은 생산과 재화의 유통 안에 자리 잡고 있으며 동시에 그로부터 생겨난다. 안토니오 네그리는 "사실상 생산노동은 더 이상 '직접 자본을 생산하는 것'이 아니고 사회를 재생산하는 것"이라고 주장한다.(1996, 157)

생산노동과 재생산노동은 점점 더 겹쳐져 각각이 생산하는 것 — 상품이든 사회성이든 — 을 구분하기 점점 더 어려워질 뿐 아니라, 각 활동을 둘러싼 경계와 각각에 종사하는 사람들의 목록 역시 구별하기 더욱 어려워진다. 예를 들어 마르크스가 일반 지성이라고 불렀던 것(1973, 706)의 축적된 지식 — 과학, 기술, 정보, 소통에 대한 — 에 기댄 경제에서는 가치 생산의 회로가 사회적 영역을 가로질러, 동시에 역사적 시간을 넘어 확장되는 것을 보다 뚜렷하게 확인할 수 있다. 파올로 비르노가 설명했듯이 "노동력이 참여하는 생산적 협업은 노동과정이 작동시키는 그것보다 언제나 더 크고 풍성하다".(2004, 103) 이런 생산 시스템에 필요한 노동력을 재생산하는 일도 마찬가지로 널리 펴져 있다. 재생산노동이 육아로 협소하게 정의될 때조차, 가정이라는 장소로 한정시키기는 어렵다. 부모가 "그들의" 자녀를 기르는 가족 모델의 맥락 아래 부모와 자녀의 관계를 사적인 것으로 상상할 수 있을지라도, 그 자녀들이 결국 생산자와 소비자의 자리를 맡을 것이라고 예상하는 한 자녀들은 "공적 재화"이기도 하다.[22]

탈산업화된 생산과 소비가 필요로 하는 태도, 정서적 역량, 소통 능력을 갖춘 노동자와 소비자를 만들어 내는 일을 개별 부모에게로 한정하는 것은 오늘날 훨씬 더 어려운 일임이 분명하다. 생산적 주체는 임금관계의 안과 밖에서, 가정의 안과 밖에서 재생산된다. 재생산의 개념이 생산에 필요한 사회성의 재생산을 포함하는 것으로까지 확장된다면, 생산과 재생산의 구별은 그 모습을 더욱 잃고 만다. 서비스와 소통에 점점 더 의존하는 경제에서 델라 코스타가 "공동체"라고 부른 것—가정을 포함한 공장의 바깥—이 노동력의 재생산에 절대적으로 중요하다는 사실은 점점 더 뚜렷해지고 있다.[23] 핵심은 오늘날의 경제에서 생산노동과 재생산노동은 프롤레타리아나 주부처럼 구체적인 신분으로는 말할 것도 없고 특정한 노동자 계층으로도 한정하기 어렵다는 것이다.

가사임금 운동에서 사회적 공장을 분석한 바에 따르면, 생산 시간은 공식 노동시간을 한참 넘어서도 계속되며, 생산 장소는 분리된 일터 너머로 뻗어 나가고, 생산관계는 정해진 고용관계 너머로 확장된다. 여기서 내가 강조하려는 것은 포드주의에서 포스트-포드주의로 이행하는 과정에서 이러한 경향이 몇 배로 증폭되었다는 점, 그게 아니라면 최소한 더욱 명백해졌다는 점이다. 그 결과 현재 노동사회의 조건이 여전히 노동을 필요로 하긴 하지만, 똑같은 과업이 임금 활동일 수도 무급 활동일 수도 있게 되면서 생산과 재생산의 차이, 노동과 비노동의 차이는 점점 흐릿해진다. 비르노가 딱 들어맞게 이야기했듯이, 노동과 비노동의 차이는 "돈을 지불받는 삶과 지불받지 못하는 삶"을 나누는 임의적 구분과 닮아 간다.(2004, 103)

가사임금이 사회적 공장에 대해 가진 관점은 구분된 두 영역을 뒷받침하고 일의 여러 분야 사이의 관계에 대한 인지적 배치를 조장하는 정치경제, 윤리, 젠더 담론 일부를 재검토함으로써 일과 가족을 탈신비화했다. 기본소득 요구는 분석의 초점을 포드주의의 사회적 공장에서 포스트-포드주의의 사회적 공장으로 옮기되, 비슷한 것을 이뤄 낼 잠재력을 갖고 있다. 그 교육법이 "가사임금"이라는 슬로건처럼 요구의 표현 자체에 아주 명확히 드러나지는 않지만, 기본소득 요구는 현대 임금 시스템의 정치경제학에 대한 분석을 상정하고 있다. 이에 더해 기본소득 요구에 참여하려면 임금 시스템의 표준 근거를 재검토해야만 한다. 기본소득 요구는 임금 시스템이 일부 노동자—바로 무급 가사노동을 수행하는 이들—를 제대로 아우르지 못한다는 점을 드러내기보다는, 누가 포함되고 누가 포함되지 않는지에 대한 결정이 오히려 덜 확실해지는 쪽을 지향한다. 기본소득 요구는 가사임금 관점이 주는 통찰을 확장시켜 개인의 소득이 개별 소득 관계보다 더 폭넓은 사회적 노동과 협업의 네트워크에 기대야 한다고 제시한다.(다음을 참조. Robeyns 2001, 84-85) 가사임금 요구가 임금 노동이 가정에 기초한 재생산관계에 의존하고 있음을 밝히고자 했다면, 기본소득 요구는 에일사 맥케이Ailsa McKay와 조 반에브리Jo Vanevery가 지적했듯이 "모든 시민이 다양한 방식으로 사회에 기여한다는 암묵적 인식"을 담고 있다. 그 기여들은 "금전적 가치가 있을 수도 없을 수도, 심지어는 측정할 수 있을 수도 없을 수도 있다".(2000, 281) 가사임금 요구는 임금 시스템을 바로잡으려면 무엇이 필요할지 상상함으로써 일과 소득의 관계가 부적절한 지점을 드러내고자 했다. 기본소득 요구는 일과 소득의 고리를 깨뜨리자고 제안함으로써 어떤 활동에 임금을 주고 어떤 활동에는 주지 않는지가 임의적이라는 점을 부각시킨다.[24]

두 요구의 주된 차이는 가사임금 요구가 실제적 개혁의 제안보다 임금 시스템을 향한 비판적 관점으로 더 잘 기능하는 반면, 기본소득 요구는 비판과 건설적 제안을 동시에 제시한다는 점이다. 미국의 포스트-포드주의 정치경제는 임금 시스템이 사회적 분배 기제로 제 역할을 할 수 없게끔 만들고 있다. 기본소득은 하나의 개혁으로서 이런 미국 정치경제가 부딪힌 몇 가지 핵심 문제를 해소하는 데 도움을 줄 수 있다. 이 문제들에는 임금노동의 양과 질이 점점 더 부족해지는 것도 포함된다. 이 문제는 실업과 불완전 고용, 단기 및 임시 고용이 늘어나는 현실에서 명백히 드러난다. 나아가 1장에서 지적했듯이 점점 더 집합적이고 비물질적이 되어가는 노동과정에서 개인별 기여를 측정하기 어려워진다는 것도 문제이다. 기본소득 요구는 비판을 제기하지만 동시에 해결책도 내놓는다. 바로 일에 대한 의존을 줄이는 것이다.

기본소득 요구는 소득과 일의 관계뿐 아니라 소득과 가족 구성의 관계에 대해서도 비판적 관점을 전제하며 또 자극한다. 가사임금에 대한 앞서의 논의를 떠올리면, 이 요구는 하나의 관점으로서 임금 시스템과 가족 제도의 상호의존성을 가시화하고자 했다. 가족은 분리된 영역이 아니라 사회의 경제적 장치에 속한 일부이다. 가족과 가족 이데올로기는 생산노동의 비용을 감추는데, 그 재생산에 들어가는 노동의 상당 부분을 사유화, 여성화, 자연화함으로써 그렇게 한다. 어떤 사람들은 그가 기여하는 생산성과 친밀성의 형태가 사회적 협업과 경제적 분배의 제한적 제도와 부합하지 않기도 한다. 이런 사람들의 필요를 임금 시스템도 가족 제도도 충족해 주지 못한다는 것이 문제이다. 기본소득의 이점 중 하나는 맥케이와 반에브리가 지적했듯이, 소득이 개인들에게 가족 구성 여부나 가구 형태와 상관없이 지급된다는 것이다.(2000, 281) 이를 통해 기본소득 요구는 개인이 삶을 지탱하는 필수적 수단을 확보하기 위해 의존해야 하는 제도로서 일이나 가족이 우위에 놓이는 것을 거부한다. 다시 한 번 말하자면, 기본소득의 이점은 비판적 관점을 제기하며 동시에 효과적인 정책 변화를 제안한다는 데 있다. 가사임금 관점이 임금 시스템과 가족 사이의 연결 고리를 드러내고자 했지만, 많은 이들이 지적했다시피 그 성공을 통해 이 연결 고리가 보존될 수 있다는 위험이 있었다. 기본소득 요구는 하나의 관점으로서 일이나 가족의 협소한 정의가 소득 분배를 결정하는 원칙으로 충분할 수 있는가, 그리고 충분해야 하는가를 묻는다.(다음을 참조. McKay and Vanevery 2000, 268) 동시에 실체적 개혁으로서는 개인들이 임금노동과 가족 구성에 참여하도록 강요하는 경제적 압박을 덜어 줄 수 있다. 캐럴 페이트먼이 지적하듯이 "기본소득은 결혼과 고용, 시민권의 상호강화 구조를 비판적으로 재평가하게끔 이끌면서, 동시에 이런 제도들이 새롭고 더 민주적인 형태로 재구성될 가능성을 열 잠재력을 갖고 있다".(2006, 110)

고로 기본소득 요구는 가사임금 관점에 담긴 반反생산 중심주의와 반反가족주의 모두를 되살리고 강화한다. 이런 요구는 노동윤리와 그와 연결된 가족 가치 담론을 한꺼번에 비판하는 수단으로서, 가사임금 연구에서 영감의 원천으로 종종 언급되던 복지권 운동 내에서 일어났던 과거의 기본소득 요구를 떠올리게 한다. 미국과 잉글랜드의 복지권 운동은 가사임금 연구자들이 참고로 삼았던 또 하나의 "임금 없는 이들의 반란"이었다.(그 예로 다음을 참조. Edmond and Fleming 1975, 9, Cox and Federici 1976, 12) 실제로 기본소득 요구는 1960년대와 1970년대 미국 전국복지권리기구의 핵심 교의였다. 전국복지권리기구는 가사임금 지지자들처럼 육아노동을 인정받을 수 있게 하면서, 동시에 일을 찬양하고 우월시하는 노동윤리를 거부하고자 했다. 에일린 보리스Eileen Boris는 전국복지권리기구가 "돌봄이나 모성노동 같은 무급노동을 포괄하도록 일의 정의를 확장할 필요뿐 아니라 논의의 초점을 일에서 소득으로 옮겨야 할 필요까지도 인식하고 있었다"고 설명한다.(1999, 37) 펠리시아 코른블루Felicia Kornbluh (1997)는 이들 활동가가 일할 권리라는 개념보다는 적절한 소득 수준에 바탕을 둔 소비의 권리에 더 고무되었다고 주장한다. 임금과 무관한 소득을 확보하려는 노력으로서 기본소득 요구는 결혼이나 임금관계에의 의존을 강화하는 윤리를 거부한다. 실제로, 기본소득 요구는 사회적 상호성을 일련의 개별 계약들로 환원하는 어떤 이상이 적절할 수 있겠는지 의문을 제기한다.

자극으로서의 기본소득

하나의 관점으로서 요구는 현재의 질서를 비판적으로 고찰해 이런 질문을 던지게끔 독려한다. 요구가 무엇을 해소하고자 하는가? 요구가 내놓는 해결책의 근거가 무엇인가? 하나의 자극으로서 요구는 미래를 지향하며 이런 질문을 던진다. 예를 들어 가사노동에 임금이

우리는 왜 이렇게 오래, 열심히 일하는가?

주어진다면, 또는 노동과 가족 구성 여부와 상관없이 소득이 지급된다면 무엇이 달라지겠는가? 자극의 방식으로서 요구를 제시하는 집단적 실천은 구성적 사건constitutive event, 즉 특정한 개혁의 범위를 필연적으로 넘어서는 수행적 동력으로 이해되어야 한다.

기본소득을 새로운 무언가를 향한 자극으로 접근하는 여러 다른 방법이 있다. 나는 그중에서 가사임금 요구에 대한 앞서의 논의와 흥미로운 유사점을 지닌 두 가지를 아주 간략하게 짚어 보고자 한다. 하나는 자유를 향한, 다른 하나는 욕망을 향한 자극으로서의 기본소득이다. 첫 번째에서 기본소득 요구는 분명히 불평등을 줄이는 수단으로 볼 수 있지만, 자유의 가능성을 호소하는 것으로 이해할 수도 있다. 여기서 내가 말하는 "자유"는 개인의 자기결정권도, 자유의지의 권리도 아니다.[25] 그보다는 가사임금 전통에서 집단적 자율의 조건으로 바라본 자유를 가리킨다. 즉 창조의 시간과 공간으로서의 자유이다. 기본소득은 임금관계로부터 분리되고 거리를 둘 수단을 획득할 방법으로서 요구될 수 있다. 그 거리는 다시 삶의 질을 위해 더 이상 일에 그토록 완전히 쉼 없이 의존하지 않아도 될 가능성을 만들어 낸다. 따라서 우리는 우리가 이미 원하는 것을 하고자, 또는 원하는 존재가 되고자 기본소득을 요구하는 게 아닐지 모른다. 기본소득은 다른 것을 원하고 행하고 다른 존재가 되는 삶, 다른 종류의 삶을 고려하고 실험할 수 있게 허락할 수 있기 때문이다. 기본소득 요구는 또한 일을 넘어선 삶의 형태를 숙고할 기회일 수도 있다. 이런 삶은 마르크스가 상상했던 "필요와 외적 방편에 따라 결정되는 노동이 끝날 때만 시작"하는 자유이다. 이런 자유는 "물질적 생산 의식의 영역 너머"에 있는 존재의 영역에 자리하는 것이다.(1981, 959) 고로 기본소득 요구는 탈노동 대안의 가능성을 상상하게 하는 자극이 될 수 있다. 이 대안 안에서 일의 구조와 관계, 가치, 경험 그리고 의미는 본질적으로 새로이 고찰될 것이다.

하지만 기본소득 요구의 가장 자극적인 측면은 그 반反금욕주의이다. 실제로 기본소득에 대한 논의에서 비용이 반드시 첫 번째 논쟁의 지점인 것은 아니다.[26] 그보다 흔히 가장 많이 불편을 자아내는 지점은 기본소득 요구에 깔린 윤리에 있다. 구체적으로 말하자면, 기본소득 요구가 노동윤리를 훼손하고 노동 계약의 이상에 공고히 결부되어 온 사회적 상호성의 이상에 도전한다고 여겨지는 것이다.[27] 여기서도 기본소득 요구는 가사임금 요구와 닮아 있다. 양쪽 모두 욕망과 필요로 충만한 주체의 가능성에 호소한다. 기본소득 요구는 더 많은 돈과 시간, 자유를 향한 욕망의 자극으로서, 가사임금 요구와 마찬가지로 정치적 선언에 접근하는 다른 많은 방식들과 차별화된다. 기본소득 요구는 검약과 저축의 윤리, 양보의 정치, 희생의 경제학을 설교하는 대신, 필요와 욕망의 확대를 촉구한다. 일을 칭송하고 소비주의를 비판하는 정치적 분석과 전략의 좀 더 익숙한 스타일들과는 달리 기본소득 요구는 우리가 더 열심히 일하고 더 적게 원해야 한다는 통상적 지침을 거부한다. 그와는 반대로 우리가 원하고 요구해야 하는 것의 합리적 한계로 그어져 있는 것에 도전하며 과잉으로 나아간다. 기본소득 요구는 개인의 생산과 소비 사이의 연결 고리에 반기를 들고, 임금노동만이 최소한의 생활수준을 누리도록 하는 합당한 수단이라는 생각을 거부함으로써 일에 더 이상 종속되지 않은 삶을 지향한다. 한편 이런 금욕주의의 거부 탓에 기본소득 요구를 이뤄 내기가 더 어려워지며, 그런 면에서 관점이자 자극으로서 지닌 힘의 어떤 측면은 한계에 갇히게 된다. 하지만 다른 한편으로 개인의 가치를 일에 대한 헌신과 연결 짓고, 소득에의 접근을 그 성과

에 묶어 놓는 엄정한 생산 중심주의 가치로부터 떨어져 나왔기 때문에 설득력을 갖기도 한다. 이 점은 5장에서 더 자세히 논의할 것이다. 기본소득 요구가 현재와 봉합된 정치적 계산 모델의 검열을 통과하지 못하는 바로 그 지점이 다른 미래를 향한 정치적 상상과 욕망에 불 지피는 데 성공할 수 있는 지점일지도 모른다.

임금 너머의 소득: 계승자로서의 기본소득

가사임금을 논한 저술들에 대한 앞서의 논의를 기본소득 요구를 바라보는 모델로 활용하면, 기본소득 요구가 그저 정책 제안일 뿐 아니라 하나의 관점이자 자극, 현재를 비판적으로 분석하고 다른 미래를 상상하게 하는 교육적 실천이라는 것을 인식하게 된다. 기본소득 요구가 1970년대 가사임금 요구의 가치 있는 계승자이도록 하는 것은 관점이자 자극으로서 가진 이점들, 나아가 개혁으로서 가진 이점들이다. 실제로 기본소득 요구는 앞선 운동들의 주된 목표들 중 몇 가지를 진전시키는 명백히 더 나은 수단이다. 관점으로서 기본소득 요구는 생산 중심주의 윤리와 가족 가치 모두에 도전하며, 현재를 지배하는 이런 경제적 생산, 사회적 협업, 정치 질서 체제에 더 이상 우위를 부여하지 않는 사회 형태의 가능성을 자극한다. 인식론적으로, 동시에 존재론적으로 생성을 자극하는 기본소득 요구의 잠재력으로부터 당장의 성공에 승산이 없을지라도 계속 요구를 밀어붙일 가치가 나온다. 기본소득은 실용적 개혁으로서, 가사임금 요구가 초점을 맞췄던 주부들보다 더 폭넓은 주체들에게 실질적 혜택을 준다. 이런 점이 기본소득이 가사임금 요구를 계승하는 기획으로서 갖는 가치를 더 높여 준다. 앞서 가사임금 요구에 대한 두 가지 비판을 논한 바 있다. 하나는 가사임금을 주부들에게 지급함으로써 젠더 분업이 더 공고해질 수 있다는 것이었고, 다른 하나는 더 많은 형태의 일에 임금을 지급함으로써 임금 시스템의 완전성이 의문시되기보다는 옹호된다는 것이었다. 기본소득 요구는 이에 비해 더 실효성 있는 대안이다. 기본소득은 모든 개인에게 보편적으로 소득을 지급하자고 제안하고, 그리하여 일에 대한 소득의 의존을 낮춘다. 이를 통해 임금 시스템과 가족 제도가 소득 분배의 신뢰성 있는 메커니즘으로서 기능할 수 없는 현실을 인식하게끔 할 뿐 아니라, 그에 대한 해법을 내놓는다.

기본소득 요구를 가사임금에 대한 저술들과 연결해 읽으면, 기본소득 요구의 잠재적 약점 하나를 확인할 수도 있다. 바로 젠더 중립성이다. 이는 기본소득이 페미니즘의 관점이자 페미니즘의 개혁일 수 있는지에 의문을 제기한다. 기본소득 요구가 "가사임금"이라는 슬로건이 일깨울 수 있었던 사회적 재생산의 조직화와 그 안의 젠더 분업에 대한 비판적 고찰을 강화할 수 있을까? 기본소득의 몇몇 반대자들이 주장하듯이, 유급 일자리를 버리는 남성이 여성보다 적을 것이므로 기본소득 제공이 가사노동의 젠더 분업을 촉진하지는 않을까?(Gheaus 2008) 그게 아니면 일부 지지자들이 이야기하듯이, 더 많은 남성에게 무급 돌봄노동에 힘을 보탤 기회를 줌으로써 젠더 분업을 약화시키게 될까?(Pateman 2003, 141)

이런 질문들을 자세히 살피려면 가사임금 요구로 돌아가 그 요구에 담긴 페미니즘의 요소가 가진 강점과 약점을 따져 보는 것이 유용할 수 있다. 앞서 언급했듯이 가사임금 기획을 이해하는 한 방법은 사회적 재생산과 자본축적 사이의 모순을 공공화하고 정치화하는 더 광범위한 노력의 일부로 바라보는 것이다. 제임스가 주장했듯이 결국 "마르크스의 자본주의 생산에 대한 분석은 사회가 어떻게 '똑딱똑딱 움직이는지'에 대한 고찰이 아니라, 사회를 전복할 방법, 즉 자본에 착취당해 온 전복적인 사회 세력을 찾기 위한 수단이었다".(Dalla Costa and James 1973, 6) 핵심은 자본주의 논리의 이론적 응답을 내놓는 게 아니라, 자본주의가 그 재생산을 위해 의존하는 이들의 자율적 필요와 욕망을 자극하는 것이었다. 델라 코스타와 제임스는 사회적 공장 전체로 뻗어 있는 사회적 생산의 광범위한 개념과 그 조직화에 맞서는 정치적 기획에 누가 포함될 것인지에 대한 확장적 사유를 주로 다루었으나, 가사노동은 이들의 주된 주제였고 주부들은 이들이 우위에 두었던 정치 주체였다. 대립의 구체적 장場으로서 가사노동에 초점을 맞춘 이유는 무엇일까? 모든 여성이 공유하는 것이며 모든 여성이 주부이기 때문이라고 그들은 주장한다.(19) 이것은 말할 것도 없이 논쟁적인 선언이다. 이 말로 의도했던 것이 무엇이었을까? 모든 여성이 임금을 받지 않는 아내이자 어머니라는 의미는 아니었다. 그보다는 주부라는 역할이 보여 주는 가사노동의 젠더 분업이 젠더차별과 위계를 만들어 내는 근본이라는 의미였던 것처럼 보인다. 말하자면 모든 여성의 삶을 직간접적으로 건드리는 공통의 조건 또는 맥락을 가리키는 것이었다. 이를 통해 그들은 주부가 여성의 정체화의 장場으로서 여성들이 페미니스트로서 투쟁에 나서는 기초가 될 수 있다고 생각했다.

이런 정체성 정치의 모델은 양날의 검 같은 것임이 드러났다. 투쟁의 장에서 사람들이 결집하는 중심이 될 공통 기반을 찾아내려는 시도는 물론 높이 평가할 수 있을 것이다. 하지만 공동의 정체성을 기초로 사람들을 모아 정치적 집단을 형성하려는 정체성 정치의 다른 형태들처럼, 이런 접근 방식은 어떤 이유로든 주부의 범주에 속하길 원치 않는 여성을 소외시켰고 동시에 옹호자들이 역사의 쓰레기통으로 보내 버리려 애썼던 정체성을 오히려 공고히 하는 위험을 감수해야 했다. 가사임금은 탈자연화의 효과를 일으켰을지는 모르지만, 가사임금에 대한 주부들의 요구는 이 노동이 가정 내에서 행해지는 여성의 일이라는 점을 다시 확고하게 할 위협이 되었다.

기본소득 요구는 가정 내 특정 젠더 구성원을 잠재적 수혜자로 상정하지 않기 때문에 페미니즘의 관점이자 자극으로서 훨씬 나은 역할을 하는 것이 분명하다. 기본소득 요구는 현실화된 젠더 범주를 재생산하지 않을 뿐 아니라, 그 혜택이 특정 집단에 국한되지 않는다. 이런 이유로 기본소득 요구는 다른 상황에 놓인 여러 주체의 관심사에 부응할 수 있다. 그 주체들에는 가사임금 요구가 닿을 수 있었던 것보다 더 광범위한 여성 계층까지 포함된다. 하지만 기본소득 요구의 젠더 중립성을 고려하면, 재생산노동의 조직화와 젠더 분업을 논의 의제에 포함시켜야 할 것이다. 그래야만 사회적 재생산의 조직화와 재생산노동의 젠더 분업이 기본소득 요구의 설명과 전파가 일으키는 관점의 일부로 자리 잡게 할 수 있다. 그럼에도 무급 가사노동 및 돌봄노동의 젠더 분업이 사라지게끔 만들 수 있는지, 젠더 분업에 맞선 투쟁을 입법 수단을 통해서나 공공 정책의 영역에서 승리로 이끌 수 있는지는 뚜렷하지 않다. 가사임금 사례가 보여 주듯이, 기본소득 요구에 명시적인 페미니즘의 요소가 담겼는지는 더 광범위한 페미니즘 기획의 일부로서 요구가 내건 제안의 정치적 과정만큼 중요하지 않을지 모른다. 이 요구를 통해 우리가 얻은 것이 "승리일지 패배일지"를 결정하는 것은 요구의 내용이 아니라 요구를 내놓는 집단적 실천이다.(Dalla Costa and James 1973, 53, n. 17)

결론

　이제까지 기본소득 요구가 지닌 보다 공상적인 차원들을 강조했지만, 이번 장의 서두에서 인용했던 구절을 빌려 이 요구가 하나의 목표로서 "공상적이고 유토피아적"일 뿐 아니라 동시에 "불가피하고 현실적"이라고 주장하는 것의 현실적 효과를 되짚으며 3장을 맺고자 한다.(Taylor 1983, ix) 첫째, 기본소득은 서로 다른 위치의 다양한 노동자들에게 실질적 지원을 제공한다. 기본소득은 실업자, 불완전 고용 및 불안정 고용 상태의 노동자들에게 절실히 필요한 지원을 제공한다. 노동자들에게 더 나은 근무조건을 협상해 낼 수 있는 위치를 선사하며, 가족 편입과 가구 구성에 대한 선택을 제한할 수 있는 경제적 부담을 덜어주는 수단이 되기도 한다. 나아가 오래도록 페미니즘의 정치적 의제의 중심에 있었던 무급 가사노동 및 돌봄노동에 지원을 제공한다. 둘째, 기본소득 요구는 현재의 소득 분배 시스템을 점점 더 부적합하게 만드는 경제적 트렌드를 인식하고, 그 문제를 해소하고자 한다. 경제의 생산 및 재생산 부문이 그저 상호의존하는 것이 아니라 상호침투할 때, 우리 행위의 생산성이 노동관계에 포함된 범주를 너무도 자주 뛰어넘어 무슨 일은 돈을 받고 무슨 일은 받지 못하는지가 점점 더 무작위하게 보일 때, 그리고 풀타임의 평생에 걸친 안정적 일자리 모델을 사회 규범으로 여기는 게 점점 더 어려워지고 일에 기초한 혜택을 얻는 것이 점점 더 힘들어질 때, 수입의 기본 수준을 보장하는 것은 소득을 분배하는 훨씬 합리적인 방법을 제공해 준다. 〈탈노동 선언The Post-Work Manifesto〉의 필자들은 "과거에 유토피아적이라고 불렸던 것을 이제는 '현실적 필수'로 인식해야 한다."고 주장한다.(Aronowitz et al. 1998, 69) 기본소득 요구는 임금관계의 좀 더 실질적인 개편을 추구함으로써 포스트-포드주의 노동의 현실을 ―
계속해서 무시하거나 부인하는 대신―해결하고자, 불안정성의 경제
에 안전 조치를 제공하고자 시도한다.

우리는 왜 이렇게 오래, 열심히 일하는가?

"우리가 의지하는 것을 할 시간"

일,
가족,
그리고
노동시간
단축 요구

여성은 성별로 인해 불리하고, 그래서 직업에서 남성이 진급하는 패턴을 노예처럼 모방하거나 남성과 전혀 경쟁하지 않으려 함으로써 사회를 불리하게 만든다. 하지만 여성 스스로 새로운 삶의 계획을 세우겠다는 전망이 있다면 직업과 정치에 헌신할 수 있으며, 똑같은 진지함으로 결혼과 육아에도 헌신할 수 있다.

—베티 프리던Betty Friedan, 《여성의 신비The Feminine Mystique》

나는 그저 다른 현대 여성과 다름없이 전부 가지려고 노력해요. 사랑스런 남편, 그리고 가족. 나는 그저 시간이 좀 더 많아 그 어둠의 세력을 찾아내 끔찍한 그들의 성전聖戰에 동참할 수 있으면 좋겠어요. 그뿐이에요.

—모티샤 애덤스Morticia Addams, 영화 〈애덤스 패밀리 2Addams Family Values〉(1993) 중에서

제2기 자유주의 페미니즘 초반의 한계 상당수가 이제는 낯설지 않다. 예를 들어 여성들이 커리어를 가져야 한다던 1963년 베티 프리던의 처방은(여기서 프리던은 커리어를 단순한 "일자리"와 구별 짓는다) 문화적으로 강요되던 가정적 성향에 대한 대안이었다. 그 이후 페미니스트 비평가들이 지적해 왔듯이, 여성 대부분의 임금노동 경험은 그때나 지금이나 프리던이 진지하고 규율 잡힌, 평생의 직업적 헌신이 주는 수많은 보상을 유려한 말로 그려 낼 때 생각했던 그런 것이 아니다. 미국 여성 대부분은 유리 천장을 뚫을 수 있을지보다는 구조적으로 불안정한 바닥으로 추락할지를 더 많이 걱정한다. 프리던 자신이 포

함된 아주 특정한 계층, 바로 백인 중산층 미국 여성에 초점을 맞추느라 프리던은 이중화된 노동 시장의 현실을 무시했다. 이중화된 노동 시장은 부분적으로는 인종 분업, 젠더 분업으로 구성되는데, 그 양극단은 1963년 이래로 서로 계속해서 멀어져 갔다. 여성의 임금노동에 대한 대개의 다소 우울한 전망에 한부모 양육에서 겪는 문제나 이성애 가정 내의 끄떡없는 노동 분업이 더해지면, 그 결과 시간의 경제는 점점 더 가혹해진다. 여성은 남성보다 점점 더 오랜 시간 일하고 적은 자유시간을 누리게 되는 것이다.(다음을 참조. Sirianni and Negrey 2000, 62–63)

하지만 이런 관습에서 우리가 제대로 직면한 적 없었던 측면은 바로 일의 가치화다. 프리던이 사회적 지위 및 자기계발의 수단으로, 동시에 여성의 가정적 성향을 당연시하는 문화로부터의 도피처로 임금노동을 칭송했던 것은 페미니즘의 분석적 프레임이나 정치적 의제에 계속해서 영향을 미치고 있다. 오늘날 일의 문제를 겨냥하는 페미니스들은 대개 더 많은 일, 더 나은 일을 위한 투쟁에 초점을 맞추며, 투쟁이 더 적은 일을 지향할 수도 있다는 점은 간과하는 경향이 있다. 3장에서 보았듯이, 가사임금 전통은 더 많은 돈과 더 적은 일을 향한 그 상징적 요구를 통해 이런 노동 지향적 경향에 중요한 대안을 제시한다. 기본소득의 형태로 돈을 요구하는 것은 마지막 장의 핵심 주제이다. 여기서는 반노동 정치와 탈노동 상상의 장場으로서 노동시간 단축 요구를 좀 더 직접 다뤄 보려 한다. 이를 위해서는 가사임금이 남긴 유산의 두 번째 측면 역시 중요할 것이다. 바로 일과 가족 사이의 고리를 인식하고, 한쪽에 대한 투쟁이 다른 한쪽에 대한 투쟁을 포함해야 한다고 주장했다는 점이다. 다시 말하지만, 무급 가사노동을 일로서 포괄하는 것은 의미 있는 반기를 내거는데, 이는 노동시간의 정치에 맞서는 것이다. 뒤에서 살펴보겠지만 임금노동과 가족의 관계를 분석하는 것은 무엇이 일로 여겨지고, 무엇이 일의 축소로 여겨지는지를 고찰하는 데 절대적으로 중요할 것이다. 이에 대한 분석은 노동시간 단축을 지지하는 가장 널리 퍼진 의견이 가진 한계를 드러내는 데에도 도움을 줄 것이다. 이 의견은 이후 프리던 스스로도 가족과의 시간을 늘리고 그를 통해 이른바 "가족 가치에 대한 진정한 경제적 위협"에 대처하는 방법이라며 받아들였다.(1997, 13)

또 다른 측면으로 가사임금 모델을 따라가 보면, 노동시간 단축을 그저 개혁의 요청이 아니라 관점이자 자극으로도 생각할 수 있다. 한편으로 이는 노동시간을 줄여 삶의 질을 높이자는 요구이다. 임금 감소 없는 6시간 근무 요구는 내가 여기서 주목할 공식이다. 강조하건대 나는 작업 일정을 재조직하려는 노력(예를 들어, 유연근무제 옵션 등을 통한)이 아니라 일하는 시간을 줄이려는 시도, 그것도 임금 감축 없는 노동시간 단축에 초점을 맞출 것이다. 다른 한편으로, 앞서 보았듯이 요구는 단순한 정책 제안 이상의 것이다. 요구는 요구가 고취하는 저술과 실천에 영향을 미치며 동시에 그로부터 생겨나는 관점과 자극까지를 포함한다. 노동시간 단축 요구는 유용한 개혁을 제안하는 데서 그치지 않는다. 현재의 노동 조직화 방식과 그를 둘러싼 지배적 담론들에 대한 비판적 시각에 기초하고 있으며, 동시에 그런 비판적 시각을 일으키고 새로운 대안을 상상할 수 있게 할 잠재력을 갖고 있다. 따라서 노동시간 단축 운동은 특정한 실제적 목표를 정체화하는 것에 더해, 일의 기본적 구조와 그에 결부되어 있는 필요와 욕망, 기대에 대한 의문을 자극하는 역할을 할 수 있다.

시간에 대한 투쟁은 자본주의 발전 역사의 중심에 있어 왔다. 마르크스는 《자본론》에서 노동시간을 다루면서 이 투쟁의 역사 일부를 자세히 설명한다. 마르크스의 설명에 따르면, 노동시간의 길이에 대한 노동자의 투쟁은 산업화 과정에 결정적 역할을 했다. 실제로 자본이 생산을 기계화하고, 이를 통해 절대적 잉여가치로부터 상대적 잉여가치로 초점을 옮기도록 자극한 것은 프롤레타리아가 노동시간 단축 투쟁에서 거둔 승리였다.(Marx 1976, 340-416. 다음도 참조. Cleaver 2000, 89)

계속된 생산성 증가는 마르크스가 새로운 종류의 자유라며 상상했던 것이 등장할 무대, 다시 말해 노동시간을 계속해 줄여 나갈 기초 전제를 마련해 주었다.(1981, 959) 미국에서 노동일수와 노동시간 단축을 향한 투쟁은 대공황 끝 무렵까지 노동운동의 핵심 사안이었다. 노동시간 단축 주장은 연대의 중요한 원천으로 여겨졌는데, 서로 다른 유형의 노동자들이 연합할 수 있게 하는 요구였기 때문이다. 새뮤얼 곰퍼스Samuel Gompers는 8시간 근무를 요구하는 투쟁 중에 "다른 점에서는 아무리 다르다고 해도 (…) 모든 노동하는 자가 (…) 이 점에 대해서는 단결할 수 있다"라고 이야기하기도 했다.(다음에서 인용. Rodgers 1978, 156) 여성노동자들은 이런 요구에 특히 관심을 기울이는 경향이 있었다.(Roediger and Poner 1989, 164) 노동시간 단축에 대한 지지는 1930년대 초반 절정에 달했다. 여러 지지자들이 자신이 누구냐에 따라 생산성을 높이거나, 실업을 줄이거나, 임금을 끌어올리거나, 가족을 공고히 하거나, 가족을 위한 의무에 시간을 쓸 수 있게 되거나, 여가시간을 늘리는 방법으로 이 아이디어를 수용했다. 1933년에는 상원에서 주당 30시간 근무로 노동시간을 제한하는 휴고 블랙Hugo Black 의원의 이른바 '대공황 시대 법'이 통과되기도 했다. 이 법은 얼마 안 가 노동 단축보다는 일자리 창출을 우선하는 루즈벨트Roosevelt 정부의 방침에 따라 폐지되었다. 벤저민 클라인 허니컷Benjamin Kline Hunnicutt

이 지적했듯이, 정부가 "일할 권리"를 지지했던 그 시기, 풀타임 일자리는 증가했고 노동시간 단축 운동은 동력을 잃었다. 노동조합 운동가들이 "(필요 없는_옮긴이) 일을 만든다make work"는 것이냐며 한때 조롱했던 일자리 창출은 미국 경제 이데올로기의 최우선 순위로 부상했다.(1996, 34) 노동시간 단축 요구가 여성노동자 계층과 점점 결부되어 열외로 밀려나면서, 도러시 수 코블Dorothy Sue Cobble의 표현을 빌리면 전후戰後 노동 페미니스트들은 "남성을 염두에 두고 설계된 시간의 정치"를 받아든 채 남겨졌다.(2004, 140-41) 노동일수 단축 및 정년 단축을 얻어 내려는 노력(예를 들면 휴가일수나 은퇴수당을 통해)은 전후 시기에도 계속되었지만, 유럽과는 달리 미국에서는 1939년 이래 노동시간이나 노동일수 단축에서 의미 있는 진전이 없었다.(139-40, Roediger and Foner 1989, 257-59)[1]

하지만 노동시간 단축 문제는 다시 미국에서 더 폭넓은 지적·정치적 의제로 주목받고 있다. 이 같은 부활은 노동시간 단축의 역사적 유산이 지닌 여러 요소들을 되살리고 재창조하고 있다. 하지만 오늘날의 접근법 중 몇 가지는 특히 페미니스트들에게 더 큰 가능성을 시사한다. 뒤에서 보게 되겠지만, 노동시간 단축을 정책으로 촉구하려는 전략 중 일부는 이 요구가 지닌 관점이자 자극으로서의 가능성을 제한한다는 문제가 있다. 일례로, 이전의 운동에서 채택했던 명백히 가장 성공적이었던 전략들 중 하나는 여성의 노동시간에 제한을 두도록 요구한 것이었다. 긴 노동시간이 여성의 건강을 해칠 수 있다는 것이 이 요구의 근거였다. 이 요구가 받아들여지자, 이것이 전례가 되어 남성의 노동시간 단축을 얻어 내는 데 사용될 수 있었다. 여기서 여성의 나약함이라는 수사, 구원의 서사, 남성의 보호라는 이상이 요구의 당위성과 호소력을 어떻게 강화했을지 쉽게 상상할 수 있을

241

것이다. 이런 접근은 개혁이 성공할 전망을 높여 주었을지 모른다. 하지만 이런 젠더 차이의 긍정이 전통적 젠더 스테레오타입에 기대고 또 그를 재생산했기 때문에 여성과 남성이 삶에서 누리는 일의 질과 양에 대한 공적 논의에 대해 더 폭넓은 비판적 관점과 틀을 일으키는 데는 그만큼 한계에 부딪힐 수밖에 없었다. 노동시간 단축 요구에 설득력을 실어 줄 수 있다고 해서 반드시 바라보는 관점으로서, 또는 다른 미래를 향한 자극으로서 가진 요구의 힘을 강화해 주지는 않는다.

그러면 노동시간 단축을 요구할 때 우리가 원하는 것은 무엇일까? 그렇게 얻은 시간에 우리는 무엇을 하고 싶은 것일까? 제안이 어떻게 틀 지어지느냐는 설득력 있는 요구로서, 동시에 인식을 자극하는 관점으로서 결국 성공할 수 있느냐에 영향을 미친다. 요구로서는 폭넓은 이들에게 호소력이 있어야 한다. 다시 말해, 소수 계층 노동자보다 많은 이들과 관련이 있어야 한다. 또한 노동자의 삶을 개선하는 방법으로서 효과를 낼 잠재력이 있어야 한다. 더욱이 노동시간 단축에 대한 페미니즘의 요구는 무엇이 일로 여겨지느냐에 대한 더 폭넓은 고려와 일의 가치에 대한 페미니즘적 분석이 동반되어야 한다. 요구를 내거는 것은 구체적 정책 제안을 주장하는 것을 넘어, 이제껏 논한 것처럼 특정한 논의 의제를 내세우는 것이기도 하다. 이런 측면들까지 고려하여 나는 노동시간 단축 요구가 일이 다른 활동에 비해 지닌 본성, 가치, 의미를 새롭게 생각하기 위한 언어와 개념적 프레임을 어떻게 제공해 줄 수 있는지 짚어 보고자 한다. 이어지는 논의에서 나는 이 점을 염두에 두고, 노동시간 단축에 대한 미국 내 현대 페미니즘운동이 무엇을 성취할 수 있을지, 이 운동을 어떻게 파악하는 것이 가장 유용할지 논할 것이다. 노동시간 단축에 대한 세 가지 다른 근거를 중심으로 이에 대한 논의를 펼치려 한다. 이 근거들에 대한 논의는 모두 최근에 진전되었다. 하나는 노동시간 단축 요구를 가족을 위해 더 많은 시간을 확보하기 위한 수단으로 본다. 다른 두 가지는 노동 감축을 위한 주된 이유로서 가족이 갖는 중요성을 줄이고자 하는데, 각각은 서로 다른 방식을 취한다. 세 가지 접근법 각각에 대해 대표적인 저술을 꼽아 이들이 어떤 강점과 약점을 갖는지 설명할 것이다.

일은 더 짧게, 가족과는 더 오래

노동시간 단축의 가장 보편적인, 고로 가장 먼저 다루고자 하는 근거는 이를 통해 가족과의 시간이 늘어날 것이라는 점이다. 이 접근은 특히나 강력한데, 가족에 대한 강조가 좌파, 우파 할 것 없이 주류의 정치적 우선순위와 무리 없이 공명하기 때문이다. 이데올로기 스펙트럼을 가로질러 많은 논평가가 결국에는 가족이 대중의 정치적 동기를 일으키는 원천이자 정치적 판단의 기초라고 가정한다. 나아가 이런 익숙한 담론을 활용하면 노동시간 단축 요구는 일과 가족 사이의 균형이라는 손쉽게 설명되는 사안으로 틀 지어진다. 하지만 이 같은 강점에도 불구하고, 나는 가족을 강조하는 방식이 노동 감축을 주장하는 근거 가운데 가장 설득력이 없다고 생각한다. 뒤에서도 보겠지만, 가족 개념을 중심에 두고 노동에 대한 비판적 담론과 투쟁을 조직하는 데에는 심각한 함정이 숨어 있다.

앨리 혹실드는 《시간 구속: 일터가 집이 되고 집이 일터가 될 때 The Time Bind: When Work Becomes Home and Home Becomes Work》(1997)에서 이런 가

족 중심 접근의 풍성하고도 통찰력 있는 버전을 내놓았다. 이 책에서 혹실드는 자신에게 중요한 난제에 답하고자 시도한다. 난제는 이랬다. "가족 친화적인" 포춘Fortune 500대 기업 한 곳(혹실드는 이 회사를 '아메르코Amerco'라고 부른다)에서는 일하는 부모를 위해 노동시간을 줄일 수 있게 하는 다양한 프로그램이 있는데도, 그 프로그램을 활용하는 직원은 왜 이렇게 적은가? 많은 직원이 일과 집안일에 너무 많은 시간을 쏟아 한계치까지 혹사당한다고 느낀다고 답했으면서도 말이다. 회사 정책에 대한 연구와 직원들과의 인터뷰를 바탕으로 혹실드는 다음과 같은 답을 내놓았다. 인터뷰한 사람들은 일터가 점점 집 같아지고 집이 점점 일터 같아지기 때문에 일터에서 더 시간을 보내고 집에서 시간을 덜 보내는 쪽을 선호하는 경향이 있었다는 것이다.[2] 혹실드는 미국인들이 무급 육아노동의 가치는 점점 폄훼되고 돈 받는 일은 과대평가되어, 결국 가족보다는 일의 상대적 매력이 높아지는 문화에서 살고 있다고 주장한다. 혹실드는 이런 시간 구속은 부모들에게 당연히 많은 스트레스와 부담을 지운다. 하지만 아이들에게 특히 더 해롭다고 말한다. 혹실드는 가족을 위해 더 많은 시간을 만들기 위해 노동시간 단축과 유연근무 제도에 초점을 맞춘 '시간 운동'이 필요하다고 결론짓는다.[3]

혹실드는 일과 일 이외의 생활이 주는 즐거움과 부담을 조화시키려는 사람들의 분투에 대해 공감을 담아 유려하게 써 내려가며, 이런 노동 강박 문화에 깔린 가정과 가치관을 재고하도록 독려하는 운동을 뒷받침하는 빈틈없고 시의적절한 근거를 내놓는다. 사실상 혹실드는 "일과 가정의 균형"이라는 친숙한 담론—아메르코에서 혹실드가 추적한 가족 친화적 정책을 만들어 낸 담론의 한 버전—을 활용해 현재의 노동 조직화 방식에 반론을 내놓은 것이다. 어느 인적

자원 부서에서 회자되는 것보다 훨씬 더 실질적인 반론이었다. 노동 시간 단축을 지지하는 이런 근거는 최근의 공적 논의나 입법 시도에 너무도 두드러지게 자리 잡은 보수적 또는 신자유주의적 가족관을 궁극적으로 환기시키고 강화할 수밖에 없다는 문제가 있다. 가족에 대한 이런 규범적 담론이 문을 연, 또는 혹실드의 분석에 힘입은 여러 주장이 있다. 뒤이은 논의에서는 혹실드의 저작이 억압적이고 규범적인 가족 개념을 재생산하는 다섯 가지 방식에 초점을 맞출 것이다. 특정한 논의를 구체적으로 다루기보다는 나는 여기에 전형적인 문제가 있으며, 가족을 노동 단축의 근거로서 우위에 두는 분석이 일정 수준 가질 수밖에 없는 한계가 있다고 주장할 것이다. 실제로 이 특정한 저술이 그토록 흥미로운 이유 중 하나는 이 비교적 현대적 연구가 초기 자유주의 페미니즘의 고전적 저작과는 대조적으로 가구 내 관습의 다양성에 주의를 기울이면서도 여전히 마지막 분석에서 전통적 가족 담론으로부터 거리를 두는 데 실패했다는 것이다.

혹실드는 페미니즘의 관점에서 전통적 가족 모델을 우위에 두는 것에 분명히 민감하다. 그럼에도 임금노동의 조직화를 비판하는 근거가 될 기준을 이 모델로부터 찾는다. 예를 들어, "아이와의 시간"이라는 기준을 논할 때 드러나는 것, 바로 혹실드가 인터뷰했던 일하는 부모들이 잇따라 무시했던 가치가 혹실드의 분석에서 근본을 이룬다. 혹실드의 설명에 따르면 부모들은 시간 압박에 쫓길 때 아이들로부터 시간을 "훔쳤다".(1997, 192) 한 부부가 자신의 아이들은 부모와의 시간이 부족하다고 해서 문제를 겪지 않는다고 말했을 때조차, 혹실드는 이에 반대하며 "실제로 그 아이들은 쓸데없이 거창하고 세심한 돌봄의 조립라인에 얹어져 한 작업장에서 다음 작업장으로 끊임없이 움직였다"라고 주장한다.(189–90) 혹실드는 아이가 부모와 얼마나 시간을 보내야 하는지를 다르게 예측하는 것이 현실 부정의 한 형태라고 본다. "시간에 대한 압도적인 요구 앞에서 아메르코의 부모들 일부는 집에 아무 문제가 없으며, 가족들은 한때 생각했던 것처럼 그렇게 많은 시간이나 관심을 필요로 하지 않는다고 생각해 버렸다."(221) "필요를 필요로" 인식하는 것을 거부하는 것은 "집에서 보낼 시간을 잃는 인적 손실을 인정하지 않으려는 방어 작용"의 한 방식이다.(229) 고로 부모들이 따뜻한 저녁 식사가 늘 필요하지는 않다거나 매일 목욕을 하는 것이 필수는 아니라고 생각할 때, 아이들의 진정한 필요를 부정하는 상태에 있었다고 추정할 수 있다.(228) 아이가 부모로부터 필요한 시간이라는 이 개념은 논쟁의 여지가 없는 시대 불변의 것으로 제시되면서, 혹실드의 주장에서 현대의 노동시간제와 노동관을 비판하는 기준이 되는 겉보기에 중립적인 입장으로 기능한다. 하지만 말할 것도 없이 혹실드가 규범으로 내놓는 집중 양육 모델은 자연스러운 것도, 논쟁의 여지가 없는 것도 아니다. 혹실드가 인터뷰한 이들 중 다수가 이 모델을 거부 혹은 "부정"했다는 것이 아마도 이 사실을 입증할 수 있을 것이다. 문제는 "아이와의 시간"이라는 기준 ─ 아이들이 무엇을 언제 누구로부터 필요로 하는가 ─ 은 집안의 무급노동을 하는 풀타임 여성을 특징으로 하는 가족 모델과 연결되어 있으며 그런 모델이 있어야 가능하다는 점이다. 이 모델은 언제나 일부 가족들에게만 가능했으며, 그런 가족의 수는 점점 줄어들고 있다. 샤론 헤이스가 지적하듯이 "이 초상에서 단순히 젠더 분업을 **끄집어낼** 수는 없다. 그 집을 떼어 내 보호하는 것은 집의 유지에 온전히 헌신하는 한 사람이 있다는 사실에 절대적으로 달렸기 때문이다".(1998, 31) 혹실드의 주장이 어떤 측면에서는 다양한 가구 구성을 중립적으로 또는 폭넓게 포괄하고 있는 게 분명하지만, 암묵적으로 특정한 가족 형태와 행태에 우위를 두고 있다.

혹실드의 분석은 특정한 가족 모델을 우위에 두는 것에 더해, 가족이 일과 근본적으로 다르며 일보다 우선한다는 점을 확고히 하는 방향으로 가족을 자연화하는 경향도 있다. 가족 제도를 이렇게 자연화하는 것은 예를 들면, 일의 세계에 대한 특정한 이해와 대비되는 방식에서 비롯된 것처럼 보인다. 아메르코에서 관리자는 직원들이 "아메르코 가족"에 속하는 것처럼 느끼도록 독려해 동료 간의 가족 같은 결속을 강화했다. 혹실드는 "맨 위에서부터 얄팍한 문화가 층층이 쏟아져 내렸다"라고 묘사한다.(1997, 18) 혹실드는 인터뷰에서 "직원들은 1년 내내 회사가 지원하는 의례적인 모임에 무리지어 다녔지만, 확장된 가족들의 흥겨운 회동에 대해서는 거의 듣지 못했다".(44) 혹실드는 이런 업무관계들이 자연스럽지도, 자발적이지도 않기 때문에 덜 본질적이고 덜 진실하다고 이야기한다. 물론 가족 가치의 언어가 정치 담론에서 얼마나 자주 등장하는지는 쉽게 떠올릴 수 있다. 또는 결혼 제도가 합의를 만들어 내 개인들을 미리 규정된 역할에 적응하도록 하고자 설계된 그 자체의 관리 담론을 갖고 있다는 점을 깨달으려면 '결혼보호법Defense of Marriage Act'을 들춰 보면 된다. 그럼에도 혹실드는 가족생활의 "놀랄 만큼" 많은 부분이 "사람들을 미리 짜인 활동 구획으로 조립해 넣는 일이 되어 버렸다"라며 우려를 표한다.(212) 마치 가족 제도가 정확히 그런 것이었던 게 아니라는 듯이, 마치 가족 내의 자리, 책임, 행동이 특별한, 순전히 유기적인 개인의 선택에 따르는 문제였다는 듯이. 혹실드는 업무관계가 위에서부터 만들어진 것인 반면, 가족관계는 아래서부터 자발적으로 생기는 것이라고 말한다. 혹실드가 업무관계를 진실하지 않은 얄팍한 것으로 규정하는 만큼, 가족관계는 본질적이고 자연적인 것이라고—또는 그래야 한다고(이 부분에 약간의 긴장이 존재한다) — 생각하게 된다.

이에 더해 혹실드는 이따금 가족에 대한 향수 어린 전망에 기대기도 한다. 이런 향수는 현재의 일과 가족 간 관계를 비판하면서 분리된 두 영역이라는 과거의 이상에 호소하는 데서 드러난다. 이 점은 혹실드가 한때 안식처였던 것 — 이 경우에서는 소외되지 않는 노동의 안식처 — 이 이제 어떻게 일로 오염되는지 논할 때 확인할 수 있다. 가족은 "산업화"의 색조와 "테일러화된" 느낌을 띤다. 아이들을 "보육 컨베이어 벨트"로 떠밀린 채 부모들은 "단순작업"에 시달린다. 가정 내 과업은 점점 더 "외주화"되고 "가족이 만들어 내는 오락"은 이제 텔레비전이나 다른 상품으로 대체된다.(Hochschild 1997, 45, 49, 209, 190, 232, 209-10) 혹실드는 산업화 이전 숙련노동의 퇴화를 넌지시 언급하고, 오늘날 일이 가족으로 침투한 것이 새로운 현상인 듯이 제시한다. 이런 시각은 가정을 재평가하고 가정에 노력을 쏟을 시간을 더 많이 가진 뒤 집과 일을 다시 분리하는 것이 바람직하며 동시에 가능하다는 혹실드의 주장에 힘을 보탠다. 가족에 대한 이런 향수 어린 이미지가 일부 사람들을 끌어들여 가족을 보호하도록 힘을 모으고 가족을 위협하는 일의 지배에 맞서게끔 도울 수도 있을 것이다. 혹자는 이런 방식을 높이 살 수도 있다.

가정 내 무급노동을 재평가함으로써 전통적인 일 개념이 장려하는 임금노동의 과대평가에 맞서려는 시도는 혹실드로 하여금 가족을 도덕화하는 쪽으로 더욱 이끌었다. 혹실드가 보기에 우리에게 필요한 것은 "가족의 박탈과 해체의 시대에 가정생활에 더 큰 감정적 투자"를 기울이는 것이었다.(249) 실제로 혹실드의 전략은 임금노동을 탈도덕화하고, 전통적인 노동관이 개인적·사회적 상상을 장악하는 데 맞서는 것이었던 듯하다. 이를 위해 가정 내 노동을 재도덕화하고, 가정에의 헌신을 새로이 다짐할 것을 촉구했다. 또한 가정이야말로 우리가 더 많은 시간과 에너지를 써야 할 곳이라고 주장했다. 이런 전략은 가사노동을 이른바 신성시할 위험이 있었다. 여성의 가정적 성향은 자연스러우며 또는 사회적으로 필요한 것이라는 전통적 전제와 여전히 공명한다는 문제가 있었기 때문이다. 문제는 이뿐만이 아니었다. 무급 가사노동과 돌봄노동을 재평가하려는 노력은 이 노력이 문제 삼고자 했던 일의 도덕적 미덕이라는 바로 그 개념과 다를 바 없었다. 임금노동과 연결되어 있는 전통적 노동관에 맞서는 대신, 그 범위를 단순히 확대할 위험이 있었다. 내가 보기에 문제는 임금노동을 줄이기 위해 무급노동의 도덕화를 활용한다면 전통적인 노동관에 대한 더 광범위하거나 더 끈질긴 문제 제기가 가로막힌다는 것이다.

마지막으로, 혹실드는 가족을 탈신비화하고자 노력했으며 그럴 능력이 있었음에도, 이를 일을 비판하기 위한 기준으로 삼음으로써 결국 가족을 이상화하는 방향으로 나아가고 말았다. 긴 노동시간이 오늘날 가족에 입히는 폐해를 논하는 것은 중요할 수 있다. 하지만 가족 제도의 보다 근본적인 문제를 인식하는 것은 또 다른 중요한 문제이다. 이 근본적 문제 탓에 가족이 노동시간의 대안이자 노동시간 단축 요구의 이유로서 설득력이 떨어질 수 있는 것이다. 여기서 나는 혹실드가 이 저술에서 가사노동의 젠더 분업에 대해 더 논평하지 않는 것이 흥미롭다고 보았다. 같은 사안을 다룬 이전의 훌륭한 작업(1989)과는 다른 면모였고, 그녀가 열거한 인터뷰들에서 젠더 분업이 여러 차례 문제로 언급되었던 것을 보면 더욱 그렇다. 혹실드가 가사노동과 돌봄노동의 분배에 관심이 없었기 때문은 아니다. 그보다는 젠더 분업과 그로 인한 갈등을 그저 기술하기보다는 논평할 때, 이 문제가 자신이 보호하려는 가족에서 흔히 벌어지는 것일 뿐 본질적인 것이라고 여기지 않은 것이다. 그럼에도 혹실드의 인터뷰에서 가정 내 젠더 분업은 여성이 가정생활에서 느끼는 억압과 불만족의 원인으로서 작용하며, 또 인식되는 빈도를 보면, 가족을 보다 직접 비판할 필요가 있음이 드러난다. 다르게 설명해 보자. 아마도 혹실드가 인터뷰한 이들에게 일이 그렇게 좋고 훌륭하고 만족스러운 것이 문제는 아닐 것이다. 그보다는 가정생활이 실제로 그토록 나쁘고, 가족 제도에 더욱 근본적인 문제가 있는 것이다. 하지만 이런 문제들 탓에 가족이 일의 대안이라기보다는 마찬가지로 개혁해 마땅할 대상으로 여겨질 수 있는 만큼, 이런 문제들에 관심을 기울이는 것은 혹실드가 내세우려했던 가족 중심적 경향을 깎아내릴 위험이 있었다.

주장의 이런 요소들—한 형태의 가족을 다른 형태들에 비해 우위에 두는 경향, 그리고 가족을 자연화하고 도덕화하고 향수를 입히고 이상화하는 경향—은 혹실드가 내놓는 현재의 노동 관습에 대한 비판과 그 구체적 대안에 대한 전망에 권위를 부여하는 역할을 한다. 하지만 이런 측면이 규범적 가족 모델, 가정생활의 이상을 가능하게 하고 영속화하기도 한다. 이 모델은 페미니즘의 관점에서는 심원한 문제가 있는 것으로, 아주 다양한 현실의 관계들과 가구 패턴들을 비난하는 기준으로 사용되어 왔다. 혹실드의 주장은 또한 전통적 가족 내의 젠더 분업을 간과한다. 당연히 가족 제도에 대한 이런 기술 하나 없이도 주장을 펼칠 수 있다. 실제로 협소하고 규범적인 가족 모델을 환기시키지 않고도 노동 감축을 뒷받침할 수 있으며, 혹실드도 종종 그렇게 한다. 내가 이야기하려는 것은 이런 가족 모델이 노동시간 단축 관점에 반드시 필요한 것이 아니라, 그보다는 주장의 전개에 심어진 수사적 유혹이라는 점이다. 오늘날의 맥락에서 가족에 대한 수사를 그토록 중심에 두고 의지한다면, 필자 본인도 독자도 빠질 수 있는 함정을 주장 속에 숨겨 두는 셈이다. 예를 들어 "우리 사회가 중요한 문제를 직시해야 한다고 결론짓고자" 긴 시간 일하는 부모의 자녀들이 누리는 어린 시절을 "신화 속 과거의 완벽한 어린 시절과 비교할 필요는 없"는 것이 사실이다. 하지만 그렇게 하고 싶은 마음이 생길 수 있다고 예상할 수는 있다.(248) 어떤 이들이 보기에 이런 전략은 노동시간 단축 요구를 좀 더 명료하고 설득력 있게 만들 수 있다. 하지만 이를 위해서는 비싼 값을 치러야 할 듯하다. 본질적으로, 그렇게 요구의 동력을 얻는다면 비판적 페미니즘의 관점으로서 지닌 역량을 대가로 치러야 한다. 노동시간 단축 요구를 정의하고 그에 대한 관점을 형성하기 위해 이런 가족 담론을 페미니즘의 목적에 부합하도록 전용하는 것과 다른, 더 유망한 방법이 있다.

"우리가 의지하는 것"을 위해 더 적은 일을: 가족을 중심 밖으로

노동시간 단축의 근거를 논하는 데서는 가족을 빼는 것이 해법인 듯하다. 내가 고려하려는 두 번째 접근법이 바로 그것이다. 노동시간 단축의 혜택을 정당화하는 더 폭넓고 열려 있는 일체의 이유들을 강조하는 것이다. 이런 접근법에 영감을 받은 사례로 스탠리 아로노비츠 등이 쓴 〈탈노동 선언〉(1998)이 있다. 필자들은 임금 감소 없는 주 30시간, 하루 6시간 근무를 요구하는데, 이는 필자들이 미국의 현재 경제 조건 및 흐름에 대처하고자 제안하는 더 광범위한 탈노동의 전망과 의제에 속하는 일부이다. 이들은 노동시간 증가라고 표현되는 것—시간외근무를 통해서든, 노동의 비노동시간 잠식을 통해서든, 아니면 복수의 임시직 또는 파트타임 일자리의 조합을 통해서든—을 이야기하면서 "대안을 상상하는 담론, 노동조건을 넘어 인간의 존엄성을 이야기하는 담론이 필요한 때이다. 주 30시간 노동을 요구하고 얻어 낼 때이다"라고 주장한다.(64) 경제 구조조정, 기술 변화, 그리고 노동 재조직화는 직업 안정성을 점점 더 좀먹는다. 동시에 "아이러니하게도 일의 미덕은 어느 때보다 끈덕지게 칭송받는다".(40) 필자들은 노동윤리를 비판적으로 사유하고 미래의 가능성을 폭넓게 상상해야 한다고 주장하며 "더 짧은 노동시간, 더 높은 임금, 그리고 무엇보다 우리의 시간을 스스로 더 많이 통제할 수 있는 힘"이라는 전망 아래 움직이는 탈노동 정치 의제의 밑그림을 그리고자 시도한다.(33) 이들은 고임금의 안정된 풀타임 일자리가 줄어드는 가운데, 과거에는 누릴 수 없는 사치로 여겨졌을지 모르는 것들이 점점 더 경제적 필수가 되어 간다고 이야기한다.(64, 69)

노동시간 단축 운동은 가족 중심 접근이 가진 것과는 전혀 다른 사회적 전망을 지향하는 이런 방식과 연결되어 있다. 비노동시간을 가족에 쏟자는 전망과는 대조적으로, 〈탈노동 선언〉의 필자들은 훨씬 확장적인 일체의 가능성들을 제안한다. 그 시간은 가족을 위해, 공동체를 위해, 정치조직을 위해서도 쓰일 수 있다.(70) 나는 노동 감축의 목표를 이렇게 광범위하게 개념화하는 것이 구체적으로 어떤 이점을 주는지 아래에서 논의할 것이다. 여기서는 필자들이 제시하는 더 나아간 가능성 하나에 주목하고자 한다. 바로 "우리를 가장 즐겁게 하는 것"에 더 많은 시간을 쓸 수 있는 가능성이다.(76) 이를 주장하면서 필자들은 노동시간 단축을 요구했던 이전의 운동들이 가졌던 중요한 목표 하나를—어떤 학자들은 이것이 가장 중요한 목표라고 주장하기도 했다—다시 일깨운다. 바로 여가를 위한 시간이다.(Hunnicutt 1996, 52) 8시간 운동의 슬로건 "8시간 노동, 8시간 휴식, 그리고 우리가 의지하는 것을 할 8시간"을 떠올려 보자. 이런 접근은 "우리가 의지하는 것"이라는 중요한 요소가 여가시간을 누리는 것임을 일깨워 준다. 예를 들어, 이런 방식은 가정 내 책임의 규범에 주로 호소하기보다는 노동시간 단축이 의무의 촉구뿐 아니라 즐거움에 대한 기대로부터도 힘을 얻어야 한다고 제안한다. 여기서의 접근은 좀 더 익숙한 정치적 금욕주의 모델로부터 벗어나, 이 같은 구속 없는 시간의 확대가 노동시간 단축 요구를 풍성하게 하고 비노동시간의 가능성에 대한 관점을 넓혀 줄 수 있는 또 다른 목표일 수 있다고 제시한다.

이런 접근에는 많은 장점이 있지만(다른 장점들은 뒤에서 논의할 것이다) 한 가지 측면에서는 한계가 있다. 노동시간 전체에 충분히 주의를 기울이지 않는다는 점이다. 그 결과, 임금노동에서의 노동시간 단축이 남성에게는 전체 노동시간 감소로 이어지지만, 여성에게는 늘 그렇지는 못하다. 8시간 운동이 벌어지던 시기, 남성노동자들의 "우리가 의지하는 것"에 그들 몫의 무급 가사노동이 많은 경우 포함되지 않았었다면, 가정 내 노동 분업에 대한 연구가 오늘날이라고 더 희망찰 이유도 별로 없을 것이다. 오늘날 사회적 재생산이 사유화되고 무급 가사노동의 젠더 분업이 여전한 것을 감안하면, 고용된 여성의 노동시간이 줄어든다 해도 그녀의 가정 내 노동―집안일, 장보기, 육아, 노인 돌봄―이 늘어나 추가 시간을 금세 채워 버릴 수 있다. 현재의 가정 내 노동이 조직화된 방식이 문제시되지 않고, 고용주들이 사회적 재생산노동의 책임을 지는지 여부로 노동자들을 계속해서 차별할 수 있다면, 모든 노동자를 위한 노동시간 단축을 얻어 내지 못할 것이다. 결국 그저 긴 노동시간 문제의 해결책이라고 던져 주는 것들―파트타임, 유연근무, 시간외근무, 복수의 불안정 노동 등의 증가―을 손에 들게 될 가능성이 크다.

핵심은 노동시간의 계산에 언제나 사회적으로 필요한 무급노동 항목이 포함되어야 하며, 노동시간 단축을 위한 모든 운동에는 현재 노동이 조직화되고 분배되는 방식에 맞서는 일이 포함되어야 한다는 것이다.[4] 노동시간 단축을 요구했던 과거의 운동들이 사유화된 재생산노동의 젠더 분업을 현대 가족 이상의 핵심으로 당연하게 받아들였다면, 오늘날의 페미니즘적 노동시간 단축운동은 가사노동에 대한 사회적 지원의 부족과 젠더 분업 문제 모두를 직면하고 적극적으로 맞서야 한다. 노동시간 전체에 주의를 기울이지 않는다면, 노동시간제뿐 아니라 노동윤리에까지 맞서려는 노력 역시 힘을 잃는다. 가족 중심 접근이 그랬듯이, 임금노동의 도덕화에 맞서려는 이런 노력은 생산 중심주의 가치에 대한 비판을 무급 가사노동으로까지 확장하지 않는 한, 최선의 경우 제약을 받거나 최악의 경우 꺾어질 것이다. 일의 이 같은 도덕화―우리 삶을 바쳐야 하는 것으로 일을 정의하는 것―가 공고히 유지될 것이기 때문이다.

여기서 가족은 노동시간 단축의 근거에서도 전망에서도 우위에 놓이지 않는다. 문제는 오히려 가족이 사실상 무시된다는 것이다. 노동시간 단축 요구는 일과 가족 사이의, 혹은 표현을 바꾸어 쓰자면 임금노동이 현재 조직화된 방식과 무급 가사노동 사이의 상호구성적 연관을 충분히 감안하지 않는다면 그만큼 한계에 부딪힐 것이다. 임금 시스템, 노동과정, 노동윤리, 그리고 노동자 주체성의 양식은 친족 유형, 가정 내 실천 양식, 가족윤리, 젠더화된 주체의 양식과 긴밀히 관련을 맺는다. 이들 중 무엇에라도―임금노동에 결부된 일과나 지배적 가치와 같은 것 ─ 도전하거나 개혁하려는 시도는 얽히고설킨 이런 관계의 복잡성을 고려해야만 한다.

임금뿐 아니라 ─ 내가 여기서 생각하는 것은 "여성임금"과 "가족임금"이다* ─ 노동시간 역시 역사적으로 가족을 참고로 구성되었다. 다시 말해 제2차 세계대전 직후 하루 8시간, 주 5일 근무가 풀타임 근무의 표준이 되었을 때, 대개 남자로 그려졌던 노동자는 집안의 여성으로부터 보조를 받는다고 상정되었다(이는 물론 대부분 백인 중산층의 형편이었지만, 사실상 사회적 관습이자 정치적 수단으로서 효과적으로 기능하는 데 문제는 없었다). 남성노동자가 무급 가사노동을 책임져야 했다면, 그가 하루에 최소 8시간 일해야 한다고 확실히 요구받았을 것으로 상상하기는 어렵다. 줄리엣 쇼어Juliet Schor가 주장했듯이 젠더 분업이 없었고 역사의 바로 그 시점에 가구 내 재생산노동을 풀타임으로 담당하는 여성의 비율이 그렇게 높지 않았다면, 이런 노동시간제는 결코 발전하지 못했을 것이다.(1997, 49 – 50) 규범적 이상으로서의 이런 젠더 분업은 다시, 일부의 경우 임금 가사노동의 지원을 받았다. 이 임금 가사노동 자체는 젠더 분업뿐 아니라 인종 분업을 특징으로 삼았다.(그 예로 다음을 참조. Glenn 1999, 17–18) 이런 젠더 및 인종 분업 역시 노동시간 단축보다는 시간외근무와 임금 문제에 초점을 맞췄던 전후戰後 노동운동 덕에 가능했던 것이었다. 오늘날에조차 가족 형태와 재생산노동의 젠더 분업에 대한 전제는 여전히 노동시간제의 새로운 발전을 보장하며, 거꾸로 그에 의해 또 보장받는다. 고로 예를 들어 몇몇 연구를 살펴보면, 노동 인력이 주로 여성으로 이뤄진 곳에서는 고용주들

★   '가족임금'은 가족을 부양하는 남성노동자를 기준으로 설계된 임금을 일컬으며 '여성임금'은 여성이 가족을 부양하는 책임이 없다는 전제로 설정된 수준의 임금을 일컫는다.

4장 | "우리가 의지하는 것을 할 시간"

이 파트타임 노동자를 써서 유연성을 유지하려는 경우가 많다. 실제로 어떤 일자리는 파트타임이도록 구성되는데, 보통 여성들이 그 자리를 채우기 때문이다.(Beechey and Perkins 1987, 145) 따라서 많은 경우 저임금에 혜택도 전혀 또는 거의 없으며, 승진의 기회도 거의 없는 파트타임 노동을 여성이 맡는 것은 여성이 두 번째 수입원이자 무급 재생산노동의 주된 담당자를 맡는다는 전제에 근거하여 여전히 합리화된다. 그에 반해 남성은 시간외근무를 통해 유연성을 제공할 가능성이 더 크다.(Fagan 1996, ioi, Williams 2000, 2) 풀타임과 시간외근무 모두 다른 누군가가 가정 내 노동의 주된 책임을 맡아 줄 수 있다고 가정할 때에만 합리적인 선택지로서 통과될 수 있다. 내가 강조하려는 바는 근무시간제가—풀타임, 파트타임, 시간외근무를 포함하는—젠더화된 구조물로, 전통적 젠더 분업을 중심에 둔 이성애 규범적 가족 이상에 의존하여 수립되고 유지된다는 것이다. 하루 8시간 근무의 당위성에 반기를 들고자 한다면, 근무시간표가 기초를 두어 온 사회적 재생산의 조직화가 지닌 이런 측면들을 가시화하고 거기에 맞서야 할 것이다.

비슷하게 노동윤리의 현대적 형식들에 맞서고자 시도한다면, 그 유지를 돕는 가족 담론의 측면들 역시 겨냥해야 한다. 예를 들어, 노동윤리와 가족 이상 모두에 활기를 불어넣는 금욕주의가 이 둘과 서로를 강화하는 관계에 있음을 눈치챌 수 있다. 미국 역사 전체에 걸쳐 노동윤리의 가장 끈질긴 요소 중 하나는 유혹에 맞선 자기통제를 높이 사는 태도이다. 대니얼 로저스는 이를 "꾸준한 노동의 정화 효과"에 대한 신앙이라고 표현한다.(1978, 123, 12) 이 같은 생산성 중심의 금욕주의는 노동 규율과 검약을 장려하고자 설계된 것인데, 이성애적 일부일처제의 이상에 역시 힘을 보태 왔다. 일례로 19세기 백인 중산층 가족은 성적 취향과 욕망이 생산적 목표로 방향을 틀게끔 이끄는 형태로서 이상화되었다.(그 예로 다음을 참조. D'Emilio and Freedman 1988, 57) 21세기 초 사회 개혁가들이 이주민 가정에 부르주아적 노동 규율과 가족 형태를 이식하고자 기울인 노력에서 이런 전제가 작동하고 있다는 것을 확인할 수 있다.(Lehr 1999, 57, Gordon 1992) 사실 노동 윤리와 이 같은 가족 이상의 연합은 미국 사회복지 정책의 역사에서 가장 두드러지게 나타난다. 미미 아브라모비츠의 역사 서술에 따르면, 사회복지 정책은 두 가지 근본적 지향에 따라 형성되었는데, 하나는 노동윤리를 향하고 다른 하나는 아브라모비츠가 가족윤리라고 표현한 것을 향한다. 이른바 가족윤리란 "적절한 가족 형태와 역할을 제시하는 일체의 규범으로, 젠더 분업의 조건을 구체화하고 합리화한다".(1988, 1-2, 37) 아마도 이 두 가지 규범 시스템에서 뽑아낸 가장 분명한 정수 중 하나는 1996년 복지개혁에서 찾을 수 있을 것이다. 1996년 복지개혁은 노동윤리와 이성애 결혼을 장려하고자 공공연히 노력했는데, 예를 들어 노동조건 부과나 아버지의 책임 강화를 그 수단으로 삼았다. 말도 안 되는 것 같을지 몰라도, 임금노동과 결혼은 이른바 사회적 의존 상태에서 '개인책임법률Personal Responsibility and Work Opportunity Reconciliation Act' 아래 "개인책임"으로 선포된 상태로 이행하는 사회적으로 용인되고 정치적으로 승인된 두 가지 경로였다. 사회복지에 대한 미디어 및 정책상의 광범위한 논쟁은 일과 가정으로 인정되는 협소한 모델에 기초한다. 이런 논쟁은 주로 가난한 비혼 어머니에 초점을 맞추며, 이 여성은 많은 경우 특정 인종의 인물로, 나아가 지배적 가족 모델과 노동관 모두에 부합하지 못하는 사람으로 그려진다.[5]

노동윤리와 가족윤리의 협력 관계는 다양한 문화적 형태들 안에서, 형태들을 통해서 유지된다. "트램프tramp"라는 말이 여성을 향할 때와 남성을 향할 때 우연히도 다른 의미를 띠는데, 이 이면에서 노동윤리와 가족윤리의 상호연결이 작동하고 있음을 확인할 수 있다.* 트램프로 표현되는 남성은 사회질서와 가치에 위협적인 존재로 그려지는데, 19세기 말에서 20세기 초까지 공적 담론에 주로 등장했다. 같은 시기 여성의 성적 태도에 대한 부정적인 도덕적 판단을 가할 때도 같은 말이 사용되기 시작했다.(Rodgers 1978, 226-27, J. Mills 1989, 239) 내게 흥미로웠던 것은 트램프가 노동 담론과 가족 담론 모두에서 거부된 인물을 가리키는 말로 쓰인다는 점이다. 다시 말해 콘트롤링 이미지controlling image**를 통해 모범적인 것과 비굴한 것의 경계를 양쪽 담론에서 같은 방식으로 보여 주고 있는 것이다.[6] 트램프는 남성을 가리킬 때나 여성을 가리킬 때나 노동윤리와 가족윤리의 핵심 교의와 대비되는, 방종과 무규율의 인물이다. 남성 트램프와 여성 트램프 모두 일과 가족이라는 지배적 제도의 장場에 안전하게 정주하고 수용당하기를 거부하는 방랑자이다.(다음을 참조. Broder 2002) 고용주에 대한, 그리고 실제의 또는 잠재적 남편에게 충실치 않다는 점에서 볼 수 있듯이, 양쪽 다 안정된 가장에게 헌신할 의지가 없이 문란하다. 고로 트램프는 생산적 남성성과 재생산적 여성성의 명료한 모델 모두에 반하는 위치에 놓인다. 자산의 축적이 규율 잡힌 임금노동의 삶이 주는 핵심적 혜택 중 하나로 여겨졌으며, 자산에 대한 존중이 고결한 결혼의 초석이었다는 것을 생각하면, 남성 트램프와 여성 트

★   트램프라는 단어가 남성을 가리킬 때는 정착하지 못하는 뜨내기나 부랑자를 뜻하며, 여성을 가리킬 때는 성적으로 문란하다는 의미로 쓰인다.

★★ 특정한 테마나 상징성을 강조하기 위해 반복해서 사용하는 이미지를 일컫는 표현이다.

램프는 또 다른 일체의 사회적 가치를 어기는 셈이었다. 이들은 가정 컨대 논박의 여지가 없는 일이나 가족의 혜택에 의문을 던지고, 일과 가족의 당연한 호소력을 약화시킬 수 있었다. 고로 이들은 배제되지 않으면 안 될, 잠재적으로 위험한 인물이었다.(다음을 참조. Higbie 1997, 572, 562) "노동하는 이들과 검약하는 이들의 무대 위에서 악인들"인 남성 트램프가 "모든 노동에 대한 파렴치한 반란으로" 이들이 아니 었으면 고분고분했을 일꾼들을 선동할 위험이 있듯이, 여성 트램프는 부르주아 가족 모델의 핵심에 있는 성적 예절과 여성 역할의 이상을 위협한다.(Rodgers 1978, 227) 트램프라는 표현은 이제 쓰이지 않게 되었 을지 몰라도, 그런 호명이 지목했던 기초적 범행은 보다 현대적인 콘 트롤링 이미지를 통해 인식되고 또 규제된다. 특정한 인종으로 그려 지는 복지여왕wellfare queen***은 노동윤리와 규범적 가족 형태를 따르 지 않는 인물의 결정체로, 가장 부당하게 반복되어 등장하는 콘트롤 링 이미지 중 하나이다.[7]

내가 하려는 이야기는 노동윤리와 가족윤리가 여전히 일체의 역 사적·경제적·정치적·문화적 타래들로 한데 엮여 있다는 것이다. 이 로 인해 무급 재생산노동의 조직화와 분배를 건드리지 않으면서 임 금노동의 시간제에 맞서는 시도는 언제나 근시안적인 것이 된다. 또 한 가족윤리를 장려하거나 내버려 둔 채 만연한 노동가치를 약화시 키려는 노력은 늘 문제적인 것이 된다. 가족 가치 담론으로 포섭되거 나 전통적 노동가치에 힘을 보태지 않는 시간 운동, 임금노동과 무급 노동 모두를 전체 노동시간 계산에 포함함으로써 동시에 페미니즘

*** 순수한 필요에 의해서가 아니라 그저 게을러서 각종 복지혜택을 끌어 모으는 여성을 일컫는 말.

운동일 수 있는 시간 운동의 조건은 과연 무엇일까?

노동윤리와 가족 가치를 넘어

현대 시간 운동은 임금노동시간과 가정생활의 연결에 반드시 초
점을 맞춰야 한다. 긴 노동시간에 맞서는 것에는 가족의 현대적 이데
올로기에 대한 도전 역시 포함되어 있어야 한다. 앞 장에서 다룬 가
사임금 관점을 떠올려 보자. 셀마 제임스가 주장했듯이 일과 가족이
각각 자본주의 가치화에 필수적이라면, "하나에 대한 투쟁은 다른
하나에 대한 투쟁과 상호의존적이다".(Dalla Costa and James 1973, 12) 세
번째 저술 밸러리 레어Valerie Lehr의 《퀴어 가족의 가치: 핵가족의 신화
깨뜨리기Queer Family Values: Debunking the Myth of the Nuclear Family》(1999)는 가정이
노동시간 문제에 얼마나 관련이 깊은지 보여 주며, 규범적 가족 담론
강화를 피하고자 한다.

레어는 노동시간 단축 요구를 매우 간략히 다루는 것으로 미국
의 게이 및 레즈비언 가족 정치에서 내놓은 의제들에 대한 비판적
분석을 끝맺는다. 레어의 이 책은 가족에 대한 책으로, 적어도 초반
에는 동성 결혼을 위한 투쟁의 검토를 중심에 두고 있다. 노동시간
단축 요구는 이런 책의 결론으로 표면상 이상해 보일지도 모르겠다.
하지만 이는 가족에 대한 진화하는 담론들을 자본주의 생산과 축적
의 변화하는 몇몇 요건의 맥락 안에 놓으려는 저자의 노력에서 도출
되는 논리적인 결과이다. 레어는 자본과 국가가 무엇이 용인 가능한
가족이냐를 계속해서 규정하고 구성하도록 두는 대신, 무엇이 자신
의 친밀하고 사회적인 관계인가를 스스로 규정할 자유를 더 많이 허

우리는 왜 이렇게 오래, 열심히 일하는가?

락하는 전략을 취해야 한다고 주장한다.(1999, 171-72) 이런 자유를 확대하는 물적 기반을 제공하는 하나의 중요한 방법으로 노동일수 단축이 제안된다. 레어는 선택을 가능하게 하는 자원을 확보하기 위해 두 가지 기본 접근을 내놓는다. 하나는 국가의 복지 제공을 확대하는 것인데, 그 결과 국가가 우리 삶을 형태 짓고 통제할 잠재력이 함께 늘어난다. 레어가 선호하는 다른 하나는 오늘날 우리 선택의 너무 많은 부분을 지배한다고 여겨지는, 국가를 포함한 여러 구조와 제도로부터 더 큰 자율을 누리게 할 잠재력이 있게끔 요구들을 구성하는 것이다.(172) 후자의 한 예로서 노동시간 단축은 "국가를 사람들의 삶으로 가지고 들어오는 게 아니라 국가 권력을 사용해 시민들이 진짜 선택을 하는 데 필요한 자원을 가질 수 있게끔 하려는 것"이다.(13)

〈탈노동 선언〉과 《퀴어 가족의 가치》는 모두 노동시간 단축 요구가 어떻게 가족이란 이름이 아니라 자유와 자율의 이름 아래 제시될 수 있는지 보여 준다. 여기서 나는 자기주권이라는 유아론적 자유 개념과는 다른 개념의 자유를 이야기하는 것이다. 여기서의 자유는 자기 자신과 자신의 관계들을 대변하고 재창조하는 역량으로 가장 잘 묘사될 수 있다. 바로 분명한 테두리 안에서 자신의 삶을 설계할 자유이다.[8] 이런 설명은 자유를 순전한 임의성이나 타인에 대한 자율로 연결 짓는 것이 아니라, 자본주의의 통제, 부과된 젠더 및 섹슈얼리티 규범, 가족 형태와 역할에 대한 전통적 기준으로부터 떨어져 나올 수단을 확보할 가능성과 연결 짓는 것이다. 고로 문제는 개인의 선택의 자유가 아니다. 자율적 마르크스주의 전통에서 어쩌면 그랬듯이, 이런 선택의 조건을 일부 바꿀 수 있을 집단적 자율의 공간을 만드는 것이다. 이를 통해 현재의 노동 및 가정생활의 이상과 조건과는 다른 대안을 형성할 시간과 공간을 확보하는 수단으로 노동시간

4장 | "우리가 의지하는 것을 할 시간"

단축을 볼 수 있다. 노동시간 단축의 가치를 이렇게 개념화하는 것은 〈탈노동 선언〉의 중요한 요소이기도 하다. 필자들은 "스스로 관리하는 삶"이라는 전망, "외부 권위의 부과"로부터 벗어난 시간의 전망을 이야기하며 "마침내 현재와 다른 대안과 더 나은 미래의 가능성을 상상할 시간을 갖는 것"이 어떤 모습일지 그린다.(Aronowitz et al. 1998, 76) 레어와 마찬가지로 이들은 가족 중심 접근보다 더 확장적인 잠재적 대안의 개념을 내놓으며, 예를 들면 시민들의 시간이 얼마나 중요한지, 정치화의 수준을 높이는 것이 어떻게 가능할지를 강조한다. 실제로 필자들은 생활수준 향상을 뛰어넘어 늘어난 비노동의 시간이 더 높은 수준과 새로운 형태의 집단적 기획과 정치 참여를 가능하게 할 것이라고 기대한다.(74, Lehr 1999, 174–75도 참조)

레어는 여기에 더해 비노동시간이 관계시간, 즉 사회성·돌봄·친밀성의 관계를 재창출하는 시간이 될 것이라는 전망에 초점을 맞춘다. 이런 관점에서 보자면, 목표는 가족을 일이 잠식해 오는 데서 해방시키는 것이 아니다. 가족 제도는 별도의 분리된 안식처가 아니라 더 큰 정치경제의 필수 부분으로 재조직해야 한다. 가족의 규범적 담론은 반박되어야 할 노동가치와 긴밀히 연결되고 뒤엉켜 있다. 고로 목표는 우리 삶을 재창조할 시간, 비노동시간의 장소와 행위, 관계들을 재상상하고 재규정할 시간을 요구하는 것이다. 이 요구는 주디스 할버스탐Judith Halberstam이 "퀴어시간queer time"이라고 불렀던 것의 가능성과 관계 지어 상상할 수 있다. 퀴어시간은 여럿 가운데서도 "가족, 상상, 육아의 관습에 따르지 않는 삶의 가능성에 대한" 시간성이기도 하다.(2005, 2) 이들을 통해 노동에 맞선 운동은 변신의 정치transfigurative politics와 연결된다. 변신의 정치는 기존의 요구를 진전시킬 기회만이 아니라 새로운 역량과 욕망, 그리고 결국 새로운 요구를 가진 새로운 주체성을 창조하는 과정으로서의 정치이다.

8시간 운동의 그 유명한 슬로건 "8시간 노동, 8시간 휴식, 그리고 우리가 의지하는 것을 할 8시간"으로 다시 돌아가 보면, 여기서 요구를 표현하는 방식에 흥미로운 모호함이 있다는 것을 이제는 좀 더 뚜렷이 확인할 수 있다. "우리가 의지하는 것을 할" 시간은 우리가 바라는 것을 할 시간인가, 아니면 우리가 되고자 의지하는 것을 위한 시간인가? 다시 말해 우리가 바라는 바를 얻는 것에 대한 것인가, 아니면 우리의 의지를 발휘하는 것에 대한 것인가? 이는 존재하는 즐거움이나 활동 가운데 선택할 수 있는지의 문제인가, 아니면 새로운 것을 구성할 수 있는지의 문제인가? 나는 두 가지 모두 노동시간 단축 요구가 구체화하고 진전시켜야 할 중대한 목표라고 생각한다. 이미 존재하는 의미와 성취의 가능성을 누리는 시간도, 새로운 가능성을 창조할 시간도 모두 더 필요하다. 이 표현은 전통적으로 이해되는 바대로 그저 더 많은 여가시간을 가리키지 않는다. 상품 생산, 소비자 문화, 후기 자본주의의 정체성 형성의 논리 안에 갇혀 빚어져 온, 로즈메리 헤네시Rosemary Hennessy가 "인간의 감각과 정서 역량"이라 부른 것을 탐구하고 확장할 시간이라고 설명할 수 있다.(2000, 217) 소비 사회를 비판하는 이들은 노동시간 단축이 생각 없는 소비를 위한 시간만 더 많이 만들고, 그리하여 상품 물신주의에 더 빠져들게 할 것이라며 두려워하기도 한다. 하지만 이들의 생각은 반대로, 시간이 더 주어지면 사람들은 창조성을 발휘할 방법을 찾을 것이라고—비록 그 방법이 생산적 활동의 전통적 개념에 반드시 부합하지는 않을지라도—기대하는 이유가 있다. 비노동의 단순한 수동적 상태가 아니라 비노동의 잠재적인 사회적 생산성을 인식하는 것이 중요하다. 이를 통해 비노동시간의 확대가 제기하는 문제는 E. P. 톰슨이 지적하듯 "사람들이 이렇게 늘어난 여가의 시간 단위들을 전부 어떻게 **써 버릴까?**"가 아니라 "이렇게 지시받지 않고 사는 시간을 갖게 된 사람들의 경험이 발휘할 역량이 무엇일까?"이다. 아마도 톰슨이 청교도적 시간-가치 평가라고 부른 것이 누그러든다면, 우리는 "생활의 기술art 일부를 다시 배울" 수 있을 것이라고 톰슨은 상상한다.(1991, 401) 다시 말하자면 노동시간 단축 요구의 이런 개념은 비노동시간이 가치 변화의 사회적·문화적·정치적 기획을 위한 자원으로서 갖는 가치에 대해 생각할 수 있게 도울 것이다.

하지만 비노동의 사회적 생산성을 강조하기보다는—그를 통해 생산 중심주의의 논리 조건 안에 머무르기보다는—비생산적 시간의 예상이 어째서 그렇게 불편한지, 아로노비츠가 지적한 바대로 어째서 우리는 "자유시간에 겁먹을" 수 있는지 잠깐 고찰해 보는 것이 좋겠다.(1985, 39) 기본소득 요구에 대한 많은 반발 역시 비용보다는 윤리를 중심에 두며, 노동시간 단축의 가능성도 비슷한 우려를 일으킨다. 이 경우 생산적 주체성 모델과 그 정교화의 근본으로 남아 있는 나태함의 금지를 위협할 것이라는 우려이다. 사실 소비할 시간이 더 많아질 가능성은 게으른 시간이 늘어날 전망보다 덜 위협적일 수 있다. 늘어난 비노동시간에 우리가 무엇을 할까 뿐만 아니라 무엇이 될까를 걱정하는 것이다. 생산 중심주의 윤리는 생산성이 우리를 규정하고 정련하는 것이라고 가정한다. 그리하여 인간의 발화·지성·사유·제작의 역량이 생산적 목표로 이끌어지지 않을 때, 역량은 그저 나태한 대화, 나태한 호기심, 나태한 사유, 나태한 손으로 축소되고, 이 같은 무용함은 이런 인간 자질의 부끄러운 타락으로 이어진다는 것이다. 즐거움조차 나태하다고 판명되면 가치가 덜한 것으로 묘사된다. 개인이 일반화된 무규율의 일부로서 사회질서에 위협이 되는

우리는 왜 이렇게 오래, 열심히 일하는가?

경우, 윤리적 혐오가 가해지기도 한다. 자유시간에 대한 이런 두려움은 나태함으로 표현되든 무규율로 표현되든, 과소평가해서는 안 된다. 적어도 개인에 대한, 그리고 집단에 대한 모델이 일하라는 명령에 따라 형성되어 왔으며, 로저스의 표현을 빌리면 일과 나태함 사이의 대비가 가진 "거대한, 과민한 힘"에 계속해서 사로잡혀 있다는 것을 증명해 주는 것이기 때문이다.(1978, 241)[9]

페미니즘의 시간 운동은 현재의 생각처럼 사람들이 가족에 대한 의무를 다할 시간을 만드는 것을 넘어, 사람들이 가족의 형태와 기능, 노동 분업의 지배적 이상과는 다른 대안을 상상하고 탐구할 수 있게 해 주어야 한다. 노동시간 단축 요구는 이미 존재하는 과제의 이름 아래서만 이야기되어서는 안 된다. 새로운 것을 향한 상상과 추구에 불을 지필 수 있어야 한다. 핵심은 노동시간 단축 요구를 일이냐 가족이냐 사이의 끊임없는 선택으로서 틀 지을 것이 아니라, 가능성의 범위를 확장하는 운동이자 우리가 바라는 개인적 관계와 가구 구성을 상상하고 실천할 시간과 공간을 확보하는 운동으로 바라보아야 한다는 것이다. 따라서 노동시간 단축은 가사노동, 소비노동, 돌봄노동을 위한 시간, 휴식과 여가를 위한 시간, 친밀감과 연대의 세대 간·세대 내 관계들로 이루어진 다중을 구성하고 누릴 시간, 즐거움과 정치를 누리고 새로운 삶의 방법과 새로운 주체성의 방식을 창조할 시간을 갖는 문제일 수 있다. 노동시간 단축 요구는 이런 면에서 "우리가 의지하는" 관계들과 실천들―사적이고 공적인, 친밀하고 사회적인―을 상상하고 실험하고 참여할 시간을 위한 운동으로 상상할 수 있다.

페미니즘의 시간 운동을 향해

4장의 서두에 썼듯이 노동시간 단축의 주장은 요구로서 뿐 아니라 관점이자 자극, 다르게 생각할 기회이자 집단적 실천의 요청으로서 평가되어야 한다. 고로 요구를—그 내용과 근거를—어떻게 표현해야 개혁을 효과적으로 진전시키면서, 동시에 새로운 현재의 노동 조직화와 윤리에 있는 한계와 가능성에 질문을 제기하고 신선한 숙고에 불 지필 기회를 만들 수 있을지 생각해 보아야 한다.

노동시간 단축 요구가 일으킬 수 있는 비판적 관점이 현재 시점에서 가진 잠재적 가치를 강조하는 것은 중요하다. 잘된다면, 노동시간 단축 요구는 일이 가진 현재 그리고 미래의 지위에 대한 공적 논쟁을 열어젖히고 노동가치에 대한 비판적 담론을 전개할 방편을 제공해 줄 수 있다. 노동윤리가 오늘날에도 여전히 누리는 문화적 권위는 불편한 것이자 영문 모를 것이기도 하다. "노동윤리에 대한 논의가 공적으로 사적으로 부재한 이유는 대체 무엇일까? 돈 받는 노동이 인간 본성의 조건이라거나 '쓰러질 때까지 일해야 한다'는 말이 사회적 '사실'로 힘을 발휘하는 '비밀'은 무엇일까?"(Aronowitz et al. 1998, 72) 다시 말하지만, 핵심은 노동이 필수라는 현재의 통념을 부정하거나 노동의 수많은 잠재적 효용과 만족을 일축하는 것이 아니라, 현재의 이상과 현실을 좀 더 비판적 시각으로 살필 여지를 만드는 것이다. 노동시간 단축에 대한 미국 페미니즘의 관점은 하루 8시간 노동—어쩐지 당연하고 의문의 여지가 없어 보이는 풀타임 노동의 기준—과 심지어 더 끈덕지게 당연시 여겨지는 재생산노동의 사유화와 젠더화를 모두 탈자연화함으로써 우리가 일을 생각하는 방식 일부에 변화를 일으킬 수 있다. 또한 바꿀 수 없는 것으로 너무도 흔히 여겨지는

우리는 왜 이렇게 오래, 열심히 일하는가?

삶의 어떤 측면들에 대해 질문을 제기할 기회를 선사할 것이다. 물론 노동가치와 일상에 대한 이런 공적 논의의 조건은 복잡할 수밖에 없다. "일"이라는 단어가 어떤 활동의 사회적 측면을 보여 주면서, 그를 통해 정치적 논쟁의 대상이 되도록 하면서, 동시에 무엇이 일로 여겨지는가 하는 문제를 ─ 특히 육아와 같은 무급 돌봄노동과 관련해 ─ 끊임없이 재평가할 필요가 있다. 사람의 생산적이거나 창조적인 활동과 경험의 범위를 더 잘 아우르는, 그리하여 그런 활동과 경험을 조직하는 구조와 담론과 가장 효과적으로 맞설 수 있게 해 주는 새로운 단어가 아마 필요할 것이다. 아주 최소한, 비노동의 범주를 다양한 특질들로 대체할 필요가 있다.

노동시간 단축을 위한 페미니즘운동이 무엇을 이룰 수 있을지 가장 잘 이해하는 법은 무엇일까? 몇 가지 의견을 내놓으며 4장을 끝맺고자 한다. 목표가 유급 노동시간의 단순한 재배치가 아니라 감축임을 강조하는 것이 중요하다. 일과 가족의 균형이라는 문제는 폭넓게 인식되어 있을지 모르지만, 이를 위해 고용주에게 가장 인기 있는 전략, 바로 유연근무제는 노동시간을 줄여 주지도 사회적 재생산이 사적인, 그리고 대개 여성의 책임이라는 가정에 반기를 들지도 못한다.(Christopherson 1991, 182-83) 하루 6시간 근무 요구는 절대적으로 중요하다. 하지만 이는 투쟁의 시작 혹은 일부에 지나지 않을 수 있다. 노동시간 단축에 대한 페미니즘의 요구는 일하는 시간 전체에 주의를 기울여야 한다. 예를 들어, 개인들이 사회적으로 필요한 가사노동에 쓰는 시간이 노동시간 계산과 그 감축 제안에 포함되어야 한다고 주장하는 것이 한 방법이 될 수 있다.(Luxton 1987, 176) 노동시간 단축 요구에서는 임금노동에 대한 이런 비판적 분석을 유급, 무급 재생산노동의 조직화에 대한 조사와 연결 지어야 한다. 유급 가사노동의 측면을 보자면, 유급 가사노동의 젠더 분업 및 인종 분업, 그리고 이런 일에 낮은 가치가 매겨지는 것에 맞설 필요가 있다. 무급 가사노동에 대해서는, 이런 노동에 들이는 시간을 줄여야 하며, 나아가 무급 가사노동 및 돌봄노동의 젠더 분업, 이런 사회적으로 필요한 노동에 대한 적절한 공적 지원의 부족을 가시화하고 쟁점으로 삼아야 한다. 오늘날까지 페미니스트들은 사회적 재생산의 책임을 탈젠더화하고 사회화하는 데 별다른 성공을 거두지 못해 왔다. 하지만 더 많은 여성과 남성이 자신의 삶을 재구성할 시간을 만들어 내려면 고품질의 저렴한 육아, 교육, 노인 돌봄 서비스를 요구해야 한다. 나아가 무급 및 저임금 부모들에게 적절한 수준의 소득 지원 역시 요구해야 한다.

노동시간 단축이 줄 수 있는 혜택은 무수히 많다. 예를 들어 역사적으로, 그리고 오늘날에도 여전히 중요한 노동시간 단축의 목표는 짧아진 교대 시간을 보충하기 위해 필요한 고용 인원의 수를 늘림으로써 실업 문제를 경감하는 것이다. 이에 더해, 노동일수 단축은 일부 파트타임 고용을 풀타임 지위로 높임으로써 불완전 고용 문제도 줄일 수 있다. 유연근무제에 더해, 시간 문제의 해소책으로 두 번째로 널리 쓰이는 기존의 방식은 파트타임 근무인데, 대부분의 노동자에게 감당할 수 없는 방식이다. 노동시간 단축을 추진하려면, 핵심은 소득 감소가 동반되지 않아야 한다는 것이다. 그래야만 비교적 형편이 좋은 노동자뿐 아니라 모든 소득 수준의 노동자가 누릴 수 있는 해법이 된다.[10] 시간 문제의 세 번째 해결책으로 가사노동자 고용이 꼽히는데, 이 역시 대부분의 사람에게는 가능하지 않은 방법이다. 4장 서두의 인용구로 잠깐 돌아가 보자. 베티 프리던과 모티샤 애덤스 모두 시간 구속의 해결책으로 일부 여성이 다른 여성을 가사 서비스 노동자로 고용하는 오랜 관습을 든다(프리던은 여성이 가정부를 고용해야 한다고 조언하며, 모티샤는 유모를 고용했다). 이를 통해 다른 과업을 추구할 시간을 만들어 낼 수 있다는 것이다. 앞서 말한 다른 두 전략, 유연근무제와 파트타임이 그렇듯이, 가사노동자를 고용하는 것은 일반적 문제에 대한 부분적 해법에 불과하다. 집단적 곤경이며 앞으로도 그럴 사안을 비교적 형편 좋은 이들에게만 가능한 사적 전략으로 해소하자는 이야기이다.[11] 이런 개인적 해결책들은 오늘날 생산과 재생산이 조직화된 방식에 맞서지 못하기 때문에 더 큰 문제를 그저 영속화할 뿐이다. 그와 대조적으로, 노동시간 단축 요구는 더 폭넓은 사회 구성원에게 호소력을 가질 수 있으며, 인종·계급·젠더 구분을 넘나드는 새로운 정치적 연합을 만들어낼 수 있다. 요구가 가사노동에 대한 인식을 높이고 그 사회적 조직화 구조를 바꾸려는 투쟁과 결부된다면 더욱 그러할 것이다.

실제로 시간의 정치 일반과 노동시간 단축이라는 특정한 요구는 유급 가사노동을 둘러싼 페미니즘 정치와 관련이 있어 보인다. 페미니스트들은 서비스를 더 많이 구입하는 것이 대중매체에서 흔히 가정하듯 오랜 시간의 노동을 해결하는 간단한 방책이 되어 주지 못한다는 점을 인식하고 있다. 최근 페미니즘 저널에 실렸던 글에는 〈가사노동에 돈을 지불하는 것이 나쁜가?Is it Wrong to Pay for Housework?〉(Meagher 2002), 〈일하는 엄마는 다른 여성을 억압하는가?Do Working Mothers Oppress Other Women?〉(Bowman and Cole 2009) 같은 제목이 붙었다. 이런 제목들을 보면, 이 글을 쓴 필자들의 대답이 합당하게 "아니오"라고 하더라도 유료 가사노동이라는 선택지가 일부 페미니스트에게 어떤 문제를 제기하는지 알 수 있다. 이런 질문들을 둘러싼 논의에는 다양한 입장이 등장하지만, 이 논쟁에 참여하는 페미니스트들 간에는 폭넓은 합의가 존재한다. 가정 내 고용의 조건을 개선하는 것이 중요하며 가사노동이 더 존중받고 더 많은 보수를 받아야 마땅하다는 것이다. 이에 더해, 가정 내 고용을 관장하는 규제가 좀 더 강화되고 동시에 그 강제력이 높아져야 하며, 종사하는 노동자들의 조직화 시도에 지원이 주어져야 한다고들 생각한다. 하지만 흥미롭게도 노동시간에 대한 의문은 제기되는 경우가 거의 없다. 논쟁은 긴 노동시간보다는 가사노동의 상품화를 받아들이거나 거절하는 데 페미니즘 차원의 이유가 있느냐에 더 초점을 맞춘다. 노동시간이 길기 때문에 이런 상품화된 서비스에 대한 수요의 상당 부분이 생겨나는 것이 명확한데도 말이다. 더 나은 노동을 위한 이런 투쟁들은 절대적으로 중요하지만, 더 적은 노동에 대한 요구 역시 마찬가지로 중요하다는 점을 나는 강조하고 싶다.

노동시간을 줄이는 것은 언제나 다양한 집단들이 대의를 공유할 수 있는 사안이었다. 데이비드 뢰디거와 필립 포너Philip Foner는 미국 노동과 노동시간의 역사에서 "노동시간 단축은 폭발적 요구가 되었는데, 직종·인종·성별·직능·연령·민족을 가로질러 모든 노동자들을 연합할 수 있는 독특한 능력을 가졌다는 게 이유 중 하나였다"고 지적한다.(1989, vii) 오늘날 이 요구는 페미니스트, 게이 및 레즈비언 활동가, 복지권 옹호자, 노동조합 조직체, 경제정의 활동가 간의 폭넓은 연합을 이끌어 낼 잠재력을 갖는다. 혹실드는 자녀들의 필요에 부합하기 위해 가족시간의 확장에 초점을 맞추는 것이 시간 운동가들의 폭넓은 연합을 조직하는 중심적 대의로 기능할 수 있다고 주장한다. 혹실드는 이 사안의 중요성에는 모두가 분명히 동의할 수 있다고 말한다.(1997, 258) 하지만 이런 식의 요구는 친밀성과 사회성의 표현에 대한 논의를 여전히 지배하는 전통적 가족 규범과 전제들을 강화하는 방향으로 쉽게 움직일 수 있다. 나는 이런 담론의 저수지와 사회적 의미의 우물에서 물을 길어 와 개혁 요구를 싹 틔우는 것이 관점이자 자극으로서의 요구가 가진 전망을 훼손할 수 있다는 데 우려를 느낀다. 그러므로 가족의 이름으로 노동시간 단축을 위해 싸우기보다는 더 설득력 있게 더 폭넓게 호소할 수 있는 요구, 더 풍부하고 창조적인 관점과 자극을 자유와 자율이라는 목표를 중심으로 빚어낼 수 있다고 믿는다. 이런 관점에서 생각하면, 시간은 우리가 바라는 어떤 방식으로도 쓸 수 있는 자원이다. 요구는 오늘날 임금노동 밖의 삶을 찾을 수 있는 공간에 머무를 시간을 더 많이 누리기 위한 것만이 아니다. 새로운 주체성, 새로운 노동과 비노동의 윤리, 돌봄과 사회성의 새로운 실천을 구성할 공간을 창조할 시간을 위한 것이기도 하다. 노동시간 단축 요구를 이렇게 좀 더 열린, 확장적인 목표들을 아우르는 방식으로 틀 지음으로써, "우리가 의지하는 것"을 위한 더 많은 시간을 요구함으로써—그리고 그 의지하는 것이 무엇이며 무엇이어야 하는지 지정하고픈 충동에 저항함으로써— 우리는 더 진보적인 연합을 창출하고 더 민주적인 담론을 이끌어 갈 수 있다.

미래는
지금 여기에

유토피아적
요구와
희망의
시간성

현실적이도록 하라, 불가능한 것을 요구하라.

—거리의 낙서

세상의 변화를 향해 생각하고, 세상을 바꾸려는 열망으로 충만하기만 하다면, 미래(우리 앞에 놓인 새로운 발전을 위해 열려 있는 공간)를 곤혹스럽게, 과거를 적힌 대로 직면하지 않는다.

—에른스트 블로흐, 《희망의 원리The Principle of Hope》

현재의 정치적 환경에서 기본소득과 노동시간 단축 요구는 당연히 "그저 유토피아적"이라고 일축될 수 있다. 비실용적이고 시기상조인 요구들에 시간을 낭비하느니 페미니스트며 여타 운동가들은 충분치 못한 에너지를 아껴 좀 더 정치적으로 달성 가능한 목표에 초점을 맞추는 게 낫다고들 한다. 이런 익숙한 논리는 두 요구를 비현실적인 것으로, 그리하여 불가피하게 온건하고 소규모인 정치적 개혁 조치들로부터 에너지를 분산시킬 위험이 있는 것으로 쉽사리 기각되게끔 한다. 다시 말해 이런 요구들에 덧씌워지는 유토피아주의는 결정적 흠결로 대개 여겨지고 만다. 누군가는 이런 요구들이 이 시대,

275   5장 | 미래는 지금 여기에

이 장소에서는 유토피아적으로 칭해질 뿐이라는 주장을 내놓을 수도 있을 것이다. 나 역시 현재의 경제 흐름에 비추어 이 요구들의 실용성을 논하려고 시도한 바 있다. 하지만 유토피아적이라는 비판에 대응하는 또 다른 방법이 있다. 이런 요구에 담긴 유토피아주의가 부채라기보다는 자산이라면 어떻겠는가? 유토피아주의라는 선고에 당황하거나 방어적으로 부인하는 대신, 수긍하고 인정하며 반응하면 어떻겠는가? 부끄러움 없는 이런 유토피아주의는 과연 어떤 모습이겠는가? 나는 5장에서 그 멸시적 함의에서 벗어나고자 "유토피아적"이라는 호칭을 거부하는 대신, 그 딱지를 수긍하고 유토피아주의를 독특한 사유와 실천의 방식으로 받아들이며, 유토피아적 요구가 무엇이고 무엇을 할 수 있는지 탐구하고자 한다.

물론 여기서의 논쟁거리 중 하나는 단어의 지위이다. 5장에서 "유토피아"의 정의는 폭넓게 이해될 것이다. 그저 좋은 사회에 대한 좀 더 전통적인 문학적·철학적 청사진들뿐 아니라, 뒤에서 설명하겠지만 대안의 상상과 구성을 향한 조각조각의 일별—瞥, 다양한 고양까지 포함된다. 이런 좀 더 단편적인 형태 중 하나인 "유토피아적 요구"는 협소한 실용적 개혁이 아니라 현재 사회적 관계들의 구성 방식에 대한 실질적 변환의 형태를 띤 정치적 요구이다. 나는 이 표현을 이런 의미로 사용한다. 유토피아적 요구는 눈살을 찌푸리게 하는, 아마도 우리가 당장의 성공을 기대하지 않을 요구이다. 현재의 구조적·이데올로기적 맥락에서는 실현하기 어려울—그러나 불가능하지는 않을—요구이다. 실현 가능하다고 여겨지려면, 정치적 논의의 영역에서 수많은 변화를 거쳐야 할 요구이다. 이런 의미에서 유토피아적 요구는 다른 세상을, 요구가 촉구하는 프로그램이나 정책이 당연히 실용적이고도 합리적인 요구로 여겨지는 세상을—역시 파편적인 형태로—예시해 보여 준다. 하지만 걸려 있는 것은 그 프로그램이나 정책의 지위만이 아니다. 가사임금을 주장했던 이들이 알고 있었듯이, 요구하는 정치적 행위 자체도 절대적으로 중요하다.

이런 요구들의 유토피아적 측면을 보다 완전히 이해하고 나서야 그 힘을 더 잘 파악할 수 있다는 것이 나의 주장이다. 따라서 유토피아주의의 영역을 좀 더 일반적으로 탐구하는 데서 출발하고자 한다. 유토피아적 요구에 대한 이 같은 분석을 위해 5장을 세 부분으로 나누었다. 첫 부분에서는 유토피아에 반대하는 사례를 검토한다. 여기서의 분석은 역사적인 것으로, 유토피아주의가 제2차 세계대전 이후의 시기에 어떻게 주변부화되었는지, 그 이후 그토록 흔히 불신받은 근거가 무엇인지에 초점을 맞춘다. 우파와 좌파의 두어 사례를 짚어 봄으로써 유토피아적 사유와 운동이 부딪히는 가장 중요한 반박과 장애 중 상당수를 수집할 수 있다. 두 번째 부분에서는 이런 비판들에 맞서, 주로 에른스트 블로흐의 저작을 바탕에 둔 철학적 항변을 내놓는다. 논의는 유토피아적 상상의 존재론과 인식론을 중심으로 하여, 희망의 개념과 희망을 기획으로 가져가는 이들이 부딪히는 인식적·정서적 도전을 탐구하는 것으로 끝맺는다. 세 번째 부분에서는 첫 번째에서의 역사적 초점과 두 번째에서의 철학적 영역에서 벗어나 유토피아적 기록이라는 형식적 영역으로 발을 들여놓는다. 유토피아적 표현의 형태와 기능을 짤막히 살피면서, 유토피아 문학과 철학적 유토피아론부터 선언문, 마지막으로 유토피아적 요구까지 다양한 장르의 가능성과 한계를 고려할 것이다. 나는 유토피아적 요구를 이런 다른 형태들에 비해 더 친숙한 것으로 가져다 놓음으로써 유토피아적 형태의 일반적 요건과 구체적 장점에 좀 더 날카롭게 초점을 맞출 수 있다고 생각한다.

유토피아에 대한 비판

이 절에서는 유토피아적 사유와 실천에 대한 표준적 반론 일부를 모아 보려 한다. 우파의 반﹅유토피아주의라 부를 수 있는 것 ─ 뒤이을 좌파 반﹅유토피아주의 계보와 맞추기 위해 ─ 에서 시작해 보자. 이렇게 불렀지만 실제로는 자유주의 담론 전통으로부터, 그리고 주류 정치 담론에서 두드러지게 나타나는 구체적인 사례들로부터 끌어낸 것이다. 이제 이것들을 공식적인 반유토피아주의라고 생각할 수도 있을 것이다. 아래 다시 다루겠지만 마르크스주의도 반유토피아적 태도를 품고 있다. 그러나 자유주의는 오랫동안 유토피아주의의 가장 시끄럽고도 가장 영향력 있는 비판 ─ 특히 영어권의 맥락에서 ─ 중 몇몇의 거처가 되어 주었다. 지배적 이데올로기라는 편안한 지위를 획득한 뒤 유토피아적 기원과 충동을 부정하는 것은 기존 체제가 쓰는 화법이다. 자유주의는 부분적 개혁주의만을 유일하게 수용 가능한 정치적 경로로 승인한다. 널리 이해되는 바로의 사회주의는 자유주의의 반유토피아주의가 가장 오래도록 노려온 과녁이다. 고로 반유토피아주의는 20세기의 상당 기간 동안 미국 내에서 반공산주의와 긴밀히 연결되어 있었다. 그 결과 미국의 자유주의 내 반유토피아주의의 구체적 내용은 국가사회주의가 막을 내리고 냉전이 끝나면서 크게 변화했다. 오늘날 유토피아주의에 반대하는 논지를 이해하려면, 자유주의, 신자유주의, 신보수주의 버전 등 다양한 사상의 관점에서 반유토피아주의가 어떤 식으로 진화해 왔는지 간략히 살펴보는 게 유용할 것이다. 이런 버전들이 계속해서 공식적인 반유토피아주의에 레퍼토리를 제공해 주기 때문이다.

미국 내 현대 반유토피아적 담론의 계보를 추적하기 위해 미국의 공식적 반유토피아주의의 진화 과정 중 매우 다른 시점에 등장한 두 편의 핵심 저작에 초점을 맞추고자 한다. 모두 그 설득력과 통찰로 칭송받는 저술들이다. 첫째는 1945년 출간된 칼 포퍼Karl Popper의 《열린 사회와 그 적들The Open Society and Its Enemies》이다. 이 책은 냉전이 자유주의의 이데올로기적 우세와 확신에 위협을 가할 것이라고 예상했다. 둘째는 프랜시스 후쿠야마Francis Fukuyama의 1989년작 《역사의 종말The End of History》로, 그 같은 위협의 종언을 공표한다. 각 저술은 새로운 정치적 시대의 새벽을 선언하며, 반유토피아주의가 되풀이되는 특정한 순간을 상징한다. 유토피아주의에 대한 자유주의의 일반적 불신이 새로운 사건들에 대한 반응 속에서 다시 모습을 드러내는 순간이다. 파시즘은 이런 위협들 중 하나였지만, 두 저자는 적어도 1950년 즈음 더 위협적인 반격은 공산주의 쪽에서 왔다는 데 동의한다.(Fukuyama 1989, 9, Popper 1950, vii)[1] 냉전의 시작에서 반유토피아주의는 포위된 자유주의의 불안을 표출하는 방식을 띠었다가, 냉전의 끝에서는 자유주의의 승리에 대한 확신으로부터 부상한다.

포퍼의 책은 그 핵심 주제 중 일부를 부연하는 한 편의 저작과 더불어, 냉전 시대 반유토피아주의 유형의 유난히 선명하고 설득력 있는 사례를 제시하는데, 그럼에도 그 유형은 다소 전형적이다. 이성과 정열 사이의 투쟁은 유토피아 비판이 서 있는 무대이다. 포퍼는 급진적 변화에 대한 제안이 이성을, 그리하여 문명을 위협한다는 것을 이해해야 한다고 주장한다. 포퍼는 자신과 같은 합리주의자—자신의 이상을 합리적 추론을 통해 발견하고 전파하며 포퍼의 표현을 빌리면 "불편부당한 판관의 합리적 태도"를 갖춘 사람(1947-48, 115)—와 감정에의 호소를 통해 이상을 퍼뜨리고 정열적 집착에 매달리는 "유토피아인Utopianist"을 구분한다. 전자는 "우리 자신의 존재와 그 한계에 대한 분별 있는 태도"를 피력하는 반면, 후자는 "히스테리적" 요소를 끼워 넣는다.(116) 포퍼의 설명에 따르면 이성은 인간 공동체와 조화의 약속과 결부되어 있는 반면, 유토피아주의는—본래 분열적인 정서와 감정에 "비합리적"으로 호소함으로써—홉스식 논리에 따라 필연적으로 폭력에 이끌린다.(1950, 419) 현저히 다르고 더 나은 세상을 향한 이 같은 꿈은 위험하다. 이런 꿈은 명백히 이루기 어렵고 언제나 미약한 이성의 규칙을 뒤엎어 우리를 "도취시키고" 그리하여 유혹할 위험이 있다. 포퍼는 "점진적 공학piecemeal engineering"을 선호하며 자신이 "유토피아적 공학"이라고 이름 붙인 정치 운동 및 개혁으로의 접근을 거부하면서, 기존 시스템에 대한 소규모의 변경— "궁극적인 최대선을 추구하며 그를 위해 투쟁하기보다는 사회의 가장 크고 가장 시급한 악을 찾아 그에 맞서 싸우는 것"(155)—이 정치적 행위의 유일한 합리적 경로라고 설득한다. 이 분석에 따르면 자유주의의 합리적인 대안은 없다.

후쿠야마는 자유민주주의의 소규모 개혁만이 사회변화에 접근하는 합리적 방법이라는 데 포퍼와 뜻을 같이하지만, 그 이유는 다소 달랐다.[2] 포퍼가 냉전의 전야에 책을 썼다면, 후쿠야마는 포퍼의 비판이 겨냥했던 자유주의의 두 주적, 파시즘과 공산주의가 패배했음이 선포되었을 때 책을 썼다. 후쿠야마는 "무언가 매우 근본적인 일이 세계사에 벌어졌다"(1989, 3)라는 의미의 말에 도달하고자, 냉전의 끝이 더도 덜도 아닌 "인류의 이데올로기적 진화가 끝에 이르렀으며, 서구 자유민주주의가 인간 정부의 최종 형태로서 보편화되었음"을 시사하는 것이라는 테제를 펼친다.(4) 그저 냉전이 끝난 것이 아니라 역사 자체가 끝에 이르렀다는 것이다. "서구 자유주의의 실행 가능한 체계적 대안이 완전히 고갈"되면서 이룩된 이런 "서구의 승리"

우리는 왜 이렇게 오래, 열심히 일하는가?

는 더 고도의 다른 인간사회 형태를 향한 이데올로기적 주장과 투쟁을 제거해 버렸다.(3, 13)[3] 후쿠야마의 자유주의적 반유토피아주의라는 브랜드는 이제 처방이 아닌 진술이다. 다시 말해, 추구하고 보호하고자 힘을 모아야 할 이상을 진전시키기 위해서라기보다는 인식해야 할 정치적 현실을 설명하기 위한 취지라는 것이다. 포퍼의 논증이 그토록 크게 비추었던 강력하고 전복적인 정열이 후쿠야마의 논증에서는 규모를 잃고, 손쉽게 거부할 수 있는 향수 어린 동경의 평범한 유혹으로 축소된다. 좋든 싫든, 유토피아적 꿈은 그 정서적 자극을 잃어 버렸다. 새롭고 더 나은 세상이 가능하다는 유토피아적 신념에 반反유토피아인들의 초기 세대는 대안이 **없어야 한다**는 주장으로 맞섰다. 이들 반유토피아인은—영미 자유주의의 이 새로운 이데올로기적 순간, 바로 신자유주의 지배의 전조이던 그 순간에—이제 대안이 **없다**고 선포한다. 포퍼가 합리주의의 이름으로 방어하던 것은 이제 현실주의의 깃발 아래 선포된다.

포퍼가 옹호했던 자유주의 이데올로기의 절대적 지배가 이룩되었다고 후쿠야마는 선포한다. 그러나 포퍼와 후쿠야마 모두 이런 역사적 이행의 순간들에—스스로 새로운 정치적 시대의 목전에 서 있다고 느끼며—이제는 대체되는 시대에 다소 회한을 품을 만큼 가깝다는 듯이, 약간의 애석함을 고백한다. 포퍼는 다른 사회에 대한 비합리적 꿈에 맞서 실용주의와 경험주의를 옹호했지만, 절제의 무료함, 열정이 아닌 이성의 편에 언제나 서는 일의 권태로움, 유토피아주의의 호소에 저항하는 데 필요한 지루한 경계를 향한 길을 가리키면서도 유토피아주의의 흡인력이 실제로 "너무도 매력적"이라고 인정한다.(1947-48, 112)[4] 후쿠야마는 후회를 이보다 더 드러내며 더욱 명시적인 주제로 삼았다. 아마도 패배한 것으로 결판난 것에 대한 향수는 상대적으로 무해하기 때문일 것이다. 포퍼는 열정이 위협적일 수 있음을 설득하고자 열정을 자극하는 홉스식 논증 방식을 썼는데, 이와는 반대로 후쿠야마는 미몽에서 깨어난 세계를 수긍하는 베버식 사유와 좀 더 가까운 사유를 보여 주었다. 진보의 제단에 희생된 무언가를 향한 심오한 양가감정으로 굴절된 관점이었다. 후쿠야마는 이런 희생을 앞에 두고, 정치적 혁신·용기·이상주의가 도구적 이성·비용−효능 분석·기술적 문제 해결·선택지 중에 고르기에 길을 내어 주기 전의, 아직 대담함과 창조성을 잃지 않았던 지나간 시대에 애도를 표했다.(1989, 118)[5] 이들의 두 가지 반유토피아주의 브랜드에 회한이 스민 데 놀라울 구석은 없다. 이들이 부정한 것─포퍼의 적과 후쿠야마의 전쟁 피해자 ─ 은 바로 정치적 상상과 열망의 가능성, 다름 아닌 희망 그 자체와 다름없었기 때문이다.

후쿠야마는 자유주의를 승자라고 선포했지만, 1990년대 자유주의의 필적할 것 없는 세계사적 지배가 선포될 때 따랐던 것 같은 확신이 있지는 않았다. 열강들이 경쟁을 벌이던 냉전 시대로부터 의기양양한 신자유주의의 부상으로 이행하던 시기, 후쿠야마의 선언은 다소 불확실했지만(저작의 제목은 질문의 형태였다. "역사의 종말?") 결국 공식적인 상식으로 굳어졌다. 포퍼가 그토록 두려워했던 자유주의 정치에의 위협과 냉전이 종결되자, 근본주의적 형태의 신자유주의가 부상할 터가 마련되었다. 이 같은 신자유주의 담론은 여러 방식으로 1990년대를 장악했다. 마거릿 대처Margaret Thatcher의 유명한 말처럼 "대안은 없다"는 단호한 주장을 중심에 둔 1990년대의 반유토피아주의는 포퍼의 후회나 후쿠야마의 향수로부터 벗어난 것처럼 보였다. 현실주의로 비쳐지는 이런 묵인에 피에르 부르디외Pierre Bourdieu가 새로운 종류의 경제적 숙명론이라고 특징지었던 것이 더해졌다. 경제

우리는 왜 이렇게 오래, 열심히 일하는가?

적 숙명론은 "세상이 지금 방식과 조금도 다를 수 없다고 우리가 믿기를 원한다".(1998, 128) 신자유주의 아래, 자유의 안전한 거처로서의 "자본주의 시장에 대한 로맨스"가 부활했고, 여기에 사회적 재생산의 필수적 장소이자 무정한 세상의 피난처로 기능하는 사유화된 가족에 대한 로맨스도 되살아났다.(Brenner 2000, 137) 현실로 받아들여지는 것의 조건, 현실적이라고 여겨지는 것의 표현은 지구적 자본축적의 요구에 부합한다고 판단되는 무엇과도 거의 일치하게 된다.

1990년대 후반의 이 같은 여론은 2000년대 초반 위기에 던져졌다. 그게 아니라면 적어도 방해에 부딪혔다. 새뮤얼 헌팅턴Samuel Huntington이 지적한 대로, 후쿠야마의 지루한 조화에 대한 예측은 얼마 안 가 "환상"이었음이 드러났다.(1996, 31). 금융위기, 신자유주의에 맞선 지구 곳곳의 반란들, 테러리즘, 그리고 계속되는 테러와의 전쟁이 구舊 냉전과 포스트−냉전의 세계 질서 구도에 위협을 가했고, 헌팅턴이 "문명의 정체성"이라 부른 것을 향한 애착을 약화시키려는 정치적 요구나 문화적 실천, 그리고 현 상태의 정당성에 맞서는 사상들에 어떤 면에서는 훨씬 덜 호의적인 정치적 분위기가 일어났다. 신보수주의 담론에 따르면, 우리의 희생과 경계를 요구하는 자유주의적 이성에 새로운 위협이 등장했고, 이를 무찌르려면 공동의 전제와 가치관에 대한 확신이 필요할 터였다. 조지 W. 부시George W. Bush 시대의 미국은 후쿠야마의 승리의 반유토피아주의보다는 포퍼의 위기의 반유토피아주의에 더 부합하는 환경으로 거슬러 올라갔다.

내가 공식적 반유토피아주의라고 부르는 것은 이 두 가지 기초적 선택지, 바로 자유주의가 위협에 처했다는 감각에 힘입은 반유토피아주의와 자유주의가 지배하고 있다는 감각에서 태동되는 반유토피아주의 사이를 번갈아 움직인다. 자유주의는 새로운 형태들로 계속해서 변형되는 반면, 유토피아에 반대하는 근거는 크게 변하지 않는 일체의 논리들 주변을 맴돈다. 포퍼의 접근과 후쿠야마의 진단 사이, 합리주의적 비난과 현실주의적 비난 사이, 대안은 없어야 한다는 선언과 대안이 이미 없다는 보증 사이를 오가는 것이다. 자유주의는 여전히 소규모 개혁주의만이 정치적 선택지로서 합리적이고 현실적이라고 여긴다. 대안적 미래에 대한 상상은 고전적 반유토피아적 존재론 및 인식론의 관점에서는 기껏해야 순진하고 최악의 경우 위험하다.

        ★ ★ ★ ★ ★

대안은 **없어야 한다**와 대안은 **없다**로 요약되는 이런 두 가지 비판 방식의 반복은 좌파 유형의 반유토피아주의에서도 발견할 수 있다. 하지만 이에 더해 고려해야 할 반론들도 있다. 제2기 페미니즘 내에서 일어난 유토피아주의의 쇠퇴와 그로부터의 퇴각을 짧게 살펴보면, 최근 좌파의 반유토피아주의 또는 포스트-유토피아주의 일부의 논리와 스타일을 이해할 수 있을 것이다. 여기에 더해 유토피아적 표현과 노력에 맞선 거부와 저항의 목록을 늘릴 수도 있겠다.

페미니즘은 흥미로운 대표적 사례인데, 페미니즘의 기획이 오랫동안 유토피아주의와 결부되어 왔기 때문이다. 정치적 현실주의가 콧대 세고 주먹 센 정치 방식과 결합하는 경향이 있다면, 유토피아주의는—전통적인 젠더 논리를 따라—마음은 순하고 머리는 무디다고, 좀 더 정확히는 마음이 순해서 머리가 무디다고 이해된다. 유토피아주의에 대한 이런 전통적인 여성화는 페미니즘이 역사적으로 이론의 실천이자 정치 개입의 방식으로 탈자연화에 힘을 쏟았다는

       우리는 왜 이렇게 오래, 열심히 일하는가?

것과 유토피아주의가 결부되면서 더 강화되었다. 사회적 관계들이 거기에 자연스러운 기초가 있다면서 고착될 때, 그 가치에 의문을 품고 대안을 제시하는 분석들은 비현실적이라며 손쉽게 기각될 수 있다. 그리하여 영미 페미니즘의 초기 설계자 중 하나인 매리 울스턴크래프트는 그녀의 비교적 온건한 젠더평등 주장조차 스스로는 그 합리성을 확신하고 있었음에도 "유토피아적 꿈이라고 불릴" 수 있음을 인정할 수밖에 없었다.(1996, 35) 유토피아적이라는 타인들의 선고에 대해 스스로 예방접종을 하기 위한 방편이었다.

경우에 따라 그 정도는 달랐지만 페미니스트들 스스로 유토피아적 사유를 감싸 안고 적극적으로 추구하거나, 혹은 그로부터 거리를 두고자 했다. 1970년대 미국에서는 좌파적 유토피아 기획이 부활했는데, 아마도 가장 강렬한 에너지와 창조성으로 그런 기획이 추구된 것은 페미니즘 내에서였을 것이다. 특히 급진적·사회주의 페미니스트들은 일상생활이 완전히 전환되어야 하며 그럴 수 있다고 주장하면서 유토피아 테마를 키워 나갔다. 이때는 재생산수단를 장악하자는 슐라미스 파이어스톤Shulamith Firestone의 악명 높은 요청(1970, 11)도 별 주목을 받지 못했던 시기였다. 더페미스트The Feminists*와 같은 급진적 페미니스트 그룹은 동등한 대접뿐 아니라 이성애적 성관계, 사랑, 결혼과 가족 제도의 철폐까지 요구했으며(1973, 370) 대안적 공동체들이 세워졌다가 난무하는 실험들 끝에 버려졌다. 기존의 젠더 공식이 다양한 방식으로 파괴되거나 뒤집히거나 변혁되는 세계를 어지러울

★   전미여성기구National Organization for Women에서 떨어져 나와 1968년 설립된 급진적 페미니스트 단체로 성역할을 폐기하자는 주장을 전면에 내세웠다. 1969년 뉴욕시 혼인허가국 앞에서 결혼 제도 철폐 시위를 벌인 것으로 알려졌다.

만큼 다양한 형태로 상상하는 페미니즘 유토피아 문학도 넘쳐났다.[6]

하지만 페미니즘의 유토피아적 사유와 운동에 대한 이 같은 관심은 얼마 안 가 사그라졌다. 1980년대 초 페미니즘 유토피아 문학은 감소세에 접어들었으며, 그와 함께 페미니즘 이론도 유토피아적인 것들로부터 비슷하게 멀어졌다.(Fitting 1990, Benhabib 1991, 146-47, Goodwin 1990, 3-4) 1980년대와 1990년대 미국 페미니즘에서 유토피아적 에너지가 이렇게 빠져나간 것은 공식적 유형의 반유토피아주의 부활과 연결된 경제적·정치적 구조조정과 똑같은 과정의 맥락 안에서 이해해야만 한다. 경제 발전은 노동계급이 누리는 힘의 전통적 기반을 허물었고, 노동자들을 고용주와 복지개혁에 점점 더 취약하게끔 만들었다. 복지개혁은 어머니들이 임금노동이나 결혼에 더 의존하도록 만들려는 것이었다. 이런 식의 경제 발전은 일과 가족의 대안을 향한 유토피아적 희망에 도움이 되지 않았다. 로빈 켈리가 지적했다시피, 어려운 시기를 견뎌야 한다는 압박은 대체로 정치적 상상을 일으키지 못한다. 대신 "응급상황에 대처하고 임시 피난처를 찾으면서 끊임없이 불을 끈다. 이 모든 게 현재 이외의 다른 것을 보기 어렵게 만든다".(2002, 11) 지금 여기에 소진되면서, 어느 때보다 고도화된 후기 자본주의의 구조에 대한 대안의 가능성은 더욱 먼 것처럼 보이게 된다. 톰 모일런Tom Moylan이 묘사한 바에 따르면 "1980년대와 1990년대의 더 날렵하고 더 인색한 세계는 유토피아적 성취보다는 반유토피아적 박탈로 특징지어진다".(2000, 103)

이런 경제 발전은 1960년대와 1970년대 페미니즘을 포함한 정치 운동들의 기반 상당수에 똑같이 공습을 퍼부었다. 페미니즘을 포함, 보다 확고하고 급진적 형태의 정체성 기반 정치는 1980년대 반격을 당했고, 1990년대에는 다양성 또는 다문화적 차이의 긍정이라는

우리는 왜 이렇게 오래, 열심히 일하는가?

좀 더 순화된 형태 안에서 그중 일부 요소가 복원되었다. 이 과정에서 이런 이론적 기획이나 정치 운동이 보다 유토피아적인 요소들을 수용할 수 있는지 새로이 질문이 제기되었다. 이런 맥락에서 유토피아적 형태의 상상과 운동은 또다시 적대적 정치 환경의 현실과 그리 공감하지 못하는 가상의 대중이 품은 회의주의에 비추어 부적절한 것으로 흔히 여겨졌다. 이런 새로운 환경에서 유토피아적 형태의 사유와 요구는 순진할 뿐 아니라—보다 주류의 청중들로부터의 신뢰가 이미 약화된 페미니즘의 입지를 더 떨어뜨릴 위협이 있다는 점에서—심지어 위험한 것으로 여겨졌다. 1980년대 많은 페미니스트가 가슴으로 받아들인 메시지는, 세라 굿원Sarah Goodwin이 슬프게 털어놓듯이 "우리는 명백히 회의적이고 실용적이고 현실적이 되어야 한다. 유토피아에서 탈피해야 한다"였다.(1990, 4)

이런 도전들에 맞서 일부 페미니스트들은 정치적 요구의 범위를 축소했고, 혁명적 변화를 향한 노력은 이미 얻어 낸 땅을 지키려는 투쟁으로 쏠려 가고 말았다. 1980년대 중반 사회주의 페미니스트 하나는 이렇게 불평하기도 했다. "우파에 맞서 우리는 같은 자리에 머물기 위해, 혹은 주류 페미니스트들이 이미 시작했던 요구를 놓고 싸우기 위해 페달을 힘차게 밟아야 한다."(English et al. 1985, 101) 페미니스트들은 한때 젠더와 가족, 일을 뛰어넘은 미래의 가능성을 받아들였었다. 하지만 이 새로운 환경에서 정치적 지평은 좁아지는 듯했다. 그리하여 우리가 아는 바대로의 젠더 너머로 나아가려는 열망은 지금 우리가 존재하는 대로의 더 폭넓은 젠더들이 인정받고 동등한 대접을 누리기 위한 노력에 자리를 내주었다. 여전히 사유화된 모델의 좀 더 포괄적인 버전을 추구하는 방향이 선호되면서 "가족을 박살내기" 기획, 대안을 추구하는 기획들은 대개 폐기되었다. 가족과 균형을 이룬 일에 대한 동등한 권리를 옹호하는 목소리 앞에서 탈노동 투쟁은 빛을 잃었다. 구조조정 정책의 타격을 완화하기 위한 엄호 행위와 순전히 방어적인 노력들이—복지개혁의 접근을 덜 끔찍하게 설계하려던 페미니즘의 노력도 여기에 포함된다—긴급히 요구되면서 반자본주의 의제 역시 무색해졌다.

대안은 없어야 한다는 것이 신자유주의의 승리와 좌파의 퇴각이 낳은 유일한 결과는 아니었다. 또 다른 결과로 제안의 요소를 거부하는 학문적 비판 모델이 점점 더 지배적으로 자리 잡게 되었다. 1980년대 페미니즘은 유토피아주의로부터 퇴각했지만, 페미니즘의 비판은 계속해서 번성했다. 실제로 페미니즘 이론의 규범적 측면들과 급진적인 정치적 상상은 사그라졌을지 몰라도, 그를 대신해 순전히 진단적 작업들에는 새로이 활기가 돌았고 엄청난 성취가 이루어졌다. 노골적으로 규범적인 기획들을 폐기하는 것은 특히 1980년대와 1990년대 탈구조주의가 우리에게 인식하고 따져 살펴보도록 가르쳤던 형태의 비판—전체화, 토대주의적, 도덕화, 본질주의—을 피하는 한 방법이었다. 이 시기 페미니스트들은 지나치게 결정론적인 분석들이 상정하는 수동적 주체를 흔히 비난했고, 정치적 행위주체의 가능성을 관례적으로 긍정했지만, 대안적 미래를 상상하거나 페미니스트들이 집단적 에너지를 결집하기 위한 경로를 구성하려는 일은 꺼리는 경향이 있었다. 아마도 더 나은 세상을 향한 그 같은 선언이나 변화를 위한 처방 때문에 다른 꿈을 품고 대안적 프로그램을 추구하는 이들이 배제되거나 주변부화되거나 비가시화될 될 위험이 생기지 않길 바랐기 때문일 것이다. 그리하여 규범적 이론의 기획을 부정하는 것은 규범적 선언이 부과하는 바와 배제하는 바를 거부하기 위한 한 방법이었다. 대안은 없어야 한다. 지금의 세상이 가능한 최선이기 때문이 아니라, 푸코의 자주 인용되는 말을 빌리자면 "또 다른 시스템을 상상하는 것은 현재 시스템에 대한 우리의 참여를 확장하는 것"이기 때문이었다.(1977, 230) 웬디 브라운은 이런 좌파 페미니즘의 논리를 다음과 같은 말로 바꿔 쓴다. "통치하는 정치적 진실이 언제나 존재한다면, 적어도 **우리가** 근본주의자이지는 말자. 모든 체제가 점령군이라면, 적어도 우리가 점령 세력이 되지는 말자."(2005, 101) 제인 베넷Jane Bennett은 푸코의 일반적 전략―자신의 규범적 입장을 밝히지 않음으로써 그 입장의 규범화 효과를 최소화하는 것(2002, 19)―이 페미니즘 내에서 비판에 접근하는 아마도 지배적인 방식으로 출현했을 것이라고 말한다. 베넷이 대안적 접근을 설명한 바대로 "누군가의 단언적 이론을 고집스럽기보다는 포용적이게 만드는" 방법들을 개발하는 대신(20), 대개 단언을 비판의 필수적 요소로서 거부했으며, 정치적 제안의 리스크를 피하는 방법으로서 폐기했다. 그리고 오늘날에도 많은 측면에서 여전히 그러하다.[7]

적어도 일부 좌파 진영에서 비평에 쏟은 투자에는 르상티망 ressentiment★과 멜랑콜리를 포함, 일체의 정서적 상태들이 함께 결합되었다. 이 정서적 상태들은 다른 미래의 가능성이나 그를 향한 욕망보다는 과거와 현재에 더 결부되어 있었다. 브라운은 이 영역의 일부를 상처 입은 집착들로 구성된 정치화된 정체성의 특정한 형태들, 그리고 그녀가 좌파 멜랑콜리로 이름 붙인 것의 망령에 대한 분석을 통해 그려 보였다. 브라운이 묘사한 대로, 르상티망에 힘입은 정체성 정치는 "스스로의 무기력에 깊이 몰입되었다. 앙심 품은 도덕화와 힘

★ 르상티망에 대해서는 310-311쪽 참조. '원한' 등으로 번역되기도 한다.

에 대한 비난을 통해, 그리고 괴로움을 널리 퍼뜨려서 그 무력함의 고통을 누그러뜨리고자 애쓰는 동안에조차 그러했다".(1995, 70) 이런 식으로 비판은 잘못된 방향으로 이끌리고, 변화의 전망은 기존 정체성을 보존하고 옹호하는 데 사로잡혀 한계에 갇힐 수 있다. 이런 분석 중 하나를 보면, 좌파 멜랑콜리의 경우에서 좌파는 그 자신의(많은 경우 이상화된) 과거를, 이제 자리를 빼앗긴 조직화의 형식과 정치적 경험의 방식을 애도한다. 일부 논의에서는 이런 애도가 멜랑콜리로 변할 수도 있다. 브라운이 묘사한 좌파 정서의 멜랑콜리한 방식에는 르상티망이 함께 따라붙는다. 브라운은 이 정서가 미래를 향하기보다는 과거를 돌아보는 욕망의 구조라고 특징짓는다. 멜랑콜리한 주체는 사회변화의 끊임없는 가능성보다는 주변부화된 좌파 비평에 더 애착을 가지며,(1999, 26, 21) 르상티망의 주체는 상처 극복의 가능성보다는 상처 자체에 더 주의를 기울이고 몰입한다.(1995, 74) 이런 정치적 존재 방식은 상실, 때로는 절망의 정서로, 과거에의 집착과 각성의 과정에서 남은 상처로 특징지어진다. 이런 존재 방식을 항구 삼아 독특한 반유토피아주의가 닻을 내릴 수 있다. 과거에 함몰되고 집착하는 어떤 태도는 다른 미래를 창조할 역량을 집어삼킬 수 있다. 급진적 요구로부터 전술적으로 거리를 두고 긍정의 차원을 배제한 비판 모델을 수용하는 일은, 이유는 서로 완전히 다르지만, 적대적 세상에서 유토피아주의는 위험하다는 포퍼의 경고, 대안이 없어야 한다는 주장과 같은 의미이다. 그리하여 이런 종류의 좌파 멜랑콜리와 르상티망은 우리가 좋아하든 싫어하든 대안은 실제로 없다는 후쿠야마의 주장과 공명한다.

여기까지 우리는 유토피아적 사유와 실천에 대한 원칙적 반론들, 역사적 방해물들, 그리고 정서적 저항들을 살펴보았다. 유토피아는 현실과 그 상관물들, 이성과 현실주의의 이름 아래 비판받아 왔다. 규범적 요구를 목표로서만 파악하고 목표의 여러 요소 중 하나로 여기지도 않는 비판 모델은 유토피아를 거부해 왔다. 또한 포퍼의 공포와 후쿠야마의 향수부터, 최소한 일부의 경우, 지금과 다른, 더 나은 미래를 향한 욕망을 꺼뜨리는 좌파의 르상티망과 멜랑콜리까지 일시적으로 왜곡된 정서들 일체가 유토피아에 그늘을 드리웠다. 하지만 종종 언급되곤 하는 유토피아의 소멸 선언에도 불구하고 정치적 유토피아주의는 살아남았다. 그 호소력과 효과를 고려하는 다른 주장들이 있다는 것이 끈질기게 이야기되어 왔다. 유토피아 비판에 대한 몇 가지 답변을 찾기 위해, 앞서의 장들에서 취했던 전략으로 돌아가 마르크스주의 전통 내에서 비교적 덜 알려진 대안들 중 하나에서 통찰과 영감을 구해 보고자 한다. 여기서 살펴볼 것은 에른스트 블로흐의 작업이다. 블로흐를 통해 우리는 유토피아주의의 실천을 다시 검토하고, 그 존재론적·인식론적 근거를 간략하게 살펴볼 것이다. 그 후 블로흐와 니체를 바탕으로 희망을 시간성의 방식, 시간에 대한 인지적·정서적 관계, 그리고 역사성, 현실주의와 미래성 간의 관계를 접근하는 방법으로서 탐구할 것이다. 그 뒤를 잇는 것은 블로흐로 시작하고 끝나면서 동시에 니체로부터 배우는 일종의 철학적 간주間奏다.

유토피아를 옹호하며: 에른스트 블로흐의 '아직'의 존재론

다시 한 번 마르크스주의는 뻔한, 동시에 의외의 자원이다. 여기서는 유토피아주의를 옹호하는 데 마르크스주의를 자원으로 삼는다. 뻔한 것은 포퍼와 후쿠야마를 포함해 반유토피아주의자들이 너무도 흔하게 마르크스주의를 과녁으로 삼기 때문이며, 의외인 것은 역사적으로 마르크스주의자들이 너무도 자주 유토피아주의라는 딱지를 거부해 왔기 때문이다. 실제로 마르크스주의 전통이 일반적으로 유토피아라는 범주에 적대적이었음을 고려하면, 마르크스주의에 유토피아주의라는 혐의가 붙는 것은 아이러니가 아닐 수 없다. 마르크스와 엥겔스의 저작에서 이미 멸시적으로 쓰였던 "유토피아"라는 말은 마르크스주의의 과학적 입지를 구축하기 위한 노력들로부터는 더 심한 대접을 받았다.[8] 하지만 마르크스주의 내에 일을 생산 중심주의에 입각해 미화하기를 거부하는 반反전통이 있듯이, 유토피아적 욕망, 상상, 요구를 거부하기보다는 감싸 안는 마르크스주의 역시 존재한다. 에른스트 블로흐는 그 자신의 말을 빌리자면 "희망에 철학을 가져다주고자" 꾸준히 노력을 기울였다는 점에서 그중 가장 주목할 만한 사례이다.(1995, 1: 6)

블로흐의 매우 독특한 스타일은 그 비판적 판단력만큼 정치적·철학적 상상을 자극하기 위한 것이었다. 또한 블로흐의 주장은 분석적인 만큼이나 감응의 영역에서 행해진다. 블로흐의 저술은 최상의 경우, 철학적으로 풍성하고 개념상 혁신적이며 환기의 체험을 일으킨다. 그러나 최악의 경우, 좌절을 줄 만큼 모호하고 제멋대로이다.[9] 하지만 변덕스런 스타일을 떠나 블로흐를 비판적으로, 또 선택적으로 읽어야 할 이유가 있다. 블로흐는 가장 창조적인 마르크스주의자 중 하나이자 소비에트 체제의 철저한 옹호자였다. 창조적 상상력을 긍정하면서도 정통성을 지향한다는 모순이 그의 주장 상당 부분의 영향력에 현저한 한계를 짓는다. 한편으로 블로흐는 세계를 "울타리 쳐 있지 않은" 곳으로(1: 246) 미래를 열린 것으로 인식하면서, 다른 한편으로는 마르크스가 우리 앞길을 그려 놓는 데 성공했다는 확신

우리는 왜 이렇게 오래, 열심히 일하는가?

때문에 목적론적 보증과 결정론적 서사에 대한 자신의 원칙적 반대를 때때로 밀쳐 두기도 한다.[10]

하지만 세 권으로 된 블로흐의 주저 《희망의 원리》는 비판적으로 접근해 선택적으로 받아들인다면 유토피아적 사유와 실천의 대안적 개념화와 평가를 위한 풍성한 자원이 되어 줄 수 있다. 이 책은 또 다른 세상이 가능하다는 듯이 행동하는 것이 유별난 일이 아님은 물론이고, 합리적이며 또 현실적이라는 주장에 온 힘을 집중한다. 이성, 현실, 현실주의와 같은 범주는 반유토피아적 사유에서 협소하게 정의되면서, 각각 유토피아의 실패를 가늠하는 수단으로 사용된다. 블로흐는 이에 대응해 대안적인 존재론과 인식론을 빚어낸다. 현실이 이미 이루어진 것이 아니라 다른 것이 될 가능성까지 아우른다면, 유토피아적 사유, 즉 이성이 상상과 손잡은 사유의 방식은 현실주의의 또 다른 종류로 여겨질 수 있다. 나는 블로흐의 사유에서 가장 연관 깊은 요소들을 뽑아, "아직-이뤄지지-않은not-yet-become"것들, "아직-의식되지-않은not-yet-conscious"것들의 범주에, 그리고 그의 저작에서 가장 핵심적인 범주인 "희망"에 초점을 맞출 것이다. 하지만 그 전에 블로흐의 유토피아적 이성 개념을 간략히 살펴보자. 포퍼가 내놓았던 비판 모델이 닻을 내리고 있는 이성 개념에 대한 답변을 구할 수 있을 것이다.

유토피아적 이성

유토피아적 사유의 비합리성은 반유토피아주의 진영에서 내거는 혐의 중 아마도 해소하기 가장 쉬운 것일 것이다. 실제로 포퍼의 유토피아주의 비판을 지탱하는 협의의 이성 개념을 거부하는 데는 풍성한 역사가 있다. 대표적인 몇 가지만 꼽아도, 그 역사는 계몽주의에 맞선 낭만주의의 반란에서부터 젠더화된 이성과 감정의 이분법에 대한 제2기 페미니즘의 비판, 정서의 철학과 과학에 대한 보다 최근의 작업까지를 아우른다. 이런 비판에서 블로흐의 공헌은 마르크스주의 전통의 분석적 장치들이 과학적으로 혁명적으로 적합한가에 대한 마르크스주의 내의 오랜 갈등으로부터 탄생했다. 마르크스주의 내 다른 많은 분파들과 함께 블로흐는 객관주의적 마르크스주의에 반대하는 입장에 선다. 객관주의는 유토피아적 사유를 분석적으로 성립할 수 없다고 여기며, 사적 유물론을 전망이 결여된 과학적기획으로 본다. 이와 대조적으로 블로흐는 자신의 기획을 마르크스주의 내 두 가지 경향을 융합한 것으로 본다. 두 가지 경향 중 하나를 블로흐는 "차가운 흐름cold stream"으로 부르는데, 실증적 분석과 분석적 이성이 지닌 탈신비화의 힘에 전념하는 경향이다. 다른 하나는욕망, 상상, 희망이 함께 하는 "따뜻한 흐름warm stream"이다. 마르크스의 유명한 열한 번째 테제*를 따르자면, 지식의 실천은 그 실증적 정확도나 비판적 날카로움뿐 아니라 잠재적인 정치적 영향력으로 평가받는다. 정치적으로 영향력 있는 지식에는 "현상을 존재하는 대로, 서 있는 그대로 받아들이는" 관조적 이성이 아니라 "움직이는 대로, 따라서 더 나아질 수 있는 바로서도 바라보는" 참여하는 이성이 필요하다.(Bloch 1995, 1: 4)

좀 더 구체적으로 보자면, 유토피아적 사유를 배제하는 이성의 개념을 블로흐는 두 가지 방책에 기대어 비판한다. 첫째, 블로흐는 상상의 지적 생산성을 부정할 어떤 정의에도 반대한다. 블로흐는 분석

---

* "철학자들은 세계를 단지 다양하게 해석해 왔을 뿐이다. 그러나 중요한 것은 세계를 변화시키는 것이다."

우리는 왜 이렇게 오래, 열심히 일하는가?

적 이성과 창조적 이성을 딱 잘라 구분하기를 거부하며, 발견과 발명, 해석과 창조의 단순한 대립까지 엉클어뜨린다. 둘째, 블로흐는 포퍼의 반유토피아주의의 핵심에 있는 이성의 개념을 지탱하는 인지와 정서의 대립을 거부한다. 블로흐가 보았을 때, 유토피아적 희망— 뒤에서 좀 더 자세히 탐색해 볼 범주인—은 이성과 상상력 모두를 필요로 할 뿐 아니라, 두 가지 다른 정서의 존재로 특징지어진다. 하나는 열정의 "따뜻한" 정서이고 하나는 냉정의 "차가운" 정서이다.(3: 1368) 범주로서의 희망은 이성과 정열의 대립을 부정할 뿐 아니라, 상상력의 기능에 대한 무시를 거부한다. 포퍼는 상상력의 기능을 무시하며, 이를 유토피아주의의 비합리성을 보증하는 근거로 삼았다.

아직-이뤄지지-않은 것들

일종의 사변적 행위로서나 정치적 열망의 방식으로서나 필연적으로 유토피아주의가 비현실적인가 아닌가는 그 비평가들에 따르면 무엇을 현실적이라고 보는지에 달렸다. 포퍼와 후쿠야마는 현실성reality의 다소 약화된—블로흐의 표현을 빌리자면 "좁아지고 약해지는"—개념을 상정했다. 다시 말해 이루어져 가는 과정으로부터 사실로서 분리될 수 있는 것만을 현실적이라고 여기는 개념이다.(1: 197) 이에 반해 블로흐가 내놓는 대안은 존재론의 과정 모델로, 역사적 출현의 복잡한 과정들을 좇는다. 이 모델은 철학 전통에서 드문 것이 아니다. 존재론의 역사화 기획에 블로흐가 공헌한 바가 신선한 점은 이미 이루어진 것의 진행형 움직임에도 주의를 기울인다는 사실이다.[11] 블로흐가 "아직-이뤄지지-않은Not-Yet-Become" 것들이라고 부른 존재론은 현실을 과거로만 확장되는 것이 아니라 미래로까지 뻗어 가는 하나의 과정으로 본다. "현실인 것The Real은 과정이다. 즉 현재와 종결되지 않은 과거, 그리고 무엇보다 가능한 미래 사이의 폭넓게 갈라진 중개이다."(1: 196) 블로흐의 좀 더 확장적인 현실 개념에 따르면 "아직-이뤄지지-않은" 것들의 핵심에 놓여 있으며, 블로흐가 펼치는 유토피아주의 옹호가 닻을 내리고 있는 개념은 "예상하는 요소들은 현실 그 자체의 한 부분"이라는 것이다.(1: 197) 블로흐는 현재를 파악하려면 과거로부터의 출현, 과거와의 결속을 이해하는 데 그쳐서는 안 되며, 현재의 최첨단과 열려 있는 가능성까지 파악하고자 해야 한다고 제안한다. 현실적인 모든 것은 역사만이 아니라 지평까지 가지고 있다는 것이다.

블로흐는 유토피아주의에 대한 반박의 바탕에 있는 현실의 개념에만 반기를 든 것이 아니다. 현실주의로서 현실의 적절한 표현을 구성하는 것에 대해서도 반박한다. 결국 현실이 정적이라는 가정, 미래가 현재와 다르지 않을 것이라는 가정이야말로 전혀 현실적이지 않다. 현실주의는 모든 현재의 순간에 미래가 탄생한다는 인식, 그 미래가 무엇이 될지는 아직 결정되지 않았다는 인식을 필요로 한다.[12] 블로흐가 내놓는 대안적 현실주의는 현재의 거주민들을 구성하는 서성대는 과거와 그 거주민들이 기대하거나 상상하거나 욕망하거나 두려워하거나 염려하거나 고대하는 미래들과의 관계 안에서 현실을 바라본다. 블로흐의 표현을 빌리면 "현실적 현실주의"는 현재를 그 계보들과 최전방들 모두와의 관계 안에서 파악하고자 한다.

아직-의식되지-않은 것들

유토피아를 꺾기 위한 포퍼의 처방과 유토피아의 사망을 선고한 후쿠야마의 선언 모두에 깔려 있는 가정이 하나 더 있다. 블로흐는 이 가정에 의문을 제기했다. 유토피아주의가 보통의 생활에 요구되

우리는 왜 이렇게 오래, 열심히 일하는가?

는 실용주의와 양립 불가능하다고 판단될 만큼 터무니없으며, 그 결과 무력화되었다고 상상할 수 있을 만큼 미약하다는 가정이다. 실제로 그 비판자들에게 유토피아주의는 변칙적인 무언가, 고상한 추구이자 특이한 탐닉, 매일의 정상적 일상과 현실적 고려로부터 동떨어진 무언가다. 유토피아적 욕망은 별난 것으로 여겨졌다. 바로 그 때문에 포퍼는 이를 정복해야 할 뿐 아니라 정복할 수 있는 것으로 여길 수 있었으며, 후쿠야마는 유토피아적 욕망이 말라 버렸고 그 원천이 고갈되었다고 선언할 수 있었다. 여기서 다시 블로흐는 유토피아를 향한 열망과 의지가 얼마나 끈질긴지 더 잘 설명할 수 있는 반론을 내놓는다.

"아직-의식되지-않은Not-Yet-Conscious"것들은 우리가 아직-이뤄지지-않은 것들을 열려 있는 가능성으로 기대할 수 있게끔 하는 것들을 지칭하기 위해 블로흐가 사용하는 용어다. 블로흐는 이 개념을 프로이트Sigmund Freud의 무의식 개념과 비교하여 전개한다. 아직-의식되지-않은 것들은 무의식의 또 다른 면으로 사회적·정치적 욕망의 저장고에 닿아 있다. 이 사회적·정치적 욕망은 프로이트의 리비도의 개별화된 욕망에 필적하는 것이다. 프로이트의 무의식이 과거 지향적인, 망각되고 억압된 것의 창고라면, 아직-의식되지-않은 것들은 미래를 지향한다. 블로흐는 **"프로이트의 무의식에 새로울 것은 없다"**라고 불평하면서(1: 56) 그 반면에 아직-의식되지-않은 것들을 창조성의 원천이자 지적 생산성의 장으로 제시한다.(1: 116)

아직-의식되지-않은 것들 —미래를 생각하고 원하는 이런 역량— 은 아주 다양한 관습이나 유물에서 발견할 수 있다. 블로흐는 비록 초기적 형태일 뿐이긴 하지만, 백일몽을 꾸는 행위를 예로 든다. 흔한 원형原型적 유토피아주의의 많은 사례가 유토피아적 욕망과 상상이 어디에나 존재한다는 주장을 뒷받침하는 데 쓰일 수 있을 것이다. 그럼에도 백일몽은 특히 적절한 예로 보이는데, 유토피아 그 자체와 마찬가지로 헛되고 하찮은 것으로 너무도 흔히 이중의 폄훼를 받기 때문이다. 비생산적으로 시간을 쓰는 일이라는 악명이 높은 데다가―실제로 아마 "나태한 방종"의 전형일 것이다―밤에 꾸는 꿈만큼 심리적 중요성과 깊이가 없는 피상적 현상으로 취급된다. 블로흐는 이런 판단에 의문을 제기하고자 했다. 이를 위해 블로흐는 백일몽이 그만두기보다는 고양해야 할 것일 수 있다는 제안으로 생산 중심주의에 입각한 비판에 대응했으며, 백일몽은 무의미하고 하찮은 것으로 묵살해 버릴 수 있는 반면 밤에 꾸는 꿈은 우리의 가장 깊은 충동과 동기의 문을 연다는, 백일몽에 대한 심리학적 비판에 깔린 가정에 반박했다. 백일몽에 대한 이런 비난은 그 무용성과 시시함을 예단하는 이상으로 나아간다. 백일몽은 흔히 골칫거리로 취급되는데, 백일몽이 결핍―집중력의 상실, 시간의 낭비, 생산적 활동의 중지―을 가리키기 때문만이 아니다. 더 크게 되고 더 많이 갖고 싶다는 우리의 무절제한 욕망, 자면서 꾸는 꿈의 원동력인 리비도의 과잉에 필적할 만한 사회적 욕망의 과잉을 드러내기 때문이기도 하다. 과분한 즐거움을 누리려는 이런 욕망이 어찌할 바 없이 자기탐닉적으로 보인다는 데서 문제는 그치지 않는다. 사회적·정치적 상상력을 통한 이런 실험들 역시 위험하다고 취급된다. 가질 법한 것만을 원하도록 스스로 허락하는 식의 사회 조정 전략을 위험천만하게 깨뜨린다는 것이다. 이런 익숙한 추정을 통해 백일몽은 가치 없는 것, 방종을 허락하거나 탐색을 정당화하기에는 충분히 생산적이지도 기능상 재생산적이지도 않은 것으로 여겨진다.

여기서 블로흐는 다시 프로이트의 꿈과 다소 논쟁적인 대비를 이

우리는 왜 이렇게 오래, 열심히 일하는가?

루는 입장을 내놓는다. 논쟁에 대해 얘기하자면, 블로흐의 분석에 등장하는 백일몽이 일종의 이상형이라는 점을 짚어 두는 것이 좋겠다. 블로흐는 특정한 경향을 강조하고 다른 경향은 최소화하여, 독자가 주목하길 바라는 지점을 과장해 보여 준다. 이를 통해 너무나 친숙한, 그럼에도 이상하리만치 철학적으로 전혀 조명되지 않은 현상 속의 어딘가 다른 지점을 깨닫게 하기 위해서다. 블로흐는 이런 희망찬 도피와 개인적 환상 안에서 다소 다른 종류의 욕망과 추론의 방식, 즉 인지적·정서적 실천의 또 다른 형태가 남긴 흔적을 찾게끔 이끈다. 여기서 백일몽과 밤에 꾸는 꿈의 차이가 발을 들여놓는 길로서 제시된다. 블로흐에 따르면 두 가지 꿈을 통해 우리는 "전혀 다른 지역으로 들어가 자물쇠를 연다".(1: 87) 뒤에서 보겠지만 두 가지는 꿈꾸기의 방식과 꿈의 내용에서 대개 서로 다르다.

보다 구체적으로 보자면, 네 가지 점에서 백일몽과 밤에 꾸는 꿈이 구별된다. 첫 번째, 백일몽은 밤에 꾸는 꿈과 달리 블로흐가 "뚜렷한 길clear road"이라 부른 것으로 흔히 특징지어진다. 백일몽은 현실을 약화하거나 심지어 왜곡하기도 하지만, 환각이나 밤에 꾸는 꿈과는 달리 보통 현실을 대대적으로 바꾸지는 않는다. 행위가 이루어지는 물리적·사회적 배경의 기본 신조는 거의 익숙한 상태로 남는 경향이 있다. 게다가 백일몽은 잘 때 꾸는 꿈에 비해 꿈꾸는 이의 유도에 더 잘 따른다. 꿈꾸는 이는 "자신의 이미지들에 끌려가거나 제압되지 않는다. 이미지들은 그럴 정도로 독립적이지 않다".(1: 88) 백일몽은 지시에 따른 구성체다. 꿈꾸는 이는 백일몽의 내용을 선택할 수 있다. 두 번째 특징은 첫 번째 점과 긴밀히 연결되어 있는데, 백일몽은 "보존된 자아preserved ego"로 특징지어질 가능성이 더 크다는 사실이다. "백일몽을 꾸는 '나'는 갈망하는 더 나은 삶의 상황들과 이미지들을 처음부터 끝까지 의식적으로 은밀히 상상하기를 멈추지 않는다."(Bloch 1970, 86) 꿈꾸는 이는 흔히 자신self으로서 인식될 수 있다. 꿈꾸는 이가 되고자 바라는 자신으로 변형된 것일지라도 그러하다. 자아가 비교적 강하게 남아 있다는 또 다른 증거가 있다. 이런 대낮의 상상은 검열 아래 놓이는 경우가 덜하다. 꿈 작업dream work*이 밤 시간의 여행에 생기를 불어넣는 소망을 위장하는 기능을 한다면, 그런 소망은 백일몽의 원천으로서 더 명확하게 드러난다. 백일몽을 꾸는 과정에서 꿈꾸는 이가 자신의 소망을 부끄럽게 여기거나 그 소망을 충족하면서 얻는 기쁨에 죄책감을 느낄 가능성은 더 적다. 실제로 백일몽의 자아 ─ "유토피아적으로utopistically 강화된 자아" 즉 "스스로 확장하는 의지"를 지닌 자아 (1995, 1: 91) ─ 가 더 나은 삶을 상상하는 이 무대에서는 욕망에 채워진 고삐가 느슨해진다. 여기서 다른 세상에 대한 유토피아적 상상의 발목을 잡는 흔한 자기비난과 도덕화가 줄어들어, 더 많은 것을 향한 우리 욕망의 은밀한 실험이 허락된다.

블로흐는 백일몽의 세 번째, 네 번째 특징을 각각 "세계-개선"과 "최후로의 여행"이라는 제목을 붙여 소개한다. 세계-개선 활동으로서 백일몽은, 적어도 블로흐가 인식하고 고려하길 바랐던 형태의 백일몽은 대개 사회적 요소를 포함한다. 다시 말해, 백일몽을 꾸는 이들은 사막 위에 홀로 있는 자신을 상상하기보다는 사회적 세계의 일부로서 자신을 구상하기 마련이다.(1995, 1: 92) 밤에 꾸는 꿈은 지독히 개인적이고, 심지어 유아론적인 경향이 있다. 그 내용은 위장된 형태를 띠므로 타인과 소통하기도 어렵다(친구가 지난밤 꿈을 세세하게 이야기하

★ 무의식의 욕망을 검열하고 왜곡하여 받아들일 만한 형태로 위장하는 심리적 과정을 가리키는 말이다.

느라 허덕거리는 것을 들으며 지루함을 느꼈던 걸 떠올려 보라). 반면 백일몽의 희망찬 이미지들은 인식 가능한 현실에 바탕을 두며, 동시에 상호주관적 지향을 띤다. 따라서 더 쉽게 소통될 수 있다.(1: 93–94) (친구가 최근 꾼 백일몽을 자세히 털어놓는 것을 듣는 것이 훨씬 흥미로울 것이라고 생각하겠지만, 백일몽은 자기검열의 대상이 되는 경우가 잘 없으며, 그 속의 욕망이 너무 직접적으로 드러나고 충족되기 때문에 다른 이들에게 털어놓는 경우가 드물다.) 하지만 백일몽을 이상적이라기보다 그저 세속적인 것이라고는 말할 수는 없다. 백일몽은 세계-개선을 지향하는 경향이 있다. 세계-개선 활동으로서 백일몽은 밤에 꾸는 꿈과 다르다. 백일몽은 대개 더 나아진 상호주관적 상황, 즉 꿈꾸었던 자신의 강화된 버전—더 강한 나, 더 행복한 나, 더 칭송받는 나, 더 사랑받는 나 등—과 양립하는 상황을 염원한다. 백일몽은 그런 의미에서 미래 지향의 꿈이며 "전조와 예감"만큼 전적으로 퇴영적이지 않다.(1: 87) 블로흐는 집단적 요소, 이런 몽상들의 심지어 가장 나르시시스트적인 요소일지 모를 세계-개선의 측면에 주의를 기울이도록 일깨운다. 그리고 마지막으로, 최후로의 여행으로서 백일몽은 그 소망의 실현에 좀 더 집중한다. 백일몽을 꾸는 이들은 그들의 소망이 실현될 수 있을 상황의 윤곽을 상상하는 연습을 한다. 밤에 꾸는 꿈과 달리 백일몽은 "목표가 있으며 그를 향해 전진한다".(1: 99)

이런 점에서 백일몽은 다른 미래들을 향한 욕망을 충족시키고, 그 욕망을 실현할 방법을 실험하며, 그 실현의 상상을 누리게 해 준다. 백일몽은 유토피아가 아니다. 하지만 그 안에서 유토피아적 사유에 활기를 불어넣는 바로 그 아직-의식되지-않은 것들을 일별一瞥할 수 있게 해 준다. 정치적 이성의 원초적 표현, 그리고 새롭고 더 나은 삶의 형태를 향한 욕망과 의지에 힘입은 상상을, 비록 이렇게 제한된 그리고 야심 없는―블로흐의 판단에는―형태로나마 접하게 되는 것이다. 블로흐가 백일몽을 취급하는 이런 방식이 그토록 흥미로운 이유는 미래를 향한 사회적 상상이 어디에나 존재함을 인정하고, 그 실천에 착수하도록 도울 수 있기 때문이다. 유토피아주의가 억제할 수 있는 비교적 고립된 현상이라고 바라본 후쿠야마 같은 이들의 생각과는 달리, 백일몽의 사례는 더 나은 세계의 상상에 기름을 붓는 훨씬 끈질기고 오래 가는 무언가가 있을지 모른다는 것을 보여 준다.

이제까지 보았듯이 블로흐는 비평가들이 유토피아를 공격하는 데 사용하는 바로 그 인식론적, 존재론적 기반 위에서 유토피아를 옹호한다. 블로흐는 유토피아적 사유와 욕망에 대한 우리의 개념을 그저 환상에 불과한 무언가에서 현실에 대한 권리를 가지며 현실 안에 존재론적 기반을 둔 무언가로, 비현실적인 추구에서 현실주의 방식의 인식론적 권위를 지닌 실천적 시도로, 가장 유별난 방종에서 가장 평범한 실천으로 옮겨놓고자 한다. 하지만 여기에 대처해야 할 반박이 하나 더 있다. 유토피아적 사유와 행동은 미래에 대한 상상이나 투자에 기대는데, 여기에는 정서적 장애물이 존재한다.

희망의 기획

무엇이 이성, 현실주의, 그리고 현실로 여겨지는가에 대한 논증은 익숙한 철학의 영역이다. 마지막 장애물은 해결하기 더 어려운 것이다. 어째서 덜 두려워하거나 덜 원한을 품거나 덜 멜랑콜리해야 하는지 논하는 일은 무의미하고 주제넘은 일일 것이다. 그 대신 나는 시간에 대한 다른 접근법을 권하는 것이 가능하다고 제안하고 싶다. 이후의 논의에서 나는 시간의 다른 정서적 경제를 북돋우며 그로부터 북돋는 기획으로서의 희망에 어떤 가능성과 어떤 난관이 있는지 살펴보고자 한다. 블로흐는 백일몽과 같은 희망찬 이미지들에 이바지하는 이성과 상상, 욕망의 방식을 고양하는 일, 그리고 그것들을 "다듬어진 유토피아적 의식"(1995, 1: 12)으로 이끄는 일이 얼마나 중요한지 강조했다. 이런 백일몽의 일부는 단순한 도피 이상이 아닐지 모르지만 "다른 일부는 그 핵심에 희망하기가 있다". 그리고 이는 "가르칠 수 있는 것"이다.(1: 3) 이런 재료를 의식으로 가져와 발전시키는 과정은 우리를 블로흐가 의식적으로-아는conscious-known 희망이라고 부른 것, 다시 말해 기획으로서의 희망이라는 영역으로 이끈다.(1: 147) 블로흐는 희망을 두 부분으로 나누어 정의 내리는데, 나는 이 유용한 정의에서 출발하고자 한다. 뒤이어 니체로 옮겨가 이해를 깊이 발전시킬 것이다. 니체를 흔히 유토피아 이론가로 접근하지는 않지만, 니체가 블로흐의 분석을 몇 가지 점에서 중요하게 보완해 준다는 사실을 뒤에서 확인할 수 있을 것이다. 블로흐와 니체를 읽으면서 나는 각각 한 쌍의 개념에 초점을 맞추었다. 블로흐의 실체적 유토피아 개념의 핵심인 두 가지는 현실의-가능한real-possible 것과 새로움novum이며, 니체가 르상티망과 허무주의의 처방으로 내놓은 제안의 중심에 있는 두 가지는 영원회귀와 초인이다. 블로흐와 니체의 이 두 가지 교훈과 만남으로써 유토피아적 희망의 중심에 있는 역설과 그 지적·정치적 기획이 직면할 몇 가지 난점—인지적이며 동시에 정서적인—을 더 잘 이해할 수 있다. 이를 통해 보면 희망은 누군가가 갖거나 갖지 않는 것이라기보다는 고양될 수 있고 점차 훈련될 수 있는 것이다. 비록 우리의 두 스승이 이야기하듯, 그 과정이 쉽거나 위험이 따르지 않는 것은 아니다.

블로흐에게 희망은 확장적인 범주이다. 하지만 블로흐는 처음의 진입로를 제공하고자, 희망을 분석적으로 구분 가능하나 경험상으로는 서로 얽혀 있는 두 요소로 나눈다. 블로흐의 설명에 따르면, 희망은 인지적 능력이면서 감정이다. 인지적 능력으로서 희망은 시간을 가로질러 사고하는 방식으로, 앞서 언급했듯이 상상력과 이성이라는 두 수단을 통해 작동한다. 여기서 희망에 대응하는 것은 기억이다.(1995, 1: 12, 112) 하지만 희망은 감정이기도 하다. 아마 좀 더 정확히 표현하자면, 정서affect일 것이다.[13] 인지적 역량으로서 희망은 기억의 능력과 닮았으며 우리가 "희망하기"라고 부를 수 있는 것은 기억하기나 역사화하기에 견줄 만한 행위이다. 반면 블로흐는 정서로서의 희망—또는 내가 "희망참"이라고 부를 것— 은 공포와 근심의 반대에 있는 것으로 볼 때 가장 잘 이해할 수 있다고 주장한다.(1: 12)[14] 정치적 기획으로서의 희망은 인지적 역량의 연마와 정서의 생성을 필요로 한다. 두 형태 모두에서 블로흐는 희망이 훈련되고 함양될 수 있는 것이라고 주장한다. 블로흐는 이 같은 이분된 정의를 유용한 출발점으로 제안하지만, 나는 블로흐의 유토피아적 희망에 대한 논의가 정서에 대한 통찰로서보다는 미래를 사유하는 인지적 실천의 지침으로서 더 유용하다고 본다. 따라서 나는 철학적 분업을 도입해보려 한다. 지금과 다른 더 나은 미래를 파악하기 위한 기획을 분석하는 데에서는 블로흐에 기대고, 그런 미래를 원하고 의지하는 데 무엇이 필요할지에 대한 추가적 통찰을 얻기 위해—유토피아적 희망의 이론가로 니체를 해석하는 것은 아마 니체가 원한 바에 부합하지는 않겠지만—니체를 살펴볼 것이다.

인지적 실천으로서의 희망이 직면한 가장 큰 난관은 우리가 과거와 현재의 테두리를 넘어 생각하기가 어렵다는 데 있다. 블로흐는 시간상의 한 시점을 온전하게 사유하려면 시간적 추론의 두 가지 방식—뒤돌아 사유하기와 앞서 사유하기—이 모두 필요하다고 주장한다. 이런 점에서 블로흐는 시간적 틀의 어떤 부분도 기억과 희망 중 한쪽만의 영역으로 넘기지 말고, 기억과 희망을 결합해야 한다고 이야기한다. 그럼에도 역사성은 친숙한 철학적 영역인 반면, 미래성은 상대적으로 간과된 채 남아 있다. 따라서 "희망을 학습하기" 기획에는 양방향으로 시간을 가로지르며 사유하는 인지적 역량을 개발하는 것이 포함되어야 한다.

블로흐는 추상적 유토피아와 실체적 유토피아를 구별하는데, 이 점이야말로 이런 목표에 부합하는 교훈 중 하나이다. 유토피아인을 공상에 빠진 자들이라고 비난하는 이들과는 달리, 스스로 유토피아인인 블로흐는 두 발을 땅에 굳게 딛고 있는 것이 얼마나 중요한지 강조한다. 유토피아적 희망이 유용한 지적 활동이자 정치적으로 효과적인 동력이 되려면, 현재 국면에 대한 분석과 기존의 경향, 믿을 만한 가능성과의 관계 안에 기반을 두어야만 한다. 추상적 유토피아와 실체적 유토피아의 대조는 바로 이 점을 표현하기 위해 제시된다. 추상적 유토피아는 이를 가능한, 불가능의 반대인 미래로 만들 수 있을 현재의 흐름과 조건을 충분히 고려하지 않고 만들어진다.[15] 추상적 유토피아는 공상적 내용에, 보상의 기능을 할 뿐이다.(Levitas 1997, 67) 그에 반해 실체적 유토피아는 블로흐의 표현을 빌리면 "현실의-가능한" 것과의 관계 안에서 생겨난다. 블로흐의 설명에 따르면, 실체적 유토피아는 "역사적 흐름 자체 안에 놓인 꿈"으로서 "현재 사회가 이미 배태하고 있는 형식과 내용이 세상 밖으로 나오기를 바라는" 것이다.(1995, 2: 623) "과정으로 매개된"(2: 623) 유토피아로서, 실체적 유토피아는 보상이라기보다는 예상의 기능을 한다.(Levitas 1997, 67) 이런 방식으로 추상적 유토피아와 실체적 유토피아의 구분은 미래가 과거 및 현재와 맺는 관계를 기준으로 삼는다. 실체적 유토피아주의의 실천으로서 희망하기는 그렇게 된 바 대로의 현재를 무시하지 않는다. 오히려 다른 미래를 생성할 수도, 생성하지 않을 수도 있는 역사적 동력과 현재의 잠재력을 반드시 인식해야 한다. 현재는 잠재성과 경향성의 지렛목이다.[16]

인지적 실천으로서의 유토피아적 희망은 현재에서 출발해야 하지만, 당연히 거기에서 멈출 수는 없다. 유토피아적 사유의 인식론적 난관은 희망을 품은 주체가 불가능의 반대로서 가능한 미래만이 아니라 급진적으로 다른 미래를 지지한다는 데서 온다. 현실의-가능한 것에 근거하면서도 그 한참 너머로 나아가는 미래를 긍정하는 것이다. 여기에서 실체적 유토피아의 두 번째 특징이 나타난다. 실체적 유토피아주의는 현재적 가능성에 근거하며, 고로 이상주의나 미래주의와 혼동되어서는 안 된다. 현상의 이상주의idealism of the status quo를 생각하면, 불화 없는 변화를 꿈꾸는 수많은 사례가 떠오른다. 노동, 가족, 시민들의 종교관을 바탕으로 국가 결속을 꿈꾸는 신보수주의의 이상부터 시장 논리의 방해받지 않는 통치 덕에 자유롭고 공정해진 세계를 꿈꾸는 신자유주의의 탈정치화된 전망 또는 오바마Barak Obama 의 선거 구호인 '희망과 변화'에 흔히 달라붙어 있는, 포스트-신자유주의의 코앞에 닥친 탈인종 도시의 전망까지. 국가적 운명의 실현이나 회복의 달성을 향한 이런 꿈이 유토피아적 염원에 닿아 있을지는 몰라도, 여전히 급진적으로 다른 세계보다는 현재의 더 나은 버전에 대부분 머물러 있다. 비슷하게, 실체적 유토피아의 사유는 미래주의와도 구분되어야 한다. 예측의 실용적 "과학"과는 반대로, 블로흐가 생각한 실체적 유토피아주의는 객관적으로 가능한 것에 예속되지 않는다.(1995, 2: 580) 블로흐는 예기치 않은, 변혁적인 "새로운New 것으로의 도약"(3: 1373)에 주목하고자 시간 흐름의 기계론적 혹은 예언적 모델을 무너뜨리는 수많은 개념을 내놓는데, 새로움novum의 범주는 그중 하나다. 이런 면에서 새로움novum은 "기계적 시간Time, 또 시간Time"에 빚지는 세계가 아니라 **"질적 가역성, 가소성 그 자체의 세계"**를 긍정하는 개념이다.(1: 286) 이런 설명에 따르면, 현재와 미래의 관계를 사유하면서 결정론의 유혹적인 단순성이나 목적론의 위안에 굴복하는 것은 새로움novum을 배신하는 것이다. 현상의 이상주의와 미래주의는 모두 현재로부터의 예측 가능한 진화라는 면에서 미래를 상상한다. 이와는 달리 실체적 유토피아의 사유는 미래를 좀 더 우연적 전개로서 접근해야 한다. 여기에는 중대한 파열, 예기치 않은 전개의 가능성이 있다.

유토피아적 희망의 인지적 과제는 실체적 유토피아의 이런 두 가지 요소를 한꺼번에 생각하는 것이다. 다시 말해, 현실의-가능한 것과 새로움novum 모두에, 현재라는 씨앗에서 돋아난 익숙한 새로움과 —프레드릭 제임슨이 새로움novum을 묘사한 바에 따르자면— "완전히 기대치 못할 만큼 새로운 것, 절대적이고 고유한 예측 불가능성으로 놀라움을 자아내는 새로움" 모두에 집중해야 하는 것이다.(1971, 126) 그리고 여기에는 어려움이 따른다. 현재와 미래의 관계를 경향으로, 동시에 파열로 생각하기는 쉽지 않다. 미래는 우리가 인지적 지도를 그려야 하는 대상이면서, 표면상 우리의 노력을 넘어설 수밖에 없는 것이다. 이런 인지적 영역의 협소하게 한정된 조건 안에서 보자면, 새로움novum이 열어젖히는 미래와 현재의 격차는 사유가 그 대상에 적합하지 못하다는 점을 보여 주는 것처럼 보인다. 이런 익숙한 딜레마에 대해서는 뒤에서 서로 다른 유토피아의 형태들, 그리고 유토피아 연구의 핵심적 난제로 남은 것에 대한 접근을 살피면서 더 논하게 될 것이다. 여기서는 그저 유토피아적 전망의 힘이 한편으로는 미래를 아는 데서부터, 다른 한편으로는 그 미래를 원하고 의지하는 데서 온다는 점을 짚어 두고자 한다. 아는 것과 원하는 것은 분명히 연결되어 있긴 하지만 똑같은 것은 아니며, 반드시 같은 수단을 통해 이루어지는 일도 아니다. 좀 더 구체적으로 말하자면, 다른 미래를 원하는 것과 그 미래를 실현하는 것은 그 미래가 어떤 모습일지 아는 것에 달려 있지 않을 수도 있다. 블로흐는 유토피아적 희망의 감정적 또는 정서적 차원이 앎의 기획으로서의 유토피아와 정치적 기획으로서의 유토피아 사이의 필연적 연결 고리라는 점을 알고 있었다. 유토피아적 사유와 실천은 판단하고 창조하는 이성의 활용만큼이나 정서의 역량에도 달려 있다. 블로흐는 "이런 감정적 작업은 우리가 닥쳐오는 것에, 스스로 속해 있는 것에 자신을 적극적으로 던져 넣기를 요구한다".(1995, 1: 3) 희망이 정치적 동력이 되려면, 희망이 그저 사유의 문제여서는 안 된다. 희망은 욕망과 의지의 문제이기도 해야 한다. 희망을 그저 인식론적 동력이 아니라 정치적 동력으로 파악하려면, 희망의 범주를 이해하는 데 정서적 차원이 더해져야만 한다.

니체를 통해 유토피아적 희망의 정서적 기획에 대한 블로흐의 설명을 발전시키고, 그 기획이 내놓는 난점을 파악하기 전에 희망을 공포와 불안과 대비되는 정서로서 제안하는 블로흐의 견해를 다시 한번 살펴보자. 블로흐에게 공포와 불안의 근본에 있는 듯한 것은, 그리고 정서적 지향으로서 공포와 불안을 희망참과 구별하는 것은 이 감정들이 주체에 미치는 영향이다. 공포와 불안에는 사그라뜨리고 무력화시키는 무언가가 있다. "실제로 자기를 소멸시키는 무언가가 그 안에서 자신을 드러낸다."(1995, 1: 75) 블로흐는 사르트르Jean Paul Sartre를 들어, 특히 공포가 "그 사람을 소거해 버리는" 상태라고 표현한다.(3: 1366) 공포는 대개 소모적 동력으로, 공포가 자리 잡으면 그 사람의 다른 차원들이나 노력들은 모두 뒤로 물러나곤 한다. 이런 통찰을 바탕에 두고 사회적 관계의 영역으로 확장해 보면, 비슷한 방식으로 공포가 그 주체를 무력하게 하며, 취약성을 통해 타인들에게 노출되게끔 하고, 그럼에도 보호 반응의 결과로 타인들과 접속할 수 없게끔 한다는 사실을 깨달을 수 있다. 당연히 공포는 중요한, 그리고 여기서의 목적으로 보자면 정치적 계보와 역사를 설명하는 정서이다.[17] 토머스 홉스Thomas Hobbes는 공포의 정치적 효과에 대한 고전적 분석이라 할 만한 것을 내놓았다. 홉스는 공포를 주체가 자연 상태로부터 벗어나 자신의 권력을 포기하고 주권의 의지에 바치는 데 동의하도록 이끄는 정열이라며 칭송한다. 코리 로빈Corey Robin의 지적에 따르면, 홉스가 공포를 그토록 중요한 정서로 본 것은 그 주체가 공포로 마비되지 않기 때문이다. 오히려 공포는 행동을 일으키는, 구체적으로는 자기를 보존하도록 행동하게 하는 자극으로 작용한다.(2004, 41) 다시 말해 공포는 주체의 자기보존 의지를 명료하고 두드러지게 나타내는 역할을 한다. 개인적·집합적 역량을 사그라뜨리면서도 행동하게끔 자극함으로써 공포는 우리를 고무하면서 동시에 좀먹는다. 홉스의 설명에 따르면 공포는—그가 보기엔 유용하게도—정치적으로 무력화시키는 정서로서 기능한다. 죽음의 공포를 느끼는 주체는 자유를 대가로 치르고 자기보존을 택한다.

공포에 찬 주체는 자기보존의 의지로 위축되는 반면, 희망찬 주체는—블로흐의 설명을 기초로 기본 윤곽을 잡아 보자면—좀 더 개방적이고 확장적인 주체성의 모델을 보여 준다. 희망찬 주체는 그저 자기보호로만 축소되지 않는다. 희망참은 더 포괄적인 범위의 연결과 목적을 가능하게 한다. 블로흐가 묘사한 바와 같이 "희망의 감정은 그로부터 뻗어 나가 사람을 얽매기보다는 폭넓어지게끔 만든다".(1995, 1: 3) 공포에 찬 주체와 희망에 찬 주체의 이 같은 대비에서 결정적으로 보이는 것은 후자는 그저 살아남는 게 아니라 지금 이상이 되고자 한다는 점이다. 그리하여 블로흐의 표현을 빌리면 희망찬 주체에게 "자기보존은 자기확장이 된다".(1: 76)

니체는 유토피아 이론가로 흔히 읽히지는 않으며 니체가 희망이라는 범주를 통해 자신의 분석을 설명하지는 않지만, 그의 영원회귀와 초인에 대한 가르침은 희망찬 주체에 대한 지금까지의 거친 형상화를 발전시키는 데 쓰일 수 있다. 공포의 주체와 희망의 주체와 같은 이런 다양한 모델들을 비교하기 위해 나는 대표적 유형들—이 경우 시간에 대한 정서적 관계의 측면에서 특징지어지는 주체의 유형들—에 관한 주장을 펼치는 철학적 수사에 의존할 것이다. 그저 철학적 초상으로서 환원될 수도 있을 것이 정치적 상징으로서 유익한 것으로 드러날 수도 있다고 믿기 때문이다. 내가 희망찬 주체의 모델로 제안하려는 니체의 개념은 정반대의 또 다른 유형, 즉 "르상티망의 인간"으로부터 생겨난 것이다. 르상티망의 인간이라는 주체 모델을 통해 니체는 사람이 특히 빠지기 쉬운 질병에 대한 비판적 진단을 발전시켰다.[18]

블로흐가 희망을 개념화하면서 그랬던 것처럼 니체는 르상티망을 정서적 상태이자 인지적 행위로서 설명한다. 후자의 측면에서 르상티망은 망각의 능력에 비해 기억이 지나치게 발달한 것이다. 니체는 "르상티망의 인간"이 오랜 상처 위를 배회하는 것이라고 본다. 르상티망의 인간은 과거에 사로잡혀 온전한 현재의 즐거운 경험을 누리지 못한다.(1967, 127) 이런 주체는 근본적으로 반응적인 의지를 속성으로 지녔다고 정의된다. 증오와 후회, 과거로부터 생겨난 것을 향한 비난 어린 상태로 파묻혀 있는 주체로, 과거의 흔적을 품고 있다.

르상티망의 주체가 경험하는 시간과의 정서적 관계는 자기처벌과 자기축소로 이어진다. 이 주체는 자신이 무엇이 되었는지 긍정하지 못한다.

유토피아적 희망의 관점에서 문제 삼는 것은 당연히 주체가 미래성과 어떤 속성의 관계를 맺는가이다. 르상티망의 주체는 현재를 삼키는 과거에 사로잡힌 채 르상티망의 동력으로 미래의 전망까지 잃어버린다. 미래의 전망은 현재와 별반 다르지 않은 전망, 혹은 과거에 복수할 수 있는 전망으로 축소될 뿐이다. 과거가 커다란 그림자를 드리워 새롭고 다른 미래의 가능성을 덮어 버린다. 하지만 니체가 그린 이런 초상에 담긴 정서적 시간성에 있는 문제는 이 주체가 앞이 아니라 뒤를 본다는 데 있지 않다. 훨씬 더 중요한 것은 주체가 과거와 맺는 관계, 바로 무력화하는 순간에 존재하는 방식, 무관심과 체념을 일으키는 정서적 시간성이다.

고로 새롭고 보다 희망찬 시간성을 향한 첫걸음을 내딛으려면 과거로부터 탄생 가능한 현재와 우선 맞붙을 수 있어야 한다. 다시 말해, 우리는 현재를 써 내려가는 저자가 아니라 그저 과거의 부산물이 되도록 위협하는 과거와의 관계를 바꿀 수 있어야 한다. 영원회귀, 즉 모든 것이 되돌아온다는 교의—아주 간단히 말하자면, 과거가 되돌아와 현재를 계속해서 생성한다는 개념—는 과거와의 해로운 관계, 그 관계가 현재에 끼치는 해악에 대한 니체의 처방이었다. 영원회귀는 현재가 영원히 돌아올 것이라고 믿게끔 하는 교의로 제시된다. "내가 얽혀 있는 복잡한 원인들은 돌아와 나를 다시 창조할 것이다!"(Nietzsche 1969, 237) 이 개념은 과거를 긍정할, "**과거와 현재가 영원으로 반복되기를 바라는**" 존재가 될 우리의 역량을 시험하고자 한다.(Nietzsche 1966, 68) 니체는 이렇게 묻는다. "이 최종적이고 영원한 확인과 봉인 외에는 **더 이상 아무것도 요구하지** 않기 위해서는, 어떻게 그대 자신과 그대의 삶을 만들어 나가야만 하는가?"[*](1974, 274) 숙제는 과거를 잊거나 역사의 구성적 힘을 무시하는 것이 아니라—예를 들어, 고통과 괴로움의 현실은 부인하지 않고 인정해야 한다—다른 미래를 실현할 수 있도록 과거와 관계를 맺는 것이다.

영원회귀의 가르침에는 여기서 짚어 두어야 할 두 가지 측면이 있다. 첫째, 니체에게 이 교의는 인식론적 제안이라기보다는 존재론적 개입이다. 캐슬린 히긴스Kathleen Higgins가 지적했듯이 "우리 삶에 실제적 영향을 끼치는 것은 이 교의가 제안하는 내용이 **진실**인지가 아니라 우리가 이 교의를 받아들이는지이다".(1987, 164) 다시 말해 영원회귀를 우리가 믿는지, 우리가 시간이 이런 식으로 흐른다고 생각할 수 있는지가 중요한 것이 아니다. 그보다는 "이 대단하고 **고무적인** 개념"의 정서적 효과가 중요한 것이다.(1974, 274) 이런 식으로 느낀다는 것이 무엇을 의미하겠는가? 시간에 대해 이런 지향을 경험하게 된다면 당신은 어떤 존재가 되겠는가?

짚어 둘 두 번째 점은 니체가 영원회귀를 통해 처방하는 정서적 시간성—니체가 보여 주고자 분투하는 역사성과 미래성 사이의 특정한 관계, 정서적 기록부—은 그가 전개하는 긍정의 개념에 달려 있다. 영원회귀는 과거가 현재와 미래 위에 잔존하는 효과를 인정하되, 르상티망과 심지어 허무주의를 낳는 특정한 잔존의 방식을 금하고자 한다. 해결책은 과거를 의지함으로써, 다시 말해 니체의 표현을 빌리면, 모든 "그러했던 것"을 "하지만! 내가 그러하길 원했다! 그래

★   안성찬·홍사현 역, 《즐거운 학문 / 메시나에서의 전원시 / 유고(1881년 봄-1882년 여름)》(니체전집 12), 책세상, 315쪽.

우리는 왜 이렇게 오래, 열심히 일하는가?

서 나는 그것을 의지할 것이다"로 바꿈으로써 "과거를 되찾아 오는" 것이다.(1969, 216) 하지만 여기서 강조하고 싶은 점이 있다. 과거를 의지하는 이런 의지는 창조적 의지로 이해되어야 한다.(163 참고) 니체의 교의가 가르치는 현재의 긍정은 과거가 만들어 낸 모든 것을 단순히 승인하거나 시인하라는 것이 아니다. 우리가 과거 안에 거주하는 방식에 적극적으로 개입하라는 의미이다. 긍정의 실천은 의지에 찬 개입이자, 그 대상에 대한 적극적인 전유이다. 질 들뢰즈Gules Deleuze의 정식定式에서 긍정은 동의가 아니다.(1983, 181) 이런 방식으로 과거를 의지하는 것은 과거를 받아들이거나 과거와 화해하는 것이 아니라, 과거가 흘러감을 통해 이룩된 우리의 현재를—증오와 체념의 원천으로서가 아니라 미래를 만드는 기초로서—긍정하는 것이다. 르상티망의 해독제로서 과거를 의지하는 것은 우리가 통제할 수 없는 역사의 결정하는 동력에 맞서, 역사가 만들어 낸 현재에 대한 우리의 적의에 맞서 우리의 힘을 일깨우려는 노력이다.[19] 이런 의미에서 긍정은 한때 어떠했는가나 어떻게 되기를 바라는가를 기준으로 자신을 평가한 후 지금의 상태를 거부할 것을 요구하지 않는다. 그보다는 우리의 현재를 긍정하고 그것을 의지하라는 것이다. 그 현재가 바로 지금과 다르게 되기 위해 분투할 구성적 기반이 되기 때문이다.

자기긍정은 니체가 권하는 이런 새로운 정서적 시간성을 향한 첫걸음이다. 원한 어린 과거의 마력 아래에서 벗어나 현재를 긍정하는 것, 자책에서 놓여나 삶을 긍정하는 것이 첫걸음이라면, 두 번째 걸음은 시간의 다른 측면, 바로 현재와 미래의 관계에 대한 것이다. 르상티망의 주체에 대한 니체의 처방은 현재에 사는 능력뿐 아니라 과거로부터 주체가 무엇이 되었는가를 선택적으로 긍정하는 능력에도 달려 있다. 이 현재의 주체, "인간man"의 이런 모델은 긍정되면서 동시

313   5장 | 미래는 지금 여기에

에 극복되어야 하는 것이다. 니체는 "인간은 목표가 아니라 다리이다"라고 말한다.(1969, 215) "인간"에 대한 미래의 대안이 목표일 수 있지만, 현재는 그것을 구성하는 장소이다. 니체는 "오직 어릿광대만이 '인간도 **뛰어넘을** 수 있다'고 생각한다"라고 선언한다.(216) 목표는 현재와 과거로부터 이뤄진 오늘의 우리를 보존하는 것—이를테면 다리 위에 머무는 것—이 아니라 이를 긍정함으로써 주체가 더 나은 미래를 의지할 수 있도록 하는 것이다. 결국 니체에게 삶의 생명력은 자기보존의 의지가 아니라 힘에의 의지이다. 목표는—이제 블로흐의 용어로 바꾸어 이야기하자면—자기보존이 아니라 자기확장이다.

초인은 또 다른 주체 유형을 보여 준다. 하지만 이 극복된 "인간" 형은 인간 주체의 새로운 모델에 대한 전망이라기보다는 자기극복의 또 다른 측면이 이루어지는 장소, 자기극복을 목표로 삼은 주체 유형을 보여 주는 하나의 방법이다. 자기보존에 전념하는 "현재의 주인"은 "**자신을 위해** 미래를 희생한다". 초인은 이런 "현재의 주인"과 대척점에 서 있다.(Nietzsche 1969, 298, 230) 영원회귀는 이런 질문을 던지며 우리를 시험한다. 자신을 포함하여 지금 존재하는 모든 것의 무한 반복을 견딜 수 있겠는가? 초인의 모습은 시간 틀의 또 다른 지점으로부터 우리를 시험한다. 자신의 변형을 의지할 수 있겠는가? 자신을 "뛰어넘어 창조할" 의지가 있는가?(145) 더 이상 "우리" 세계가 아닐 새로운 세계, 즉 우리와 같은 주체를 만들지 않을 사회의 형태를 창조하길 원할 수 있는가, 그리고 그럴 의지가 있는가? 니체는 이렇게 썼다. "사랑하기와 소멸하기는 영원으로부터 함께 움직인다." 우리가 사랑의 마음으로 희생하기 때문만이 아니라 외부와 맺는 정서적 관계는 변화를 일으킬 수밖에 없기 때문이기도 하다. 자신을 행위자로서 긍정하려면—니체식으로 표현하자면, 창조자로서 사랑하려면—

우리는 왜 이렇게 오래, 열심히 일하는가?

소멸하기 역시 의지해야 한다. 창조의 다른 얼굴은 파괴이기 때문이다. 다른 미래에서 우리 자신이 "소멸할 것"이라는 전망에, 그 미래는 우리와 우리의 아이들이 존재할 장소―우리가 여전히 우리 자신이나 우리와 가족처럼 닮은 사람들을 위한 장소를 상상하며 쓰는 흔한 비유로서―가 아니라는 것에 응답한다는 것은 무슨 의미일까? 나아가 공포와 두려움이 아니라 기쁨과 희망으로 응답한다는 것이 어떤 뜻일까? 이 두 번째 요소를 더함으로써 니체가 내놓는 새로운 시간성은 실로 역설적인 것처럼 보일 수 있다. 한편에서 우리는 과거를 직면함으로써 우리가 머물 수 있는 현재를 도려내고 현재의 자신을 긍정해야 한다. 다른 한편에서는 다른 미래를 창조하고 그를 통해 자기변형을 이뤄 낼 기획에 착수해야 한다. 니체의 전망이 너무도 어려운 것은 이 때문이다. 니체는 현재를 감싸 안고 자기를 긍정하면서, 동시에 현재와 자기를 극복할 것을 의지하라고 명령한다. 자기긍정이되 자기보존이나 자기강화는 아니어야 한다는 처방이다. 니체가 권하는 정서적 시간성은 과거의 결정력을 짓밟는 어떤 시간과 현재 사이에 약간의 거리를 만들어 낼 수 있다. 새로운 미래를 의지할 만큼 강해지기 위해서이다. 그 미래에 우리가 긍정하는 자기는 더 이상 존재하지 않는다.

유토피아적 희망에 대한 블로흐의 이론과 니체의 이론을 이렇게 한데 모음으로써 내가 도출하려는 시사점은 두 가지이다. 두 이론이 주는 첫 번째 교훈은 유토피아적 희망이 우리의 미래를 향한 지향에 달린 만큼 또는 그 이상으로 과거 및 현재와 맺는 관계의 속성에도 달려 있다는 것이다. 과거와 현재에 인지적으로 또 정서적으로 갇혀 있는 우리의 경향은 희망을 하나의 기획으로 직면하기 어렵게 만든다. 하지만 해결책은 과거와 현재를 무시하거나 부정하는 것이 결코 아니다. 실체적 유토피아는 현실의─가능한 것을 통과해야만 한다는 블로흐의 주장이나 니체가 주는 영원회귀의 가르침 모두 현재가 유토피아 구현의 장소라고 선언한다. 그리하여 블로흐는 과거의 부산물뿐 아니라 가능한 미래의 씨앗도 현재에 놓여 있다고 주장한다. 그리고 바로 그런 이유로 추상적이고 공상적인 유토피아 안에서는 현재를─니체의 표현을 빌리자면─"뛰어넘을" 수 없다는 것이다. 니체의 해석에서 역시 강조하듯이, 가능한 미래의 씨앗을 찾기 위해 현재에 인지적 주의를 기울이는 것만 중요한 것이 아니다. 정치적 행위주체들이 함께 움직여 세상을 바꿀 수 있는 장소로 현재를 긍정하는 것 역시 중요하다. 여기서 행위주체들은 그들의 상처에만 초점을 맞추고 현재에 대한 비판으로만 무장하지 않는다. 저항하고 창조하는 그들의 집합적 힘을 긍정함으로써 역시 힘을 모은다. 희망의 능력은 인지적으로 뿐 아니라 정서적으로 현재에 매여 있다. 그러나 니체와 블로흐 모두에게 현재the present는 경향성과 가장자리, 전선戰線과 행위주체가 있는 선물a present이기도 하다.

둘째, 니체와 블로흐의 이중적 가르침은 유토피아적 희망의 기획 한복판의 인지적이며 동시에 정서적인 난관을 제기한다. 하지만 니체의 역설적 개념이 더 큰 어려움을 던지는 것처럼 보인다. 인지적 행위로서의 희망하기에는 경향성의 측면과 파열의 측면 모두에서 생각하기가 필요하다. 즉 미래를 현재로부터 출현해 현재와 연결되어 있는 것이면서 동시에 알아볼 수 없을 만큼 급진적인 것으로 받아들여야 한다. 하지만 정서적 성향으로서의 희망참에는 훨씬 많은 것이 필요하다. (자기)긍정과 (자기)극복을 모두 의지해야 하고, 현재의 우리를 다른 우리가 될 수 있는 기반으로 긍정해야 한다. 이런 정서적 시간성─니체가 우리에게 함양하도록 촉구한 과거, 현재, 미래와의 독특

우리는 왜 이렇게 오래, 열심히 일하는가?

한 관계―의 어려움을 과소평가해서는 안 된다. 니체가 선언했듯이, 사랑하기와 소멸하기는 정말로 언제나 함께 움직이는지 모른다. 하지만 무너질 것이 우리를 가능하게 한 세계, 우리가 뚜렷한 주체로 존재할 수 있는 세계일 때, 새로운 세계를 창조하는 과업은 무섭고 심지어 디스토피아적인 예상이 될 수 있다. 프레드릭 제임슨이 "현재의 정열, 습관, 관습과 가치는 거의 남지 않을 것이라고 여겨지는―상상으로라도―너무도 중대한 변환의 과정에서 모든 것을 잃게 생겼다는 철저한 불안"이라고 예리하게 포착했듯이, 유토피아의 공포는 다르게 되는 것에 대한 공포와 궁극적으로 연결되어 있다.(1994, 60)[20] 세계를 재창조하는 정치적 기획으로 유토피아적 희망을 함양하는 것은 그저 다른 미래를 생각할 수 있는 것을 넘어 스스로 지금과 다르게 되기를 의지하고자 하 분투이다. 웬디 브라운은 이렇게 묻는다. "다른 종류의 존재가 될 위험을 무릅쓸 의지, 사회 세계의 구조를 바꾸되 그 안에서 권리가 박탈된 존재의 시선으로 그리할 욕망, 현재 질서의 미덕이 다른 질서를 만드는 것만큼 가치 있지 못하다는 신념을 지탱하는 것은 무엇인가?"(2005, 107) 여기서 희망의 기획은 우리의 지금 모습을 우리가 될 수 있는 다른 모습의 구성적 기반으로 긍정하기를 요구한다. 이런 관점에서 희망찬 주체는 복수나 회복, 승인이나 옹호를 좇는 이미 구성된 주체라기보다는 구성하는 주체이다. 구성하는 주체는 더 강해지려는 욕망뿐 아니라 보다 도발적으로 다른 존재가 될 의지로도 무장한 주체이다. 고로 희망의 기획은 도래한 것에 대한 르상티망과 그것을 대체할 것에 대한 공포와 동시에 맞서야 한다. 미래가 안정되어 있기 때문이 아니라―그 반대로 미래는 대재앙일 수 있다―더 나은 다른 미래가 여전히 가능성으로 남아 있기 때문이다.

유토피아적 형식과 기능

여기서 나는 분석을 조금 다른 방향으로 끌고 가려 한다. 철학적 사유라는 가상의 고지에서 내려와 실제의 유토피아적 소산들 — 희망의 기획들, 그러나 확실히 해 두자면 실체적 형식을 띠고 예시된 기획들, 고로 위에서 살펴보았던 유토피아적 충동과 가능성을 어느 정도로든 필연적으로 제한할 기획들 — 을 살펴볼 것이다. 우리는 매우 다양한 문화 형태와 정치 관습에 내재되어 있으며 그 덕에 힘을 얻는 유토피아적 욕망들을 찾을 수 있겠지만, 이어질 논의에서는 정치 이론에서 가장 쉽게 알아볼 수 있는 유토피아적 표현 형식들에 초점을 맞출 것이다. 대안적 세계의 상세한 전망을 제시하는 유토피아 문학이나 이론적 유토피아들에서부터 유토피아적 선언, 그리고 마지막으로 유토피아적 요구까지 아우르고자 한다. 유토피아적 요구를 이런 좀 더 친숙하고 확연한 유토피아적인 장르와의 관계 안에 위치시킴으로써 우리는 유토피아적 요구가 갖는 유토피아적 형식으로서의 적격성을 더 잘 이해하고, 그 상대적 장점과 약점을 좀 더 명료히 파악할 수 있을지 모른다.

비교 분석은 유토피아적 사유의 이런 형식들이 갖는 기능을 중심으로 삼을 것이다.[21] 가사임금 분석에서 관점으로서의 요구와 자극으로서의 요구에 이중의 초점을 맞추었던 것을 이 논의로 가져오고, 풍부한 유토피아 연구 자료들을 바탕으로 삼아 나는 일반적으로 파악되는 기능 두 가지를 찾아냈다. 첫째, 유토피아의 형식은 부정의 동력으로서 현 상태에 대한 비판적 관점과 현 상태로부터의 철수를 독려할 수 있다. 둘째, 긍정의 방식으로서 대안을 향한 자극으로서 작용할 수 있다. 다시 말해 한 가지 기능이 우리가 현재와 맺는 관계를

우리는 왜 이렇게 오래, 열심히 일하는가?

고치는 것이라면, 다른 하나는 미래와의 관계를 바꾸는 것이다. 하나는 멀어지도록 하고, 다른 하나는 희망하게 한다. 나는 각 기능을 간략히 검토하는 것으로 시작해, 다양한 유토피아 형식에서 이 기능들이 어떻게 훌륭히 또는 형편없이 작동할 수 있는지 살펴볼 것이다.

유토피아 형식의 첫 번째 기능은 현재의 장악력을 무효화하는 것으로 광범위한 해체를 일으킨다. 유토피아 형식의 구체적인, 그러나 결코 독특하지는 않은 힘은 다코 서빈Darko Suvin(1972)이 낯설게 하기estrangement라고 정의한 것을 위한 역량—다시 말해 익숙해져 버린 사회관계와 경험, 의미가 현재 배치된 방식의 너무도 알아보기 쉬운 윤곽들을 낯설게 만드는 유토피아 형식의 능력—에서 나온다.[22] 현재의 사회질서에는 자연스러운 산물, 불가피한 발전, 필연적 미래로서의 지위가 주어지는데, 낯설게 하기는 이런 지위를 약화시킨다. 이런 면에서 유토피아는 지그문트 바우만Zygmunt Bauman의 묘사에 따르면, 낯설게 하기는 현재를 상대화할 수 있게 하는 해체 기술로서, 현재를 인간 역사의 우연한 산물로 표현하고, 그리하여 다른 미래의 가능성을 열어 보인다.(1976, 13) 유토피아는 현재 질서로부터 이렇게 거리를 두도록 해 줄 수 있을 뿐 아니라, 우리를 현재에 묶어 두고 사회적 선택지와 정치적 가능성의 좁은 궤도 안에 가두는—상식, 현실성이라는 형식에 입각해서든 "그저 순수한 사실"에 끌려서든—인식의 틀, 즉 사유 습관을 정지시키거나 일시적으로 무력화시키는 작용을 할 수도 있다.[23] 마지막으로 유토피아 형식은 탈정체화와 탈주체화의 순간을 제공할 수도 있다. 다른 세계의 거주자를 묘사함으로써 미래의 존재 모델을 그려 내는 셈이 될 수 있는데, 이를 통해 우리 자신까지도 낯설게 느껴지기도 한다. 이런 측면에서 빈센트 게이건Vincent Geoghegan은 유토피아의 "뻔뻔하고 극악한 타자성 덕에 유토피아는 다른 분석 수단에는 없는 힘을 갖는다"라고 주장한다.(1987, 2) 여기서의 타자성은 계보학자가 역사적 과거를 활용하는 것과도 흔히 견줄 수 없는 것이다. 유토피아는 현재를 해체하고 그로부터 철수할 기회를 줌으로써 새롭고 다른 미래의 가능성을 열도록 독려할 수 있다. 이를 넘어, 이같이 폭넓은 해체를 가능케 하는 유토피아의 첫째 기능은 보다 구체적으로 비판할 수 있는 역량을 일으키고 또 강화한다. 유토피아 형식은 우리를 몰입시키는 일상의 익숙함으로부터 거리를 두게 함으로써 새로운 지점에서 현재를 비판적으로 평가하도록 이끈다.[24] 예를 들면 사회적 문제의 존재와 그 영향력의 정도를 그 문제가 없을 때를 상상함으로써 이해할 수 있기도 하다. 유토피아의 비판적 동력은 현재에 대한 이데올로기적 지지를 단순히 반대하는 데서가 아니라 그 안에서부터 이데올로기적 억제책 중의 적어도 일부를 밀어붙이는 데서 온다.(다음을 참조. Moylan 1986, 18-19)

유토피아 형식의 첫째 기능이 가상의 사회적 상황에서 뒤를 돌아보게 함으로써 실제 현재에 대한 우리 인식의 방향을 전환하는 것이라면, 둘째 기능은 우리의 주의와 에너지가 열린 미래를 향하도록 이끄는 것이다. 낯설게 하기가 앞서 묘사한 추출 작용 또는 무효화 작용의 핵심이라면, 희망은 내가 자극 기능이라고 부를 것에 절대적으로 중요하다. 유토피아는 더 나은 세계의 전망 또는 희미한 빛, 특히 현실의-가능한 것에 바탕을 둔 전망을 선사함으로써 정치적 욕망을 일으키는 작용을 한다. 또한 새롭고 더욱 충만한 집단성의 형식에 우리의 열망을 쏟아 넣게도 할 수 있다. 유토피아는 욕망의 자극을 넘어 정치적 상상에 영감을 불어넣어 줄 수도 있다. 이를 통해 잊고 있던 상상력을 뻗어 사회적·정치적 관계에서 무엇이 가능할지에 대한 사고를 확장하도록 이끌 수도 있다. 이런 면에서, 진 팰저Jean Pfaelzer

우리는 왜 이렇게 오래, 열심히 일하는가?

의 표현을 빌리자면 유토피아는 "우리에게 정치적 욕망을 불러내도록 부추긴다".(1990, 199) 마지막으로 이런 자극 기능의 일부로서 유토피아는 영감을 주는 모델의 역할을 할 수도 있다. 유토피아는 정치적 의지를 촉진하고 사회변화 운동을 집결하고 조직하는 데 도움을 줄 수 있다.

이런 거친 설명에 덧붙일 점이 두 가지 있다. 첫째, 이 두 가지 기능의 수행적 차원에 주목하는 것이 중요하다. 낯설게 하기 기능에서 유토피아적 기획을 다른 방식의 비판과 구분하는 속성 중 하나는 유토피아적 기획이 분석을 이끌 뿐, 보통 제공하지는 않는다는 것이다. 보다 친숙한 방식의 정치 이론들은 구체적 제도나 사회 체제에 대해 명시적 평가를 내놓고, 그러면 독자가 이를 받아들이거나 거부할 것이라고 기대한다. 이와는 대조적으로 유토피아 형식은 독자가 비교 분석을 시행하는 데 동참하고 함께 비판적 숙고 과정을 밟도록 초대하는 경향이 있다. 이런 의미에서 독자는 현재에 대한 비판적 숙고의 과정에 수용자가 아니라 참여자로서 초청되는 셈이다.(다음도 참조. Fitting 1987, 31) 자극 기능의 수행적 속성은 일부 다른 장르에서보다 더 두드러지는데, 이 속성은 유토피아를 새로운 시선으로 볼 수 있게 한다는 측면에서 인식해야 한다. 루이 마랭Louis Marin에 대한 제임슨의 독해를 빌려오자면 "유토피아를 과정, 현실태energeia, 선언, 생산성으로 파악하고, 암묵적으로나 명시적으로나 유토피아를 순전한 묘사로, 이런저런 이상 사회 혹은 사회적 이상의 '실현된' 전망으로 보는 보다 전통적이고 관습적인 견해를 거부하는 것"이 중요하다는 것이다.(Jameson 1977, 6) 유토피아적 대안은 실증적 현실로서가 아니라 지적 가능성으로 제안되기 때문에 우리를 그 가능성을 구축하고 구체화하는 과정으로 더 잘 불러들일 수 있는지 모른다. 다시 한 번, 누군가는 이론적 탐색의 비실증적 방식이 갖는 근본적 약점이라고 보는 것에서 어떤 이점을 발견할 수도 있는 것이다. 이렇게 보자면 유토피아 형식의 가치는 **무엇을** 원하고 상상하고 의지해야 하는지에 대한 처방보다는 우리가 원하고 상상하고 의지해야 **한다는 그 자체**에 있다. 미겔 아방수르Miguel Abensour는 유토피아의 역할이 욕망의 교육이라는 측면에서 이해되어야 한다고 주장한다. E. P. 톰슨이 아방수르의 견해를 설명한 바에 따르면, 도덕적 교육이 아니라 "욕망하도록, 더 잘 욕망하도록, 더 많이 욕망하도록, 그리고 무엇보다 다른 방식으로 욕망하도록 욕망을 가르치는 것"으로 이해해야 한다는 것이다.(Thompson 1976, 97) 이런 의미에서 유토피아 형식의 힘은 처방하기보다는 자극하는 역량, 예견하기보다는 생기를 불어넣는 역량에 있다. 제임슨 역시 유토피아를 결과물로서보다는 실습 방식으로서, 그 내용 때문보다는 그 형식 때문에 긍정한다. 제임슨은 유토피아의 형식이 "급진적 대안의 표현이 아니라, 그저 그런 대안을 상상하라는 명령이다"라고 말한다.(2001, 231) 이런 설명에 따르면 유토피아는 정치적 대안의 내용을 제시한다기보다는 정치적 의지를 자극한다.

내가 강조하려는 두 번째 점은 여기서 두 가지 분리된 기능으로, 해체하는 기능과 재구성하는 기능으로 따로 제시되었지만, 둘은 동시에 작용함으로서 각각을 변형시킨다는 것이다.[25] 예를 들어 낯설게 하기 기능의 일부로서 가능한 비판적 시각과 떨어져 보기는 긍정의 차원과 짝지어 있다. 따라서 니체의 망각 개념으로나 마르크스의 모든 존재하는 것에 대한 가차 없는 비판 모델로 가장 잘 포착되지는 않는다. 현재에 대한 "노no"는 다른 미래에 대한 "예스yes"의 가능성을 열어젖히는 데 그치지 않는다. 이 "노"는 그 "예스"와의 관계로 인해 변형된다. 현 상태를 정서적으로 떨어져 보는 것은 잠재적 대안에 대한 정서적 애착과 대안의 잠재성에 대한 정서적 애착 중 어느 것과 짝지어지느냐에 따라 달라진다. 마랭의 "무효화neuralization"라는 표현은 낯설게 하기 기능의 결과를 "비판critique" 같은 표현보다 잘 설명할 것이다. 비판의 대상은 무효화의 대상과는 달리 비판하는 자를 마법으로 계속 붙들어 둠으로써 일종의 힘과 위상을 유지한다.[26] 유토피아 형식은 낯설게 하기뿐 아니라 자극의 원천으로서, 잃어버린 것을 그저 옹호하거나 회복하려는 욕망과는 다른, 가능한 것을 향한 욕망을 일으킬 수 있다. 한때 존재했던 것에 대한 향수보다는 무엇이 가능할지에 대한 상상을 자극한다. 또한 과거와 현재의 불의에 대한 분노와 원한에만 의존하기보다는 다른 미래를 향한 희망을 기초로 움직인다.

요약하자면 우리는 이제까지 유토피아의 두 가지 일반적 기능을 살펴보았다. 한 가지 기능은 현재로부터 거리를 떨어뜨리는 것이고, 다른 하나는 다른 미래를 향한 욕망·상상·움직임을 자극하는 것이다. 다시 한 번 해설을 위해 이 두 기능을 분리할 수는 있지만, 주먹을 날리는 것은 다름 아닌 낯설게 하기와 자극, 비판과 전망, 부정과 긍정의 결합이다. 유토피아적 기획은 전통적 문학이나 철학적 유토피아와 가장 흔히 결부되지만, 유토피아적 열망이나 사유의 방식은 아주 다양한 형식으로 나타난다.[27] 심지어 정치 이론 분야에서도 찾을 수 있다. 각 형식은 이런 기능들을 다르게 수행한다. 각각은 희망의 기획으로서 고유한 가능성과 한계를 갖는다. 이어지는 분석은 유토피아라는 표현과 가장 흔히 결합되는 형식―바로 전통적·비판적 문학 및 철학적 유토피아―에서 출발해 선언문으로, 그리고 마지막으로 유토피아적 요구로 옮겨갈 것이다. 연속체를 따라가듯 움직이면서, 비판적인 낯설게 하기에 더 초점을 맞추는 전통적·비판적 유토피아에서부터 선언문이나 특히 유토피아적 요구처럼 자극 기능이 더 두드러지는 다른 형식들까지, 좀 더 온전히 다듬어진 전망에서부터 보다 부분적이고 파편적인 전망들, 다른 세계의 단순한 일별瞥까지 여러 형식을 다양하게 아우르며 논의를 펼치고자 한다.

전통적·비판적 유토피아: 낯설게 하기의 문학

더 나은 사회에 대한 상상을 상세하게 그리는 전통적 유토피아는 유토피아라는 표현과 가장 가깝다고 여겨지는 유토피아 형식이다. 이 범주는 근대 문학의 유토피아들을—이 표현을 처음 소개한 저작인 토머스 모어Thomas More의《유토피아Utopia》에서 시작한—아우르며, 고대의 이상적 헌법에서부터 사회계약 이론가들의 청사진, 유토피아적 사회주의자들의 이상향 공동체 등, 정치 이론 내의 표준적 유토피아들 대부분까지 포함한다. 뒤에서 보겠지만, 이런 저술 형식은 1970년대 다시 부활하면서 변형이 일어났다. 이런 최근의 버전에는 비판적 유토피아라는 이름이 붙었는데, 이와 함께 읽기 방식의 변화가 일어났다. 결국 유토피아적 비판의 새로운 흐름에 따라 유토피아 문학 장르도 영향을 받았고, 초점은 청사진에서 기획으로 옮겨 갔다.

비판적 유토피아 형식은 유토피아 사유의 지속되어 온 실천과 마찬가지로 다른 세계를 상상하도록 자극하고 기존의 세계를 낯설게 하는 독특한 역량을 갖고 있다. 예를 들어, 그 포괄적 범위는 특정한 이점을 준다. 세밀함으로 가득하여 대안적 세계를 생생하게 보여 주고, 이를 통해 현재의 테두리에서 벗어나게끔 독자를 유혹한다. 이 뿐만이 아니라 독자로 하여금 사회적인 것을 체계적으로 생각하도록 모범을 제시하고 또 요구한다. 이런 사회적 총체성의 전망은 사회적·정치적 상상력을 훈련하게끔 돕는다. 이런 형식의 유토피아는 경제적·사회적·정치적·문화적 제도 간의 연관성을 배치해 보이고—
특히 유토피아 문학에서—일상생활의 수준에서 구조와 주체가 이
루는 중층 구조를 탐색함으로써, 실제로 힐러리 로즈Hilary Rose의 표
현을 빌리자면 "지구적 기획"이 된다.(1988, 134) 하지만 이 형식의 진
짜 동력은 현재로부터 비판적 거리를 만들어 내는 역량에 있다. 루
소Jean Jacques Rousseau는《사회계약론On Social Contract》에서 "도덕적 문제에
서 가능한 것의 한계는 우리가 생각하는 것만큼 좁지 않다"라고 주
장하면서 직접민주주의의 세세한 청사진을 펼쳐 보인다.(1988, 140) 의
지는 대의될 수 없다고 선언하면서 루소는 "바로 그 동일한 의지이거
나 아니면 다른 것이다. 그 중간은 없다"라고 말한다. 루소는 자신만
의 고유한 유토피아적 절대주의를 통해 독자가 비非대의민주주의의
윤곽을 탐구하도록, 그리하여 기존 정치 시스템의 민주적인 허식을
바라봄으로써 그 모순과 혼란을 발견하도록 유도한다.(143) 비슷하게
샬럿 퍼킨스 길먼Charlotte Perkins Gilman은《여성의 땅Herland》(1992)에서—
1915년에 출간된 고전적 유토피아 소설로 여성만으로 이루어진 사회
를 배경으로 한다—독자를 젠더의 문제에서 가능한 것의 한계가 우
리가 생각하는 만큼 좁지 않다는 개념을 받아들이게끔 이끈다. 이런
탈자연화를 통해 길먼은 독자로 하여금, 딱 하나의 예를 들자면 여
성의 신체가—신체의 사이즈, 형태, 역량이—사회적으로 만들어진
것이며, 따라서 조건이 다르다면 재구성될 수 있다고 생각해 보게끔
유도함으로써 젠더 기반에 의문을 제기한다. 에드워드 벨라미Edward
Bellamy는《뒤를 돌아보며Looking Backward》(2000)에서 1887년 보스턴의 사
회적·정치적·경제적 삶을 다른 미래의 관점으로부터 검토할 기회를
선사했다. 벨라미는 평등과 자유의 땅이라는 미국의 지위를 괴롭히
는 빈곤과 착취, 계급 갈등을 지워 버림으로써, 이런 요소들이 어떤

영향을 미치는지 명징하게 드러나도록 했다.[28]

이런 전통적 문학 및 철학적 유토피아 형식은 광범위한 비판의 대상이기도 했다. 이 형식의 가장 중요한 한계는 그 판단과 변화로의 전망을 종결지으려는 경향으로 특징지을 수 있다. 해결책으로서의 지위를 강화하고자, 또 비판적 시선이 현재를 향해 계속 연마되어 있게 하고자, 그 전망은 때로 비판으로부터 차단되고, 그로 인해 전망이 품은 변화의 동력이 사라진다. 변화의 동력이야말로 전망을 좀 더 이질적이고 역동적으로 만들 수 있지만, 동시에 덜 완벽한 대안으로 만들 수도 있는 힘이다. 고전적 유토피아는 너무도 자주 역사를 정지시키고 대립을 없애 버린다. 이 특정한 유토피아 형식은 이렇게 종결하려는 경향을 갖는데, 유토피아가 불가능한 완벽함의 상태와 동일시되는 것은 대체로 이 때문이다. 이런 동일시야말로 라이먼 타워 사젠트Lyman Tower Sargent가 지적했듯이, 반유토피아주의의 주된 무기이다.(1994, 9)[29] 유토피아적 전망은 매끈한 일관성과 철저한 안정성의 측면에서 특징지어지면―여기서의 전망은 우연성은 극복되고 갈등은 없어지는 시스템으로 전부 설명되고, 완전히 담겨진다고 상정되는 범위 내의 행동들만을 동반한다―그만큼 지루하고 정적이며 생기 없는 전망을 닮는 경향이 있다. 이런 경향을 놓고 블로흐를 포함한 많은 이가 불만을 표해 왔다. 이런 경향의 사례들은 앞서 인용했던 저술들로 돌아가 확인할 수 있다. 길먼의 균질한 자매애가 보여 주는 숨 막힐 듯한 조화, 벨라미의 산업 군대 모델을 중심에 둔 통제적 협동 양식에는 한계가 드러난다. 또한 루소가 사회계약에 덧붙인 악명 높은 첨언 뒤에 자리 잡은 완고한 조직성에서도 비슷한 경향을 감지할 수도 있다. 루소는 검열과 시민종교 등을 이야기하며, 이런 것이 자신이 처음에는 옹호했던 의지의 잠재적 불확정성과 급진적 민주주

우리는 왜 이렇게 오래, 열심히 일하는가?

의를 억제하는 역할을 한다고 보았다. 루소는 "미래를 위해 의지에 족쇄를 채우는"(Rousseau 1988, 99) 데는 망설였을지 모르지만, 현재의 의지 표현을 억제하는 제도를 만들고 동시대에 의지가 발전되는 것에는 통제를 가하는 데 전혀 망설임이 없었다.[30]

이런 종결하려는 경향이 바로 비판적 유토피아가 뒤집는 것이다. 1970년대 문학에서 유토피아가 부활하고 1980년대에는 유토피아적 비판이 새로이 부흥하면서, 이 장르와 그 대표적 저술에 대한 해석 관행 모두에 변화가 일어났다. 모일런이 비판적 유토피아라고 명명한 것에서 유토피아적 사유와 표현에 대한 좀 더 신중하고 자기반성적인 접근을 확인할 수 있다. 유토피아 문학 전통에 발맞추면서도 그 한계에 맞서고자 시도하는 접근이다.(1986, 10)[31] 비판적 유토피아는 무질서의 가능성을 완전히 씻어 낸 완벽한 사회보다는 고유한 갈등과 결함을 가진 사회를 그린다. 한때 유토피아적이었던 이상과 실천이 여러 형태의 전통이나 습관, 관례로 굳어지고 나면 생기는 변화에 대한 저항이 여기에 포함된다. 이 시기의 비판적 유토피아 중에는 어슐러 르 르귄Ursula Le Guin의 《빼앗긴 자들The Dispossessed》에 등장하는 아나키즘적 유토피아 — 부제로 붙은 "모호한 유토피아ambiguous utopia"라는 말로 특징지어진다 — 와 새뮤얼 들레이니Samuel Delany의 《트리톤에서의 곤경Trouble on Triton》 속 "모호한 헤테로토피아ambiguous heterotopia"*가 있다. 이 작가들은 작품 속 유토피아적 전망을 매력적 해결책으로서 방어하기보다는, 하나의 구성물이라는 점에 주의를 환기시키고, 그

★ 일종의 현실화된 유토피아라고 할 수 있다. 헤테로토피아는 푸코가 유토피아와 대비되는 공간을 가리키고자 시도한 개념으로, 현실에 존재하는 장소이면서도 동시에 모든 장소들의 바깥에 있는 곳을 의미한다.

가능성과 한계에 대한 비판적 판단을 유도한다. 힐러리 로즈는 1970년대 페미니즘 SF소설을 검토한 후 "오래된 디스토피아나 유토피아는 그 우울한 냉혹함이나 지루한 완벽함 안에서 완성되고 고정된 최후의 세계인 반면, 새로운 디스토피아나 유토피아는 끝나지 않는 흥미로운 분투를 받아들인다"라고 결론지었다.(1988, 121) 유토피아는 해결책이라기보다는 진행 중인 과정으로, 결과라기보다는 기획으로 파악된다.[32] 피터 스틸먼Peter Stillman의 표현을 빌리면 이런 유토피아의 자기반성적이며 비판적 요소들은 유토피아 담론을 여는 역할을 하는데, 여기에는 "어디에나 있는 모호함과 양가성, 불확실성, 되풀이되는 아이러니와 모순, 가능한 미래의 재현을 놓고 논쟁하여 미래에 대한 종결은 거의 불가능하게끔 만들 의지"가 따라온다.(2001, 19) 유토피아를 정적이고 완전한 청사진과 동일시하는 데 반대하며, 동시에 유토피아적 충동을 인간의 완벽함에 대한 꿈으로 환원하기를 거부함으로써, 비판적 유토피아는 유토피아적 표현의 가능성을 확장하고 유토피아 기획에 대한 이해의 폭을 넓힌다.

하지만 비판적 유토피아의 중심에는 여전히 긴장이 남아 있는데, 실은 모든 유토피아 형식에서 그러하다. 긴장은 현재와 미래에 양다리를 걸치려는 시도에 나타나는 특유의 것으로, 시간 안에 이런 식으로 존재하려다 보면 부딪히는 곤란이다. 우리는 이런 곤란의 한 형태를 앞서 경향성과 파열의 관계에서 보았던 바 있다. 한편으로, 전통적·비판적 유토피아는 그 형식 고유의 저 "뻔뻔하고 극악한 타자성"을 달성하고자 한다.(Geoghegan 1987, 2) 다른 한편으로, 이 형식의 표현은 이러한 노력을 가능케 하면서 동시에 무효화시킬 위험을 무릅쓴다. 테리 이글턴Terry Eagleton은 이 문제를 다음과 같이 설명한다. "우리는 현재를 초월한 것을 오직 현재의 언어로만 이야기할 수 있기 때문에, 그것을 묘사하는 바로 그 행위를 통해 우리의 상상을 무효화할 위험을 무릅쓴다."(1999, 31) 이런 딜레마는 다르게 생각하기의 한계에서만 오는 것은 아니다. 이는 엄정한 인식론의 문제일 뿐 아니라 표현의 문제이기도 하다. 고로 유토피아적 전망이 영향력을 발휘하기 위해 청사진의 역할을 해야 하거나 실현 가능한 것이라고 스스로 증명할 필요는 없지만, 낯설게 하기와 자극의 기능을 할 만큼 명료하며 그럴 법해야 한다. 이 경우 긴장은 타자성과 동일시 사이에, 혹은 낯설게 하기와 새로운 것을 향한 자극을 일으키는 급진적 차이의 전망과 독자를 끌어들이고 매료시킬 만큼 이해하기 쉬운 전망 사이에 있다고 가장 잘 설명할 수 있을 것이다. 현재와 미래 사이의 관계는 바로 이런 역학 기제를 통해 타협점을 찾는다. 제임슨은 이를 차이와 동일성의 변증법이라고 부르며, 이것이 유토피아 저술의 양가성을 설명한다고 주장한다. "무엇보다 분명한 것은 유토피아로 주어진 것은 현재와의 급진적 차이를 드러내는데, 바로 그만큼 그저 실현 불가능한 것, 더 나쁘게는 상상 불가능한 것이 되고 만다."(2005, xv)

유토피아적 기획을 유형화하는 데 있는 이런 주요한 딜레마에 대응하는 방법은 적어도 두 가지가 있다. 첫 번째는 유토피아가 진정으로 다른 미래를 상상하는 데 현재의 지평을 넘어 생각할 수 없다는 것을 받아들이고, 이런 결함의 가치를 인정하는 것이다. 제임슨은 유토피아적 서사의 비판 동력은 궁극적으로 이런 한계에 달려 있는 것이라고 주장했다. 이런 유토피아들의 "가장 심원한 소명은 유토피아 자체를 상상할 수 없는 우리의 태생적 무능력을 한정되고 명확한 방식으로, 구체적 세부사항들을 가득 채운 채로 자각하는 것이다. 이런 무능력은 어떤 개별적 상상의 실패 때문이 아니라 우리 모두가 어떤 식으로든 갇혀 있는 구조적, 문화적, 이데올로기적 울타리의 결과이다".(1982, 153) 이 같은 정치적 상상의 결함을 깨닫는다면, 우리가 현 상황에 여전히 정서적 애착을 느끼며 이데올로기적 공모 관계에 있음을 인식할 수 있다. 이렇게 보자면, 이 같은 유토피아적 전망과의 조우에서 가장 파괴적인 것은 새로운 것이 주는 충격이 아니라 그 전망이 자극한 깨달음이 주는 충격이다. 실패에 대한 제임슨의 이런 주장은 유토피아의 비판적 기능에 대한 우리의 이해를 기존의 제도나 삶의 방식에 대한 관점을 넘어, 그 제도나 삶의 방식이 가능하게 혹은 불가능하게 하는 정치적 상상의 속성으로까지 확장시킨다는 장점이 있다. 실패에 대한 이 같은 인식은 독자에게 유토피아적 상상을 할 수 없다는 것과 그 상상에 저항한다는 것에 대해 숙고할 기회를 준다.

청사진으로서의 유토피아라는 전통적 모델이 유토피아적 충동을 억제하고 길들이는 고유한 경향이 있다면, 유토피아 형식의 이런 기본적 곤란에 대한 두 번째 대처법은 좀 더 파편적 형식이 갖는 잠재적 이점을 포착하는 것이다. 이 점을 제대로 설명하기 위해 블로흐가 제시한 추상적 유토피아와 실체적 유토피아의 구분으로 돌아가 보자. 앞서 이 구분이 현재와 미래의 관계에 달려 있다고 이야기했다. 실체적 유토피아는 현재의 경향성에 바탕을 두면서 동시에 이를 뛰어넘고자 노력한다면, 추상적 유토피아는 그 유토피아를 그저 허구의 것이 아니라 있을 법한 것으로 만들 수 있는 현재의 동력이나 추세—블로흐의 "현실의-가능한" 것—와 유리되어 있다. 추상적 유토피아는 그 상세함과 포괄성의 수준으로도 특징지을 수 있는데, 아직 이해할 수도 상상할 수도 없는 가능성을 지닌 무언가가 예기치 않게 발전할 적절한 여지를 허락하지 않을 만큼 상세하고 포괄적이다. 전망의 이런 완전성과 구체성은 그 추상적 성격과 어긋난다. 칼 프리드먼_{Carl Freedman}의 표현을 빌리면 추상적 유토피아는 "너무 많은 걸 너무 빨리 안다"라고 선언한다.(2001, 95)[33] 완전한 윤곽이 "상상에 도전해 똑같이 열린 탐색에 빠져드는 것"만큼 중요하지 않다는 데 동의한다면(Thompson 1976, 97), 유토피아적 전망에서는 적을수록 많은 것일지 모른다. 유토피아는 청사진의 제안으로서보다, 독자 스스로의 성찰과 욕망을 자극할 수 있는 파괴적 흔적(Wegner 2002, 21), 부분적 전망(Bammer 1991), 파편적 원형, 타자성의 일별—瞥로서 더 강력할 수 있다. 유토피아적 단편들은 우리에게 더 많은 것을 요구할지 모른다. 호세 무뇨스_{José Muñoz}의 유토피아적 전망의 퀴어함_{queerness}에 접근하는 데 필요한 것을 이렇게 설명한다. "우리는 눈을 찡그려 봐야 할지도, 우리의 전망을 밀어붙여 지금 여기의 제한된 조망을 뛰어넘어 다르게 보도록 강제해야 할지도 모른다."(2007, 454) 이런 통찰—유토피아적 전망에서는 적을수록 더 많은 것일 수 있다는—은 마지막 두 가지 유토피아 형식, 즉 선언문과 요구를 분석하는 데 중요할 것이다.

유토피아적 자극: 선언문

유토피아 문학이—문학과 정치 이론의 경계에 걸쳐 선 채—정치 이론사史에 소수적 지위를 점유하고, 좋은 정치적 질서에 대한 철학적 처방은 좀 더 중심적 지위를 누린다면, 선언문은 정치 이론에서 세 번째로 두드러지는 유토피아적 저술 형식일 것이다. 선언문은 유토피아적 상상에 집중한다는 점에서 앞서 논의한 종류의 저술들과 같지만, 더 미니멀한 유토피아 형식이며, 그 때문에 유토피아의 효과를 가능케 하며 동시에 제한하는 특유의 경향을 가지고 다르게 기능한다.

앞서 우리는 두 가지 주된 유토피아의 기능을 확인했다. 하나는

현재를 낯설게 하는 기능이고, 다른 하나는 다른 미래를 향한 욕망
과 상상, 움직임을 자극하는 기능이다. 유토피아 문학 및 이론적 유
토피아, 그리고 선언문은 모두 비판적 거리를 만들어 낼 수 있다. 하
지만 앞의 둘은 독자가 현재의 세계를 비판적으로 평가하기에 유리
한 지점을 다른 세계 안에 제공함으로써 간접적으로 그 일을 한다
면, 선언문은 직접적으로 그렇게 하면서 보통 사회관계의 현재 구성
에 대해 명시적인 비판을 으레 간략하고 압축적으로 제시한다. 하지
만 선언문은 보다 근본적으로 자극의 문학으로, 독자에게 미래에 대
해 생각하고, 그를 실현하도록—전통적 유토피아와 비판적 유토피
아보다 더 노골적이고 고집스럽게—북돋는 종류의 유토피아 저술
이다. 모든 유토피아 저술이 세계에 영향을 끼치고자 열망한다면, 선
언문은 여기서 한발 더 나간다. 자극의 저술을 보여 주는 본보기로
서 선언문은 글쓰기와 행동하기의 간극을 잇고자 한다. 마틴 푸흐너
Martin Puchner는 선언문이 "스스로 조바심을 내는 장르"이며 "얼마나 정
열적이고 효과적이든 간에 선언문은 실제 혁명 자체로부터 언제나
찰나만큼 떨어진 채로 남아 있을 것"이기 때문이라고 말한다.(2006, 43,
22) 선언문이 정치적 행위이고자 분투하는 저술의 실천이라면(다음을
참조. Althusser 1999, 23) 유토피아 형식으로서의 평가는 그 이름으로 약
속되는 특정한 행위들을 포함하여 선언문이 유통되는 맥락과 받아
들여지는 구체적 방식을 고려해 이루어져야 한다. 자넷 라이언Janet
Lyon은 "어떤 선언문도 쓰이고 읽힌 구체적인 역사상의 조건 바깥에
서 이해될 수 없다"라고 이야기한다.(1991a, 51)

선언문 다수에서 나타나는 보편적 문체의 관행과 수사적 관례는
그 주장의 자극성을 강화하는 작용을 한다. 선언문은 블로흐가 전투
적 낙관주의라고 부른 정서적 영역으로부터, 그런 정서적 영역 안에

서 발언하는 것이 특징이다.(1995, 1: 199) 선언문은 이성이나 사리에 호소하는 데 갇히기보다는, 정서와 상상을 겨냥한다. 선언문은 일체의 주장과 입장을 넘어 "사유와 존재의 총체적 방식을 권고"한다.(Caws 2001, xxvii) 이런 의미에서 자기확신에 찬 저술 방식으로도 유명하다. 선언문은 사람들에게 주입하려는 자신감의 본보기를 보여 주고 조직하고자 하는 힘을 나타내 보인다.《공산당 선언The Communist Manifesto》은 미래를 향한 희망을 당장의 가능성으로 제시하면서, 혁명을 "그 시간이 이미 닥친 불가피성이 아니라 **급박함**으로" 생각했다.(Blanchot 1986, 19) 놀라울 것 없이 느낌표는 선언문이 선호하는 구두점 중 하나이다. 느낌표는 제니퍼 브로디Jennifer Brody가 포착했듯이 "(마음속) 볼륨을 끌어올리는" 증폭기의 역할을 한다.(2008, 150) 독자들을 "제자리에 준비를 마치도록" 촉구한 뒤, 느낌표가 '땅!' 하는 총성처럼 등장한다. 느낌표는 이렇게 "행동을 흉내" 내지만, 푸흐너가 앞서 지적했던 것으로 돌아가자면, 이 형식이 지닌 스스로에 대한 조바심을 보여 주는 또 다른 표현이다. 느낌표는 "선언과 혁명 사이 또 하나의 틈, 또 하나의 중재, 글이기보다는 행동이나 충분히 행동이지는 않은 것"으로서 기능하며 "긴급히 행동할 필요를 강조하면서 동시에 행동 자체는 지연시킨다".(Puchner 2006, 43) 이렇게 해석하면 일부 선언문에서 느낌표가 만연한 것은 이런 근본적 결핍, 종이 위에서 벗어나 세계로 뛰어들 수 없는 무능함의 증상일지 모른다. 어떤 구두점을 선호하는지 외에도 선언문은 보통 어조와 내용에서도 고압적인데, 많은 경우 자신의 주장을 최후통첩으로 전달한다. 선언문은 이것이 우리가 원하는 바이며 그 이하는 안 된다고 선포하는 것처럼 보인다. 선포의 문장은 선언문의 기둥이다. 선언문은 뒷받침하는 근거나 신중한 예외조항들을 피한다. 선언문은 메리 앤 코즈Mary Ann Caws가 말했듯이

"본성상 시끄러운 장르"이다.(2001, xx) 이런 점에서 유토피아 문학과 마찬가지로 선언문은 독자를 유혹하고자 하지만, 선언문의 경우 이 독려는 초대라기보다는 도발에 가깝다. 마지막으로 과장된 몸짓과 과격한 요구는 선언문이 더 나은 미래라는 이름 아래 현재에 개입하는 주된 방식이다. 실제로 선언문은 현 상황의 재생산이 기대고 있는 적절한 논의와 합리적 요구의 관행에 반하는 자리에 위치함으로써 "과잉의 예술을 만든다".(xx) 그리하여 선언문은 "지배적 질서가 '현실적인 것', '자연스러운 것', '생각할 만한 것'으로서 기대고 있는 것들에 자신만의 '가능한 것', '상상할 만한 것', '필요한 것'으로 맞선다".(Lyon 1991a, 16)

하지만 선언문은 보통 자극 이상의 것을 하고자 쓰인다. 선언문은 조직화를 의도한다. 전통적 유토피아가 더 나은 세계의 전망에 초점을 맞춘다면, 선언문은 대안을 실현할 수 있는 행위주체에 집중한다.[34] 고로 선언문은 독자들을 집단적 주체로 만들고자 한다. 실제로 라이언이 지적했듯이 "이것이 바로 선언문에 특징적으로 쓰이는 '우리we'라는 대명사의 기능이다".(1991b, 104) 이런 측면에서 《공산당 선언》은 본보기인 셈인데, 토머스 모어가 유토피아 문학 장르를 세운 것처럼 마르크스와 엥겔스도 선언문이라는 장르를 열었다고 말할 수 있다. 두 경우 모두 앞선 선구자가 없었다는 것이 아니라, 이 두 저작이 장르적 형식이 기초를 두는 모델이 되었다는 의미이다.[35] 마르크스와 엥겔스의 《공산당 선언》은 전통적 유토피아, 콕 집자면 유토피아적 사회주의자들에 대한 명시적 비판과 유토피아적 표현의 대안적 방식을 제시한다. 마르크스와 엥겔스가 보기에 거창한 계획자들과 사회공학자들은 "공중누각"을 지어 놓고, 그를 실현할 수 있을 역사적 행위주체들을 설명하지 못했다. 그리고 이런 발명가들의 "제자

우리는 왜 이렇게 오래, 열심히 일하는가?

들"은 프롤레타리아 운동이 역사의 무대에서 실현될 때 그것이 애초의 전망과 일치하지 않는다며 반대한다.(1992, 36-37) 마르크스와 엥겔스는 이 양쪽 모두와는 대조적으로 정치적 주체를 생성하고 조직화하여 혁명 행동에 나서도록 고취하고자 했다. 그럼에도 프롤레타리아트가 만들 세계, 그를 위한 분투를 다스릴 전망을 상세히 처방하는 것은 이들이 일으키고자 했던 그 행위주체를 실질적으로 부인하는 것일 터였다. 마르크스는 공산주의의 전망을 내놓기를 거부했다. 블로흐가 추상적 유토피아와 실체적 유토피아를 다른 범주로 구분했던 것을 떠올리자면, 블로흐는 마르크스의 이런 거부를 유토피아를 보다 실체적으로 만드는 방법의 한 예시로 사용했다는 점을 짚어둘 필요가 있다. 그 내용에 엄밀한 세부사항까지 규정해 놓은 추상적 유토피아와는 반대로, 마르크스는 "바로 다음 걸음의 작업을 가르치며, '자유의 영역'에 대해 앞당겨 결정짓는 것이 거의 없다".(Bloch 1995, 2: 581) 청사진의 부재는—마르크스의 작업에서 그랬듯이—"열린 채로 두기"로 이해해야 한다.(2: 622) 새로움novum은 우리의 예측하려는 노력과 어긋날 뿐 아니라 완전한 설명을 바라는 우리의 욕망과 부딪히는 요소나 속성을 나타낸다.《공산당 선언》에서 마르크스와 엥겔스는 프롤레타리아트에게 이미 만들어진 모델을 얹기보다는, 프롤레타리아트를 정치적 행위주체로 불러내, 그 힘을 조직하도록 자극하고 스스로 강하다는 감각으로 무장시키고자 한다.

1960년대와 1970년대에는 유토피아 문학뿐 아니라 선언문도 당대 유토피아적 에너지의 배출구이자 매개체로 재부상하며 부흥을 맞았다.[36] 이런 선언문들에는 새로운 정치 주체의 탄생에 따른 자긍심과 기쁨이 어지럽게 뒤섞여 반영되어 있었다. 또한 선언문들은 정치적 욕망의 결집을 확대하기 위해 설계되었으며, 선언문 자체가 그런 욕망의 산물이었다. 예를 들어, 미국 페미니스트들은 선언문을 공격적 위세로 특징지어지는 전통적인 남성적 형식, 전쟁을 벌이는 다른 수단으로서 선언문을 장려해 왔던 좌파 내 다른 진영으로부터 선언문을 가져와 전용했다.(다음을 참조. Pearce 1999, Lyon 1991b, 106) 선언문 장르는 부상하는 급진적, 마르크스주의 페미니즘 그룹들에 특히 유용했는데, 양쪽 다 광범위한 좌파에 속하면서도 종종 좌파와 불화하기도 했다. 고로 한편으로는 라이언이 지적한 대로 "선언문을 쓰는 것은 압제에 맞선 투쟁의 역사에의 참여를, 얼마나 광범위하게든, 선언하는 것이었다".(1991a, 10) 다른 한편으로 선언문은 마땅한 분노와 논쟁적 주장으로 특징지어지는 형식으로서 페미니스트들이 별도의 조직과 의제를 선언하는 매개체 중 하나로 기능했다. 이런 의미에서 선언문 형식의 정치적 혈통과 그 양식의 호전성은 의심할 바 없이 페미니스트 그룹에게 매력적이었다. 이들은 광범위한 좌파 내에서 대립하는 주체이자, 동시에 그 안에 포함되는 자율적 정치 세력으로 스스로를 선포하기를 열망했기 때문이다.

페미니스트 선언문은 페미니스트 주체를 구성하는 것 또한 목표로 했다. 몇몇 선언문은 변화의 주체가 이미 존재한다고 선언한 반면, 다른 선언문들은 그런 집단을 이루어 내자고 촉구했다. 양쪽의 사례는 1960년대 후반과 1970년대 초반의 수많은 조직의 선언문에서 찾을 수 있다. 이 선언문들은 조직의 결성을 발표하고 새로 형성된 페미니스트 그룹의 프로그램을 선포하고자 쓰였다. 1969년 발표된 선언문 〈페미니스트: 성역할 폐지를 위한 정치조직The Feminists: A Political Organization to Annihilate Sex Roles〉은 새로 결성된 뉴욕의 급진적 페미니스트 그룹의 역사와 분석, 조직 구조, 구성원 요건을 펼쳐 보인다.(Feminists 1973) 두 번째 접근법은 1970년 발표된 〈BITCH 선언The BITCH Manifesto〉에서 찾을 수 있다. 이 선언문은 "BITCH는 아직 존재하지 않는 조직이 다"라는 말로 시작한다. 대신 BITCH*는 새로운 유형의 여성이 함께 등장할 미래로서 상상된다. 글쓴이는 "이 이름은 약어가 아니"라고 말한다.(Joreen 1973, 50) 비슷한 전략을 《SCUM 선언The SCUM Manifesto》**에서 찾을 수 있다. 여기서 발레리 솔라나스Valerie Solanas는 "시민 정신을 갖추고 책임감 있으며 자극을 추구하는 여성들"에게 "정부를 전복하고 화폐 시스템을 철폐하고 완전한 자동화를 제도화하고 남성을 파괴하자"라고 청원한다.(1991, 3) 이 선언문들은 "쌍년들"이든 "시민 정신을 갖추고 책임감 있으며 자극을 추구하는 여성들"이든, 행위자들을 불러내 상상하는 정치적 집단 모델, 각각 BITCH와 SCUM을 형성하도록 촉구한다. 완전한 분석과 계획된 전망과 함께 구체적 집단의 형성을 선포하는 선언문과는 반대로, 이런 선언문들은―그 청중이 어떤 의미에서는 이미 되어 있는 무언가, 더 중요하게는 미래에 되고자 바랄지 모를 무언가에 대한 전망에 불 지핌으로써 그 선언문이 상정하고 있는 것을 실제로 창출하고자 시도한다.(Lyon 1991a, 28. 다음도 참조. 1999b, 104) 《SCUM 선언》의 이런 수행적 차원에 대한 로라 윈키엘Laura Winkiel의 설명을 빌려 오자면, 선언문은 독자를 변화시키는 방법으로서 변화된 이들을 향해 역설한다.(1999, 63)

선언문은 최선일 때 분노와 힘을 자극한다. 이성과 정서를 동시에 겨냥하며 분석과 행동을 함께 일으키는 것을 목표로 한다. 하지만 그 단호하게 실용적인 의제를 감안하면, 선언문은 민중을 선동해

★ bitch는 여성을 비하하는 비속어로 '쌍년', '암캐' 등으로 흔히 옮겨진다.

★★ scum은 인간 쓰레기라는 의미이다.

무엇보다 두려움을 일으키는 유토피아 저술 형식이기도 하다. 위에 인용한 페미니스트 저술가들도 두려움을 불러내고자 열망하는 듯 보였다. 선언문의 대중적 호소력과 열정 어린 정치를 손쉽게 일축하지는 않더라도, 이 장르의 잠재적 한계는 여전히 인식할 수 있다. 선언문은 최악일 때 단순화된, 심지어 음모론적인 분석에 기대는 것으로, 또 경솔할지라도 극적이고 정치적인 전술을 선호하는 것으로 알려져 왔다. 이 책의 분석에서 보자면, 이보다 중요한 한계는 이 형식을 사로잡고 있는 혁명적 전위 사상의 유산으로부터 온다. 이는 많은 경우, 잘 규정되고 널리 받아들여진 선언문 작성법에서도 확인할 수 있다. 이 작성법은 대안 창출이 아니라 혁명적 이벤트를 위한 것이다. 선언문이 저자의 권위를 상세한 청사진을 내놓은 "대발명가"로 한정하더라도, 선언문의 혁명적 의제가 지닌 계획적 본성에는 미래를 향한 다수의 예기치 않은 경로들을 열기보다는 닫을 위험이 있다. 선언문 형식이 혁명적 이벤트의 상상과 전통적으로 결부되어 있다는 점 역시 정치적 주체를 앞서 호명하는 경향에서 잘 드러난다. 다시 말해, "우리we"—라이언이 "선언문의 위압적인 대명사"라고 칭한—는 주체의 출현을 통제하고 구성 자격을 제한하려는 노력이다.(1991a, 175) 미래는 알 수 없겠지만, 미래의 행위주체—선언문이 가닿으려, 구성하려 하는 정치적 주체—는 많은 경우 미리 예시된다. 전통적 유토피아 문학과 철학적 유토피아에 대한 앞서의 비판을 떠올려 보자. 선언문은 이런 면에서 "너무 많은 것을 너무 빨리 안다"고 전통적으로 주장해 왔다.[37]

선언문에서 유토피아적 요구로

유토피아적 요구는 처음에는 선언문의 "요구를 열거하는 관행"을 주로 따온 것으로, 선언문에서 파생된 형태, 심지어는 선언문의 일종으로 이해할 수 있다.(Lyon 1991b, 102)[38] 뒤이을 논의에서는 앞서 살펴보았던 종류의 유토피아주의와 요구가 어떤 점에서 닮았는지 살펴볼 것이다. 동시에 요구라는 형식만의 특징에도 주목하고자 한다. 전통적 유토피아에서 비판적 유토피아로, 그 후 선언문에서 유토피아적 요구로 옮겨 가면서, 초점은 낯설게 하기에서 자극으로, 다른 세계에 대한 상세한 전망에서 점점 더 단편적인 가능성들로 움직인다. 요구가 형식으로서 상대적으로 불완전한 것이 유토피아로서의 효과성을 떨어뜨린다고 결론짓는 사람도 있을 수 있다. 강력한 낯설게 하기 효과를 일으키고, 그럼으로써 현재에 대한 풍성한 비판적 관점을 만드는 데 전통적 유토피아와 비판적 유토피아가 유토피아적 요구보다 더 적합한 것은 분명하다. 유토피아적 요구는 범위가 압축된 탓에 체계적 비판을 조직하기가 어렵다. 하지만 다른 형식들을 살펴보며 논했다시피—각 형식은 유토피아적 충동을 발산하면서 동시에 제한하고 길들이는 제각각의 경향을 갖고 있다—때로 적을수록 많을 수 있다. 그 장점 중 일부는 다른 형식에 비해 요구의 범위가 제한적이라는 바로 그 점에서 온다.

다른 유토피아 형식과 비교해 유토피아적 요구를 위치시켜 보면, 이전에는 뚜렷이 드러나지 않았을지 모를 연속성이 드러난다. 텍스트라기보다는 행동으로 보자면, 유토피아적 요구 모델이 보다 익숙한 문학 장르와 어떤 관계인지는 알아차리기 어려울 수 있다. 하지만 앞서 보았다시피, 유토피아적 형식은 현실적 효과를 일으키고 정치적 비판을 자극하고 집합행동을 고무하기 위해 활용되어 왔다. 선언문이 심지어 더 줄이고자 했던 행동과 글 사이의 격차는 유토피아적 요구에서 더 완전하게 깨진다. 선언문이 "하나의 이벤트로서의 텍스트를, 그리고 그 이벤트의 텍스트성을 보다 복합적으로 이해하기를 요청"하는 것처럼(Somigli 2003, 27) 요구는 행동이자 텍스트로, 비판적 관점이자 정치적 자극으로 파악되어야 한다. 선언문에서 요구로 옮겨가면서 정치적 실천의 결집을 일으키고자 하는 글쓰기 형식에서 정치 참여의 양식으로 옮겨 간다. 또한 텍스트적 분석 역시 정치적 참여의 맥락에서 일어난다. 선언문과 마찬가지로 요구는 "그 발표를 둘러싸고, 또 그 발표의 결과로서 일어나는 공적 담론으로부터 유리될 수 없다".(26)

하지만 "유토피아"와 "요구"라는 말 사이에는 주목해야 할 근본적 긴장이 있다. 전자는 우리의 이해를 언제나 넘어서는 미래의 보다 광범위한 사회적 지평을 가리킨다. 후자는 현재로, 이름 붙일 수 있는 구체적 욕망과 진전시킬 수 있는 뚜렷한 이해관계로 우리의 주의를 이끈다. 유토피아적 요구라는 형식의 현재와 미래 사이를 타협시키려는 노력은 이렇게 경향성과 파열, 동일시와 타자성, 확인하기와 극복하기 사이의 역설적 관계를 만들어 낸다. 이 역설적 관계가 유토피아적 요구를 또한 사로잡고 있다. 유토피아적 요구에서는 유토피아의 사변적 이상과 요구의 실용주의 사이의 대립이 일으키는 역학관계 역시 명백히 드러난다. 유토피아주의와 요구하기의 이런 결합이 양쪽의 실천을 약화시킬 수 있다는 것을 인정하는 것이 중요하다. 특정한, 제한된 정치적 기획에서 사변적 상상을 활용하는 것은 유토피아적 충동은 억누르면서 실제의 정치적 주장도 약화시킬 위험이 있다. 나는 형식으로서의 유토피아적 요구가 갖는 잠재적 한계를 인식하면서, 한쪽의 실천이 다른 한쪽을 북돋고 강화할 수 있는 방법을 고려해 보고자 한다. 최적으로 기능하려면, 유토피아적 요구는 이들 충동 각각의 성실성을 최대한 보전하는 방식으로 양쪽의 관계를 조율해

우리는 왜 이렇게 오래, 열심히 일하는가?

야 한다. 동시에 양쪽을 건설적인 긴장관계 안에서 결합시켜야 한다. 유토피아적 요구는 최선일 때, 완전히 투명하고 명료한 요구를 내걸고 순수한 유토피아적 타자성을 표현하는 형식을 취함으로써 경향성과 파열이라는 두 다리를 그냥 묶어 버리는 것이 되지 않는다. 대신 양쪽은 서로와의 관계 안에서 달라질 수 있다.

명확히 유토피아적인 형식으로 적절하게 기능하려면 이런 요구는 부분적으로라도 현재로부터 단절할 가능성을 지향해야 한다. 일종의 비판적 거리를 확보하고 다른 미래에 대한 정치적 상상이 작동하도록 불러낼 만큼 사회관계가 현재 조직화된 방식으로부터 인지적으로 멀찍이 떨어져 방향을 재정립할 수 있어야 한다. 이렇게 해야만 유토피아적 요구와 비유토피아적 요구의 차이 한복판으로 들어간다. 유토피아적 요구는 실체적 가능성에 두 발을 여전히 디딘 채로 있으면서도 게임을 바꾸는 역할을 해 확장적 관점을 제공할 수 있어야 한다. 요구는 흔히 눈썹을 찌푸리게 한다. 때로 회의 어린 시선을 받는 이런 경향은 보다 전통적 정치 셈법에서 보자면 부담이지만, 다른 삶의 가능성에 활력을 불어넣는 유토피아 형식의 힘에서는 근본적인 요소이다. 여기서는 정책 제안들이 초기에 그렇듯이 "유토피아적"이라는 딱지가 붙을 만한 요구는 그 공식화된 제안보다 더 넓은 범위를 아우를 수밖에 없음을 짚어 두는 것이 중요하다. 지지자 중 누구도 가사임금이 자본주의나 가부장제의 끝을 알리는 것이라고 생각하지 않았다. 하지만 지지자들은 이 개혁이 본질적으로 다른 분업 양식과 힘의 경제를 가져다주기를 희망했다. 이를 통해 여성의 분투에 더 많은 자원을 제공하고 여성에게 다른 범위의 선택을 가능하게 해 주며 새로운 방식의 사유와 상상을 위한 담론 도구를 제공하는 시스템을 가져오기를 바랐다. 실제로 이 주장을 내세운 이들은

5장 | 미래는 지금 여기에

가사노동에 임금을 지급하는 사회에서 여성은 싸워서 얻은 유급 가사노동을 거절할 권리를 갖게 될 것이라고 보았다. 비슷하게 모든 이가 기본소득을 받는 사회는 자본주의적 임금관계에 종지부를 찍는 것이 아니라, 개인들의 삶 속에서 맞는 일의 경험, 일의 장소에 중대한 변화를 일으킬 것이다. 유토피아적 요구는—벤 트롯Ben Trott의 "지향적 요구"라는 표현에서처럼—똑같은 경제 내에서 완전히 회복되는 대신 "빠져나갈 길을 찾는다". 포괄적 전망이라기보다는 요구로서, 목적지의 이름보다는 방향을 제시한다.(Trott 2007, 15) 이 경우 기본소득 요구는 생산 중심주의 가치에 도전함으로써, 임금노동이 소비 수단의 적절한 원천이자 자격 요건이라는 개념에 맞섬으로써, 더 이상 일에 종속되지 않는 삶의 가능성을 지향한다. 그리하여 새로운 이론적 조망과 분투의 영역을 열어젖힌다. 핵심은 이런 유토피아적 요구가 구체적 개혁을 넘어서는 정치적 효과를 일으키는 데 이바지할 수 있다는 것이다.

따라서 유토피아로서 효과적으로 기능하려면, 요구는 급진적이며 멀리 가닿을 수 있는 변화를 구성하고 비판적 거리를 일으키며 정치적 상상을 자극해야 한다. 요구로서 최적의 기능을 하려면, 유토피아적 요구는 실제 존재하는 경향성에 바탕을 둔 가능성으로 인식될 수 있어야 한다. 이 말이 요구가 "현실적"이어야 한다는 의미는—적어도 이런 요구들에 대한 반유토피아적 한탄에서 쓰일 때의 이 말이 가리키는—아니다. 핵심은 추상적이기보다는 실체적이어야 한다는 것이다. 요구와 연결되어 있는 유토피아적 전망은 폭언이나 정치적 도피주의의 실천, 그저 기대에 찬 생각의 표현이 아니라 현재 추세에 대한 합당한 분석에 바탕을 둔 믿을 만한 정치 전략으로 인식될 수 있어야 한다. 유토피아적 요구는 낯설게 하기 효과와 실질적 변화를 모두 일으킬 수 있어야 한다. 동시에 즉각적 호소력을 가진 믿을 만한 요청을 내놓아야 한다. 낯설면서 동시에 익숙해야 하며, 현재에 발을 디디고 미래를 가리켜야 한다. 선언문의 특징이었던 "현재성nowness과 새로움newness"을 동시에 일으켜야 한다.(Caws 2001)

아마도 유토피아와 요구의 관계는 경향성과 파열의—혹은 블로흐처럼 표현하자면 "현실의-가능한" 것과 새로움novum의—관계가 아니라 니체가 말한 긍정하기와 극복하기의 관계라는 측면에서 접근할 때, 가장 역설적일 것이다. 전통적 유토피아에서 선언문으로, 또 요구로 옮겨 가다 보면, 어떤 의미에서는 여러 가지 형식들의 시간성이 좁혀진다. 전통적 유토피아의 혁명적 대안에 대한 보다 상세한 전망에는 생성의 잠재성이 있다. 하지만 보드리야르의 표현을 빌리자면, 먼 미래를 그리는 지도로서 "현 상황을 억압하고 즉각적 전복을 떨쳐 버리고 장기적 해결책 안으로 폭발적 반응을 희석시키는(용어의 기술적 의미 그대로) 효과를 가져올 수도 있다".(1975, 162) 선언문의 시간이 언제나 "지금"이라면(Lyon 1991a, 206) 요구의 시간은 "당장"이다. 유토피아적 요구에서 당장의 목표는 좀 더 총체적 유토피아에서처럼 미뤄지지 않는다. 요구를 내거는 것은 존재하는 주체들이 현재 가진 욕망을 인정하는 것이다. 이것이 바로 지금 우리가 원하는 것이라는 뜻이다. 동시에 유토피아적 요구는 다른 미래, 아직 도래하지 않은 욕망과 주체의 가능성을 지향한다. 유토피아적 요구의 역설은 목표이자 다리라는 데 있다. 유토피아적 요구는 끝이 열린 결말을 추구한다. 소소한 정책 개혁보다 큰 변혁의 효과를 가질 수 있는 것이다. 그리하여 기본소득과 노동시간 단축 요구는 노동으로부터의 자유를 가능케 할지 모른다. 그리고 이 자유는 작은 수단으로서 다르게 살 물질적·상상적 자원을 선사할 수도 있다.

선언문에서 요구로 옮겨가면, 각각이 제시하는 전망과 자극하려는 행위주체의 측면 모두에서 보다 파편적 형식의 방향으로 진행하는 셈이 된다. 비판적 유토피아와 마찬가지로 요구는 우리를 이미 만들어진 전망에 집착하기보다는 인지적으로 정서적으로 미래를 향해 열려 있도록 이끄는 것을 목표로 한다. 하지만 선언문이 여전히 "이데올로기의 문서"인 반면(Caws 2001, xix) 요구가 내거는 바는 그렇게 광범위하고 체계적이지 않다. 기본소득과 노동시간 단축 요구는 노동사회에 대한 전면적 비판이나 탈노동 대안의 지도를 내놓지 않는다. 이 요구들은 혁명적 대안의 전망이나 혁명의 촉구를 처방하지 않는다. 그보다는 더 폭넓은 전망과 변화의 방법을 창안하는 실천에 참여할 이들을 모으는 역할을 한다.

선언문과 마찬가지로 요구의 초점은 미리 고안된 대안을 실현하는 작업보다는 다른 미래를 만들 행위주체들을 자극하는 작업에 맞춰진다. 실제로 요구는 선언문이 행위주체를 활성화하는 데 맞추는 초점을―마르크스와 엥겔스가 "미래 사회에 대한 공상적 그림"(1992, 36)이라고 비판한 것을 제공하는 데보다는―심지어 더 밀고 나간다. 유토피아적 요구는 이미 존재하는 주체의 이해나 욕망을 그리 많이 드러내지 않는다. 요구가 주체를 형성하는 수많은 메커니즘 중 하나로서 역할하기 때문이다. 정치적 주체를 구성하는 것은 요구의 주장이나 수사보다는 요구하는 행위 자체이다. 가사임금을 옹호했던 이들은 요구하기의 집단적 실천이 어떤 잠재적 효과를 갖는지 잘 이해하고 있었다. 요구는 표현하며 동시에 수행하는 전통으로부터 등장한다. 셀마 제임스가 가사임금 요구를 제시한 방식은 이런 면에서 시사하는 바가 있다. 제임스가 설명하듯이 가사임금 요구 운동의 이점은 조직하고 요구하고 얻어 내는 행위에 달려 있으며, 각각의 정도에 따라 달라진다. 이점은 여성이 가사임금을 위한 투쟁을 조직한 "정도로"만, 가사임금을 요구한 "정도로"만, 가사임금을 얻어 낸 "정도로"만 생겨난다.(1976, 27-28) 그저 조직했을 때, 요구했을 때, 얻어 냈을 때 생기는 것이 아니다. 이런 공식에서 중요한 것은 이루거나 이루지 못하는 목표라기보다는 요구하고 조직하고 얻어 내는 과정이다.[39] 여기에서 유토피아적 요구는 특정한 목표를 요구하는 것 이상으로 볼 수 있다. 이제까지의 설명에 따르면, 유토피아적 요구는 더 나아간 요구들을 제안할 욕망과 힘을 가진 새로운 주체를 구성하는 과정이다. 아마도 이것이 제임스가 가사임금 요구를 "승리하기의 관점"이라고 표현할 때 의미했던 바일 것이다.(27) 가사임금을 위해 투쟁하는 것—혹은 시각을 넓혀, 기본소득이나 노동시간 단축을 위해 투쟁하는 것—그것을 원하는 것, 그리고 그것을 누려 마땅하다고 공언하는 것은 집단적 희망의 실천에 참여하는 것이요, 그리하여 구성의 행위에 동참하는 것이다. 혁명적 전위사상의 유산은 실제로 선언문을 사로잡고 있다. 그로 인해 마르크스와 엥겔스가 프롤레타리아트를, 가사임금 운동에서 주부들을 그렇게 불렀던 것처럼 선언문은 "우리we"라는 호명을 사용하는 경향이 있다. 그러나 요구는 혁명적 주체를 일깨운다고, 또는 그 주체를 형성 이전에 호명한다고 상정할 수 있는 무언가가 아니다. 마르크스와 엥겔스는 유토피아적 사회주의자에 반대하며, 공산주의는 처방의 대상이 아니라 창조의 대상, 정치적 투쟁의 과정 중에 생겨나는 것이라고 주장했다. 이와 마찬가지로 요구는 요구하기의 집단적 실천으로부터 그 지지자들이 등장하게끔 한다고 이야기할 수 있다. 대안의 처방이 가능성을 닫는다면, 행위주체의 호명 역시 그러하다. 요구는 "이데올로기의 문서"도 정당의 플랫폼도 아니다. 누가 요구를 중심으로 연합할지, 어떤 종류의 정치적 주체가 요구를 옹호하며 등장할지 예측하기는 어렵다. 누가 기획으로 소환될 수 있을지는 열린 질문으로 남는다.

요구가 탈노동사회의 예시보다 지향적인 것처럼—트롯의 용어를 떠올려 보자면—요구를 중심으로 연합한 반노동의 정치적 주체는 전위대라기보다는 연합에 가까울 것이다. 이 같은 면에서 이런 요구들은 지향적일 뿐 아니라 "이어질 수 있는articulatable"—다시 말해 함께 연결될 수 있는—것이라고 특징짓는 게 최선일 것이다. 유토피아적 요구가 체계적 프로그램이나 전망을 제시하지는 않지만—유토피아적 요구는 미리 짜인 어떤 목표를 위한 수단이 아니다—서로 다른 지지자층이 이해를 공유하는 지점을 찾으면서 보다 폭넓은 정치적 전망이 가능해질 수는 있다. 요구는 가로지르며 그룹은 한데 연결하여 더 폭넓은 사회적 전망이 이런 잇기의 전제조건이 아니라 산물로서 탄생한다. 에르네스토 라클라우Ernesto Laclau의 표현을 따오자면, 요구는 "보다 실행 가능한 일종의 사회적 상상을 창출하고자 만들어"질 수 있다. 그 사회적 상상이란, 해방과 궁극적 실현의 완벽한 상태가 아니라 구체화된 사항들을 중심으로 구축된 보다 지구적인 전망이다.(Zournazi 2003, 123–24) 요구는 이데올로기나 플랫폼보다 널리 확산된다. 요구는 파편적이기 때문에 전위대나 심지어 정당과 같은 전통적 모델에 적합하지 않다. 따라서 글쓴이의 보다 폭넓은 전망을 퍼뜨리도록 만들어진 벨라미 클럽들*이 지역마다 연달아 생기는 것이 그 정치적 결과일 것이라고 상상하지 않는다. 그보다는 정치적 욕망과 상상이 모여 그로부터 대안이 구성될 수 있을 것을 상상한다.

---

* 주28 참조.

결론

유토피아적 희망을 일구는 것은 블로흐와 니체가 생각했을 만한 야심찬 기획이다. 시간에 대해 이런 식의 태도를 갖는 것, 다시 말해 과거와 현재, 미래에 모두 걸쳐 있으며 과거로부터 탄생한 그대로의 살아 있는 현재와 그로부터 가능한 미래에 인지적이고 정서적으로 투자하도록 북돋는 것은 쉬운 일이 아니다. 이제까지 살펴본 유토피아 형식 각각에는 분명히 고유한 한계가 있다. 실제로 이런 가장 역설적인 실천의 가장 근본적인 역설은 유토피아적 희망이 하나의 형식 안에 구현됨으로써 활기를 얻게 되면서 동시에 사그라진다는 사실일 것이다. 아마도 우리가 기대할 수 있는 최선은 희망참이 이 형식들에 여전히 맴돌아 사람들을 다르게 원하고 생각하도록 유혹하는 것이다.

5장은 기본소득과 노동시간 단축 요구의 유토피아주의에 반대하는 주장을 시연하는 것으로 시작했다. 논의를 끝맺으며 우리는 적어도 다른 결론을 받아들이길 바랄지 모른다. 아마도 유토피아의 기능이라는 측면에서 볼 때, 그리고 다른 유토피아 형식과 비교할 때, 유토피아적 요구의 문제는 —블로흐와 니체에게 가져온 희망찬 주체라는 기준에서 본다면 더욱 말할 것도 없이— 이들이 지나치게 유토피아적이라는 것이 아니라 충분히 유토피아적이지 못하다는 사실일 것이다. 요구는 다른 유토피아 형식에 비해서 미래를 풍성하게 상상하지도, 비판을 완전히 발전시키지도 못한다. 이것이 사실일지라도, 내가 앞서 제안하고자 했던 것처럼 유토피아적 요구의 불완전성이 그 동력을 반드시 약화시키는 것은 아니다. 보다 파편적인 형식이 결말이나 목표가 아니라 과정이자 기획으로서의 유토피아를 더 잘 보전해 줄 수도 있다. 또한 유토피아의 비판과 전망을 확장해 통찰과 방향성을 배가할 수도 있다.

이 같은 요구에 더해질 수 있는 유토피아주의라는 호명을 피하기보다는 허락함으로써 우리는 이 요구들이 유토피아적 사유와 실천의 도구로서 지닌 잠재력을 깨닫기 시작할 수 있다. 유토피아의 응용을 유도하게끔 기능하는 유토피아적 표현 방식으로—다시 말해 현재에 대한 낯설게 하기와 비판적 사고, 가능한 미래를 향한 상상과 움직임을 독려하는 수단으로—이런 요구를 파악하는 것은 그 수행적 효과를 강조함으로써 우리로 하여금 정치적 요구의 본성과 기능을 다시 생각하게 한다. 그저 미리 상정된 것처럼 보이는 비판적 인식의 양식을 산출하는 데, 단순히 반영하는 것처럼 보이는 정치적 욕망을 이끌어 내는 데, 오로지 주어진 것처럼 보이는 집단적 주체를 동원하고 조직하는 데 요구가 어떻게 이바지하는지 되돌아보게 되는 것이다. 아마도 유토피아주의의 이같이 보다 확장적인 개념화 규칙 아래서만 요구의 이런 잠재적 효능을 더 잘 포착할 수 있을 것이다. 이런 요구들은—노동시간 단축이나 기본소득 요구를 포함해—도리 없이 순진하거나 그저 비현실적이기보다는 잠재적으로 유효한 기제이다. 이를 통해 비판적 사고를 진전시키고 정치적 상상을 일으키며 집합행동에 불붙일 수 있기 때문이다. 아마도 더 큰 위험은 우리가 너무 많이 원한다는 것이 아니라 충분히 원하지 않는다는 것에 있을 것이다. 이렇게 생각함으로써 페미니스트들은 덜이 아니라 더 요구하게 되기를 고려해야 한다.

에필로그 | 일을 넘어선 삶

온전한 삶의 권리라는 문제는 일의 문제와 완전히 분리되어야 한다.

—제임스 보그스James Boggs, 〈미국의 혁명The American Revolution〉

나의 주장 전반에서 간략하게 두 가지 지점을 명확히 짚어 둔 뒤, 한 가지를 거기에 덧붙이는 것으로 책을 끝맺고자 한다. 후자는 기본소득과 노동시간 단축 요구를 더 광범위한 정치 기획의 요소로서 이해하는 방법을 담고 있다. 하지만 그 전에 분석의 두 가지 측면에 대해 좀 더 설명이 필요하다. 첫째는 윤리(노동윤리)의 힘에 맞서기 위한 정치(탈노동 정치)를 처방하는 것이고, 둘째는 급진적 변화를 위한 수단으로서의 제한적 요구를 옹호하는 것이다. 전자에서는 앞서의 분석이 그저 상정해 왔던 정치와 윤리의 구분에 주의를 기울일 필요가 있다. 후자에서는 주장의 바탕에 깔린 개혁과 혁명의 관계를 구체적으로 이해해야 한다.

정치와 변화

이 질문에서 시작해 보자. 어째서 탈노동윤리가 아니라 탈노동 정치로 노동윤리의 힘에 맞서는가? 혹자는 결국 탈노동윤리의 윤곽을 탈노동 도덕—비르노의 표현을 인용하자면 "당위의 차원이 아니라 보편적 관행과 활용, 관습"의 문제(2004, 49)—과 구분되는 무언가로 상상할 수 있을 것이다. 들뢰즈는 이 구분을 이렇게 표현한다. 윤리는 다른 존재 양식에 내재한다. 반면 도덕은 위에서부터 부과된다.(1988, 23) 하지만 윤리의 영역이 전통적 도덕의 영역과 유용하게 구분될 수 있음에도 불구하고, 나는 대항윤리counterethic의 구성보다는 정치의 가능성에 여전히 더 관심이 많다. 윤리와 정치의 관계는 확실히 가깝다. 둘 다 우리가 어떻게 함께 살 수 있는가에 초점을 맞추는 사유와 행동의 양식이며, 둘 다 사적·공적 영역에서 작동하며 구조와 주체성으로 동시에 뒤덮여 있다. 실제로 탈노동 정치와 탈노동윤리는 서로를 구성한다. 하나가 다른 하나를 산출하고 지탱한다. 그럼에도 윤리는 정치보다 개인의 신념과 선택의 영역에 보다 가깝게 묶여 있기 때문에 나는 윤리보다는 정치에 더 우선순위를 두고 주장을 펼치며 자기의 실천과 타인과의 조우에 초점을 맞출 것이다. 여기서 정치는 집합행동의 측면과 제도적 변화의 영역으로 이해된다. 나는 윤리적 해결책보다는 정치적 해결책을 선호하는데, 논쟁적이게도 어떤 종류의 구조주의적 충동을 변호하는 것으로 이해될 수 있을 것이다. 다시 말해 개인보다는 집단의 행위에, 개인들의 삶과 관계를 틀

짓는 제도와 담론을 바꾸는 과업에 초점이 가도록 유지하는 방식인 셈이다.

정치와 윤리의 구분은 이 책의 목적에서 여전히 의미가 있지만, 개혁과 혁명의 구분—내가 옹호하는 유토피아적 전망 및 제한적 요구와 혼란스럽게 얽혀 있는 것처럼 보일—은 좀 더 문제가 있다. 물론 개혁과 혁명의 구분은 마르크스주의 안에서 잘 알려진 긴 역사가 있으며, 가사임금 요구의 지위는 전통적인 논쟁의 무대 중 하나로 흔히 거론되어 왔다. 개혁이냐 혁명이냐의 선택은 오늘날도 반자본주의적 실용주의자와 급진주의자 사이의 논쟁 일부를 여전히 사로잡고 있다. 그러나 이런 논쟁의 내용은 제2인터내셔널 시기만큼 대담하지는 않다. 여전히 익숙한 이런 관점들 중 한쪽에서 보자면 혁명의 아이디어는 최선이라 봤자 주의를 흐트러뜨릴 뿐이고 최악일 때는 변화를 위한 분투로부터 방향이 틀어지게 만든다. 다른 한쪽의 관점에서 보자면, 개혁에 집중하는 것은 그런 분투가 놓인 기존의 조건에 굴복한다는 의미이다. 한쪽이 아득한 미래를 위해 현재를 배신하는 것으로 여겨진다면, 다른 한쪽은 협소하게 파악한 현재의 긴급한 필요 때문에 미래를 희생한다고 비난받는다.

유토피아적 요구는 이런 공식들 사이로 길을 내고자 한다. 유토피아적 요구는 선언문의 혁명적 프로그램에 대한 개혁적 대안이 아니다. 유토피아적 요구는 이런 전통적 이분법을 거부한다. 비교적 온건한 요구의 급진적 잠재성은 5장에서 살펴본 두 가지 속성에서 온다. 바로 지향성과 수행성이다. 셀마 제임스는 자본에 대항한 싸움에 질 준비를 하면서도 그 패배의 잔해에서 어떤 양보를 건져 낼 희망을 갖는 것과 성공하려고 분투하되 동시에 "이기고자 투쟁할 때 그 과정에서 많은 것을 얻을 수 있다"라고 인식하는 것의 차이라는 측면에서 지향성을 환기시킨다.(Dalla Costa and James 1973, 1) 후자의 전략으로부터 탄생한 요구는 유토피아적 요구일 것이다. 이런 요구는 최선일 때, 현재의 한계를 뛰어넘어 우리에게 말을 건네고 동시에 그 너머로 우리를 이끈다. 안토니오 네그리는 개혁의 잠재적 생식성generativity을 주장하면서 수행성을 넌지시 언급한다. 네그리의 설명처럼 유토피아적 시간성과 개혁적 시간성의 구분은 생정치적 생산의 조건 아래서 무너져 버린다. "오늘날 모든 개혁 하나하나는 급진적 변화를 일으킨다. 이는 우리가 존재론적 환경 위에 살고 있기 때문이며, 우리 삶이 존재론적 차원으로 직접 내던져지기 때문이다."(Casarino and Negri 2008, 109) 혁명적 열망을 품은 개혁적 기획으로서 유토피아적 요구는 변화의 더 폭넓은 지평을 가리키며 비판적 사유와 사회적 상상의 새로운 길을 열 수 있다. 또한 다른 무언가를 생각하고 원할 더 나은 능력을 지닌 정치적 주체를 구성하는 데 도움을 줄 수 있다. 기본소득과 노동시간 단축 요구는 체계적 변혁보다는 실체적 개혁을 위한 제안일지 몰라도, 이런 요구를 염원하는 미래로의 궤적과 존재론적 효과라는 측면에서 이해하는 것은 개혁적 변화와 혁명적 변화를 가르는 손쉬운 이분법을 일축한다.

사회적 재생산의 공론화와 정치화

앞서 언급했듯이, 가사임금 운동과 분석은 사회적 재생산과 자본축적 사이의 골치 아픈 관계를 보여 주고 문제시하는 더 커다란 노력의 일환으로 이해할 수 있다. 가사임금의 경우에서 사회적 재생산은 임금노동을 재생산하는 데 필요한 무급의 가정 내 노동과 동일시된다. 하지만 이런 정식화에는 문제가 있다. 가사노동이 가족 제도와 너무도 긴밀히 동일시되었으며, 그에 결부된 가정 내 과업은 제한된 범위에 불과했기 때문에 갈등이 일어나는 지점은 너무 협소하게 파악되었고 옹호자들이 공론화하고 정치화하는 문제의 해결책으로 제시되는 것—일과 삶의 균형을 위한 시도나 상품화된 가사노동 서비스 등—은 새로운 방향으로 우리를 이끌기보다는 기존 시스템을 지탱하는 역할을 할 뿐이었다. 대안적 해법을 위해서는 사회적 재생산의 개념을 확장시켜야 한다. 그리하여 가치화의 과정과 주체 및 주체들이 기대어 있는 사회성의 재생산 사이에서 일어나는 갈등의 조건을 더 정확히 포착하고 더 효과적으로 제시할 수 있어야 한다.

이런 모순을 공론화하고 정치화하며, 그에 맞설 잠재적 대항자들을 불러내는 또 다른 방법을 찾기 위해 기본소득 요구를 재검토하고 그 정당성을 설명하는 두 가지 논거를 소개하고자 한다. 기본소득의 한 가지 가능한 논거는 임금이 측정하고 보상할 수 있는 것 외의 가치를 생산하는 데 참여하는 일에 대가를 치르는 것으로 기본소득을 설명한다. 이런 셈법은 고전적 마르크스주의 전략을 철저히 따른다. 우리는 생산자로서 함께 조직화하여 우리가 누려야 할 그 같은 보상을 요구할 수 있다는 것이다. 이런 방식의 이점은 그 명료함에 있다. 사회적 구성원에게 혜택이 돌아간다는 친숙한 논리이다. 단점은, 적어도 이 책에서 취하는 관점에서 보자면 여전히 생산 중심주의적 당위를 바탕에 둔다는 것이다. 생산에 이바지하기 때문에 소득을 누릴 자격이 있다고 주장하는 것이기 때문이다. 따라서 나는 이와는 다른 대안을 고려하고자 한다. 기본소득을 가치의 보편적 생산이 아니라 삶의 보편적 재생산에 대한 것으로 보면 어떨까? 여기에는 두 가지 관점의 전환이 존재하는데, 서로 다른 근거에 기대고 있다. 하나는 공헌에 합당한 영역을 생산에서 재생산으로 옮기는 것으로, 이는 재생산을 사회적 생산의 영역으로 들어서는 입구로 우선시하는 마르크스주의 페미니즘 분석에 근거한다. 둘째는 주된 생산물을 가치에서 삶으로 옮기는 것으로, 생산 중심주의에 맞서는 시장 개입 논리에 근거한다. 여기서의 논리는 자본축적이 가능하려면 무급의 가정 내 노동 이상이 필요하며, 이런 축적이 가능한 조건은 훨씬 많은 것에 기대어 있고 나아가 훨씬 폭넓은 효과를 일으킨다고 주장한다. 앞선 논지가 자본 고유의 논리를 기초로 하여 기본소득을 생산성의 대가로 제시하는 반면, 대안적 논지는 이런 익숙한 이유로부터 결별하여, 사회적 세계를 지탱하는 데 필요한 생산에 대한 소득이 아니라 다른 여럿과 더불어 생산에도 필요한 사회적 세계를 지탱하기 위한 소득을 요구한다. 후자와 같은 접근 방식의 미덕은 가사노동의 경제적 분석이 흔히 제시하는 것보다 더 폭넓은 사회적 재생산 개념을 일깨운다는 데 있다. 이런 논지에서 실마리를 얻어, 나는 "삶"을 일과 대비될 수 있는 개념으로 고려하고자 한다. 보다 구체적으로 말하자면, 여기서는 기본소득과 노동시간 단축 요구로 대변한 반노동 비판과 탈노동 상상을 틀 짓는 구호로서 "일에 맞선 삶"이라는 정치적 기획을 탐색하고자 한다. 일에 맞선 삶은 사회적 재생산과 자본축적의 관계를 공론화하고 정치화하는 한 방법으로서, 명백히 확장적이면서도 동시에 강력한 잠재력을 지닌 대립의 영역을 구성한다.

하지만 삶의 범주, 일에 맞선 자리에 삶을 위치시키는 것이 오늘날 사회적 생산과 재생산이 조직화되는 방식에 대한 충분히 강한 저항이 될 수 있을까? 계속하기에 앞서 나는 이런 방식의 두 가지 잠재적 한계를 짚어 두고 싶다. 첫 번째 한계는 일에 맞선 삶은 상품 문화의 논리에 포섭되어 버릴 수 있다는 경고를 던진다. 예를 들어 삶이

우리는 왜 이렇게 오래, 열심히 일하는가?

라는 것이—삶이 보다 확장적인 함의를 갖는다는 나의 주장에도 불구하고—일을 한 뒤 남는 시간에 무언가를 구입해 홀로 집에서 즐김으로써 만족할 수 있는 것이라면, 삶의 범주를 활용하는 데는 분명히 한계가 있을 것이다. 두 번째 가능한 문제점은 일 바깥의 삶이 피터 플레밍의 "그저 네 자신이 돼라"는 말에서 이미 그려졌던 방식과 관계가 있다. 피터 플레밍의 이 경영 담론은 "진정한" 노동자의 자아를 좀 더 이용하고 현금화하려는 취지 아래 "삶 자체를 전용함으로써 삶의 일부를 일에 집어넣기를" 추구한다.(2009, 40) 이런 기업 전략의 측면에서 보자면, 삶이라는 개념을 중심에 둔 조직화는 경영진의 주도에 너무도 쉽게 포섭되고 종속된다. 이 경우 삶은 일에 맞서기보다는 일의 헤게모니를 위한 강화된 기초로 작용한다.[1]

삶을 누리기

매우 폭넓고 동시에 분별하기 쉽지 않은 이런 방식으로 대립을 제기하는 기획에는 분명히 위험이 따른다. 하지만 일에 맞선 삶의 가능성을 더 탐색해 보는 방법으로서 나는 이 구호의 좀 더 구체적인 설명으로 옮겨 가 보려 한다. 이를 통해 다른 방향에서 그 장점과 단점을 조명해볼 수 있을 것이다. 일에 맞선 삶이라는 정치적 기획은 익숙히 쓰는 말, "삶을 누려라get a life"라는 명령으로 제시될 수도 있다.[2] 나는 〈탈노동 선언〉의 필자로서 "이제 삶을 누릴 시간"이라고 선언하고(Aronowitz et al. 1998, 40), 뒤이은 논의에서 이런 흔한 말이 폭넓고 확장적인 정치 기획을 틀 짓는 데 어떤 역할을 할 수 있는지 상상해 보고자 한다.

에필로그 | 일을 넘어선 삶

삶을 누리라는 명령의 세 단어(get, a, life)를 뒤에서부터 하나씩, 삶life의 개념에서 출발해 간단히 짚어 보자. 첫 번째 강조할 점은 이 슬로건에 쓰인 삶의 개념이 순수하지 않다는 사실이다. 여기서의 개념은 반反낙태 담론에서 쓰이는 생명life의 개념과 매우 다르다. 두 가지 측면에서 그러한데, 첫째, 여기서 누려야 할 삶life은 순수한 생물학적 생명life이라기보다는 생체권력biopower의 대상이자 목표이다. 실제로 일에 맞선 삶의 기획은 잃어버린 또는 위태로운 순수성을 회복하는 것이 아니라 생정치적 투쟁의 조건을 확립하는 방법이다. 둘째, 우리가 일에 맞서 놓으려는 삶은 외부의 위치로부터 단순한 대척점을 제기하지 않는다. 삶은 일의 일부이며, 일은 삶의 일부이기 때문이다. 일의 대안으로서의 삶은 일의 바깥 어딘가에서 찾을 수 있는 더 진정성 있고 진실한 무언가인 척하지 않는다. 삶은 어쩔 수 없이 뒤얽힌 채 남아 있는 경험의 영역들을 구분 지으려는 분투의 과정에서 끊임없이 발명되어야 한다.

생명주의 철학에서 흔히 쓰이는 생명life 개념으로는 관사 "a"를 통해 설명할 수 있는 것 역시 제대로 포착되지 않는다. 누리도록 독려하는 것은 생명the life, 본질적인 공통분모로서의 생명이 아니라 개별의 삶a life이다. 이런 이유로 불려오는 것은 가장 기본적인 생명bare life이 아니라 제임스 보그스가 앞선 인용구에서 설명한 "온전한 삶a full life"(1963, 47), 바로 우리가 좇도록 독려되는 속성들로 가득 찬 삶이다. 들뢰즈의 표현을 빌리자면 이는 개별성이 아니라 특이성의 삶(1997, 4), 타인의 삶과 동일하지 않으면서도 타인에게도 보편적인, 타인과 공유하는 삶이다.[3] 마지막으로 "삶을 누리라"는 명령은 이런 삶이나 저런 삶을 누리라는 의미가 아니다. 나는 이 말에 누릴 수 있는 서로 다른 삶들이 존재할 것이라는 전제가 깔려 있다고 해석한다. 들뢰즈

우리는 왜 이렇게 오래, 열심히 일하는가?

의 또 다른 정식定式을 빌려오자면, 부정관사 'a'는 여기서 "다수성의 지표"로 기능한다.(5) 우리가 삶을 누려야 한다는 말은 그 내용이 어떨 것에 대해 이야기하지 않는다.

이 흔한 말의 세 번째 요소로서 "누리기get"라는 행위는 명령의 시간성을 이야기한다. 여기서의 시간성은 다른 미래를 가리킨다. 이 말은 우리가 가진 삶, 우리에게 주어진 삶—무엇이 삶으로서 족한가에 대한 앞서의 경고를 떠올리자면, 소비자 혹은 노동자의 삶—을 포용하라는 요청이 아니라 우리가 원할 삶을 향한 것이다. 들뢰즈는 이에 필적할 만한 것을 잠재적인 것the virtual과 현실적인 것the actual의 구분을 통해 환기시킨다. 들뢰즈는 "삶a life은 잠재적인 것만을 포함"하지만 이 잠재적인 것은 "현실성을 결여한 무언가가 아니라 그 고유한 현실성을 선사하는 평면을 따름으로써 현실화의 과정에 진입하는 무언가이다".(1997, 5) 이 책에서의 다소 다른 목적에 이 통찰을 접목시키자면, 삶a life은 우리 각각이 누려야 할 것이다. 그 조건이 외부로부터 그저 지시되었다면 우리는 삶을 누릴 수 없다. 그럼에도 삶을 누리는 것은 집합적 분투일 수밖에 없다. 삶처럼 커다란 무언가를 홀로 누릴 수는 없다. 게다가 삶은 우리의 것이지만, 상품이 아니라 삶으로서, 소유물이 아니라 경험의 질이자 관계의 망으로서, 가지고 있다고, 심지어 붙들고 있다고도 정확히 말해질 수 있는 무언가가 아니다. 이런 식으로 누린다는 것은 근본적으로 다른 전유의 양식을 가리킨다. 이런 면에서 삶의 개념은 그저 확장적인 것이 아니라 과도한 것이기도 하다. 베버에게 노동윤리가 축소하는 것은 가능성의 폭이었다. 니체에게 풍부한 가능성은 금욕주의적 이상이 부정하는 것이자 억압의 금욕주의적 양식을 무너뜨릴 수 있는 것이었다. 이렇게 볼 때 삶은 언제나 우리가 가진 것을 초과한다. 고로 삶을 누린다는 것은 불완전한 과정일 수밖에 없다. 요약하자면, 삶을 누리라는 자극이 주는 가능성은 고정된 내용으로—다시 말해, 무엇이 일을 넘어선 삶으로 여겨질지에 대한 너무 많은 가정으로—삶에 짐을 지우는 것이 아니다. 가능성은 규정되지 않은 정치적 기획을 제기하고, 미리 고정할 수 없는 탈노동 사유의 지평을 여는 그 자극의 역량 안에 있다. 나는 차이와 미래성, 과잉에 대한 이런 집중이 삶을 누리라는 정치적 기획으로 하여금 삶을 축소하고 제약하고 전유하는 동력에 순종하지 않게끔 해줄 수 있다고 주장한다.

아마도 내 주장의 관점에서 더 중요한 것은, 삶을 누리려는 집단적 노력이 현재 노동사회의 조건에 맞서면서 동시에 새로운 것을 건설하기 위해 분투하는 방법으로 기능할 수 있다는 사실이다. 이런 측면에서 보자면, 삶을 누리라는 정치적 기획은 해체하며 동시에 재건한다. 부정과 긍정을 함께 활용하며, 비판적이며 동시에 유토피아적이고, 현재를 낯설게 하면서 다른 미래를 자극한다. 혹은, 가장 포괄적으로 이 책의 구성에 중심이 된 개념에서 보자면, 삶을 누리라는 기획은 우리에게 주어진 기존의 일의 세계를 거부하면서 동시에 대안을 요구하는 기획이다.

우리는 왜 이렇게 오래, 열심히 일하는가?

옮긴이의 글

2016년 봄, 알파고AlphaGo와 이세돌의 대국이 우리 사회를 뜨겁게 달궜다. 대국이 시작되기 전에는 대다수가 이세돌의 손쉬운 승리를 점쳤지만, 뚜껑이 열렸을 때 결과는 예상 밖이었다. 이세돌이 3국까지 내리 패배를 기록하자, 그 패배는 기계 앞의 무력한 인간을 상징하는 것처럼 받아들여졌다. 그리고 네 번째 대국에서야 이세돌이 승리를 거두었을 때, 이제 그 승리는 거꾸로 인간의 위대한 승리로 받아들여졌고, 수많은 사람이 가까스로 안도에 이르는 것 같았다. 하지만 다섯 차례 경기 중 단 한 번의 승리는 불완전한 희망을 줄 뿐이었다. 대국이 끝나고 한참이 흐른 지금까지도, 인공지능artificial intelligence, AI이 빼앗아 갈 직업에 대한 전망이 끊임없이 쏟아지고 있다. 수많은 직업이 사라질 미래, 바꾸어 말하면, 인간의 임금노동이 대폭 줄어들 미래에 대한 전망을 즐거운 마음으로 받아들이는 사람은 많지 않은 것 같다. 케이시 윅스가 이 책에서 제시하는 논거에 기대자면, 우리가 노동 상실의 전망을 암울하게 받아들이는 것은 단지 생계유지의 공포 때문만이 아니다. 우리는 일을 통해 자신의 가치를 증명하고 확인해야 한다는 윤리에 익숙하다. 성인이 되기까지의 교육과정은 일하는 사람으로서 제몫을 하기 위한 준비 과정으로 받아들여진다. 케이시 윅스는 사람들이 살기 위해 일하는 것을 넘어 일하기 위해 사는 데에는 **노동윤리**가 가장 큰 몫을 한다고 주장한다. 노동윤리의 힘은 탈산업화 시대인 오늘날에 오히려 더 맹위를 떨친다. 과거의 노동윤리가 노동자의 근면을 요구했다면, 오늘날의 노동윤리는 노동자가 기꺼이 일을 즐길 것을 요구한다.

2016년 여름, 한국 사회를 뜨겁게 달구는 또 하나의 이슈는 페미니즘이다. 2016년 5월 강남역 인근에서 벌어진 20대 여성 피살 사건을 '여성혐오 범죄'로 인식한 많은 여성들이 강남역 10번 출구를 추모의 장으로 탈바꿈시켰고, 그렇게 불 지펴진 젠더차별에 대한 문제 제기는 지금까지도 이어져 오고 있다. '페미니즘 열풍'이라고 불러도 과하지 않을 이런 흐름은 관련 도서 판매의 폭발적 성장에서 확인할 수 있다. 우선 온라인 서점 알라딘의 집계를 보면, 2016년 1-7월 '여성학/젠더' 분야 도서 판매량은 작년 같은 기간 대비 178% 성장했다. 온라인 서점 예스24에서도 같은 기간 '여성/페미니즘' 분야 도서 판매 증가율이 114.7%로 나타났다. 교보문고의 같은 분야 판매 증가율은 올해 41.3%였다.[*] 새삼스러울 것 없는 차별의 양상에 이제야 반발의 목소리가 높아진 것이 오히려 이상한 일인지도 모르겠다. 세계경제포럼WEF의 〈세계 성격차 보고서 2015〉에 따르면 한국의 성평등 지수는 조사 대상 국가 145개국 중 115위로 최하위 수준이며, OECD 국가 중에서는 꼴찌이다. 이런 성차별의 현실은 노동의 현장에서도 극명하게 드러난다. 2015년 기준 여성은 남성보다 37.2% 적은 임금을 받고 일한다. 역시 놀랍지 않게 한국은 OECD 국가 중 가장 높은 임금격차를 보여 주는데, 2000년 이후 줄곧 이런 형편이다. 한국의 경우 그 격차가 워낙 극심하기는 하지만, 상당 수준의 남녀 임금격차는 다른 많은 국가에도 여전히 존재한다. OECD 국가들의

---

[*] 이유진, "페미니즘 출판 전쟁", 〈한겨레〉, 2016년 8월 19일. (http://www.hani.co.kr/arti/culture/book/757359.html)

우리는 왜 이렇게 오래, 열심히 일하는가?

평균 남녀 임금격차는 15.3%이다.

　다시 케이시 웍스의 이야기를 빌리자면, 이 같은 임금격차를 지탱해 주는 것은 **가족윤리**이다. 남성노동자는 가족을 부양할 것이라는 전제가, 여성노동자는 그런 책임이 없을 것이라는 전제가 암묵적으로, 때로는 명시적으로 여전히 통용된다. 그 결과, 남성은 '가족임금'을 받고 여성은 '여성임금'을 받는다.** 임금격차뿐 아니라 오늘날 노동사회의 조건 대부분이 가족윤리를 바탕에 두고 있다. "가족 제도는 임금을 버는 이들의 임금을 벌지 않는 이들에 대한 사회관계"로서 그려지고, 임금을 직접 벌지 못하는 여성, 실업자, 노인, 병자, 아이 등은 임금을 버는 남성노동자를 통해 임금을 분배받는다고 여겨진다. 동시에 "가족은 사회적 재생산의 사유화된 장치로서 기능한다". 가족 내에 무급 재생산노동, 즉 가사노동을 담당하는 여성이 없다면, 임금노동자는 가사노동의 대체재를 시장에서 구입하거나 임금노동을 하고 남는 시간으로 가사노동을 직접 해결해야 할 것이다. 이 경우 임금이 더 높든지, 노동시간이 더 짧아야 할 것이라고 이 책은 이야기한다.*** "제2차 세계대전 직후 하루 8시간 주 5일 근무가 풀타임 근무가 표준이 되었을 때, 대개 남자로 그려졌던 노동자는 집안의 여성으로부터 보조를 받는다고 상정되었다."**** 젠더 분업을 포함하는 가족윤리가 없었다면, 우리가 오늘날 당연시 여기는 노동시간제는 탄생할 수 없었을 것이다. 임금노동에 뛰어든 여성은 과거에 비해 훨씬 많아졌지만, 사회는 임금을 높일 의향도, 노동시간을 줄일

** 　본문 255쪽 참조.

*** 　본문 192-193쪽 참조.

**** 본문 255쪽.

　　　　　　　　　　　　　옮긴이의 글

의향도 없는 것처럼 보인다. 이런 상황에서 여성이 '임금노동을 할 권리'는 '무급 가사노동을 하지 않을 권리'와 별개로 움직인다. 전자를 획득한다 해도 후자를 쟁취하는 것이 자동으로 따라오지 않는 것이다. 임금노동에 뛰어든 여성은 일터에서는 37.2%의 임금 격차에 시달리고, 집에서는 남편보다 약 다섯 배 많은 가사 노동을 떠안는다.*

　케이시 웍스는 산업화 시대에서부터 오늘날의 탈산업화 시대에 이르기까지, 아니 탈산업화 시대에 이르러 더욱더, 자본주의 구조를 공고히 지탱해 주고 있는 두 축이 노동윤리와 가족윤리라고 말한다. 이 책은 이 두 가지 축이 어떤 식으로 서로를 강화하며, 동시에 자본주의를 지탱해 주는지 보여 준다. 두 윤리의 공모 아래, 우리는 마치 과로가 특권인 양 끝없이 일하며, 이에 더해 당신이 '일하는' 여성이라면, 직장에서는 덜 받고 일하고 집에서는 아예 받지 못하고 일한다. 심지어 집에서의 일은 일로서 대접받지도 못하며, 그 탓에 임금노동을 하지 못한 시기는 "경력이 단절된" 시기로 취급받는다.

　케이시 웍스가 이 노동윤리와 가족윤리의 민낯을 드러냄으로써 요구하려는 것은 두 가지이다. 첫째는 모두에게 조건 없이 지급되는 기본소득이다. 단지 시민이라는 이유만으로 주어지는 기본소득은 "노동을 가장 고결한 소명이자 도덕적 의무로 보는 이데올로기를 거부"**할 여지를 허락함으로써 비로소 임금노동으로부터 해방될 자유를 선사한다. 이때 우리는 '먹고살기 위해' 도덕적 의무를 저버리는

★　여성가족부와 통계청이 공개한 '2015 일·가정양립지표'에 따르면, 맞벌이 가구 기준, 여성의 가사 노동 시간은 하루 평균 3시간 14분으로 남성(40분)보다 다섯 배 가까이 길었다.

★★　본문 161쪽.

일을 정당화할 수 없게 될 것이다. 그리고 돈을 버는 일이 다른 모든 정치적 또는 창조적 활동에 앞선다는 '상식'으로부터 벗어날 수 있을 것이다. 케이시 윅스의 두 번째 요구는 주 30시간 노동이다. 노동시간의 단축은 삶의 가능성을 확장할 수 있게 해 줄 것이다. 가사노동과 돌봄노동을 위한 시간뿐 아니라, 시민 간의 새로운 연대를 구축할 시간, 개인적 즐거움을 누릴 시간, 새로운 삶의 방법과 주체성의 모델을 창조할 시간을 허락할 것이다.

누군가에게 이런 요구들은 너무도 '비현실적'이고, 그래서 낭만적인 유토피아주의로 폄훼될는지도 모르겠다. 그런 이유로 저자는 한 장章을 통틀어 주장한다. 유토피아는, 제대로 쓰일 때, 한계를 짓기보다는 가능성을 열어 준다고. 그러니 우리는 좀 더 뻔뻔하게 반문해야 할지 모르겠다. "유토피아가 뭐 어때서?"

다른 세상은 가능할까? 이 질문에 자신 있게 답할 수 있는 사람은 아마 없을 것이다. 하지만 마치 다른 세상이 가능한 듯이 요구하고 행동하는 사람이 존재할 때만, 비로소 다른 세상의 가능성이 생겨난다. 나는 이 책을 옮기면서 그렇게 믿게 되었다.

2016년 8월

제현주

옮긴이의 글

주註

서문

1. 마이클 데닝은 이렇게 썼다. 오늘날 "대중물에서 일을 묘사하기를 꺼리는 것은 흔한 일이다. 외계인이 보통의 비디오 가게를 싹쓸이해 간다면, 인간이 일보다는 섹스하는 데 훨씬 더 많은 시간을 쓴다고 마땅히 단정 지을 것이다".(2004, 91-92)
2. 한때 일은 면밀히 연구할 만한 현상이었지만, 러셀 무어헤드Russell Muirhead가 썼듯이 "현대 정치 이론에는 일의 성격보다는 다원주의, 관용, 덕성, 기회의 평등, 권리에 대해 논할 거리가 훨씬 더 많다".(2004, 14)
3. 로빈 레이드너Robin Leidner는 일과 정체성의 교차점에 대한 사회학 연구를 검토하면서, 사회과학과 인문학 분야 전반에서 정체성에 대해 널리 관심을 기울이고 있음에도 불구하고 "현대 이론가들 중에 후기 모더니티 또는 포스트 모더니티에서의 정체성을 분석하면서 일을 중심에 두는 이는 거의 없다"라고 결론짓는다.(2006, 424)
4. 《통치론The Second Treatise on Civil Government》속 유명한 구절에서 로크는 개인에게 사유재산을 가질 권리를 주는 노동에는 "내 하인의 잔디 깎기"도 포함된다고 주장한다. 여기서 보듯이 일하는 사람은 하인의 모습으로 표현되었다.(1986, 20)
5. 문화가 일의 세계를 표현하는 일은 흔치 않을 뿐 아니라, 많은 경우 변화도 늦다. 대니얼 로저스Daniel Rodgers는 산업화 시대의 맥락에서 실제 그런 노동자는 찾아보기가 매우 어려웠음에도 불구하고 대장장이를 노동자의 전형으로 묘사하는 만화 이미지를 그 예로 든다.(1978, 242) 1960년대에는 제임스 보그스James Boggs가 경제학의 구세대적 환상에서 벗어나지 못하는 문제를 놓고 비슷한 주장을 펼쳤다. 보그스는 탈산업화 시대의 실업자에게 "일을 해 생계비를 벌라고 말하는 것은 대도시에 사는 사람에게 직접 사냥을 해 식탁에 올릴 고기를 구하라고 말하는 것과 같다"라고 말했다.(1963, 52)
6. 두 가지 전략 모두 "일과 가정 간의 균형"을 위한 다양한 프로그램에서 가장 흔히 언급되는 '일과 가정 사이의 양자택일'이라는 전통적인 방식을 똑같이 답습한다는 위험이 있다. 하지만 내가 보기에는 우리의 충성심을 놓고 경쟁하는 두 영역 사이의 갈등을 해결하는 데는 특히나 부적절한 해결책처럼 보인다.
7. 해리 클리버Harry Cleaver는 노동과 일의 구분에 반하여 비슷한 주장을 펼친 바 있다.(2002)
8. "규칙 관계relations of rule" 개념은 도러시 스미스Dorothy Smith의 (훨씬 풍성한) "지배 관계relations of ruling" 범주에서 차용한 것이다.(1987, 3)
9. 여기서 살아 있는 노동living labor과 일의 개념은, 살아 있는 노동이 내면의 본질이나

365

규범적 기준이 아니라 바로 정치적인 행위자가 지닌 잠재력으로 그려져야만 보다 호환적으로 쓰일 수 있다는 사실에 주목해야 한다. 이를 통해 살아 있는 노동과 일의 개념은 비평의 렌즈라기보다는, "주체들, 집단들의 자기가치화의 원천"으로 기능할 수 있다. 즉, 이 개념을 통해 대안을 구성해 낼 잠재력으로 작용할 사회적 협력을 창출해 낼 수 있는 것이다.(Negri, 1996, 171) 이와 관련하여 제이슨 리드Jason Read 역시 비슷한 접근법을 취하고 있다.(2003, 90 – 91)

10. 계급을 과정으로 보는, 다르지만 호환적인 접근법을 펼치는 학자는 그밖에도 여럿이 있다. 조안 애커Joan Acker는 페미니즘의 관점에서 계급을 재검토하며(2000), 스탠리 아로노비츠Stanley Aronowitz 역시 계급 이론은 사회적 공간보다는 사회적 시간에 더 초점을 맞춰야 한다고 주장한다(2003). 윌리엄 콜렛William Corlett도 "계급 행위class action"를 노동의 자기결정 과정으로 파악하는 모델을 내놓았다(1998).

11. 정량적 논리로서 파악되었던 관계, 즉 앞선 이와 뒤따르는 이 사이의 거리로 측정되었던 관계는 정성적인 측면, 바로 태도·정서·느낌·상징적 교환 등으로도 파악되어야 할 것으로 모습을 드러낸다.

12. 급진적 페미니스트 중 하나였던 파이어스톤Shulamith Firestone이 했던 유명한 말에 담긴 대담함과 거창함은 1970년대 페미니즘에서 그리 특별한 것은 아니었다. "혁명보다 더 모든 것을 포괄하는 단어가 있다면, 그 단어를 쓰겠다."(Firestone 1970, 3)

13. 여기서 당연히 나는 정치적 사안에서 일을 배제하는 좀 더 정통적인 아렌트적 분석―니체적인 분석은 말할 것도 없고―과 의견을 달리한다.

14. 확실히 해 두자면, 자유에 초점을 맞추는 의제의 가치를 강조하는 것은 평등에 집중하는 의제의 중요성을 깎아내리려는 것이 아니다.

15. 나는 보통 "마르크스주의 페미니즘"이라는 말을 아주 다양한 종류의 페미니즘을 가리키는 데 사용한다. 여기에는 내가 추구하는 페미니즘도 포함된다. 보통 사회주의 페미니즘으로 분류되는 (그리고 심지어는 그렇게 자칭하기도 하는) 문헌들을 때로 출처로 삼기도 하지만, 여전히 그렇게 통칭한다. 마르크스주의 페미니즘과 사회주의 페미니즘의 차이가 언제나 뚜렷한 것은 아니다. 많은 경우 그저 시기적으로 구분하여, 마르크스주의 페미니즘은 사회주의 페미니즘보다 앞선 것으로, 사회주의 페미니즘은 마르크스주의와 1970년대 전개된 급진적 페미니즘을 종합한 것으로 본다. 또한 "사회주의적"이라는 단어는 때로 좀 더 확장적이고 포괄적인 기획을 표현하는 방식이기도 하다. 즉, 정치경제학적 분석에 집중하기는 하지만, 말 그대로의 마르크스주의는 아닌 것을 뜻하는 것이다. 나는 "마르크스주의 페미니즘"이라는 말을 두 가지 이유에서 선호한다. 첫째, 가사임금과 가정 내 노동을 다루는 연구들을 포함해, 나의 연구 작업과 거기서 참조한 문헌들이 마르크스주의 이론의 전통에 빚지고 있기 때문이다. 둘째, "사회주의"라는 표현이 오늘날 얼마나 유효한가에 대해 회의적인 시각을 갖고 있기 때문이다. 이에 대해서는 뒤에서 좀 더 자세히 설명할 것이다.

16. 1960년대 후반에서 1980년대 초반까지는 마르크스주의 페미니즘이 미국 페미니즘 이론에 가장 큰 영향력을 미쳤던 시기이다. 오늘날까지도 그때의 기획이 여전히, 그러나 많은 경우 다른 간판을 내걸고 살아남아 여러 연구가 지속되고 있다. 유급노동과 무급노동을 모두 포괄하여, 현대 노동의 조직화 방식―현재 이루어지고 있는 계급 간, 젠더 간, 인종 간, 국가 간 분업 방식을 포함하여―이 계급, 젠더, 인종, 국적의 차이와 위계를 구성하고 유지하는 데 어떻게 연관되어 있는지를 살피는 연구도 그중 하

나이다.

17. 바버라 에런라이크Barbara Ehrenreich가 1976년 사회주의 페미니즘 기획을 설명하면서 밝혔듯이, 마르크스주의자와 페미니스트 모두 "정적 균형, 대칭 등의 관점(전통적 사회과학에서처럼)이 아니라 길항작용의 관점에서 세계를 이해하고자 한다".(1997, 66)

18. 페미니즘의 관점에서, 특히 이 경우 정치경제학의 영역에서 사회적 재생산을 가장 직접적으로 다루고 있는 최근의 연구는 캐나다에서 나오고 있다. 좋은 예로 들 수 있는 것은 다음과 같다. Bakker and Gill(2003), Bezanson and Luxton(2006), Luxton and Corman(2001).

19. "사회적 재생산은 심리적, 육체적, 감정적인 다양한 종류의 일을 포괄한다고 볼 수 있다. 이 일들은 지금 살아 있는 사람들의 생명을 보존하고 다음 세대를 재생산하는 데 필요한, 생물학적으로뿐 아니라 역사적, 사회적으로 규정된 돌봄을 제공하기 위한 것이다."(Laslett and Brenner 1989, 383)

20. "우리가 사회주의라고 정의한, 새로운 형태의 조직화와 사람들 사이의 관계"(Berkeley-Oakland Women's Union 1979, 356)라는 표현을 쓰기도 하고, 때로 사회주의적이자 페미니즘적이자 반인종차별적 혁명으로 일컫는 또 다른 그룹을 가리키는 보다 포괄적인 표현을 쓰기도 한다.(Combahee River Collective 1979, 366)

21. 이는 기존 정책의 집행에 대한 요구라기보다는 변화에 대한 요구이다. 하지만 임금과 노동시간에 대한 이미 제정된 법규를 제대로 시행하도록 요구하는 것조차 특히 저임금 노동자의 생활에 상당한 차이를 가져올 수 있다는 점을 짚어 두는 것도 중요하다. 다음을 참조할 것. Annette Bernhardt et al.(2009).

22. 또 다른 예로 고용 여부와 무관한 보편적 건강보험에 대한 요구를 들 수 있다. 이 요구는 기본소득이나 노동시간 단축 요구처럼 일에 대한 비판적 관점을 직접적으로 드러내지는 않으나 비슷한 효과를 일으킨다.

23. 조나단 커틀러Jonathan Cutler와 스탠리 아로노비츠에 따르면, 노동시간 단축에 대한 요구는 노동자들에게 그다음 요구 사항을 제기할 여지를 마련해 준다는 점에서 특별하다. "다른 어떤 협상 요구도 이처럼 동시에 협상력을 강화해 주지는 않는다."(1998, 20)

1장. 노동윤리의 지도를 그리다

1. 베버가 자신의 분석을 서유럽과 미국의 자본주의 사회 형성에 국한해 전개했다는 점은 강조해 둘 만하다.(1958, 52)

2. 마르크스주의에서 생산과 주체성의 관계에 대한 이 같은 주장을 좀 더 살펴보려면 다음을 참조하길 권한다. Jason Read(2003).

3. 이 차이가 전개된 바를 이해하려면, 프레드릭 제임슨Fredric Jameson에 이율배반과 모순의 차이를 어떻게 설명했는지 참조하길 권한다.(1994, 1-7)

4. 베버는 루터Martin Luther가 소명으로서의 직업calling을 어떻게 개념화했는지를 이렇게 설명한다. "세속적 의무의 달성은 어떤 상황에서도 신의 뜻에 따라 사는 유일한

방법이다." 고로 "모든 합법적인 직업calling은 신이 보기에 모두 똑같은 가치를 지닌 다".(1958, 81)

5. 일의 실제적인 속성으로부터 떨어져 나오게 된 현상은 형제애의 개념에서 떨어져 나온 금욕적 청교도주의와 궤를 같이 한다. 기독교도는 구체적 개인들을 실제로 도울 뿐 아니라, 간접적으로 임금노동을 통해 신의 명령에 복종할 수 있다. 다시 말해, "사회를 위한 비개인적 유용함에 복무하는 노동"이 곧 신의 명령을 따르는 것이다.(Weber 1958, 109)

6. 베버의 주장은 고전적인 사회과학 형식에 맞춰 구성되어 있다. 매 장마다 문제와 가설을 제시하고, 뒤이어 종속변수와 독립변수를 논한 다음, 발견점과 결론을 내놓는다.

7. 내세의 확실성이나 사회 이동성, 자기실현, 이 중 어떤 목표도 새로운 것은 아니다. 이들은 모두 다양한 형태로 공존해 왔으며, 내가 따로 떼어 보여 주려 했던 세 시대마다 각기 다른 정도로 강조되어 왔을 뿐이다. 프로테스탄트 윤리와 산업화 윤리, 탈산업화 윤리, 이 세 가지 버전은 모두 혼합물이다. 여기서는 각 시대 노동윤리 담론의 특징을 보여 주고자 규정된 이념형으로서 제시되고 있을 뿐이다.

8. 이런 방식으로 탈산업화 시대의 노동윤리는 프로테스탄트 윤리의 '소명으로서의 일' 이라는 개념으로 돌아간다. 일이 경제적 이동성의 수단으로 여겨졌던 산업화 시대의 노동윤리가 확보했던 실질적 유용성의 중요성이 어느 정도 수그러들었다.

9. 일에 대한 오늘날의 이해조차 이런 수단과 목적의 혼동에 사로잡혀 있다. 일은 그 자체로 목적인가, 아니면 다른 목적을 위한 수단인가? 예를 들어 사람은 가족을 부양하려고 일하는가, 아니면 일에 의미 있는 노력을 쏟고자 가족을 부양하는가? 다시 말해 사람들은 가족이 있기 때문에 일하는가, 아니면 일하기 때문에 가족의 사회적 모델을 중심으로 자신의 삶을 조직하는가? 일은 자기표현과 자기계발의 수단인가, 아니면 자기표현과 자기계발이 일에 쏟는 시간과 에너지를 합리화할 수 있게 하는 수단인 것인가?

10. 시모어 마틴 립셋Seymour Martin Lipset은 나이 든 세대는 젊은 세대의 노동윤리가 예전만큼 강하지 못하다고 생각하는 경향이 오래도록 있어 왔다고 말한다.(1992, 45)

11. 프레이저와 고든은 임금노동의 지위가 어떻게 변화하는지 설명하는데, 임금노동이 남성성 및 백인됨whiteness과 강력히 결부되기 시작했다는 것을 이 설명의 중심에 둔다. 이 부분은 1장의 뒷부분에서 다룰 것이다.

12. 산업화된 생산과 포드주의적 조직화의 조건 아래에서 유지하기가 더 어려웠던 것이 아마도 탈산업화 시대의 생산과 포스트-포드주의적 유연화 착취flexploitation의 조건 아래서는 더 상상하기 쉬울 것이다.(Gray 2004) 탈산업화 시대에 들어 일은 더욱 개인화되었는데(Castells 2000, 282), 예를 들자면 노동의 주기와 계약이 다양해졌다는 측면에서(Beck 2000, 54, 55) 그러하다. 이런 흐름 아래, 일이 개인의 경험과 책임의 영역으로 여겨지는 경향은 더욱 강해졌다.

13. 노동윤리가 그저 고전적 의미에서의 이데올로기, 즉 노동의 가치를 명시적으로 선언하고 의도적으로 선전하는 사상 일체에 그치는 것이 아니라는 점은 다시 강조할 만하다. 루이 알튀세르Louis Althusser의 이데올로기 개념에서처럼, 노동윤리는 장치들 안에 자리 잡고 의식화된 과정 안에 새겨진 사상 일체이기도 하다.(1971, 166). 알튀세르는 산업화 시대의 "성숙한 자본주의"에서 교회는 지배적인 이데올로기적 국가 장치로서의 지위를 잃고, 학교가 그 자리를 차지했다고 말한다.(152) 학교는 노동

우리는 왜 이렇게 오래, 열심히 일하는가?

자의 순응을 재생산하는 데 여전히 중요한 역할을 하지만, 오늘날의 노동윤리는 그 재생산을 위해 교회나 학교에 의존하지 않는다. 마이클 부라보이의 주장에 따르면, 노동의 요구에 대한 동의가 생산의 현장에서 생겨나는 방식에 주의를 기울여야 한다.(1979) 캐서린 케이시Catherine Casey가 일의 "숨겨진 커리큘럼"이라고 부른 것을 통해 탄생하는 주체화의 방식이 바로 그것이다. 관리자가 노동자에게 지시하는 사상으로부터가 아니라 일과 일터에 체계화되어 있는 관계, 보상과 불이익으로부터 순응하는 주체가 생겨난다.

14. 베버는 착취를 가능케 하는 데 노동윤리가 어떤 역할을 했는지 강조한다. 노동윤리는 이미 구성되어 있는 주체에 대한 착취를 합리화하는 데 도움을 주었다기보다는, 착취 가능한 주체를 만들 수 있도록 도왔다. 하지만 강조할 것은 노동윤리의 담론이 구성한 훈육적 주체성disciplinary subjectivity이 주는 보상이 그저 경제적인 것만이 아니었다는 점이다. 동시에 사회적이고 정치적인 것이었고, 오히려 더 그러했다. 이런 설명에 따르면, 언제 닥칠지 모를 노동윤리의 쇠퇴, 그리고 유명 언론에서 주기적으로 이야기하는 그로 인한 우려스러운 결과 역시 국가의 경제적 쇠퇴뿐 아니라 도덕적 쇠퇴를 불러올 것이다. 1980년대에 쓰인 이런 논조의 글 한 편을 살펴보면, 글쓴이는 점점 게을러지고 쾌락을 좇는 미국의 노동자가 근면한 일본인과 경쟁할 수 없을 것이라고 걱정한다. 이런 걱정 탓에 글쓴이는 노동윤리를 지탱할 다양한 조치를 권고하는데, 학교에서 노동윤리를 선전하고 가르칠 것, 노동윤리 강화를 위해 설계된 가짜 노동 프로그램make-work program에 투자할 것 등이 포함되어 있다.(Eisenberger 1989, 224 - 25, 248). 복지 수혜자, 교도소 수감자, 청소년 범죄자 등에게 훈육을 위한 가짜 노동 프로그램을 이수하도록 하자는 제안은 앞서 이야기했던 그 수단과 목적의 기묘한 혼동을 떠올리게 한다. 할 필요가 있는 일을 하게끔 하고자 노동윤리를 독려하는 게 아니라, 노동윤리를 주입하기 위해 일거리를 만들어 내는 것이다.(Beder 2000, 139 -41도 참조) 여기서 우리는 언제나 경제적 효용만이 문제는 아니라는 사실을 보다 명확히 보게 된다. 일은 사회적·정치적 기능을 하는 행동 일체와 연관되어 있다. 따라서 노동윤리에 이해관계가 걸린 쪽은 고용주만이 아니다. 노동윤리는 다양한 사회적 협업과 질서 체제에 유용한 것으로 여겨진다.

15. 베버 역시 경쟁하는 복수複數의 노동윤리가 공존한다는 것을 인정한다. 전통주의뿐 아니라, 지나가는 문장에서 썼듯이 "프롤레타리아트와 반反권위주의적 노동조합의 계급 도덕"이 공존한다고 보았다. 지배적인 노동윤리는 일할 의지가 있는 이들을 후자의 윤리로부터 보호하고자 한다.(1958, 167)

16. 노동윤리에 대한 이런 도덕적 공포는 오늘날 동성결혼에 대한 논의 일부에서 재현되고 있다. 동성 간 성행위의 다양한 패턴들을 일명 쾌락주의적 소비문화와 연결 지음으로써 퀴어문화를 깎아내리고, 판별 가능한 가족을 이루지 않는 이들에게는, 리 에덜먼Lee Edelman(2004)의 논지를 들어 현재를 희생해 이루려는 미래가 없다고, 또 주디스 할버스탐Judith Halberstam(2005)의 개념을 들어 생산적으로 일상을 꾸리는 데 중심이 될 재생산의 시간 역시 없다고 우려를 표한다. 여기서 나는 다음과 같은 또 다른 맥락 아래서 논의를 펼쳐 나갈 것을 짚어 두고자 한다. 노동윤리는 이런 우려에 이의를 제기하는 이들에게 오히려 힘을 실어 주는데, 그들의 논리를 거울에 비추듯 되돌려 보여 줌으로써 그렇게 한다. 성차별을 배제한 가족윤리를 통해 사회 규율이 선사할 것으로 여겨지는 혜택에서 비껴나 있는 이들에게까지 결혼과 가족의 이점을

369

확장할 수 있다는 주장이 바로 그러하다.

17. 실제로 계급, 인종, 민족과 젠더의 교차점에서 이들 위계가 구성되고 반박되고 방어되면서 노동윤리의 여러 버전이 탄생한다. 고로 노동윤리의 유포 역시 각 버전의 분화와 버전들 간 혼성교배의 과정이다.

18. 인용구에서 볼 수 있듯이, 가정학 발달에 대한 길먼의 공헌에는 흥미로운 지점이 있다. 에런라이크와 잉글리시Deirdre English가 지적한 것처럼, 가정 내 생산 활동을 훨씬 더 합리화하는 일의 중요성을 주장하기 위해 길먼은 사적인 가정이 더 이상 가구 생산의 장소로서 역할해서는 안 된다고 주장했다.(Ehrenreich and English 1975, 25-26). 관례와 풍습을 무시하고 하나의 통찰을 논리적 결론으로 확대하려는 이런 태도는 1970년대의 급진적 페미니스트들이 일부러 불편한 반응을 일으키기 위해 주기적으로 사용했던 가차 없는 논리를 떠올리게 한다.

19. 돌봄의 윤리 연구의 고전적 사례로 다음을 참조하길 권한다. Noddings(1984). 젠더 본질주의의 문제에 똑바로 맞서고 돌봄의 윤리학과 정치학 모두에서 대안적 접근을 내놓으려는 이런 기획의 중요한 수정판으로는 트론토Tronto(1993)가 있다. 돌봄을 개인의 속성이 아니라 사회 현상으로 파악하고, 돌봄의 논리를 도덕적 당위가 편재하는 윤리적 실천으로 상상하는 데 공헌한 연구로는 다음의 저술을 참조하라. Precarias a la Deriva(2006).

20. 마들린 번팅Madeline Bunting 역시 비슷한 주장을 한 바 있다.(2004, 169-70)

21. 콜린 크레민Colin Cremin이 쓴 바 있듯이, 유연한 노동자는 일자리를 얻을 뿐 아니라, 늘 일에 적합한 상태를, 즉 "취직능력employability"을 유지할 것이라고 기대된다.(2010, 133)

22. 고로 예를 들면, 고객 서비스를 강조하는 여러 회사의 임원들과 인터뷰한 것을 기초로 쓰인 책 하나에서 인터뷰 대상들은 좋은 직원을 채용하는 것은 딱 맞는 능력을 가진 사람이 아니라 딱 맞는 태도를 가진 사람을 찾는 데 달렸다고 거듭해 이야기한다.(Wiersema 1998)

23. 다양한 고용 상태에 걸쳐 보았을 때 관리자에게는 태도가 많은 경우 습성보다 더 중요하다는 연구 결과가 있다. 그 예로 다음을 참고하길 권한다. Barnes and Powers(2006, 4-5), Beder(2000, 196), Callaghan and Thompson(2002).

24. 탤와르Jennifer Parker Talwar는 외양과 프로페셔널리즘 사이의 똑같은 공식이 패스트푸드 관리 규칙에도 나타난다고 이야기한다.(2002, 100)

2장. 마르크스주의, 생산 중심주의, 그리고 노동 거부

1. 몇 가지 사례로 이탈리아의 산 프레카리오San Precario와 연관된 몇몇 운동(Tari and Vanni 2005, De Sario 2007), 스페인의 표류하는 프레카리아트Precarias a la Deriva(2006), 디네로 그라티스Dinero Gratis(http://www.sindominjo.net/feldinerogratis/index.html), 그리고 유럽행진Euromarches(Mathers 1999, Gray 2004), 유로 메이데이EuroMayDay(http://www.euromayday.org/) 중심의 집결들을 참조하길 권한다.

2. 마리아 밀라그로스 로페스Maria Milagros López의 저작을 보면, 탈산업화된 푸에르토 리코에서 등장한 탈노동 주체성들에 대한 풍성하고 흥미로운 논의를 확인할 수 있다. 일부는 국가 지원을 받는 수혜자 쪽을 일종의 "당연시하는 태도entitlement attitude" 라며 매도하기도 하지만, 로페스는 "현재의 약동성을 인정하는 삶과 일의 형태로서, 임금 구조 밖에서의 권리와 필요, 자격, 즐거움과 존엄, 주체적 가치평가를 주장하는" 것으로 평가한다.(1994, 113).

3. 5장에서 더 설명하겠지만, 이런 유토피아의 전망은 완벽한 미래를 향한 청사진이 아니라, 유토피아의 사유를 좀 더 온건하고 유용한 개념으로 받아들인다는 점에서 다른 가능성을 상상하고 삶의 대안적 방식을 예견해 보려는 시도에 가깝다. 이 같은 사유는 영감을 일으키는 전망으로서, 자본 아래서의 일상에 대한 비판을 진전시키고 다른 미래에 대한 열망과 상상, 그 가능성에 대한 희망을 자극하고자 기획된 것이다.

4. 이반 일리치Ivan Illich 역시 "유쾌한 내핍convivial austerity"의 윤리를 따르는 자급 경제를 옹호하며 비슷한 관점의 비판을 내놓는다. "전문가에 의해 만들어진 상품이 문화적으로 형성된 사용가치를 대체하는 데 성공한" 곳에서 우리는 자율적으로 살 수도 창조적으로 행동할 수도 없다는 것이다.(1978, 9)

5. 추상적 노동과 실체적 노동의 관계에 대해서는 다음의 저술도 참조하길 권한다. Postone(1996, 353), Vincent(1991, 97-98).

6. 테럴 카버Terrell Carver는《독일 이데올로기》의 이 유명한 구절을 다시 가져와, 공동 집필한 원래의 초안에서 엥겔스가 이 부분을 썼는데 마르크스가 소소한 것들을 덧붙였다고 주장한다. 하나는《독일 이데올로기》가 직접 겨냥해 비판하는 "비판적 비평가critical critic"를 앞쪽에 집어넣은 것이고, 또 "저녁 식사 후에"라는 말을 넣어 비평하는 일이 가벼이 보이게끔 한 것이다. 이로서 마르크스가 반대했던 목가적이고 전前 산업적인 유토피아에 대한 반어적 풍경 안에 비평이 자리 잡는 효과가 일어난다.(Carver 1998, 106)

7. 맨 처음 이탈리아의 노동자주의operaismo, 포스트-노동자주의, 자율주의autonomia 와 결부되어 탄생한 자율적 마르크스주의는 미드나이트 노츠 콜렉티브Midnight Notes Collective(전 지구적 정치·사회·경제 조건을 연구하는 활동가 지식인 집단으로 미국에 기반을 둔 단체_옮긴이), 〈제로워크Zerowork〉(1975년부터 발행되기 시작한 저널. 자본주의의 위기, 그 위기와 노동계급 투쟁과의 관계 등에 대한 최신의 논의들에 정치적으로 개입하려는 의도로 출발하였다_옮긴이), 페미니스트 그룹 로타 페미니스타 Lotta Feminista, 가사임금 요구 운동 등 다른 여러 그룹과 운동 내에서도 발전되었다. 이와 관련해 내가 가장 자주 참조하는 학자들로는 자율적 마르크스주의의 초창기와 이후 발전단계에 모두 걸쳐 있는 안토니오 네그리(나중의 마이클 하트와의 공동저작 까지), 파올로 비르노Paolo Virno, 다음 장에 등장할 마리아로사 델라 코스타Mariarosa Dalla Costa, 자율주의 전통으로부터 영감을 받은 학자인 해리 클리버, 닉 다이어-위데포드Nick Dyer-Witheford, 제이슨 리드Jason Read, 그리고 마지막으로 독자적으로 탄생하였으나 그럼에도 자율적 마르크스주의의 지향 및 기획에 부합하는 학자, 그중에도 손꼽히는 모이시 포스톤(1996), 장-마리 뱅상Jean-Marie Vincent(1991) 등이 있다.

8. 마르크스주의 해석 및 연구의 더 폭넓은 전통에 속하는 일부로서의 자율적 마르크스주의에 대해서는 다이어-위데포드(1999, 62-64)를 참조하라.

9. 내가 인본주의적 노동윤리라고 부르는 것은 1장에서 논의한 윤리 중 두 가지, 바로

주註

프로테스탄트 노동윤리와 노동자 중심 윤리와 어떤 면에서 닮아 있다. 인본주의적 윤리는 일을 목적 그 자체이자 삶의 중심으로 여긴다는 점에서 프로테스탄트 윤리와 닮았지만, 그런 헌신을 받을 가치가 있는 일이 따로 있다고 본다. 무엇을 생산하고 어떻게 조직되어 있는지와 상관없이 모든 일을 칭송함으로써 일의 질을 평가할 어떤 여지도 남기지 않는 프로테스탄트 윤리와는 다르게, 내가 설명할 인본주의 윤리는 일의 잠재적 미덕을 높이 사면서, 동시에 일의 경험을 평가할 비판적 잣대를 내놓는다. 노동자 중심 윤리도 노동 착취에 대한 비판의 일환으로 노동의 윤리적 가치를 강조함으로써 프로테스탄트 윤리에 반기를 든다. 노동의 값진 실천은 모든 가치의 원천으로, 적절한 인정과 보상을 받아 마땅하다는 것이다. 비슷하게 인본주의 노동윤리 역시 일에 대한 비판을 부정하기 위해서가 아니라 촉진하기 위해 설계되었다. 그리하여 인본주의 윤리는 노동윤리의 전통적 기능, 바로 노동자가 더 효과적으로 착취되게끔 만드는 기능에 맞서는 데 쓰일 수 있는 윤리이다. 인본주의 윤리는 노동자 중심 윤리처럼 일의 질에 대한 판단 가능성을 열어 놓는다. 하지만 산업화 시대 노동자 중심 윤리가 전통적으로 노동 소외와 보상의 양에 초점을 맞춘 반면, 탈산업화 시대의 인본주의적 노동윤리는 소외에 대한 비판과 일의 질에 대한 문제에 초점을 맞춘다.

10. 인적자원 관리에 대해서는 다음을 참조하라. Bernstein(1997), Storey(1989), Strauss(1992).

11. 이런 서로 다른 경영 전략 몇몇에 대한 개괄을 살피려면 다음을 참조하라. Macdonald and Sirianni(1996, 5-11). 그밖에 유명한 경영 전략들은 대개 근대적 작업장의 위계질서와 결부되어 있지 않은 규율적 집단 모델에 기초한다. 조합 기반 연대부터 변화에 저항하는 기업문화까지 적대적 또는 비생산적 집단 유형을 좀 더 생산적이고 덜 "일 같은worklike" 협업 방식으로 대체하기 위해서이다. 그리하여 동료 노동자들 간, 그리고 노동자와 경영진 간의 관계는 때로 팀이라는 관점에서 가족 "같은" 것으로, 혹은 내부 판매자와 구매자 사이의 소비와 교환의 관계로 묘사된다.(Casey 1995, 92-101 참조)

12. 다양한 고용 분야에 걸쳐 업무 강도 강화에 따라붙는 충실화와 참여에 대한 주장들에 대해서는 다음을 참조하길 권한다. Baldoz, Koeber, and Kraft(2001), Bunting(2004), Macdonald and Sirianni(1996), McArdle et al.(1995), Parker and Slaughter(1988), Rinehart (2001), Shaiken, Herzenberg, and Kuhn(1986), Taplin(1995). 유연한 업무 옵션과 연루된 업무 강도 강화에 대해서는 다음을 참조하라. Kelliher and Anderson(2010).

13. 일의 질적 변화에 대한 요구를 양적 감소에 대한 요구와 연결 짓는 것의 중요성에 대해서는 다음을 참조하길 권한다. Cleaver(2000, 130).

14. 전통적인 이성애 가부장 모델을 넘어 법적으로 문화적으로 인정되는 가족의 범주를 확장하려 많은 노력이 기울여져 왔음에도 불구하고, 돌봄노동의 대부분을 책임지는 사적 장소로서의 가족이라는 지위에는 별 변화가 없었다. 이에 대한 일례로는 다음을 참조하라. Brenner(2000, 135).

우리는 왜 이렇게 오래, 열심히 일하는가?

3장. 일하기의 요구: 가사임금부터 기본소득까지

1. 가사임금에 대한 지적·정치적 기획은 이 시기 이후에도 계속되었지만, 나는 이 초기에만 한정해 초점을 맞춘다. 그 이유는 뒤에서 설명할 것이다.

2. 페미니즘 이론의 이런 분류법에 대한 예시로는 다음을 참조하라. Jaggar(1983). 그리고 이런 모델에 대한 중요한 비판으로는 다음을 참조하라. Sandoval(2000, 41-64).

3. 나는 과거 가사임금이 일종의 마르크스주의 페미니즘 이론을 대표하며, 그 이론을 뒤이은 사회주의 페미니즘이 발전시켰다고 보았는데(Weeks 1998), 이제 와 보니 부적절한 것일지 모르겠다. 이 같은 나의 해석 역시 이런 변증법적 해석에 속할 것이다.

4. 차이에 대한 이런 무심함은 변증법적 모델의 특징이라고 볼 수도 있다. 가족 모델이 차이를 무시하고 갈등을 부인한다면, 변증법적 모델은 차이를 흡수하고 포섭해 버린다.

5. 로빈 위그먼Robyn Wiegman은 "주체성과 페미니즘의 동일시" 역시 페미니즘이 개인적인 것과 정치적인 것의 결합을 역사적으로 강조해왔던 것에 기초한다고 지적한다. 그리고 이로 인해 경험에 방법론적 강조가, 의식 고양에 정치적 우선순위가 주어진다는 것이다.(2000, 813)

6. 마거릿 벤스톤Margaret Benston의 1969년 처음 출간된 저작은 이론의 여지는 있으나 가사노동 논쟁의 첫발로 여겨진다.(1995) 1979년 맥신 몰리뉴Maxine Molyneux는 "가사노동 논쟁 너머"로 나아가자고 주장하며 이 주제에 대해 50개가 넘는 저술이 발표되었다고 밝혔다.(1979, 3). 이 논쟁에 대한 몇 가지 추가적 분석과 주요 쟁점들을 보려면 다음을 참조하라. Bubeck(1995), Vogel(2000), 말로스Ellen Malos의 서문과 에세이(1995a, 1995b), 그리고 말로스의 편집본(1995c).

7. 엘런 말로스가 설명했듯이, 일단 "마르크스주의의 관점에서 가정 내 노동의 '가치'를 어떻게 정하느냐로 논쟁이 옮겨가자, 대립적 이론에 일종의 마비가 생겨 정치적 의제가 자리를 잃고 말았다".(1995b, 216)

8. 이 저작은 소책자로 출판되었다. 두 번째 판본은 네 편의 글을 담고 있었는데, 제임스가 쓴 1972년 7월 자의 서문이 첫 번째이고, 두 번째는 1971년 12월에 완성된 델라 코스타의 표제글로 1972년 〈여성과 공동체의 전복Women and the Subversion of the Community〉이라는 제목 아래 이탈리아어로 처음 발표되었다가 같은 해 델라 코스타와 제임스에 의해 영어로 번역된 글이었다. 세 번째는 제임스가 쓴 〈여성의 자리 A Woman's Place〉로 1953년 처음 발표된 글, 네 번째는 델라 코스타와 제임스가 함께 서명한 〈일군의 여성들, 그리고 다른 많은 이들에게 보내는 편지Letter to a Group of Women and many others〉라는 짤막한 글이었다. 나는 앞의 두 편에 한정해 논의하는데, 그 두 글이 가사임금에 대한 관점이 발전하는 데 가장 관련이 깊기 때문이다. 이 소책자 외에도 내가 가장 깊이 의지한 저작들로는 (이것이 다는 아니지만) 다음을 들 수 있다. Federici(1975), Cox and Federici(1976), James(1976).

9. 가사임금과 자율적 마르크스주의 사이의 관계에 대해서는 다음을 참조하라. Cleaver(2000). 이탈리아의 가사임금 운동과 자율주의 전통과 결부된 구체적 단체들(포테레 오페라이오Potere Operaio와 미드나이트 노츠를 포함하여) 사이의 관계에 대해서는 다음을 참조하라. Dalla Costa(2002). 1980년대의 한 인터뷰에서 안토니오 네그리는 "여성 운동이 없었다면 이탈리아를 비롯한 유럽 어느 곳에서도 자율주의

운동Autonomia이 시작되지 못했을 것이다"라고 말했다.(Jardine and Massumi 2000, 80. 다음도 참조. Negri 1988, 236) 페미니즘의 분석 역시 사회적 노동자 이론의 발전에 틀림없이 중요한 역할을 했다. 여기서 사회적 노동자는 생산과 재생산, 임금노동과 무급노동의 구분을 뛰어넘는 새로운 형태의 집단을 가리키는 개념이다. 미사 델레Misa Del Re는 1970년대 페미니즘의 분석이 이후 포스트-포드주의 노동을 이해하기 위한 도구들을 예견하고 제공했다고 이야기한다. 미사 델 레는 2000년 이렇게 말했다. "오늘날 나는 노동의 여성화, 정서노동이나 비물질노동 같은 얘기를 들으면 웃음이 난다. 이런 말은 농담처럼 들리는데, 우리가 1970년대에 하던 얘기들이기 때문이다. 그때 우리는 이미 기록할 수도 측정할 수도 없으면서도 노동력을 재생산할 수 있게 만들고 물질적 생산이 일어날 수 있게 해 주는, 이게 없으면 물질적 생산이 불가능한 그런 노동의 형태가 있다고 상상했었다."(2005, 54).

10. 자율주의자는 노동과 무관한 소득에 대한 요구를 오래도록 옹호해 왔다. 그 예로 다음을 참조하라. Baldi(1972, 4), Zerowork(1975, 2), Dyer-Witheford(1999, 194-201), Hardt and Negri(2000, 403), Berardi(2009, 213-14).

11. 예를 들어 캐럴라인 프리먼Caroline Freeman은 셀마 제임스를 가리키며 가정은 공장과 닮지 않았으며, 공장과 가정의 동일시는 현실을 모호하게 할 뿐이라고 주장했다.(1995, 143)

12. 여기서 다시 델라 코스타와 제임스는 가사노동 논쟁의 정통파와는 극적이라고 할 만큼 갈라진다. 정통파는 가사노동을 마르크스의 상품 생산 이론에 들어맞게 설명하는 데 실패하자, 가정 내에서 사용가치를 생산하는 가사노동이 생산적 노동의 한 형태가 아니며, 따라서 자본주의 생산의 요소가 아니라고 결론짓는다. 이런 관점을 옹호했던 이 중 하나가 "자본주의적 생산양식 내의 생산적 노동에 대한 마르크스의 정의가 자본의 관점에서 만들어졌으며" 그 노동을 재생산하는 이들의 관점에서 본 것이 아니었고, 어떤 혁명적 대안의 관점에도 여전히 미치지 않는다고 주장했다는 점을 잊지 말자. 그는 따라서 "가사노동을 주변화한 것은 마르크스의 가치 이론이 아니라 자본주의 생산양식이었다"라고 말했다.(P. Smith 1978, 213, 215) 가사노동 논쟁의 정통파 사람들은 이 자본의 관점을 《자본론》에서 마르크스가 취한 관점과 같은 것으로 보는데, 이런 자본의 관점에서 보자면 가사노동은 비생산적이다. 이것이 실제 마르크스의 입장이었다는 데 델라 코스타는 동의한다.(Dalla Costa and James 1973, 30-31) 델라 코스타는 다만 이것이 오늘날에도 성립되는 입장이라거나 자본주의의 논리를 거울상으로 뒤집는 것만으로 마르크스주의 관점이 충족된다는 생각을 받아들이지 않을 뿐이다.

13. 예를 들어 제임스는 무료 보육소나 동일 임금과 같은 요구는 그 자체로 전략으로서나 전망으로서나 부적절하다고 주장한다. "그 자체로 포섭 가능한 요구인 것만이 아니다. 이런 요구들은 자본주의적 계획이다."(Dalla Costa and James 1973, 14, n.3) 이런 요구를 옹호하는 이들은 "자본주의의 사회적 관계를 무너뜨리려고 목표하지 않는다. 다만 더 합리적으로 조직화하고자 할 뿐이다". "이탈리아의 원외 좌파라면 혁명적 입장과는 구분되는 것으로서 '사회주의자'라고 불릴을" 견해에 지나지 않는다.(2) 이와 비슷하게 페데리치는 국가에게 보육이나 음식을 제공하도록 요구하는 것(페데리치가 옹호하는 전략이다)과 사람들이 스스로 선택한 장치들에 국가가 돈을 대도록 요구하는 것을 구분한다.(1995, 193)

우리는 왜 이렇게 오래, 열심히 일하는가?

14. 경제적 실천만이 중요하다는 이런 주장은, 예를 들면 제임스의 주장에서도 분명히 작용한다. 제임스는 이후의 저작에서 일이 페미니즘의 많은 이슈 중 하나가 아니라, 가장 중요한 이슈라고 말한다. "현실에서나 의식에서나, 남녀 할 것 없이 우리가 하는 일은 우리 예속 상태의 정수이다."(1985, 13)

15. 가사임금을 일체의 사회구조에 대한 방향성을 정립하기 위한 도구, 즉 인지적 배치를 위한 도구로 볼 때, 보편적으로 가해지는 비판은 그 범주가 개인들의 삶과 의미로부터 떨어져 너무 추상화되어 버려 개인들 경험의 특이성을 포착할 수 없다는 것이다. 이런 비판은 옳기는 하나 대체로 핵심에서 벗어나 있는 것처럼 보인다. 한 비평가가 주장했듯이, 자본주의와 가부장제의 관계에 대한 마르크스주의 페미니즘 이론이 일상적 현실 속 모성을 공정히 다룰 수 없을지 모른다. 즉 "재생산노동은 이런 개인적이며 내밀한 경험에 적용하기에는 너무 동떨어진 개념"일 수도 있다.(Luttrell 1984, 45) 실제로 재생산노동이나 사회적 재생산 범주가 개인의 경험이 지닌 풍부함을 표현하려는 시도에 쓰인다면, 이 범주들의 문제점에 대한 이런 주장에 나 역시 동의할 것이다. 하지만 구조적 배치를 위한 전략에 쓰이는 경우라면, 이 범주들은 좀 다른 목적에 복무하는 것이다. 개인적 경험이나 문화적 의미로부터 일정한 거리를 두는 것은 이 목적을 위해 유용한 일일 수도 있다. 여기서의 분석은 재생산노동이 만족을 주든 고통을 주든, 기쁨을 주든 고단함을 주든 그와 상관없이 임금노동 경제가 스스로 제대로 인정하거나 지지하지 않고 있는 재생산노동의 사유화·젠더화된 시스템에 의존하고 있다는 사실에 주의를 기울일 것을 요청한다.

16. 관점이자 자극으로서의 요구는 하나의 입장, 바로 인식론적이며 동시에 존재론적인 결합점을 갖는 집단적 정치 기획이라고 불릴 수도 있다.(Weeks 1998, 8-10 참조)

17. 이 표현은 다음에서 빌려 왔다. Naomi Scheman(2001, 332).

18. 흥미롭게도 한 저술에서는 필요와 욕망을 시간성이 다른 것으로 표현한다. 원하는 것에는 즉시성이 있지만, 필요는 아직 정해지지 않은 것, 미래에만 드러날 수 있는 것으로 표현된다. 가사임금의 옹호자들은 우선 여성이 가사임금을 향한 투쟁을 통해, 투쟁 안에서 그들을 페미니스트 주체로 세워야 한다고 주장한다. 그 후 가사임금을 얻게 되면 "우리는 우리의 필요가 무엇인지 찾게 시작할 수 있다"는 것이다.(Edmond and Fleming 1975, 7)

19. 가사임금 요구가 젠더 분업을 타파하기보다는 영속화할 수 있다는 점은 델라 코스타가 처음의 평가에서 지적한 위험이기도 하다.(Dalla Costa and James 1973, 34)

20. 그 예로 다음을 참조하라. van Parijs(1992), Gray(2004, 109-10), The Basic Income Earth Network(http://www.basicincome.org/bien/). 기본소득을 요구하는 단체들은 여러 나라에서 적극적 활동을 펼쳐 왔다. 그중에서도 남아프리카와 브라질에서 이루어진 운동이 가장 많이 알려져 있다.

21. 이 논의와 관련해서 다음을 참조하길 권한다. Pateman(2003).

22. 낸시 폴브레Nancy Folbre는 자녀들이 공적 재화로 인식되어야 한다고 주장한다.(2001, 111)

23. 하트와 네그리는 이 점을 이렇게 설명한다. 과거에는 자본이 공장 안의 생산적 협업 모델을 제공했다면, 이제 자본은 사회적 공장에서 만들어진 협업의 형태와 역량을 이용한다.(2009, 140-41)

24. 기본소득을 받으면 어떤 이들은 임금노동을 그만두고 다른 이들의 생산적 노력에 무

임승차할지 모른다고 걱정하는 사람들에게 기본소득 지지자들은 생산적 노동을 아주 조금 하거나 전혀 하지 않는 이들의 무임승차를 지탱해 주었던 무급 재생산노동자들도 그 대신 이제 소득을 받게 될 것이라고 지적한다. 클라우스 오페Claus Offe는 이렇게 설명한다. "일하지 않는 수령자들이 누릴 '양(+)'의 불의는 [기본소득을 통해] 오늘날 돈을 못 받는 '노동자'들이 겪는 '음(-)'의 불의를 없애는 것으로 일부 상쇄된다."(2008, 14)

25. 대니얼 라벤토스Daniel Raventós(2007)는 자기결정권으로서의 자유를 강조한다. 반면, 필리프 판 파레이스Philippe van Parijs 외(2001)는 자유의지론에서 보는 자유의 개념을 강조한다. 이 두 개념의 설명과 다른 몇 가지 대안에 대해서는 다음을 참조하라. Pateman(2003), Offe(2008).

26. 기본소득에 대한 논쟁 내 다양한 입장의 예들은 다음을 참조한다. van Parijs et al.(2001).

27. 스틴스랜드는 1960년대와 1970년대 미국에서 소득 보장 제안이 부침했던 역사를 돌아보며, 이 제안이 좌절된 결정적 요인 중 하나가 일과 사회적 상호성에 대한 문화적 관념에 위협을 가한다고 여겨졌던 점이라고 주장한다. 다시 말해, 소득 보장의 "혜택benefit" 탓에 "수령자가 공공선에 이바지하지 않고도 시민권의 혜택을 누릴 수 있다"는 생각이 좌절의 중요한 요인이었다는 것이다.(2008, 229)

4장. "우리가 의지하는 것을 할 시간": 일, 가족, 그리고 노동시간 단축 요구

1. 흥미로운 예외로 켈로그 공장의 하루 6시간 근무의 역사를 다룬 허니컷의 저술(1996)을 살펴보길 권한다. 이 제도는 1930년 생겨 1980년대 중반까지 계속되었다. 젠더의 관점으로 본 켈로그 사례의 역사는 두 가지 측면에서 흥미로운데, 첫째는 하루 6시간 근무의 가장 강력한 지지자가 여성이었다는 것이고, 둘째는 교대 주기 단축이 점점 더 여성적인 것으로 여겨지면서 가치가 폄훼되고 결국 패배로 이어졌다는 것이다.

2. 혹실드는 돈이 필요해서, 근무시간으로 얼마나 헌신하는지 보여야 한다는 압박 때문에, 그리고 궁극적으로는 일자리를 잃을까 봐 두려워서 등 다른 가능한 이유 또한 인정한다. 하지만 혹실드는 "이 모든 억압의 원인들은 아메르코의 직원들이 어째서 근무시간이 가정생활을 잠식하는 데 저항하지 않았는지 충분히 설명하지는 못한다"라고 주장하면서, 대신 자신이 제시한 설명을 강조한다.(1997, 197-98)

3. 혹실드가 노동시간 단축(하루 6시간 근무를 콕 집어 주장하지는 않았지만)과 함께 다양한 유연근무제를 지지했다는 점은 짚어 둘 만하다.

4. 노동시간 운동과 가사노동의 젠더 분업에 대한 의문을 연결 짓는 일이 중요하다는 주장을 비슷하게 펼친 사례로 다음을 참조하라. Luxton(1987, 176-77).

5. 복지의 정치학에 담긴 젠더 편향성 및 인종 편향성에 대한 비판적 분석으로는 다음을 참조하라. Mink(1998).

6. "콘트롤링 이미지"라는 표현은 다음에서 가져왔다. Patricia Hill Collins(1991).

7. 이런 연결 고리는 다음에서도 이야기한다. Broder(2002).

8. 여기서는 드루실라 코넬의 자유에 대한 논의를 기초로 했다.(1998)

9. 실제로 노동시간 단축 요구와 같은 탈노동 요구에 대한 부정적 반응들은 그 자체로 흥미로운 경우가 많다. 예를 들어, 린 챈서Lynn Chancer는 기본소득 요구에 숱하게 가해지는 의심은 그 자체로 독특하며, 들여다볼 가치가 있다고 주장한다.(1998, 81-82) 데이비드 마카로브David Macarov는 복지와 일을 연계하는 것의 장점, 노동의 불가피성과 바람직함에 대한 자신의 의심에 돌아오는 전형적인 반응들을 불신과 흥미, 조소와 분노가 뒤섞인 것으로 묘사한다. 그가 보기에 이런 일체의 반응들은 전통적 노동가치의 영향력을 뚜렷하게 드러낸다.(1980, 206-208)

10. 이 경우 표준 근무시간을 주 35시간으로 줄이기 위해(이 경우 35시간을 초과하는 노동에 대해서는 시간외수당 지급 의무가 생긴다) '공정노동기준법Fair Labor Standards Act'을 개정하는 것에 더해, 제리 제이콥Jerry Jacobs과 캐슬린 거슨Kathleen Gerson은 과로하는 노동자와 불완전 고용된 노동자 모두의 필요를 해소하는 데에도 도움이 될 두 가지 추가적 개혁을 제안한다. 첫째는 고용주가 모든 노동자에게 근무시간에 비례하여 복지혜택을 제공하게끔 강제하는 것이다. 이를 통해, 복지혜택 수급 자격 노동자의 범위를 넓힐 수 있을 뿐 아니라, 고용주가 일부 노동자들을 불완전하게 고용해 복지혜택을 받지 못하게끔 하고 이미 혜택을 받는 노동자의 근무시간을 늘리는 경우를 없앨 수 있다. 둘째, 이른바 화이트칼라 면제를 없애, 임금 및 근무시간 규정이 현재 해당되지 않는 사무, 행정, 전문직에 고용된 25퍼센트가 넘는 인력으로까지 '공정노동기준법'의 보호 범위를 넓히는 것이다.(다음을 참조. Jacobs and Gerson 2004, 183-85, Linder 2004, 6) 미국 내 노동시간 단축을 위한 경제적 유인책, 협상을 통한 해결책, 민간 산업 부문 주도의 방책 등 그 밖의 다른 전략에 대해서는 다음을 참조하길 권한다. Schultz and Hoffman(2006).

11. 이 점에 대해서는 다음도 참조하라. Christopherson(1991, 182-84).

5장. 미래는 지금 여기에: 유토피아적 요구와 희망의 시간성

1. 포퍼의 책은 유럽에서 파시즘과의 전투가 벌어지던 시기 영국에서 "마르크스주의가 주된 문제가 될 거라는 예상 아래" 쓰였다. 개정판의 서문에서 포퍼는 마르크스주의에 대한 비판이 "이 책의 핵심으로 두드러지지 않을 수 없다"라고 인정한다.(1950, vii)

2. 더 나은 세상을 향한 유토피아적 꿈과 투쟁에 대한 포퍼와 후쿠야마의 비판은 노골적인 물질주의의 비호 아래 이루어진 것도(둘 다 정치적 사안에서 사상의 잠재적 힘을 인식하고 있었다), 현실 정치의 이름 아래 행해진 것도 아니었다(이성과 진보와 마찬가지로 이익과 권력이 이들을 이끄는 이상은 아니었다). 뒤에서 보게 되겠지만, 이런 종류의 이상주의에 대해 이들이 지적하는 문제는 다른 곳에 있었다.

3. 흥미롭게도 포퍼와 후쿠야마 모두 헤겔Georg Wilhelm Friedrich Hegel과 마르크스가 대표하는 역사주의를 중심으로 주장을 펼친다. 그러나 포퍼의 설명에서(사회질서는 오고 간다고 주장하며, 새로운 사회 형태의 출현을 예상한다) 역사 발전에 대한 이런 진화적 이론들은 자유주의의 적처럼 보이지만, 후쿠야마가 자유주의를 방어하는 논

증에서는 중심적 역할을 한다. 적어도 후쿠야마에게는 공산주의가 아니라 자유주의가 이런 역사적 드라마의 목적인이라는 것이 명백해지자 포퍼가 그토록 비난했던 헤겔과 마르크스의 역사주의는 다시 칭송받는다.

4. "감정과 정열에 대한 비합리적 강조는 내가 범죄라고 밖에 묘사할 수 없는 것으로 결국 이끌고 만다"는 포퍼의 "굳은 신념"에도 불구하고, 그는 나중에 자신의 고유한 스타일을 정확히 묘사하자면 "감정적"이라고 고백한다.(1950, 419, vii).

5. 포퍼와 후쿠야마가 정열을 대하는 방식의 차이는 자유주의 정치 이론사에 또 다른 역사적 시기의 시작과 끝을 장식한 두 학자가 열정을 어떻게 바라보는지를 떠올리게 한다. 바로 토머스 홉스Thomas Hobbes와 존 스튜어트 밀이다. 홉스와는 대조적으로 밀은 정열과 욕망의 과잉이 아니라 쇠퇴가 개인과 사회 모두에 더 큰 위험을 끼친다고 주장한다.(1986, 70)

6. 페미니즘 유토피아 문학의 생산과 관련해, 그 개괄을 보려거든 다음을 참조하라. H. Rose(1988), Russ(1981).

7. 내가 보기에는, 비판적 작업의 긍정하는 차원과 제안하는 차원으로부터 철수가 일어난 것은 정치 이론의 규범적 역사, 해체적·재건적 순간들을 모두 아우르는 비판 모델과 거북한 관계에 자리하는 것으로 보인다.

8. 마르크스주의 전통 일부에서는 유토피아주의에 대한 이 같은 불신을 여전히 고집하고 있다. 유토피아주의를 긍정하곤 하는 이들조차 가장 조심스러운 방식으로만 그렇게 한다. 예를 들어, 이매뉴얼 월러스틴Immanuel Wallerstein은 유토피아적 사유를 옹호하면서도 유토피아가 그 정의상 "지구에 도저히 존재할 수 없는 천국에 대한 꿈"이라는 표준적 비판으로 서두를 연다. 그렇기 때문에 "환상을 길러 내고, 따라서 필연적으로 각성으로 이끈다"라는 것이다.(1998, 1) 월러스틴의 분석과 처방은 전통적인 의미와는 대조적으로 "냉정하고 합리적이며 현실적인" 분석에 근거하는데, 그래서 월러스틴은 오래된 단어의 역사에 오염되지 않은 새로운 단어 "유토피스틱스utopistics"를 만들 필요를 느꼈다.(1) 유토피아주의를 옹호하면서도 월러스틴은 포퍼와 마찬가지로 유토피아가 우리를 협의의 '이성'으로부터 멀어지게 할까 우려했다. 따라서 정열과 상상력을 상당 부분 벗어던진, 가장 잘 길들여진 개념의 유토피아만을 옹호했다.

9. 블로흐가 좋아하는 것 중 하나가 의문사를 명사로 만들어(예를 들면 "Where To"나 "What For" 같은) 익숙한 문법상의 도구적 요소를 조밀하지만 열려 있는 현실을 품은 정체모를 개념으로 둔갑시키는 것이다. 때로 이런 전환은 새로운 사고방식의 문을 열어주는 작용을 하기도 한다. 그러나 완전히 실패한 수사법이 될 수도 있다. [블로흐는 '목적'이라는 명사를 대신해 "어디로Where To"와 "무엇을 위해What For"라는 말을 쓴다_옮긴이]

10. 이 점에 대해서는 블로흐의 사유와 정치학에 대한 다음의 분석이 유용하다. Tom Moylan(1997, 108–18).

11. 블로흐의 과정 중심 존재론은 그 생명력으로 유명하다. 특정한 인간 욕구를 역사의 초역사적 동인으로 파악하는 이들과는 달리, 블로흐에게 인간은 욕구의 다양성 아래 놓인 존재이며, 그 욕구 중 어느 것도 영원하거나 고정되어 있지 않다.(1995, 1: 50) 블로흐의 분석에서 허기hunger는 최소한의 존재론적 동력의 일종으로, 빈곤에 대한 "노no"와 더 나은 삶에 대한 "예스yes"에 생명을 불어넣는 "역사라는 등불의 기

우리는 왜 이렇게 오래, 열심히 일하는가?

름"으로 여겨진다.(1: 75, 1: 69) 전 역사에 걸친 변수로서 허기는 "사회적으로 발전되고 이끌어지는 필요로서 다른 사회적, 그리하여 역사적으로 다양한 필요들과 상호작용한다. 그 다양한 필요들 이면에 허기가 깔려 있으며, 바로 이런 이유로 허기가 이 필요들과 함께 변형되고, 또 변형을 일으킨다."(1: 69) 블로흐가 허기를 자기보존 욕구의 한 형태나 표현으로 제시했지만, 그것이 다른 좀 더 친숙한 자기보존 개념으로 환원될 수 있는 것은 아니다. 블로흐에게 "자기보존, 인간의 보전은 자신에게 이미 투여되고 할당된 것을 보호하고자 하는 것이 전혀 아니었다". 그보다 허기로서의 자기보존은 인간이 스스로를 확장해 지금 이상이 되도록 추동하는 것이다.

12. 들뢰즈의 니체 해석에서 빌려 오자면 "세계는 진실도 현실도 아니라 다만 살아 있다".(Deleuze 1983, 184)

13. 블로흐가 제시하는 희망 개념의 이런 측면을 가리키는 데는 "정서affect"가 "감정emotion"보다 잘 들어맞는다고 생각한다. 명확히 포착되고 표현할 수 있는 정서로서의 감정은(Massumi 1995, 88) 너무 협소한 용어일 뿐 아니라 영향을 주고 영향을 받는 역량으로 이해되는(Massumi, Zournazi 2003, 212에서 인용) 정서는 내가 강조하려 하는 희망의 확장적 속성을 더 잘 표현해 준다.

14. 블로흐처럼 희망을 공포와 불안의 반대로 설명하기보다, 나는 희망참을 공포와 불안의 보완재로, 아니 더 낫게는 그 둘의 해독제로 제시하고 싶다.

15. 블로흐는 이렇게 불평한다. 추상적 유토피아 모델은 "실용 정치의 측면에서나 무엇이 바람직한가를 논하는 다른 모든 논의에서나 수 세기 동안 유토피아의 신뢰성을 손상시켜 왔다. 마치 모든 유토피아가 추상적 유토피아인 것처럼".(1995, 1: 145).

16. 블로흐가 제시한 추상적 유토피아와 실체적 유토피아의 구분을 사용해 바람wishfulness과 향수가 희망하기와 어떻게 다른지 구분할 수도 있다. 추상적 유토피아와 실체적 유토피아의 대비와 마찬가지로, 이 구분 역시 현재와의 관계가 지닌 속성을 기준으로 삼는다. 바라기 또는 바람은 미래를 사유하는 추상적 방식으로, 향수는 추상적으로 기억하는 행위로 묘사할 수 있다. 하나는 앞으로에 초점을 맞추고 다른 하나는 뒤를 돌아보지만, 블로흐의 방식으로 보자면 둘 다 마찬가지로 추상적이다. 하나는 공상적 미래에, 다른 하나는 이상화된 과거에 머무르며 현재로부터 도피하고자 한다.

17. 미국 정치에서 공포의 정치적 행운을 분석한 저술로, 코리 로빈Corey Robin이 "아메리칸 스타일 공포"라 칭한 것의 역사에 대한 설명을 참고하라.(2004)

18. 나는 르상티망에 초점을 맞추겠지만, 앞서 언급한 좌파 멜랑콜리의 측면에서 보자면 멜랑콜리의 주체와 르상티망의 주체 각각이 가진 정서적 시간성 사이에는 근친 유사성이 존재한다는 점은 여기서 짚어 둘 가치가 있겠다. 프로이트는 멜랑콜리한 주체가―그리고 적어도 이런 측면에서는 애도하는 자 역시―"행위의 중지"뿐 아니라 "심원한 고통을 주는 낙담, 외부 세계에 대한 관심의 소멸, 사랑할 능력의 상실"을 드러낸다고 묘사한다.(1957, 244)

19. 이런 측면에서 보면, 니체의 사유에서 승인으로서의 긍정과 의지에 찬 긍정을 구분하는 것은 블로흐가 자동적 낙관주의와 전투적 낙관주의를 구분하는 것과 닮았다. "이미 이룩된 무언가에 패배하는 것을 거부하는 의지"(1995, 1: 147)로 특징지어지는 전투적 낙관주의는 순진한 종류의, 또는 목적론적 종류의 낙관주의와 대비된다. 향수에 어려 있는 것이나 바람에 차 있는 것이나 성급하기는 마찬가지다. 고로 전투적

낙관주의 혹은 "근거 있는 낙관주의"는 자동적 낙관주의의 "값싼 우직함"과도 진보에 대한 자동적 믿음과도 대비된다.(1: 199-200)

20. 이는 벨라미Edward Bellamy의 《뒤를 돌아보며Looking Backward》의 등장인물 줄리언 웨스트Julian West가 100년도 더 지난 미래의 새로운 사회 세계에서 잠이 깬 후 겪은 일종의 혼란과 해체와 비슷하다. 줄리언은 "내 개인의 정체성이 열려 있는 질문처럼 보이는 순간들"이라고 표현한다.(2000, 113) 하지만 벨라미는 미래를 다행히도 많은 측면에서 비슷하게 그림으로써 그 경험을 존재론적으로 동화할 법한 것으로 독자가 느낄 수 있게끔 노력했다.

21. 형식과 내용뿐 아니라 유토피아의 기능에 이렇게 주의를 기울이는 것은 유토피아 연구에서는 흔한 일이다. 좋은 예로 다음을 참조하라. Levitas(1990), McKenna(2001).

22. SF소설과 유토피아 문학의 이런 낯설게 하기 기능에 대한 서빈Darko Suvin(1972, 374)의 설명은 빅토르 시클롭스키Viktor Shklovsky와 베르톨트 브레히트Bertolt Brecht의 저작을 바탕으로 한다.

23. 빈센트 게이건Vincent Geoghegan은 고전적 유토피아 형식의 이런 기능을 다음과 같이 표현한다. "기존 사회의 방어기제 —상식, 현실주의, 긍정주의, 과학주의를 간파하여 현재에 질문을 던진다."(1987, 2)

24. 에드워드 벨라미는 유토피아 형식이 가진 비판적 낯설게 하기의 역량을 특히 중시하여, 자신의 유명한 1888년 소설에 《앞을 내다보며》가 아니라 《뒤를 돌아보며》라는 제목을 붙였다.(2000) 이 소설은 2000년의 유토피아적 미래를 그리고 있다.

25. 토머스 모어Thomas More가 처음 내놓은 "유토피아utopia"— 발음상 outopos나 eutopos로 들릴 수 있는데, 각각 없는 곳과 좋은 곳이라는 의미를 갖는다 —의 말장난 역시 그 형식을 특징짓는 부정과 긍정의 독특한 결합이라는 관점에서 읽힐 수 있다.

26. 무효화에 대한 마랭의 주장을 이해하려면 다음을 참조하라. Jameson(1977).

27. 대안적 사회의 청사진이라는 유토피아의 전통적 개념이 너무 제한적이며, 유토피아적 표현은 다양한 형식을 띤다는 것이 블로흐의 근본적 주장 중 하나였다. "유토피아적인 것을 토머스 모어 같은 종류로만 한정짓는 것, 혹은 단순히 그런 방향을 지향하게 하는 것은 전기electricity를 전기가 처음 발견된 계기로 그 어원이 된 호박으로 한정하려 하는 것과 다르지 않다. 〔호박은 그리스어로 elektron이다_옮긴이〕."(1995, 1: 15)

28. 이런 유토피아적 저술들이 비판적 관점으로서 갖는 중요성을 강조하는 것이 이 저술들이 자극으로서 발휘하는 효과를 부인하는 것은 아니다. 벨라미의 《뒤를 돌아보며》는 사람들에게 영감을 불어넣었고, 결국 미국 내 유토피아적 전망의 실현에 헌신하는 벨라미 클럽이 160개가 넘게 만들어졌으며 정당도 생겨나고 출간물도 발행되었다.(다음을 참조. Miller 2000, v-vi)

29. 페미니즘의 유토피아주의에 대한 샐리 키치Sally Kitch(2000)의 비판이 이런 종류의 주장을 보여 주는 최근의 사례이다. 유토피아주의를 완벽한 세상의 청사진으로 환원하고 간단히 일축해 버리는 식이다.

30. 유토피아의 내용을 관리하는 이런 방식은 독자를 수동적이게 만드는 종결closure이라는 형식적 기법과 짝지을 수 있다. 소크라테스Socrates는 《국가Republic》의 앞부분에서 트라시마쿠스Thrasymachus가 유토피아적 국가의 기초 전제에 반대하는 것에 대

해 너무도 쉽게 논박하는데, 이 기법의 오랜 예시인 셈이다. 이 덕에 소크라테스는 상대를 침묵시켰고, 좀 더 다루기 쉬운 논자들만 남았다. 벨라미도 비슷한 방법을 쓴다. 《뒤를 돌아보며》(2000)의 끝에서 두 번째 장에서 주인공과 그의 주인의 딸은 서로를 향한 사랑을 선언하는데, 우리는 여기서 주인공이 과거에 두고 온 약혼자와 우연히도 이름이 같은 그 딸 에디스Edith가 실은 그 잃어버린 연인의 증손녀라는 사실을 알게 된다. 게으른 사교계의 명사 에디스가 더 훌륭한 후예, 성실하고 가정적인 태도의 화신인 에디스로 대체됨으로써, 잃었던 것은 그것을 능가하는 것을 깔끔히 간직한 종합을 통해 새로이 쓰인다. 피터 피팅Peter Fitting은 벨라미의 작품을 "전통적인 공예 작업처럼 결함이나 모순 없는 온전하고 의미 있는 것으로 대변되는" 지배적 사회질서 안에 독자를 다시 새겨 넣는 방법의 한 사례라고 이야기한다.(1987, 33) 앤젤리카 바머Angelika Bammer가 주장하듯이 "유토피아가 서사적 구조를 통해서나 스스로 완성된 세계를 표현하는 것으로나 종결을 고집하면, 자기봉쇄의 장치로 인해 그 변화의 잠재력이 손상된다".(1991, 18)

31. 사젠트는 비판적 유토피아를 이렇게 정의한다. "상당히 세부적으로 묘사된, 실존하지 않는 사회로, 동시대의 독자가 현재의 사회보다 낫다고 여기게끔 할 의도로 상정된 시간과 장소에 자리 잡는다. 그러나 묘사된 사회에는 풀 수 있을지도 없을지도 모를 어려운 문제가 존재하는데, 여기에 이 유토피아 장르의 비판적 시선이 드러난다."(1994,9) 모일런은 이런 말로 표현하기도 한다. "비판적 유토피아의 중심에는 유토피아 전통의 한계에 대한 인식이 자리 잡고 있다. 그리하여 이 저술들은 꿈으로서의 유토피아를 보존하면서도 청사진으로서의 유토피아를 거부한다. 나아가, 기원이 된 세계와 거기에 반하는 유토피아 사회 사이의 대립을 곱씹어 사회변화의 과정을 좀 더 직접적으로 보여 준다. 마지막으로, 소설은 유토피아 사회 자체에도 여전히 존재하는 차이와 결함에 초점을 맞추고, 그리하여 좀 더 이해하기 쉽고 역동적인 대안을 만들어 낸다."(1986, 10-11) 필립 웨그너Phillip Wegner는 유토피아 소설의 더 초기 사례들에서도 이런 요소들을 찾을 수 있다고 주장한다.(2002, 99-100)

32. 비판적 유토피아에 대한 또 다른 접근으로 에린 매케너Erin McKenna의 유토피아의 "과정-모델"을 참고하라.(2001,3)

33. 이런 추정에 따라 아마도, 제임슨이 지적한 대로, "'이룩한' 유토피아 — 완전한 재현 — 는 용어상 모순"일 것이다.(1982, 157)

34. 알튀세르가 나는 구분하지 않는 유토피아적 선언과 비유토피아적 선언을 구분한다는 점은 지적해 둘 만하다. 알튀세르는 저술의 행위주체와 저술이 다루는 정치적 주제의 행위주체 사이에 분열이 있는지로 이 둘을 구분한다. 마르크스와 엥겔스의 《공산당 선언》(1992)은 알튀세르의 설명에 따르면 비유토피아적이다.(1999, 26-27. 다음도 참조. Puchner 2006, 30)

35. 토머스 모어의 《유토피아》가 했던 토대로서의 역할에 대해서는 다음을 참조하라. Wegner(2007, 116-17). 《공산당 선언》에 대해서는 다음을 참조하라. Puchner(2006, 11-12).

36. 선언문은 다양한 형태로 등장한다. 다양한 청중들을 대상으로 다양한 영역의 탐색과 시도에 개입하고 다양한 목표를 추구한다. 예술적 선언문, 정치적 선언문, 조직적 선언문, 이론적 선언문 등이 있는데 모두 우리가 다르게 창조하고 조직하고 생각하도록 요청한다. 예를 들어, 1970년대의 급진적 페미니즘 선언은 보다 협소한 계획에 따

른 것—본질적으로 조직 헌장이나 멤버십 유치를 위한 청원과 같은—부터 온건한 개혁을 위한 구체적 요구를 동반한 정당 플랫폼처럼 좀 더 당장 실행할 만한 것들, 그리고 현 상황에 더 극적인 파열을 요청하는, 보다 공상적이며 유토피아에 좀 더 부합하는 것들까지 아울렀다. 모두가 유토피아적 요소를 포함하는 것은 아니었다. 유토피아로 여겨지려면, 반대하는 대상만이 아니라 대안을 향한 움직임—대안을 선포하고 설명하고 그리고 향하도록 독려하는—에도 초점을 맞추어야 한다.

37. 물론 선언문의 이런 상징적 모델에 예외는 있다. 예를 들어, 도나 해러웨이의 〈사이보그 선언A Manifesto for Cyborgs〉은 선언문 형식은 전유하되, 그 고전적 수사법과 정치적 성향은 거부한다. 1970년대 비판적 유토피아의 필자들이 전통적 유토피아 문학의 한계를 인식하고 있었음을 드러냈던 것과 다름없이, 해러웨이의 저술 역시 비판적 선언문이라고 표현할 수 있을 것이다.

38. 선언문에 때로 포함되는 요구들은 선언문의 유토피아적 내용을 진열한 것일 수 있지만, 많은 경우 이 요구들은 필자들이 자신의 실용성을 드러내고 목적의 진지함을 증명하는 기회로 여겨진다. 이런 경우 요구 목록은 실체적 목표를 위한 분명한 수단이 있는 것처럼 위장해 미친 짓을 실현할 방법이 실제로 있는 것처럼 독자들을 현혹한다. 이와는 반대로 유토피아적 요구는 그 요구 자체에 유토피아적 내용을 담아낸다.

39. 노예 제도에 대한 보상 요구를 주장한 이들 일부는 비슷한 관점에서 정치적 행위주체를 자극하는 요구의 잠재력을 강조한다. 랜들 로빈슨Randall Robinson은 이렇게 말한다. "여기서의 문제는 우리가 보상을 얻어 낼 것인지, 얻어 낼 수 있을지 여부가 아니다. 그보다는 우리가 보상을 위해 싸울 것인지 여부이다. 보상이 우리가 마땅히 받아야 할 것이라고 우리 스스로 결정했기 때문이다."(2000, 206)

에필로그. 일을 넘어선 삶

1. 이것이 흥미롭게도 피터 플레밍이 "일로부터 되찾아옴으로써" "삶"을 확보하여 "자아 정체성(또는 개인의 진정성)을 성취할 수 있도록"하는 몇 가지 방법에 있어 탐색했던 위험이다.(2009, 149) 이 방법들 중 몇몇은—플레밍이 "일로부터의 자유"(164)를 위한, 노동 거부와 결부된 투쟁의 전략으로서 옹호했던—다른 방법보다 더 잠재력이 컸다.

2. 나는 삶을 누리라는 명령을 좀 다른 사안과 관련하여 탐구했던 바 있다.(Weeks 2007) 듀크 여성학 대학원 콜로퀴엄에 감사드린다. 이 논문을 놓고 자극이 되는 논의를 펼쳐 준 피오나 바넷Fiona Barnett과 미셸 코너Michelle Koerner에게 특히 감사한다. 덕분에 삶을 누린다는 것의 의미에 대한 생각을 진전시키는 데 도움을 얻었다.

3. 존 라이크만John Rajchman은 들뢰즈의 생명 개념을 사회의 개념으로 연결 짓는다. 라이크먼은 사회를 "우리가 공통으로 지닌 것이 우리의 개별성이 아니라 우리의 특이성인, 공통적인 것이 '비개인적'이며 '비개인적'인 것이 공통적인" 곳으로 개념 짓는다.(2001, 14)

참고문헌

Abramovitz, Mimi. 1988. *Regulating the Lives of Women: Social Welfare Policy from Colonial Times to the Present.* Boston: South End.

Acker, Joan. 2000. "Revisiting Class: Thinking from Gender, Race, and Organizations." *Social Politics 7* (2): 192-214.

Althusser, Louis. 1971. "Ideology and Ideological State Apparatuses (Notes towards an Investigation)." In Louis Althusser, *Lenin and Philosophy and Other Essays*, translated by Ben Brewster, 127-86. New York: Monthly Review Press.

—. 1999. *Machiavelli and Us.* Edited by Francois Matheron. Translated by Gregory Elliott. London: Verso.

Arendt, Hannah. 1958. *The Human Condition.* Chicago: University of Chicago Press.

—. 1961. "What Is Freedom?" In Hannah Arendt, *Between Past and Future: Eight Exercises in Political Thought.* New York: Viking.

Aronowitz, Stanley. 1985. "Why Work?" *Social Text* 12:19-42.

—. 2003. *How Class Works: Power and Social Movement.* New Haven: Yale University Press.

Aronowitz, Stanley, and William DiFazio. 1994. *The Jobless Future: Sci-Tech and the Dogma of Work.* Minneapolis: University of Minnesota Press.

Aronowitz, Stanley, Dawn Esposito, William DiFazio, and Margaret Yard. 1998. "The Post-Work Manifesto." In *Post-Work: The Wages of Cybernation*, edited by Stanley Aronowitz and Jonathan Cutler, 31-80. New York: Routledge.

Bakker, Isabella, and Stephen Gill, eds. 2003. *Power, Production, and Social Reproduction: Human In/security in the Global Political Economy.* Houndmills, England: Palgrave Macmillan.

Baldi, Guido. 1972. "Theses on Mass Worker and Social Capital." *Radical America 6* (3): 3-21.

Baldoz, Rick, Charles Koeber, and Philip Kraft, eds. 2001. *The Critical Study of Work: Labor, Technology, and Global Production.* Philadelphia: Temple University Press.

Bammer, Angelika. 1991. *Partial Visions: Feminism and Utopianism in the 1970s.* New York: Routledge.

Barbash, Jack. 1983. "Which Work Ethic?" In *The Work Ethic-A Critical Analysis*, edited by Jack Barbash, Robert J. Lampman, Sar A. Levitan, and Gus Tyler, 231-61. Madison, Wis.: Industrial Relations Research Association.

Barnes, Nora Ganim, and Colleen E. Powers. 2006. "Beyond the Labor Shortage: Poor Work Ethic and Declining Customer Satisfaction." *Business Forum 27* (2): 4-6.

Baron, Ava. 1991. "An 'Other' Side of Gender Antagonism at Work: Men, Boys, and the Remasculinization of Printers' Work, 1830.1920." In *Work Engendered: Toward a New History of American Labor*, edited by Ava Baron, 47-69. Ithaca: Cornell University Press.

Baudrillard, Jean. 1975. *The Mirror of Production*. Translated by Mark Poster. St. Louis: Telos.

Bauman, Zygmunt. 1976. *Socialism: The Active Utopia*. New York: Holmes and Meier.

—. 1998. *Work, Consumerism and the New Poor*. Buckingham, England: Open University Press.

Beck, Ulrich. 2000. *The Brave New World of Work*. Translated by Patrick Camiller. Cambridge: Polity.

Beder, Sharon. 2000. *Selling the Work Ethic: From Puritan Pulpit to Corporate PR*. London: Zed.

Beechey, Veronica, and Tessa Perkins. 1987. *A Matter of Hours: Women, Part-Time Work and the Labor Market*. Minneapolis: University of Minnesota Press.

Bell, Daniel. 1976. *The Cultural Contradictions of Capitalism*. New York: Basic.

Bellamy, Edward. 2000. *Looking Backward, 2000-1887*. New York: Penguin.

Benhabib, Seyla. 1991. "Feminism and Postmodernism: An Uneasy Alliance." *Praxis International* 11 (2): 137-50.

Benhabib, Seyla, and Drucilla Cornell. 1987. "Introduction: Beyond the Politics of Gender." In *Feminism as Critique*, edited by Seyla Benhabib and Drucilla Cornell, 1.15. Minneapolis: University of Minnesota Press.

Bennett, Jane. 2002. "The Moraline Drift." In *The Politics of Moralizing*, edited by Jane Bennett and Michael J. Shapiro, 11-26. New York: Routledge.

Benston, Margaret. 1995. "The Political Economy of Women's Liberation." In *The Politics of Housework*, new ed., edited by Ellen Malos, 100-109. Cheltenham, England: New Clarion.

Berardi, Franco [Bifo]. 1980. "Anatomy of Autonomy." Translated by Jared Becker, Richard Reid, and Andrew Rosenbaum. *Semiotext(e)* 3 (3): 148-70.

—. 2009. *The Soul at Work: From Alienation to Autonomy*. Translated by Francesca Cadel and Giuseppina Mecchia. Los Angeles: Semiotext(e).

Berk, Sarah Fenstermaker. 1985. *The Gender Factory: The Apportionment of Work in American Households*. New York: Plenum.

Berkeley-Oakland Women's Union. 1979. "Principles of Unity." In *Capitalist Patriarchy and the Case for Socialist Feminism*, edited by Zillah Eisenstein, 355-61. New York: Monthly Review Press.

Bernhardt, Annette, et al. 2009. "Broken Laws, Unprotected Workers: Violations of Employment and Labor Laws in America's Cities." http://nelp.3cdn.net/319982941 a5496c741e9qm6b92kg.pdf.

Bernstein, Paul. 1997. *American Work Values: Their Origin and Development*. Albany: State University of New York Press.

Bezanson, Kate, and Meg Luxton, eds. 2006. *Social Reproduction: Feminist Political Economy Challenges Neo-Liberalism*. Montreal: McGill-Queen's University Press.

Blanchot, Maurice. 1986. "Marx's Three Voices." *New Political Science* 7 (1): 17-20.

Bloch, Ernst. 1970. *A Philosophy of the Future*. Translated by John Cumming. New York: Herder and Herder.

—. 1995. *The Principle of Hope*. 3 vols. Translated by Neville Plaice, Stephen Plaice, and Paul Knight. Cambridge: mit Press.

Blum, Linda M. 1991. *Between Feminism and Labor: The Significance of the Comparable Worth Movement*. Berkeley: University of California Press.

Boggs, James. 1963. *The American Revolution: Pages from a Negro Worker's Notebook*. New York: Monthly Review Press.

Boris, Eileen. 1999. "When Work Is Slavery." In *Whose Welfare?*, edited by

Gwendolyn Mink, 36-55. Ithaca: Cornell University Press.

Bourdieu, Pierre. 1998. "A Reasoned Utopia and Economic Fatalism." *New Left Review* 227:125-30.

Bowman, John R., and Alyson M. Cole. 2009. "Do Working Mothers Oppress Other Women? The Swedish 'Maid Debate' and the Welfare State Politics of Gender Equality." *Signs* 35 (1): 157-84.

Boydston, Jeanne. 1990. *Home and Work: Housework, Wages, and the Ideology of Labor in the Early Republic*. New York: Oxford University Press.

Brenner, Johanna. 2000. "Utopian Families." *Socialist Register* 36:133-44.

Broder, Sherri. 2002. *Tramps, Unfit Mothers, and Neglected Children: Negotiating the Family in Nineteenth Century Philadelphia*. Philadelphia: University of Pennsylvania Press.

Brody, Jennifer DeVere. 2008. *Punctuation: Art, Politics, and Play*. Durham: Duke University Press.

Brown, Wendy. 1995. *States of Injury: Power and Freedom in Late Modernity*. Princeton: Princeton University Press.

—. 1999. "Resisting Left Melancholy." *boundary 2* 26 (3): 19-27.

—. 2005. *Edgework: Critical Essays on Knowledge and Politics*. Princeton: Princeton University Press.

Bubeck, Diemut Elisabet. 1995. *Care, Gender, and Justice*. Oxford: Oxford University Press.

Bunting, Madeleine. 2004. *Willing Slaves: How the Overwork Culture Is Ruling Our Lives*. London: Harper Collins.

Burawoy, Michael. 1979. *Manufacturing Consent: Changes in the Labor Process under Monopoly Capitalism*. Chicago: University of Chicago Press.

Callaghan, George, and Paul Thompson. 2002. " 'We Recruit Attitude': The Selection and Shaping of Routine Call Centre Labour." *Journal of Management Studies* 39 (2): 233-54.

Campaign for Wages for Housework. 2000. "Wages for Housework." In *Dear Sisters: Dispatches from the Women's Liberation Movement*, edited by Rosalyn Baxandall and Linda Gordon, 258. New York: Basic.

Carver, Terrell. 1998. *The Postmodern Marx*. University Park: Pennsylvania State University Press.

Casarino, Cesare, and Antonio Negri. 2008. *In Praise of the Common: A Conversation on Philosophy and Politics*. Minneapolis: University of Minnesota Press.

Casey, Catherine. 1995. *Work, Self and Society: After Industrialism*. London: Routledge.

Castells, Manuel. 2000. *The Rise of Network Society*. 2nd ed. Oxford: Blackwell.

Caws, Mary Ann. 2001. "The Poetics of the Manifesto: Nowness and Newness." In *Manifesto: A Century of Isms*, edited by Mary Ann Caws, xix.xxxi. Lincoln: University of Nebraska Press.

Chancer, Lynn. 1998. "Benefiting from Pragmatic Vision, Part I: The Case for Guaranteed Income in Principle." In Post-Work: *The Wages of Cybernation*, edited by Stanley Aronowitz and Jonathan Cutler, 81-127. New York: Routledge.

Christopherson, Susan. 1991. "Trading Time for Consumption: The Failure of Working-Hours Reduction in the United States." In *Working Time in Transition: The Political Economy of Working Hours in Industrial Nations*, edited by Karl Hinrichs, William Roche, and Carmen Sirianni, 171-97. Philadelphia: Temple University Press.

Cleaver, Harry. 1992. "The Inversion of Class Perspective in Marxian Theory: From Valorisation to Self-Valorisation." In *Open Marxism*, edited by Werner Bonefeld, Richard Gunn, and Kosmas Psychopedis, 2:106-44. London: Pluto.

—. 2000. *Reading Capital Politically*. 2nd ed. Leeds, England: Anti/Theses.

—. 2002. "Work Is Still the Central Issue! New Words for New Worlds." In *The Labour Debate: An Investigation into the Theory and Reality of Capitalist Work*, edited by Ana C. Dinerstein and Michael Neary, 135-48. Aldershot, England: Ashgate.

—. 2003. "Marxian Categories, the Crisis of Capital, and the Constitution of Social Subjectivity Today." In *Revolutionary Writing: Common Sense Essays in Post-Political Politics*, edited by Werner Bonefeld, 39-72. New York: Autonomedia.

Cobble, Dorothy Sue. 2004. *The Other Women's Movement: Workplace Justice and Social Rights in Modern America*. Princeton: Princeton University Press.

Collins, Patricia Hill. 1991. *Black Feminist Thought: Knowledge, Consciousness, and the Politics of Empowerment*. New York: Routledge.

Combahee River Collective. 1979. "A Black Feminist Statement." In *Capitalist Patriarchy and the Case for Socialist Feminism*, edited by Zillah Eisenstein, 362-72. New York: Monthly Review Press.

Corlett, William. 1998. *Class Action: Reading Labor, Theory, and Value*. Ithaca: Cornell University Press.

Cornell, Drucilla. 1998. *At the Heart of Freedom: Feminism, Sex, and Equality*. Princeton: Princeton University Press.

Costea, Bogdan, Norman Crump, and Kostas Amiridis. 2008. "Managerialism, the Therapeutic Habitus and the Self in Contemporary Organizing." *Human Relations* 61 (5): 661-85.

Cox, Nicole, and Silvia Federici. 1976. *Counter-Planning from the Kitchen: Wages for Housework, A Perspective on Capital and the Left*. Brooklyn, N.Y.: New York Wages for Housework Committee.

Cremin, Colin. 2010. "Never Employable Enough: The (Im)possibility of Satisfying the Boss's Desire." *Organization* 17 (2): 131-49.

Cutler, Jonathan, and Stanley Aronowitz. 1998. "Quitting Time: An Introduction." In *Post-Work: The Wages of Cybernation*, edited by Stanley Aronowitz and Jonathan Cutler, 1.30. New York: Routledge.

Dalla Costa, Mariarosa. 1975. "A General Strike." In *All Work and No Pay: Women, Housework, and the Wages Due*, edited by Wendy Edmond and Suzie Fleming, 125-27. Bristol, England: Falling Wall.

—. 1988. "Domestic Labour and the Feminist Movement in Italy since the 1970s." *International Sociology* 3 (1): 23-34.

—. 2002. "The Door to the Garden." Translated by Arianna Bove and Pier Paolo Frassinelli. http://www.generation-online.org/p/fpdallacosta1.htm.

Dalla Costa, Mariarosa, and Selma James. 1973. *The Power of Women and the Subversion of the Community*. 2nd ed. Bristol, England: Falling Wall.

De Angelis, Massimo. 1995. "Beyond the Technological and the Social Paradigms: A Political Reading of Abstract Labour as the Substance of Value." *Capital & Class* 57:107-4.

De Sario, Beppe. 2007. " 'Precari su Marte': An Experiment in Activism against Precarity." *Feminist Review* 87:21-39.

Del Re, Alisa. 1996. "Women and Welfare: Where is Jocasta?" Translated by Maurizia Boscagli. In *Radical Thought in Italy: A Potential Politics*, edited by Paolo Virno and Michael Hardt, 99-113. Minneapolis: University of Minnesota Press.

—. 2005. "Feminism and Autonomy: Itinerary of Struggle." Translated by Arianna Bove. In *The Philosophy of Antonio Negri*, vol. 1, *Resistance in Practice*, edited by Timothy S. Murphy and Abdul-Karim Mustapha, 48-72. London: Pluto.

Deleuze, Gilles. 1983. *Nietzsche and Philosophy*. Translated by Hugh Tomlinson. New York: Columbia University Press.

—. 1988. *Spinoza: Practical Philosophy*. Translated by Robert Hurley. San Francisco: City Light.

—. 1997. "Immanence: A Life. . . ." Translated by Nick Millett. *Theory, Culture & Society* 14 (2): 3-7.

D'Emilio, John, and Estelle B. Freedman. 1988. *Intimate Matters: A History of Sexuality in America*. New York: Harper and Row.

Denning, Michael. 2004. *Culture in the Age of Three Worlds*. London: Verso.

Disch, Lisa J., and Jean M. O'Brien. 2007. "Innovation Is Overtime: An Ethical Analysis of 'Politically Committed' Academic Labor." In *Feminist Waves, Feminist Generations: Life Stories from the Academy*, edited by Hokulani K. Aikau, Karla A. Erickson, and Jennifer L. Pierce, 140-67. Minneapolis: University of Minnesota Press.

Dyer-Witheford, Nick. 1999. *Cyber-Marx: Cycles and Circuits of Struggle in High- Technology Capitalism*. Urbana: University of Illinois Press.

Eagleton, Terry. 1999. "Utopia and Its Opposites." In *Necessary and Unnecessary Utopias*, edited by Leo Panitch and Colin Leys, 31-40. Rendlesham, England: Merlin.

Edelman, Lee. 2004. *No Future: Queer Theory and the Death Drive*. Durham: Duke University Press.

Edmond, Wendy, and Suzie Fleming. 1975. "If Women Were Paid for All They Do." In *All Work and No Pay: Women, Housework, and the Wages Due*, edited by Wendy Edmond and Suzie Fleming, 5.12. Bristol, England: Falling Wall.

Ehrenreich, Barbara. 1997. "What Is Socialist Feminism?" In *Materialist Feminism: A Reader in Class, Di√erence, and Women's Lives*, edited by Rosemary Hennessy and Chrys Ingraham, 65.70. New York: Routledge.

——. 2001. *Nickel and Dimed: On (Not) Getting By in America*. New York: Henry Holt.

Ehrenreich, Barbara, and Deirdre English. 1975. "The Manufacture of Housework." *Socialist Revolution* 26:5-40.

Eisenberger, Robert. 1989. *Blue Monday: The Loss of the Work Ethic in America*. New York: Paragon.

Eisenstein, Zillah. 1979. "Developing a Theory of Capitalist Patriarchy and Socialist Feminism." In *Capitalist Patriarchy and the Case for Socialist Feminism*, edited by Zillah Eisenstein, 5-40. New York: Monthly Review Press.

——. 1981. *The Radical Future of Liberal Feminism*. New York: Longman.

Elson, Diane. 1979. "The Value Theory of Labour." In *Value: The Representation of Labour in Capitalism*, edited by Diane Elson, 115-80. Atlantic Highlands, N.J.: Humanities Press.

English, Deirdre, Barbara Epstein, Barbara Haber, and Judy MacLean. 1985. "The Impasse of Socialist-Feminism: A Conversation." *Socialist Review* 79:93-110.

Fagan, Colette. 1996. "Gendered Time Schedules: Paid Work in Great Britain." *Social Politics* 3 (1): 72-106.

Federici, Silvia. 1995. "Wages against Housework." In *The Politics of Housework*, new ed., edited by Ellen Malos, 187.94. Cheltenham, England: New Clarion.

Feminist Review Collective. 1986. "Editorial." In "Socialist-Feminism: Out of the Blue." Special issue, *Feminist Review* 23 (1): 3-10.

Feminists. 1973. "The Feminists: A Political Organization to Annihilate Sex Roles." In *Radical Feminism*, edited by Anne Koedt, Ellen Levine, and Anita Rapone, 368-78. New York: Quadrangle.

Firestone, Shulamith. 1970. *The Dialectic of Sex: The Case for Feminist Revolution*. New York: Farrar, Straus and Giroux.

Fitting, Peter. 1987. "Positioning and Closure: On the 'Reading-Effect' of Contemporary Utopian Fiction." In *Utopian Studies 1*, edited by Gorman Beauchamp, Kenneth Roemer, and Nicholas D. Smith, 23.36. Lanham, Md.: University Press of America.

——. 1990. "The Turn from Utopia in Recent Feminist Fiction." In *Feminism, Utopia, and Narrative*, edited by Libby Falk Jones and Sarah Webster Goodwin, 141.58. Knoxville: University of Tennessee Press.

Fleming, Peter. 2009. *Authenticity and the Cultural Politics of Work: New Forms of Informal Control*. Oxford: Oxford University Press.

Fleming, Suzie. 1975. "Family Allowance: The Woman's Money." In *All Work and No Pay: Women, Housework, and the Wages Due*, edited by Wendy Edmond and Suzie Fleming, 89.92. Bristol, England: Falling Wall.

Folbre, Nancy. 2001. *The Invisible Heart: Economics and Family Values*. New York: New Press.

Fortunati, Polda. 1975. "The Housewife." In *All Work and No Pay: Women, Housework, and the Wages Due,* edited by Wendy Edmond and Suzie Fleming, 13.19. Bristol, England: Falling Wall.

Foucault, Michel. 1977. Language, Counter-Memory, Practice: Selected Essays and

Interviews. Translated by Donald F. Bouchard and Sherry Simon. Ithaca: Cornell University Press.

—. 1979. *Discipline and Punish: The Birth of the Prison.* Translated by Alan Sheridan. New York: Vintage.

—. 1983. "The Subject and Power." In Hubert L. Dreyfus and Paul Rabinow, *Michel Foucault: Beyond Structuralism and Hermeneutics,* with an afterword by Michel Foucault, 2nd ed., 208-26. Chicago: University of Chicago Press.

—. 2003. *'Society Must be Defended': Lectures at the College de France, 1975-76.* Translated by David Macey. New York: Picador.

Fraser, Nancy, and Linda Gordon. 1994. "A Genealogy of 'Dependency': Tracing a Keyword of the U.S. Welfare State." *Signs* 19 (2): 309-36.

Freedman, Carl. 2001. "Science Fiction and Utopia: A Historico-Philosophical Overview." In *Learning from Other Worlds: Estrangement, Cognition, and the Politics of Science Fiction and Utopia,* edited by Patrick Parrinder, 72-97. Durham: Duke University Press.

Freeman, Carla. 2000. *High Tech and High Heels in the Global Economy: Women, Work, and Pink-Collar Identities in the Caribbean.* Durham: Duke University Press.

Freeman, Caroline. 1995. "When Is a Wage Not a Wage?" In *The Politics of Housework,* new ed., edited by Ellen Malos, 142.48. Cheltenham, England: New Clarion.

Freud, Sigmund. 1957. "Mourning and Melancholia." In Sigmund Freud, *The Standard Edition of the Complete Psychological Works of Sigmund Freud,* 14:243- 58, translated by James Strachey. London: Hogarth.

Friedan, Betty. 1963. *The Feminine Mystique.* New York: W. W. Norton.

—. 1997. *Beyond Gender: The New Politics of Work and Family.* Edited by Brigid O'Farrell. Washington: Woodrow Wilson Center.

Froines, Ann. 1992. "Renewing Socialist Feminism." *Socialist Review* 22 (2): 125-31.

Fromm, Erich. 1961. *Marx's Concept of Man.* New York: Frederick Ungar.

Fukuyama, Francis. 1989. "The End of History?" *National Interest* 16 (summer): 3-18.

Genovese, Eugene D. 1974. Roll, Jordan, *Roll: The World the Slaves Made.* New York: Pantheon.

Geoghegan, Vincent. 1987. *Utopianism and Marxism.* New York: Methuen.

Gheaus, Anca. 2008. "Basic Income, Gender Justice and the Costs of Gender- Symmetrical Lifestyles." *Basic Income Studies* 3 (3): 1-8.

Gilman, Charlotte Perkins. 1992. *Herland and Selected Stories.* New York: Penguin.

—. 2002. *The Home, Its Work and Influence.* Walnut Creek, Calif.: AltaMira Press.

Gini, Al. 2000. *My Job, Myself: Work and the Creation of the Modern Individual.* New York: Routledge.

Glazer, Nona Y. 1993. *Women's Paid and Unpaid Labor: The Work Transfer in Health Care and Retailing.* Philadelphia: Temple University Press.

Glenn, Evelyn Nakano. 1999. "The Social Construction and Institutionalization of Gender and Race: An Integrative Framework." In *Revisioning Gender*, edited by Myra Marx Ferree, Judith Lorber, and Beth B. Hess, 3-43. Thousand Oaks, Calif.: Sage.

Goodwin, Sarah Webster. 1990. "Knowing Better: Feminism and Utopian Discourse in *Pride and Prejudice, Villette*, and 'Babette's Feast.'" In *Feminism, Utopia, and Narrative*, edited by Libby Falk Jones and Sarah Webster Goodwin, 1-20. Knoxville: University of Tennessee Press.

Gordon, Linda. 1992. "Family Violence, Feminism, and Social Control." In *Rethinking the Family: Some Feminist Questions*, rev. ed., edited by Barrie Thorne with Marilyn Yalom, 262-86. Boston: Northeastern University Press.

Gorz, Andre. 1999. *Reclaiming Work: Beyond the Wage-Based Society.* Translated by Chris Turner. Cambridge: Polity.

Gray, Anne. 2004. *Unsocial Europe: Social Protection or Flexploitation?* London: Pluto.

Greenwood, Ernest. 1966. "The Elements of Professionalization." In *Professionalization*, edited by Howard M. Vollmer and Donald L. Mills, 9-19. Englewood Cli√s, N.J.: Prentice-Hall.

Gutman, Herbert G. 1977. *Work, Culture, and Society in Industrializing America.* New York: Vintage.

Halberstam, Judith. 2005. *In a Queer Time and Place: Transgender Bodies, Subcultural Lives.* New York: New York University Press.

Haraway, Donna. 1985. "A Manifesto for Cyborgs: Science, Technology, and Socialist Feminism in the 1980s." *Socialist Review* 80:65-107.

Hardt, Michael, and Antonio Negri. 2000. *Empire.* Cambridge: Harvard University Press.

—. 2009. *Commonwealth.* Cambridge: Harvard University Press.

Hartsock, Nancy C. M. 1983. *Money, Sex, and Power: Toward a Feminist Historical Materialism.* Boston: Northeastern University Press.

Hays, Sharon. 1996. *The Cultural Contradictions of Motherhood.* New Haven: Yale University Press.

—. 1998. "Reconsidering the 'Choice': Do Americans Really Prefer the Workplace over the Home?" *Contemporary Sociology* 27 (1): 28-32.

—. 2003. *Flat Broke with Children: Women in the Age of Welfare Reform.* Oxford: Oxford University Press.

Hemmings, Clare. 2005. "Telling Feminist Stories." *Feminist Theory* 6 (2): 115-39.

Hennessy, Rosemary. 2000. *Profit and Pleasure: Sexual Identities in Late Capitalism.* New York: Routledge.

Henwood, Doug. 1997. "Talking about Work." *Monthly Review* 49 (3): 18-30.

Higbie, Toby. 1997. "Crossing Class Boundaries: Tramp Ethnographers and Narratives of Class in Progressive Era America." *Social Science History* 21 (4): 559-92.

Higgins, Kathleen Marie. 1987. *Nietzsche's Zarathustra.* Philadelphia: Temple University Press.

우리는 왜 이렇게 오래, 열심히 일하는가?

Hochschild, Arlie. 1983. *The Managed Heart: Commercialization of Human Feeling.* Berkeley: University of California Press.

—. 1989. *The Second Shift: Working Parents and the Revolution at Home.* New York: Viking.

—. 1997. *The Time Bind: When Work Becomes Home and Home Becomes Work.* New York: Metropolitan.

Hunnicutt, Benjamin Kline. 1988. *Work without End: Abandoning Shorter Hours for the Right to Work.* Philadelphia: Temple University Press.

—. 1996. *Kellogg's Six-Hour Day.* Philadelphia: Temple University Press.

Huntington, Samuel P. 1996. *The Clash of Civilizations and the Remaking of the World Order.* New York: Simon and Schuster.

Illich, Ivan. 1978. *The Right to Useful Unemployment and Its Professional Enemies.* London: Marion Boyars.

Jacobs, Jerry A., and Kathleen Gerson. 2004. *The Time Divide: Work, Family, and Gender Inequality.* Cambridge: Harvard University Press.

Jaggar, Alison M. 1983. *Feminist Politics and Human Nature.* Totowa, N.J.: Rowman and Allanheld.

James, Selma. 1975. *Sex, Race and Class.* Bristol, England: Falling Wall.

—. 1976. *Women, the Unions, and Work; Or . . . What Is Not to Be Done and the Perspective of Winning.* Bristol, England: Falling Wall.

—. 1985. *Strangers and Sisters: Women, Race and Immigration.* Bristol, England: Falling Wall.

Jameson, Fredric. 1971. *Marxism and Form.* Princeton: Princeton University Press.

—. 1973. "The Vanishing Mediator: Narrative Structure in Max Weber." *New German Critique* 1:52-89.

—. 1977. "Of Islands and Trenches: Neutralization and the Production of Utopian Discourse." *Diacritics* 7 (2): 2-21.

—. 1982. "Progress versus Utopia: or, Can We Imagine the Future?" *Science Fiction Studies* 9 (2): 147-58.

—. 1991. *Postmodernism, or, The Cultural Logic of Late Capitalism.* Durham: Duke University Press.

—. 1994. *The Seeds of Time.* New York: Columbia University Press.

—. 2001. " 'If I Find One Good City I Will Spare the Man': Realism and Utopia in Kim Stanley Robinson's Mars Trilogy." In *Learning from Other Worlds: Estrangement, Cognition, and the Politics of Science Fiction and Utopia,* edited by Patrick Parrinder, 208-32. Durham: Duke University Press.

—. 2005. *Archaeologies of the Future: The Desire Called Utopia and Other Science Fictions.* New York: Verso.

Jardine, Alice, and Brian Massumi. 2000. "Interview with Toni Negri." *Copyright* 1:74-89.

Jenness, Valerie. 1993. *Making It Work: The Prostitutes' Rights Movement in Perspective.* New York: Aldine De Gruyter.

Joreen. 1973. "The bitch Manifesto." In *Radical Feminism,* edited by Anne Koedt,

Ellen Levine, and Anita Rapone, 50-59. New York: Quadrangle.

Kelley, Robin D. G. 1994. *Race Rebels: Culture, Politics, and the Black Working Class.* New York: Free Press.

—. 2002. *Freedom Dreams: The Black Radical Imagination.* Boston: Beacon. Kelliher, Clare, and Deirdre Anderson. 2010. "Doing More with Less? Flexible Working Practices and the Intensification of Work." *Human Relations* 63 (1): 83-106.

Kessler-Harris, Alice. 1990. *A Woman's Wage: Historical Meanings and Social Consequences.* Lexington: University Press of Kentucky.

Kitch, Sally L. 2000. *Higher Ground: From Utopianism to Realism in American Feminist Thought and Theory.* Chicago: University of Chicago Press.

Kolakowski, Leszek. 1978. *Main Currents of Marxism: Its Rise, Growth, and Dissolution.* Vol. 2. Translated by P. S. Falla. Oxford: Clarendon Press of Oxford University Press.

Kornbluh, Felicia. 1997. "To Fulfill their 'Rightly Needs': Consumerism and the National Welfare Rights Movement." *Radical History* 69:76-113.

Lafargue, Paul. 1898. *The Right to Be Lazy: Being a Refutation of the "Right to Work" of 1848.* Translated by Harriet E. Lothrop. New York: International Publishing.

Laslett, Barbara, and Johanna Brenner. 1989. "Gender and Social Reproduction: Historical Perspectives." *Annual Review of Sociology* 15:381-404.

Lazzarato, Maurizio. 1996. "Immaterial Labor." In *Radical Thought in Italy: A Potential Politics,* edited by Paolo Virno and Michael Hardt, 133-47. Minneapolis: University of Minnesota Press.

Lebowitz, Michael A. 1992. *Beyond Capital: Marx's Political Economy of the Working Class.* New York: St. Martin's.

Lehr, Valerie. 1999. *Queer Family Values: Debunking the Myth of the Nuclear Family.* Philadelphia: Temple University Press.

Leidner, Robin. 1993. *Fast Food, Fast Talk: Service Work and the Routinization of Everyday Life.* Berkeley: University of California Press.

—. 1996. "Rethinking Questions of Control: Lessons from McDonald's." In *Working in the Service Society,* edited by Cameron Lynne Macdonald and Carmen Sirianni, 29-49. Philadelphia: Temple University Press.

—. 2006. "Identity at Work." In *Social Theory at Work,* edited by Marek Korczynski, Randy Hodson, and Paul Edwards, 424-63. Oxford: Oxford University Press.

Leigh, Carol. 1997. "Inventing Sex Work." In *Whores and Other Feminists,* edited by Jill Nagle, 225-31. New York: Routledge.

Lenin, V. I. 1989. "The Immediate Tasks of the Soviet Government." In V. I. Lenin, *Lenin's Economic Writings,* edited by Meghnad Desai, 221-59. Atlantic Highlands, N.J.: Humanities Press International.

Levitas, Ruth. 1990. *The Concept of Utopia.* London: Philip Allan.

—. 1997. "Educated Hope: Ernst Bloch on Abstract and Concrete Utopia." In *Not Yet: Reconsidering Ernst Bloch,* edited by Jamie Owen Daniel and Tom Moylan, 65-79. London: Verso.

Linder, Marc. 2004. *"Time and a Half 's the American Way": A History of the Exclusion of White-Collar Workers from Overtime Regulations, 1868-2004.* Iowa City: Fanpihua.

Lipset, Seymour Martin. 1992. "The Work Ethic, Then and Now." *Journal of Labor Research* 13 (1): 45-54.

Locke, John. 1986. *The Second Treatise on Civil Government*. Amherst, N.Y.: Prometheus.

Logan, Shirley Wilson. 2002. " 'What Are We Worth': Anna Julia Cooper Defines Black Women's Work at the Dawn of the Twentieth Century." In *Sister Circle: Black Women and Work*, edited by Sharon Harly and the Black Women and Work Collective, 146-63. New Brunswick, N.J.: Rutgers University Press.

Lopez, Maria Milagros. 1994. "Post-Work Selves and Entitlement 'Attitudes' in ʃeripheral Postindustrial Puerto Rico." *Social Text* 38:111-33.

Los Angeles Wages for Housework Committee. 1975. "Sisters Why March?" In *All Work and No Pay: Women, Housework, and the Wages Due*, edited by Wendy Edmond and Suzie Fleming, 123-24. Bristol, England: Falling Wall.

Luttrell, Wendy. 1984. "Beyond the Politics of Victimization." *Socialist Review* 73:42-47.

Luxton, Meg. 1987. "Time for Myself: Women's Work and the 'Fight for Shorter Hours.' " In *Feminism and Political Economy: Women's Work, Women's Struggles*, edited by Heather Jon Maroney and Meg Luxton, 167.78. Toronto: Methuen.

Luxton, Meg, and June Corman. 2001. *Getting By in Hard Times: Gendered Labour at Home and on the Job*. Toronto: University of Toronto Press.

Lyon, Janet. 1991a. *Manifestoes: Provocations of the Modern*. Ithaca: Cornell University Press.

—. 1991b. "Transforming Manifestoes: A Second-Wave Problematic." *Yale Journal of Criticism* 5 (1): 101-27.

Macarov, David. 1980. *Work and Welfare: The Unholy Alliance*. Beverly Hills: Sage.

Macdonald, Cameron Lynne, and Carmen Sirianni. 1996. "The Service Society and the Changing Experience of Work." In *Working in the Service Society*, edited by Cameron Lynne Macdonald and Carmen Sirianni, 1.26. Philadelphia: Temple University Press.

Malos, Ellen. 1995a. Introduction. In *The Politics of Housework*, new ed., edited by Ellen Malos, 1.33. Cheltenham, England: New Clarion.

—. 1995b. "The Politics of Household Labour in the 1990s: Old Debates, New Contexts." In *The Politics of Housework*, new ed., edited by Ellen Malos, 206-17. Cheltenham, England: New Clarion.

—, ed. 1995c. *The Politics of Housework*. Cheltenham, England: New Clarion.

Marx, Karl. 1964. *The Economic and Philosophic Manuscripts of 1844*. Translated by Martin Milligan. New York: International Publishers.

—. 1973. *Grundrisse: Foundations of the Critique of Political Economy*. Translated by Martin Nicolaus. New York: Vintage.

—. 1976. *Capital: A Critique of Political Economy*. Vol. 1. Translated by Ben Fowkes. New York: Vintage.

—. 1978. "Critique of the Gotha Program." In *The Marx-Engels Reader*, 2nd ed., edited by Robert C. Tucker, 525.41. New York: W. W. Norton.

—. 1981. *Capital: A Critique of Political Economy*. Vol. 3. Translated by David Fernbach. London: Penguin.

Marx, Karl, and Friedrich Engels. 1970. *The German Ideology, Part One*. Edited by C. J. Arthur. New York: International Publishers.

—. 1992. *The Communist Manifesto*. Edited and with an introduction by David McLellan. Oxford: Oxford University Press.

Massumi, Brian. 1995. "The Autonomy of Affect." *Cultural Critique* 31:83-109.

Mathers, Andy. 1999. "Euromarch.the Struggle for a Social Europe." Capital &

Class 68:15-19.

May, Martha. 1987. "The Historical Problem of the Family Wage: The Ford Motor Company and the Five Dollar Day." In *Families and Work*, edited by Naomi Gerstel and Harriet Engel Gross, 111.31. Philadelphia: Temple University Press.

McArdle, Louise, et al. 1995. "Total Quality Management and Participation: Employee Empowerment or the Enhancement of Exploitation?" In *Making Quality Critical: New Perspectives on Organizational Change*, edited by Adrian Wilkinson and Hugh Willmott, 156-72. London: Routledge.

McGregor, Douglas. 1960. *The Human Side of Enterprise*. New York: McGraw-Hill.

McKay, Ailsa. 2001. "Rethinking Work and Income Maintenance Policy: Promoting Gender Equality through a Citizens' Basic Income." *Feminist Economics* 7 (1): 97-118.

McKay, Ailsa, and Jo Vanevery. 2000. "Gender, Family, and Income Maintenance: A

Feminist Case for Citizens Basic Income." *Social Politics* 7 (2): 266-84.

McKenna, Erin. 2001. *The Task of Utopia: A Pragmatist and Feminist Perspective*. Lanham, Md.: Rowman and Littlefield.

McLellan, David. 1969. "Marx's View of Unalienated Society." *Review of Politics* 31 (4): 459-65.

Meagher, Gabrielle. 2002. "Is It Wrong to Pay for Housework?" *Hypatia* 17 (2): 52-66.

Mies, Maria. 1986. Patriarchy and Accumulation on a World Scale: Women in the

International Division of Labour. London: Zed.

Mill, John Stuart. 1986. *On Liberty*. Amherst, N.Y.: Prometheus.

—. 1988. *The Subjection of Women*. Indianapolis: Hackett.

Miller, Walter James. 2000. "The Future of Futurism: An Introduction to *Looking Backward*." In *Looking Backward*, 2000.1887, edited by Edward Bellamy, v.xiii. New York: Penguin.

Mills, C. Wright. 1951. *White Collar: The American Middle Classes*. New York: Oxford University Press.

Mills, Jane. 1989. *Womanwords: A Dictionary of Words about Women*. New York: Free Press.

Mink, Gwendolyn. 1998. *Welfare's End*. Ithaca: Cornell University Press.

Molyneux, Maxine. 1979. "Beyond the Domestic Labour Debate." *New Left Review* 116:3-27.

Morris, William. 1999. "Useful Work Versus Useless Toil." In William Morris, *William Morris on Art and Socialism*, edited by Norman Kelvin, 128-43. Mineola, N.Y.: Dover.

Moylan, Tom. 1986. *Demand the Impossible: Science Fiction and the Utopian Imagination*. New York: Methuen.

—. 1997. "Bloch against Bloch: The Theological Reception of *Das Prinzip Hoffnung* and the Liberation of the Utopian Function." In *Not Yet: Reconsidering Ernst Bloch*, edited by Jamie Owen Daniel and Tom Moylan, 96.121. London: Verso.

—. 2000. *Scraps of the Untainted Sky: Science Fiction, Utopia, Dystopia*. Boulder, Colo.: Westview.

Muirhead, Russell. 2004. *Just Work*. Cambridge: Harvard University Press.

Munoz, Jose Esteban. 2007. "Queerness as Horizon: Utopian Hermeneutics in the Face of Gay Pragmatism." In *A Companion to Lesbian, Gay, Bisexual, Transgender, and Queer Studies*, edited by George E. Haggerty and Molly McGarry, 452.63. Malden, Mass.: Blackwell.

Nadasen, Premilla. 2002. "Expanding the Boundaries of the Women's Movement: Black Feminism and the Struggle for Welfare Rights." *Feminist Studies* 28 (2): 271-301.

Negri, Antonio. 1988. *Revolution Retrieved: Writings on Marx, Keynes, Capitalist Crisis and New Social Subjects (1967-83)*. Translated by the Red Notes Collective. London: Red Notes.

—. 1991. *Marx Beyond Marx: Lessons on the Grundrisse*. Translated by Harry Cleaver, Michael Ryan, and Maurizio Viano. Brooklyn, N.Y.: Autonomedia.

—. 1996. "Twenty Theses on Marx: Interpretation of the Class Situation Today." Translated by Michael Hardt. In *Marxism beyond Marxism*, edited by Saree Makdisi, Cesare Casarino, and Rebecca E. Karl, 149-80. New York: Routledge.

—. 2005. *Books for Burning: Between Civil War and Democracy in 1970s Italy*. Translated by Timothy S. Murphy, Arianna Bove, Ed Emory, and Francesca Novello. New York: Verso.

Neubeck, Kenneth J., and Noel A. Cazenave. 2001. *Welfare Racism: Playing the Race Card against America's Poor*. New York: Routledge.

Nietzsche, Friedrich. 1966. *Beyond Good and Evil*. Translated by Walter Kaufmann. New York: Vintage.

—. 1967. *On The Genealogy of Morals*. Translated by Walter Kaufmann. New York: Vintage.

—. 1968. *The Will to Power*. Translated by Walter Kaufmann and R. J. Hollingdale. New York: Vintage.

—. 1969. *Thus Spoke Zarathustra*. Translated by R. J. Hollingdale. New York: Penguin.

—. 1974. *The Gay Science*. Translated by Walter Kaufmann. New York: Vintage.

Noddings, Nel. 1984. *Caring: A Feminine Approach to Ethics and Moral Education*. Berkeley: University of California Press.

Offe, Claus. 2008. "Basic Income and the Labor Contract." *Basic Income Studies* 3 (1): 1.30 (http://www.bepress.com/bis/vol3/iss1/art4).

Parker, Mike, and Jane Slaughter. 1988. *Choosing Sides: Unions and the Team Concept*. Boston: South End.

Pateman, Carole. 1988. *The Sexual Contract*. Stanford: Stanford University Press.

—. 2003. "Freedom and Democratization: Why Basic Income Is to Be Preferred to Basic Capital." In *The Ethics of Stakeholding*, edited by Keith Dowding, Jurgen De Wispelaere, and Stuart White, 130-48. London: Palgrave Macmillan.

—. 2006. "Democratizing Citizenship: Some Advantages of a Basic Income." In *Redesigning Distribution: Basic Income and Stakeholder Grants as Alternative Cornerstones for a More Egalitarian Capitalism*, edited by Bruce Ackerman, Anne Alstott, and Philippe van Parijs, 101-19. London: Verso.

Pearce, Kimber Charles. 1999. "The Radical Feminist Manifesto as Generic Appropriation: Gender, Genre, and Second Wave Resistance." *Southern Communication Journal* 64 (4): 307-15.

Peters, Tom. 1997. "The Brand Called You." *Fast Company* 10:8-94.

Peterson, Spike V. 2003. *A Critical Rewriting of Global Political Economy: Integrating Reproductive, Productive and Virtual Economies*. New York: Routledge.

Pfaelzer, Jean. 1990. "Response: What Happened to History?" In *Feminism, Utopia, and Narrative*, edited by Libby Falk Jones and Sarah Webster Goodwin, 191-200. Knoxville: University of Tennessee Press.

Popper, Karl. 1947-48. "Utopia and Violence." *Hibbert Journal* 46:109-116.

—. 1950. *The Open Society and Its Enemies*. Rev. ed. Princeton: Princeton University Press.

Postone, Moishe. 1996. Time, Labor, and Social Domination: A Reinterpretation of

Marx's Critical Theory. Cambridge: Cambridge University Press.

Power of Women Collective. 1975. "The Home in the Hospital." In *All Work and No Pay: Women, Housework, and the Wages Due*, edited by Wendy Edmond and Suzie Fleming, 69-88. Bristol, England: Falling Wall.

Precarias a la Deriva. 2006. "A Very Careful Strike. Four Hypotheses." *Commoner* 11:33-45.

Puchner, Martin. 2006. *Poetry of the Revolution: Marx, Manifestos, and the Avant- Gardes*. Princeton: Princeton University Press.

Rajchman, John. 2001. Introduction. In Gilles Deleuze, Pure Immanence: Essays on

A Life, translated by Anne Boyman, 7-23. New York: Zone.

Raventos, Daniel. 2007. *Basic Income: The Material Conditions of Freedom*. Translated by Julie Wark. London: Pluto.

Read, Jason. 2003. The Micro-Politics of Capital: Marx and the Prehistory of the

Present. Albany: State University of New York Press.

Rinehart, James. 2001. "Transcending Taylorism and Fordism? Three Decades of Work Restructuring." In *The Critical Study of Work: Labor, Technology, and Global Production*, edited by Rick Baldoz, Charles Koeber, and Philip Kraft, 179-95. Philadelphia: Temple University Press.

Robeyns, Ingrid. 2001. "An Income of One's Own: A Radical Vision of Welfare Policies in Europe and Beyond." *Gender and Development* 9 (1): 82-89.

Robin, Corey. 2004. *Fear: The History of a Political Idea*. Oxford: Oxford University Press.

Robinson, Randall. 2000. *The Debt: What America Owes to Blacks*. New York: Penguin.

Rodgers, Daniel T. 1978. *The Work Ethic in Industrial America: 1850-1920*. Chicago: University of Chicago Press.

Roediger, David R. 1991. *The Wages of Whiteness: Race and the Making of the American Working Class*. London: Verso.

Roediger, David R., and Philip S. Foner. 1989. *Our Own Time: A History of American Labor and the Working Day*. London: Verso.

Roof, Judith. 1997. "Generational Di.culties; or, The Fear of a Barren History." In *Generations: Academic Feminists in Dialogue*, edited by Devoney Looser and E. Ann Kaplan, 69.87. Minneapolis: University of Minnesota Press.

Roschelle, Anne R. 1999. "Gender, Family Structure, and Social Structure: Racial Ethnic Families in the United States." In *Revisioning Gender*, edited by Myra Marx Ferree, Judith Lorber, and Beth B. Hess, 311.40. Thousand Oaks, Calif.: Sage.

Rose, Hilary. 1988. "Dreaming the Future." *Hypatia* 3 (1): 119-37.

Rose, Michael. 1985. *Re-Working the Work Ethic*. London: Batsford.

Ross, Andrew. 2003. *No-Collar: The Humane Workplace and Its Hidden Costs*. New York: Basic.

Rousseau, Jean-Jacques. 1988. "On Social Contract." In Jean-Jacques Rousseau, *Rousseau's Political Writings: New Translations, Interpretive Notes, Backgrounds, Commentaries*, edited by Alan Ritter and Julia Conway Bondanella, and translated by Julia Conaway Bondanella, 84.173. New York: W. W. Norton.

Rowbotham, Sheila, Lynne Segal, and Hilary Wainwright. 1979. *Beyond the Fragments: Feminism and the Making of Socialism*. London: Merlin.

Russ, Joanna. 1981. "Recent Feminist Utopias." In *Future Females: A Critical Anthology*, edited by Marlene S. Barr, 71.85. Bowling Green, Ohio: Bowling Green State University Press.

Salzinger, Leslie. 2003. *Genders in Production: Making Workers in Mexico's Global Factories*. Berkeley: University of California Press.

Sandoval, Chela. 2000. *Methodology of the Oppressed*. Minneapolis: University of Minnesota Press.

Sargent, Lyman Tower. 1994. "The Three Faces of Utopianism Revisited." *Utopian Studies* 5 (1): 1-37.

Scheman, Naomi. 2001. "Non-Negotiable Demands: Metaphysics, Politics, and the Discourse of Needs." In *Future Pasts: The Analytic Tradition in Twentieth- Century Philosophy*, edited by Juliet Floyd and Sanford Shieh, 315-37. Oxford: Oxford University Press.

Schleuning, Neala. 1990. *Idle Hands and Empty Hearts: Work and Freedom in the United States*. New York: Bergen and Garvey.

Schor, Juliet. 1997. "Utopias of Women's Time." In *Feminist Utopias in a Postmodern Era*, edited by Alkeline van Lenning, Marrie Bekker, and Ine Vanwesenbeeck, 45-53. Tilburg, the Netherlands: Tilburg University Press.

Schultz, Vicki, and Allison Hoffman. 2006. "The Need for a Reduced Workweek in the United States." In *Precarious Work, Women, and the New Economy: The Challenge to Legal Norms*, edited by Judy Fudge and Rosemary Owens, 131-51. Portland, Ore.: Hart.

Seidman, Michael. 1991. *Workers against Work: Labor in Paris and Barcelona during the Popular Fronts*. Berkeley: University of California Press.

Shaiken, Harley, Stephen Herzenberg, and Sarah Kuhn. 1986. "The Work Process under More Flexible Production." *Industrial Relations* 25 (2): 167-83.

Sirianni, Carmen, and Cynthia Negrey. 2000. "Working Time as Gendered Time." *Feminist Economics* 6 (1): 59-76.

Smith, Dorothy E. 1987. *The Everyday World as Problematic: A Feminist Sociology*. Boston: Northeastern University Press.

Smith, Paul. 1978. "Domestic Labour and Marx's Theory of Value." In *Feminism and Materialism: Women and Modes of Production*, edited by Annette Kuhn and AnnMarie Wolpe, 198.219. London: Routledge and K. Paul.

Solanas, Valerie. 1991. *The scum Manifesto*. London: Phoenix.

Somigli, Luca. 2003. *Legitimizing the Artist: Manifesto Writing and European Modernism, 1885.1915*. Toronto: University of Toronto Press.

Spivak, Gayatri Chakravorty. 2000. "From Haverstock Hill Flat to U.S. Classroom, What's Left of Theory?" In *What's Left of Theory? New Work on the Politics of Literary Theory*, edited by Judith Butler, John Guillory, and Kendall Thomas, 1-39. New York: Routledge.

Stacey, Judith. 1996. *In the Name of the Family: Rethinking Family Values in the Postmodern Age*. Boston: Beacon.

Steensland, Brian. 2008. *The Failed Welfare Revolution: America's Struggle over Guaranteed Income Policy*. Princeton: Princeton University Press.

Stillman, Peter G. 2001. " 'Nothing Is, But What Is Not': Utopias as Practical Political Philosophy." In *The Philosophy of Utopia*, edited by Barbara Goodwin, 9-24. London: Frank Cass.

Storey, John. 1989. "Introduction: From Personnel Management to Human Resource Management." In *New Perspectives on Human Resource Management*, edited by John Storey, 1-18. London: Routledge.

Strauss, George. 1992. "Human Resource Management in the USA." In *The Handbook of Human Resource Management*, edited by Brian Towers, 27-48. Oxford: Blackwell.

Suvin, Darko. 1972. "On the Poetics of the Science Fiction Genre." *College English* 34 (3): 372-82.

Talwar, Jennifer Parker. 2002. *Fast Food, Fast Track: Immigrants, Big Business, and the American Dream*. Boulder, Colo.: Westview.

Taplin, Ian M. 1995. "Flexible Production, Rigid Jobs: Lessons from the Clothing Industry." *Work and Occupations* 22 (4): 412-38.

Tari, Marcello, and Ilaria Vanni. 2005. "On the Life and Deeds of San Precario, Patron Saint of Precarious Workers and Lives." *Fibreculture*, no. 5 (http:// journal.fibreculture.org/ issue5/vannietari.html).

Taylor, Barbara. 1983. *Eve and the New Jerusalem: Socialism and Feminism in the Nineteenth Century*. New York: Pantheon.

Theobald, Robert. 1966. Preface. In *The Guaranteed Income: Next Step in Economic Evolution?*, edited by Robert Theobald, 15-25. New York: Doubleday.

Thompson, E. P. 1976. "Romanticism, Moralism and Utopianism: The Case of William Morris." *New Left Review* 99:83-111.

—. 1991. "Time, Work-Discipline and Industrial Capitalism." In E. P. Thompson, *Customs in Common*, 352-403. London: Merlin.

Townley, Barbara. 1989. "Selection and Appraisal: Reconstituting 'Social Relations'?" In *New Perspectives on Human Resource Management*, edited by John Storey, 92-108. London: Routledge.

Tronti, Mario. 1980. "The Strategy of Refusal." *Semiotext(e)* 3 (3): 28-35.

Tronto, Joan C. 1993. *Moral Boundaries: A Political Argument for an Ethic of Care*. New York: Routledge.

Trott, Ben. 2007. "Walking in the Right Direction?" *Turbulence* 1:14-15.

Tyler, Gus. 1983. "The Work Ethic: A Union View." In *The Work Ethic-A Critical Analysis*, edited by Jack Barbash, Robert J. Lampman, Sar A. Levitan, and Gus Tyler, 197.210. Madison, Wis.: Industrial Relations Research Association.

Van Parijs, Philippe. 1992. "Competing Justification of Basic Income." In *Arguing for Basic Income: Ethical Foundations for a Radical Reform*, edited by Philippe van Parijs, 3-43. London: Verso.

Van Parijs, Philippe, et al. 2001. *What's Wrong with a Free Lunch?* Edited by Joshua Cohen and Joel Rogers. Boston: Beacon.

Vercellone, Carlo. 1996. "The Anomaly and Exemplariness of the Italian Welfare State." Translated by Michael Hardt. In *Radical Thought in Italy: A Potential Politics*, edited by Paolo Virno and Michael Hardt, 81.96. Minneapolis: University of Minnesota Press.

Vincent, Jean-Marie. 1991. *Abstract Labour: A Critique*. Translated by Jim Cohen. New York: St. Martin's.

Virno, Paolo. 1996. "Virtuosity and Revolution: The Political Theory of Exodus."

Translated by Ed Emory. In *Radical Thought in Italy: A Potential Politics*, edited

by Paolo Virno and Michael Hardt, 189-210. Minneapolis: University of Minnesota Press.

—. 2004. *A Grammar of the Multitude*. Translated by Isabella Bertoletti, James Cascaito, and Andrea Casson. Los Angeles: Semiotext(e).

Virno, Paolo, and Michael Hardt. 1996. "Glossary of Concepts." In *Radical Thought in Italy: A Potential Politics*, edited by Paolo Virno and Michael Hardt, 261-64. Minneapolis: University of Minnesota Press.

Vogel, Lise. 2000. "Domestic Labor Revisited." *Science & Society* 64 (2): 151-70.

Wallerstein, Immanuel. 1998. *Utopistics: Or, Historical Choices of the Twenty-First Century*. New York: New Press.

Washington, Booker T. 1971. *Up From Slavery: An Autobiography*. Williamstown, Mass.: Corner House.

Weber, Max. 1946. "Science as a Vocation." In Max Weber, *From Max Weber: Essays in Sociology*, translated and edited by H. H. Gerth and C. Wright Mills, 129-56. New York: Oxford University Press.

—. 1958. *The Protestant Ethic and the Spirit of Capitalism*. Translated by Talcott Parsons. New York: Charles Scribner's Sons.

Weeks, Kathi. 1998. *Constituting Feminist Subjects*. Ithaca: Cornell University Press.

—. 2007. "Life within and against Work: Affective Labor, Feminist Critique, and Post-Fordist Politics." *Ephemera* 7 (1): 233-49.

Wegner, Phillip E. 2002. *Imaginary Communities: Utopia, the Nation, and the Spatial Histories of Modernity*. Berkeley: University of California Press.

—. 2007. "Here or Nowhere: Utopia, Modernity, and Totality." In *Utopia, Method, Vision: The Use Value of Social Dreaming*, edited by Tom Moylan and Raffaella Baccolini, 113-29. Bern, Switzerland: Peter Lang.

West, Candace, and Don H. Zimmerman. 1991. "Doing Gender." In *The Social Construction of Gender*, edited by Judith Lorber and Susan A. Farrell, 13-37. Newbury Park, Calif.: Sage.

Wiegman, Robyn. 2000. "Feminism's Apocalyptic Futures." *New Literary History* 31 (4): 805-25.

Wiersema, Fred, ed. 1998. *Customer Service: Extraordinary Results at Southwest Airlines, Charles Schwab, Lands' End, American Express, Staples, and usaa*. New York: Harper Business.

Williams, Joan. 2000. *Unbending Gender: Why Family and Work Conflict and What to Do about It*. Oxford: Oxford University Press.

Willis, Paul. 1977. *Learning to Labor: How Working Class Kids Get Working Class Jobs*. New York: Columbia University Press.

Wilson, William Julius. 1996. *When Work Disappears: The World of the New Urban Poor*. New York: Alfred A. Knopf.

Winkiel, Laura. 1999. "The 'Sweet Assassin' and the Performative Politics of *scum Manifesto*." In *The Queer Sixties*, edited by Patricia Juliana Smith, 62-85. New York: Routledge.

Wollstonecraft, Mary. 1996. *A Vindication of the Rights of Woman*. Mineola, N.Y.: Dover.

Young, Iris. 1981. "Beyond the Unhappy Marriage: A Critique of Dual Systems Theory." In *Women and Revolution*, edited by Lydia Sargent, 43.69. Boston: South End.

Zerilli, Linda. 2005. *Feminism and the Abyss of Freedom*. Chicago: University of Chicago Press.

Zerowork, eds. 1975. Introduction. *Zerowork* 1:1-6.

Zournazi, Mary. 2003. Hope: *New Philosophies for Change*. New York: Routledge.

Zuboff, Shoshana. 1983. "The Work Ethic and Work Organization." In *The Work Ethic-A Critical Analysis*, edited by Jack Barbash, Robert J. Lampman, Sar A. Levitan, and Gus Tyler, 153-81. Madison, Wis.: Industrial Relations Research Association.